方国珍研究论文集

应再泉 主编
徐永明 罗邦云 张敏 副主编

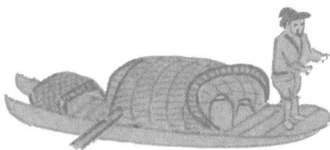

浙江大学出版社
ZHEJIANG UNIVERSITY PRESS

目　录

在 2013 方国珍学术研讨会上的致辞

浙江大学　楼含松

2013 方国珍学术研讨会，由台州市路桥区区委宣传部和浙江大学人文学院共同主办，我谨代表浙大人文学院，对路桥区区委宣传部为研讨会所做的大量前期准备工作，表示衷心的感谢！也对各位专家学者冒着酷暑，不辞辛苦莅会，表示由衷的敬意和感谢！

在元末群雄并起、错综复杂的社会政治环境中，方国珍以自己的方式，在夹缝中求生存，与元朝政权，与朱元璋反复周旋，最终得以自保而善终，客观上也起到了保境安民的效果。对于这样一个历史人物，后世的评价颇有不同：有的从时势着眼，认为他是识时务的英雄；有的从政治道德标准出发，则认为他首鼠两端，狡诈多变，是一个无良小人。从现存史料看，这样一个重要的历史人物，有关他行迹的记载却残缺不全，有一些历史事实尚待考证；官修史书和地方史乘，对方国珍的评价也颇有出入。如《明太祖实录》称："国珍兄弟子侄贪虐日甚，虽时遣人来贡，其实假此以为觇伺。"而全祖望《鲒埼亭集》，称"吾乡藩篱之固，则亦其父子实启之，不可谓无功。其吾乡府城因元初隳天下城池而坏者，虽筑于纳麟之手，而亦至方氏始完。不然，嘉靖以后王直、徐海之乱，荼毒更有不可言者矣"。光绪《黄岩县志》亦论曰："方氏海上乱民也，迹其抗师拒命，焚毁官亭民舍，维时邑民受其荼毒者，何异绿林黄巾之惨，而顾推其后，此归命之功，可谓不揣其本而齐其末矣。汪革聚众保民，未尝杀一无辜，焚一城郭也，然犹谓之据有六州，方氏而不谓之寇盗，何哉？以乱窃据，能以善全归，此其所以获保首级欤？而比之汪氏保障功勋，抑亦过矣。"

时至今日，有关方国珍的事迹，除了当地人士，世人其实所知不多，也还谈不上有广泛的影响。新中国成立后，方国珍是以农民起义领袖的形象出现在历史教科书中的，鉴于其复杂的身份，游移的角色，使得主流意识形态话语犯难，因此大多语焉不详，一般读者难以全面了解。前些年流行一时的畅销书《明朝那些事儿》，对陈友谅、张士诚着墨甚多，独独没有写到方国珍。即便学术界,也没有充分的研究。从中国知网检索可知,从20世纪60年代至今,研究元末农民起义的论文有300多篇,但专论方国珍的论文,只有寥寥6篇。这种现状,与方国珍的历史地位是不相称的。

无论从学术角度还是现实角度,方国珍研究都具有重要的意义,也有很多值得深入的课题。2008年台州市路桥图书馆曾举办过一次方国珍学术研讨会,规模和影响有限。本次研讨会,虽然规模也不大,但有来自中国社科院、北京大学、北京师范大学、首都师范大学、南京大学、复旦大学、中山大学、暨南大学、中南大学等,以及本省的高校、图书馆、博物馆的专家学者参加,其中不乏国内文史研究的知名学者,收到多篇很有新意和深度的学术论文,围绕方国珍,从政治、经济、军事、文化、文学等不同角度展开研究。这是方国珍研究史上一次空前的盛会,必将成为一个重要的学术里程碑。在此之前,由浙大人文学院徐永明教授参与编纂的《方国珍史料集》由浙江大学出版社正式出版,为学术研究提供了很大的便利。

方国珍割据期间,对台州社会经济发展有重大影响。在他治下,他对浙东沿海海塘进行了大规模的修筑,开辟利用了广阔的滩涂,促进了经济的发展;他下令大量修桥铺路,便利交通和百姓生活;他虽然目不识丁,但尊重知识,结交文士,重用谋臣,揭傒斯、刘仁本等都为其所用;他还重视教育,兴办书院。这些做法非区区草莽所能及。他本以浮海贩盐为生,后从海上起事,也曾逃海避难,一生与海洋关系密切。最为重要的是,他效吴越故事,纳土归降,避免战争造成的深重破坏,保一方平安,无论在当时还是后来,对台州百姓生命财产安全和社会经济文化发展,都有十分积极的作用。深入研究方国珍,也是台州地方文化研究的一项重要内容,对于探讨区域经济文化特色和人文精神,海上交通与贸易、海洋资源开发与利用,都有十分积极的意义。

近年来,浙大人文学院践履服务社会的使命,适应文化发展的需要,发挥学术专长,积极参与地方历史文化研究和当代文化建设,取得较为显著的成果。我们承担了浙江省委宣传部"浙江文化发展指数"的研究课题,其成果已成为推动浙江各地文化事业发展的指导性标准,有力促进了地方文化建设;我们建有"浙江文献集成编纂中心",作为浙江文化大省、文化强省建设的一个工作平台,已经编纂出版了多种浙江文化名人全集;我们协助"义乌丛书"的策划并承担相关课题;我们帮助遂昌县以汤显祖与莎士比亚为纽带,筑起中英文化交流的桥梁;我们受委托,为嘉善县"善文化"研究提供了重要的学术支持;等等。就台州而言,浙大人文学院曾帮助路桥地方文献实现数据化和网络应用,对台州佛教史、道教史有深入研究,参与策划"台州丛书"的编纂和选题评审。

本次会议的举办，是院校和地方合作的又一项可喜成果。我们希望，今后浙大人文学科能够为地方文化建设作更多、更大的贡献。

预祝本次研讨会取得圆满成功！

《方国珍神道碑铭》的叙事策略与宋濂明初的文章观

首都师范大学　左东岭

方国珍是元明之际的割据群雄之一，由于受到实力强大的朱元璋集团的挤压而被迫出降明朝廷，被封为广西等处行中书省左丞的虚衔，实则一直居于南京而至洪武七年(1374)病逝。如何评价这位归降自己的对手，是朱元璋需要认真思考的问题，因为尽管此时已至立朝之后的第七年，但也还很难说王朝已完全稳定，这不仅由于潜逃北部边境的前元势力依然存在，西南边陲也尚待治理，更不要说还有归降新朝的各方面文武官员需要安抚。于是，他把评价方国珍的重任交给了朝中文臣第一的宋濂。无论是宋濂的文笔还是在朝中的地位，都足以能够代表朝廷的态度，从而具有重要的宣示作用。

宋濂评价方国珍的依据其实有两条：一是方氏本人在元明之际的实际历史作用；二是朱元璋对他的定性与态度。这两方面有一致之处，因为朱元璋对其评价亦需依据方氏的实际作用。但有时二者又存有矛盾，因为作为皇帝的朱元璋不能仅凭一己好恶去表达态度，他还肩负着稳定国家的重任。在至正二十七年(1367)，朱元璋曾历数方国珍十二项罪名，言其："无功于元朝，无恩于下民，盗据海隅，以势害君，以私贿下，坐邀名爵，跋扈无状。"[①]而至方国珍归降后，朱元璋的态度却颇有改变，王袆曾在《方国真除广西行省右丞诰》中写道：

> 自元政既微，乃有智勇之士乘时而兴，思建功立业。及天下兵起，遂角立一隅，以为民人之保障。其后果得所归，以全富贵，亦可谓豪杰者矣。以尔方国真，才器雄毅，识虑深远，知世道将不可为，乃奋于东海之滨。二十年间，与其兄弟子侄分守三郡，而威行于海上，得非一时之豪杰乎？然

---

① (明)范景文:《昭代武功编》卷二,《续修四库全书》第389册,第472页。

奉贡于我盖亦有年，终能知几达变，举族来归，富贵功名保而不失，始终自全如此。朕甚嘉之。是用擢居左辖，列名外省，食其禄秩，缀于朝班，以示朕优崇之意。尔其恭慎以自饰，暇豫以自安，以勉令名，庶图报称。[①]

尽管诰文是王袆的手笔，却代表了朱元璋的旨意，否则便不能成为合体之文。朱元璋对方国珍前后差异的评价当然有不同时间、不同心情的不同表达，但也同时都具有策略上的考虑。前者是讨伐时的檄文，当然须张大其罪过；后者是归降后的安抚，必然要温语相慰，对于朱元璋这位时代枭雄是完全可以理解的。然而，当宋濂为已然故去的方国珍撰写碑铭时，却需要为其一生功过进行全面的记述与评价，这与朱元璋随机应变的政治谋略不是同一层面的问题。不过遗憾的是，宋濂作为朝廷的代表，他还是遵从了明太祖的"圣意"，一切从稳定朝廷，安抚降臣出发，为方国珍说了更多的好话。可是，要将一位复杂多面的元末枭雄方国珍美化成作者需要的形象，就不能不在叙述方式上反复斟酌。考察作者的这种叙述策略，不仅可以从中了解明初的政治导向，更能够探讨宋濂明初文章观念的内涵与变化。

宋濂的叙述策略之一是从外形上美化方国珍。碑铭写方氏："公长七尺，状貌魁梧，而身白如瓠。有伟丈夫量，未尝宿怨，识者已知其为贵人。"[②]然而，在其他早期文献里，却有如下记载："长身面黑，颇沉勇。"[③]后来的文献则记载："长身黑面，体白如瓠，力逐奔马"[④]，"身长，面黧黑，负臂力，性颇沉勇"[⑤]。很明显，宋濂所记述的"身白如瓠"并没被实录作者所认可，因为作为明初朝廷极其重要的翰林学士承旨宋濂的碑铭，实录作者没有理由不加以参考，但却改成了"长身面黑"。实录作者是另有所据还是想象所致并不重要，重要的是这体现了他们对方国珍的态度已从美化转换成"实录"甚至略有贬抑。至于《明史》的合二家之记述为一的做法实在不可取，因为这"黑面"与"体白"的强烈差异体现了怎样的体貌特征，实在让人无法琢磨，反不如《明书》的"身长，面黧黑"能使叙述视点更加统一。

宋濂的叙述策略之二是尽量淡化方国珍的反元动机与抗元事实。《明实录》记载方国珍反元原因时说：

---

① (明)王袆:《王忠文集》卷一二,《文渊阁四库全书》本。

② (明)宋濂撰,罗月霞主编:《宋濂全集》,杭州:浙江古籍出版社,1999年,第1148—1149页。

③ 《明太祖实录·方国珍传》,引自应再泉主编《方国珍史料集》,杭州:浙江大学出版社,2013年,第11页。

④ (清)张廷玉等撰:《明史》卷一二三《方国珍传》,北京:中华书局,1974年,第3697页。

⑤ (清)傅维鳞:《明书》卷九十,周骏富辑《明代传记丛刊》第87册,台北:明文书屋,1991年,第186页。

元至正中，同里蔡乱头啸聚恶少年，行劫海上，有司发兵捕逐其党，多株连平民。国珍怨家陈氏诬构国珍与寇通，国珍怒杀陈氏，陈之属诉于官，官发兵捕之急。国珍遂与其兄国璋、弟国瑛、国珉及邻里之惧祸逃难者亡入海中，旬月间，得数千人，劫掠漕运粮，执海道千户。事闻，诏浙江行省参政朵儿只班总舟师捕之，兵败，反为所执，国珍因迫使请于朝，下招降之诏。元主从之，遂授庆元定海尉。国珍虽授官还故里，而聚兵不解，势益暴横。[1]

宋濂的碑铭亦将始作乱者归之为蔡乱头，但以下的叙述则与实录有异：

公之怨家诬构与其通，逮系甚急。公大恐，屡倾资贿吏，寻捕如初。公度不能继，且无以自白，谋于家曰："朝廷失政，统兵者玩寇，区区小丑不能平，天下乱自此始。今酷吏借之为奸，媒蘖及良民，吾若束手就毙，一家枉作泉下鬼。不若入海为得计耳。"咸欣然从之。郡县无以塞命，妄械齐民以为功。民亡公所者，旬日得数千，久屯不解。朝臣察其非罪，奏为庆元定海尉，使散众各安其居。[2]

在此，宋濂之碑铭较实录有三处不同：一是"屡倾资贿吏"，他是想方设法要求得朝廷的理解而不愿造反，只是万不得已才亡命海上，并非是其初始动机。实录则是他杀了陈氏后为逃避追捕而入海的。二是"朝臣察其非罪，奏为庆元定海尉"，似乎朝廷主动赦免了方国珍。而实录则是朵儿只班在追剿方氏时为其所捉，"国珍因迫使请于朝"，"遂授庆元定海尉"，突出的是方国珍的凶猛狡诈。三是"使散众各安其居"，这只是说了朝廷的希望与要求，却并没有进一步叙述方氏是否听从了朝廷之命。实录则明言"国珍虽授官还故里，而聚兵不解，势益暴横"。两篇文献就此奠定了两种叙述策略：实录突出的是方国珍屡降屡叛的反复无常，而碑铭突出的则是方氏的忠实于元朝。为了强化此一点，碑铭特意记述了方国珍与章子善的对话：

同县章子善者，好纵横之术，走说公曰："夷狄无百年之运，元数将极，不待知者而后知。今豪杰并起，有分裂之势。足下奋襟一呼，千百之舟，数十万之众，可立而待。溯江而上，则南北中绝，擅馈运之粟；舟师四出，则青、徐、辽、海、闽、广、欧、越可传檄而定。审能行此，人心有所属，而伯业可成也。"公曰："君言诚是。然智谋之士，不为祸始，不为福先。朝廷虽

① 《明太祖实录·方国珍传》，引自应再泉主编《方国珍史料集》，第11页。

② 《宋濂全集》，第1148页。

无道，犹可以延岁月。豪杰虽并起，智均力敌，然且莫敢为主。保境安民，以俟真人之出，斯吾志也。愿君勿复言。”[1]

在此段文字中，宋濂为方国珍奠定了元末行为的基本调子：“不为祸始，不为福先。”前半句是针对元朝而言的，后半句是针对朱元璋政权而言的。如果在这两个方面都有了交代，方国珍就是一位具有先见之明的有志之士，也为后来的归降明朝埋好了伏笔。但是，据大量文献记载，方国珍的突出特点却是犹豫不决，叛降不定。这一点，早在朱元璋数落他的十二项罪状里已言之甚明，所谓，“当尔起事之初，元尚承平天下，谁敢称乱？惟尔倡兵海隅”“朝送款于西，暮送款于北，此岂大丈夫所为？”“未有衅端，先起猜忌，自怀反侧”。[2] 应该说这些说法符合当时的实际情状，方国珍所处的浙东地区，西有张士诚，北有朱元璋，南有陈友定，还得应付元朝廷的势力，夹在中间的他也只能多方应酬，以观时变。这种性格与选择很难用好坏加以评价，以具有统一天下雄心的朱元璋眼光看，自然是胸无大志的鼠辈；可与那些坚决与朱元璋政权对抗的陈友谅、张士诚灰飞烟灭的悲惨结局相比，你又不能不说方国珍凡事留有后路的政治谋略是一种明智之举。但是，宋濂显然是将方国珍徘徊犹豫、叛降不定的行为均归之为深思熟虑的政治谋划，便是一种以结果论英雄的叙事谋略。也正是出于此种考虑，宋濂省去了方国珍所有叛降不定的情节，以及与元朝军队作战的史实，仅用了一句“公自是其官累迁至江浙行中书省参知政事”交代了事。

宋濂的叙事策略之三是极力弱化方国珍与朱元璋政权的隔阂与矛盾。从至正十九年(1359)至二十七年(1367)这一段时间，浙东大致形成了一种朱元璋政权、张士诚政权、元朝廷势力与方国珍政权之间混战割锯的复杂局面。方氏此时一方面与张士诚合作为元朝廷通过海路运送漕粮，所以也就不断接受元朝廷的封官晋爵；但同时又与朱元璋政权藕断丝连，承诺多多，尤其是与朱元璋约定一旦朱元璋军攻下杭州就全体归降。其实这些行为均是其周旋于各方以图自保的一贯作为，没有完全倾向于任何一方，诚可谓虚与委蛇而已。关于此一点，后来《明史》撮合诸种史料言之甚明，尤其是朱元璋军攻下杭州后记载曰：

吴元年克杭州。国珍据境自如，遣间谍假贡献名觇胜负，又数通好于扩廓帖木儿及陈友定，图为掎角。太祖闻之怒，贻书数其十二罪，复责军粮

---

① 《宋濂全集》，第1148—1149页。

② 《昭代武功编》卷二，第471页。

二十万石。国珍集众议,郎中张本仁,左丞刘庸等皆言不可从。有丘楠者,独争曰:"彼所言均非公福也。惟智可以决事,惟信可以守国,惟直可以用兵。公经营浙东十余年矣,迁延犹豫,计不早定,不可谓智。既许之降,抑又倍焉,不可谓信。彼之征师,则有词矣,我实负彼,不可谓直。幸而扶服请命,庶几可视钱俶乎。"国珍不听,惟日夜运珍宝,治舟楫,为航海计。①

《明史》此处的叙述当然不能说就比宋濂更为真实可靠,但作者所言并非空穴来风,还有其他许多史料可以作为旁证。如明人高岱《鸿猷录》曰:"及我师克杭州,犹自据如故。上以书责其怀诈反复,犹不奉诏。"②尤其是说方国珍"惟日夜运珍宝,治舟楫,为航海计",更是他的一贯伎俩。然而,在宋濂的碑铭里,上述复杂的局面被进行了最大化的简单处理。在方国珍与元朝廷关系上,作者只用了"然犹自海道输粟元都"一句进行虚化交代,或者可以算作暗寓褒贬的春秋笔法吧。而在处理与张士诚的关系时,则用了300余字来描绘方国珍攻击张士诚的"七战七捷",直至张士诚"请奉元正朔"方收笔,算是为方国珍忠于元朝廷的叙述画上了句号。

然后,宋濂就集中笔墨来处理方国珍与朱元璋的关系。他对两件精心挑选的史实进行了颇有技巧的叙述。第一件事是苗军刘震、蒋英反叛朱元璋政权而杀胡大海之事,当二人携胡大海首级前来投奔方国珍时,他不仅未加收留,还帅师击之,以致损失了自己的"仲兄"。在朱元璋政权与方氏政权之间,曾发生过不少的战事,宋濂一律略去不提,却独独选了此事,则其意欲拉近朱、方关系的谋划也就昭然若揭了。但最难处理的是方国珍归降朱元璋政权这第二件事,因为这是无法绕开的史实,所以必须精心策划。首先,宋濂只字未提其他文献极为重视的朱元璋数落方国珍十二大罪状的檄文,这不能视为一般的疏忽大意,而是有意的历史遮蔽,是一种蓄意深远的叙事谋略。其次是尽量简化事件的过程性描绘,作者记曰:"越数载,上诏大将军徐魏公平姑苏,缚士诚,献京师。公以久疾不视事,又莫府宾客无所陈说,失朝贺礼。上怒,大军且压鄞。公忧惧不知所为,乃封府库,具民数,使城守者出迎,躬挈妻孥避去海上。使完奉表谢。"如果说此处的"失朝贺礼"是曲为维护的婉转说法,则其"公以久疾不视事,又莫府宾客无所陈说"的缘由追述已经不能用省略来解释了,即使将其视为有意开脱也毫不为过。接着,宋濂完整地引述了方国珍那篇充满狡辩的上表,特别是那段打动朱元璋的话:

---

① 《明史》卷一二三,第3699页。

② (明)高岱:《鸿猷录》卷四,《续修四库全书》第389册,第259页。

> 逮天兵下临吴会，臣尝上书，谓朝定杭越，则暮归田里。不意今年以来，老病交攻，顿成昏昧。而弟兄子侄，志虑不齐。致烦陛下兴问罪之师。方怀忧惧，未能自明，而大军已至台、温。今臣计无所出，虽遣使再三，而承诏之师势不容已。是以封府库，开城郭，以俟王师之至。然犹未免为浮海之计者，昔有孝子，于其亲也，遇小杖则受，大杖则走，臣之事，适与相类。虽然，臣一介草莽，亦安敢自绝于天地？故每自思，欲面缚待罪阙庭。复恐陛下万一震雷霆之怒，天下后世议者，不谓臣得罪之深，将谓陛下不能容臣，岂不累天地之大德哉！①

据明初人方孝孺的记载，该篇文字出于方国珍的谋臣詹鼎之手，并认为其“辞甚恭而辩”，连朱元璋看了也赞许说：“孰谓方氏无人哉？是可以活其命矣。”②由于性命攸关，“辞甚恭”当然是必不可少的，此处重要的是对“辩”字的理解。朱元璋何尝不知道方氏的狡辩奸黠，却为何轻易地饶恕了他？我认为他从中读出了利害关系，那句“恐陛下万一震雷霆之怒，天下后世议者，不谓臣得罪之深，将谓陛下不能容臣，岂不累天地之大德哉”，包含了丰富的潜台词，朱元璋是否担心“天下后世议”尚可商议，但他最担心其他或未降或已降的对手由此会造成“不能容臣”的心理危机，从而影响新生王朝的稳定，那才是最大的问题。在明初，安抚降臣是一项重要的政治举措，比如：“洪武三年十二月辛巳，以右丞王溥为河南行省平章政事，潘原明为江浙行省平章，子孙皆世袭指挥同知。李伯昇为中书平章左丞，李思齐升中书平章，方国珍为广西行省左丞，江西行省右丞张麟升本省左丞，子孙皆世袭指挥佥事。溥等皆起兵降服之臣，上欲优待之，故俱令食禄而不视事。”③也就是说，并非是方国珍的真诚打动了朱元璋，而是为了招降纳叛的需要而用方国珍作为一个范例。这些曲折复杂的政治内涵，宋濂当然是心知肚明的，所以他所采取的叙述策略也就是可以理解的。关键是他将方氏上表中“不意今年以来，老病交攻，顿成昏昧。而弟兄子侄，志虑不齐”的狡辩，提炼出来成为“公以久疾不视事，又莫府宾客无所陈说，失朝贺礼”的叙述，不免有失实录精神。

宋濂的叙述策略之四是有意回避方国珍与明朝廷中浙东文人的对立与矛盾。提起方国珍，许多学者马上就会联想到浙东文人刘基。因为几乎所有现存有关刘基的文献均记载着他与方国珍的恩怨过节，其中最为学界所熟知的

① 《宋濂全集》，第1150页。

② （明）方孝孺撰，徐光大校点：《逊志斋集》卷二一《詹鼎传》，宁波：宁波出版社，1996年，第696页。

③ 《明太祖实录》卷五九，引自应再泉主编《方国珍史料集》，第79页。

是黄伯生《诚意伯刘公行状》的叙述：

> 方谷珍反海上，省宪复举公为浙东元帅府都事，公即与元帅纳邻哈剌谋筑庆元等城，贼不敢犯。及帖里帖木耳左丞招谕方寇，复辟公为行省都事，议收复。公建议招捕，以为方氏首乱，掠平民，杀官吏，是兄弟宜捕而斩之；余党胁从诖误，宜从招安议。方氏兄弟闻之惧，请重赂公，公悉却不受，执前议益坚。帖里帖木耳左丞使其兄省都镇抚以公所议请于朝，方氏乃悉其贿，使人浮海至燕京。省院台俱纳之，准招安，授谷珍以官，乃驳公所议，以为伤朝廷好生之仁，且擅作威福，罢帖里帖木耳左丞辈，羁管公于绍兴。是后方氏益横，莫能制，山冗皆从乱如归。①

此处主要强调了两点：一是刘基坚决主张剿灭首乱的方氏兄弟；二是朝廷受方氏贿赂而招安方国珍并"羁管"了刘基。但已有人指出黄伯生的刘基行状实为伪作，并考证出所谓的刘基"羁管"于绍兴亦为子虚乌有之猜测。② 但刘基对方国珍抱有敌意则是可以肯定的，他有一首《夏夜》的诗，小序注为"台州城中作"，其中有诗句："传闻逆党尚攻剽，所过丘垅皆成童。阃司恐畏破和议，斥堠悉罢云边烽。杀降共说有大禁，无人更敢弯弧弓。山中悲啼海中笑，蜃气绕日生长虹。"③明确表达了作者对于招降方国珍的不满。之后有"养枭恤凤天所厌，谁能抗疏回宸衷"，透露出了自身的无奈与不甘，也许"羁管公于绍兴"的附会正是由"养枭恤凤"的正邪倒置敷衍而来，倒也不算纯粹的空穴来风。其实，关于刘基反对招安方国珍的态度，宋濂是很清楚的，他在《故愚庵先生方公墓版文》中说："未几，侍御史左答纳失里至郡，招谕刘都事基为之副。先生上书陈剿殄之略，不宜姑息。都事韪其言而不能用，遂至郡县陷没，民罹涂炭。"④在此，不仅确认了刘基的确是同意剿灭方氏的主张的，同时还透露了另一位浙东文人方克勤的主剿态度。既然宋濂对刘基、方克勤等人对方国珍的厌恶与对抗态度一清二楚，为何在碑铭中却丝毫无涉？我认为其主要原因便是担心影响方国珍作为正面人物的叙述效果，于是有意做出了回避。

当然，作为一篇人物碑铭，只能就传主一生大事择其要而叙，不可能像行状那般全面详细，因而未提方氏与刘基关系也就难言是何重大遗漏。但作为作者的宋濂，他对方国珍之真实态度究竟如何，便是至关紧要的环节。宋濂有一篇

---

① （明）刘基撰，林家骊点校：《刘基集》，杭州：浙江古籍出版社，1999 年，第 631—632 页。

② 见杨讷《刘基事迹考述》之第三、十节，北京：北京图书馆出版社，2004 年。

③ 《刘基集》，第 395—396 页。

④ 《宋濂全集》，第 1282 页。

《故岐宁卫经历熊府君墓铭》，在叙述熊伯颖在温州、台州为按察司佥事时说：

> 二郡经方氏窃据之后，全乖人道，争讼以数百计，君悉理其曲直而奏断之。凡威取田宅者归业主，得半直者中分之，两造无验者籍之官。豪胥猾吏六百余户，悉屏之别郡。伪官悍将二百人，其暴如虎狼，君出奇计尽刬种类，迁于江淮间，民始安枕。方氏居黄岩，虽尝薄录其家，珠玉犀象金缯，藏于姻家者动以万计，君皆搜索送官。温有邪师曰大明教，造饰殿堂甚侈，民之无业者咸归之。君以其瞽俗眩世，且名犯国号，奏毁之，官没其产而驱其众为农。[①]

此处虽未直接提及方国珍名字，但却对其进行了全盘否定则是显而易见的。论其统治则曰"全乖人道"，论其官吏则曰"暴如虎狼"，哪里有些许惠政善举？而对于"豪胥猾吏"之"悉屏之别郡"，"伪官悍将"之"迁于江淮间"，方氏家族之"珠玉犀象金缯""皆搜索送官"，以及"奏毁"大明教之殿堂，作者没有丝毫的同情与遗憾，而是抱着赞许的语气娓娓道来。那么，《方国珍碑铭》与《熊府君墓铭》这两篇所用文体相同、撰写时间相近的文章（均大约作于洪武九年前后），何者才是作者对方国珍的真实态度？我认为应属后者。因为尽管该文并非直接叙述方国珍生平，但无意间透露出的才是作者的真实态度。因为他没有必要修饰，没有必要采取刻意的叙述策略。但尤堪注意的是，宋濂在为方国珍撰写碑铭时，却将自我的真实态度遮挡得严严实实，在字里行间没有丝毫透露作者的真实立场。我想，这除了是他为求得某种叙述效果之外，似乎找不出其他更好的解释。

宋濂从体貌上美化方国珍，从造反原因上同情方国珍，从对朱元璋政权的友好角度上表彰方国珍，同时还将不利于方国珍的许多历史事实与负面评价尽量予以遮掩，经过这些精心策划的叙事设置后，终于水到渠成地得出了如下的评价："盖公以豪杰之姿，庇安三路六州十一县之民，天兵压境，避而去之，曾无一夫被乎血刃，其有功于生民甚大。然而天宠所被，赐官丞辖，享有禄食，而二子皆列崇阶，赫奕光著，视唐则有加焉。于是历序其故，著为铭诗，以宣朗国家之鸿烈，而及公保民之伟绩云尔。"[②]从该文的原初立意看，作者无疑是成功的，因为他根据当时的政治需求来策划这篇文字，与朱元璋对方国珍的评价保持了高度的一致，即必须从正面表彰这位归降的对手，以取得招降纳叛的政治

---

① 《宋濂全集》，第1533页。

② 《宋濂全集》，第1152页。

效果，从而使新生的王朝逐渐趋于稳定。于是他精心选择历史事实，巧妙剪裁生平事件，有意遮蔽负面影响，极力进行正面表彰，写成了这样一篇虽然难言实录却又颇费心思的人物碑铭。

从宋濂的此种创作方式中，自然可以引发出许多有价值的思考与启示。由于所从事专业的原因，我在此感兴趣的是文学问题。本文的创作实践可以说是宋濂明初文章观的典型体现，而且其中隐含着深刻的矛盾与危机。宋濂当时所拥有的是一种代表朝廷的实用文章观，他曾在《文说赠王生黼》说："明道之谓文，立教之谓文，可以辅俗化民之谓文。"[①]无论是"明道""立教"还是"辅俗化民"，均可归之于实用目的，而《方国珍碑铭》的写作可谓是服务于朝廷政治的典范之作。但是，无论是宋濂的创作还是文论，其中并非不存在问题，或者说，当作者满足了政治需求后，却对文章自身的价值与自我情感的表达造成了无可挽回的损害。宋濂有一篇《曾助教文集序》，集中阐述了他心目中理想的实用文章观，其中一段说：

> 施之于朝廷，则有诏、诰、册、祝之文；行之师旅，则有露布、符檄之文；托之国史，则有记、表、志、传之文。他如序、记、铭、箴、赞、颂、歌、吟之属，发之于性情，接之于事物，随其洪纤，称其美恶，查其伦品之详，尽其弥纶之变，如此者，要不可一日无也。然亦岂易致哉！必也本之于至静之中，参之于欲动之际，有弗养焉，养之无弗充也；有弗审焉，审之无不精也。然后严体裁之正，调律吕之和，合阴阳之化，摄古今之事，类人己之情，著之篇翰辞旨，皆无所畔背，虽未造于至文之域，而不愧于适用之文矣。[②]

在此，宋濂认为作文必须先"发之于性情，接之于事物"，然后方可达到"查其伦品之详，尽其弥纶之变"的实用目的，其中的关键则在于作者之"随其洪纤，称其美恶"的考察评判。至于作文的前提条件，既要有省察修身的主体涵养，又要有"严体裁之正，调律吕之和"的文学修养，更要有"摄古今之事，类人己之情"的叙述能力，只有这些都具备了，才能写出真正的"适用之文"。这其中包含了作者自我性情的表达与"尽其弥纶之变"的功用、"严体裁之正"的尊体与"称其美恶"的判断等复杂关系。宋濂当然希望所有这一切均可统和协调起来，从而写出其理想的"适用之文"。

然而，就《方国珍碑铭》的写作实践看，宋濂未能实现其理论观念。首先是

---

① 《宋濂全集》，第1568页。

② 《宋濂全集》，第1167—1168页。

尊体的问题。碑铭这种文体，由于其树碑立传的性质，其中多一点夸美之词原是可以理解的。所以刘勰论诔碑说："夫属碑之体，资乎史才，其序则传，其文则铭。标序盛德，必见清风之华；昭记鸿懿，必见峻伟之烈。"[①]因而宋濂言其作本文之目的为"宣朗国家之鸿烈，而及公保民之伟绩"，可知他尽了最大努力去适应碑铭体要的标准。然而问题的关键是，方国珍是否符合宋濂心目中进入碑铭文体的人物。因为这位元末枭雄性格复杂，内涵丰富，在当时与后来都充满了争议，而将其纳入碑铭这种文体就势必多溢美之词，则客观上便有失人物的历史真实性。更何况此种文体还尚有"资乎史才，其序则传"的史传性质，要求不能违背历史的真实。因此，曹丕早在《典论·论文》中就说过："盖奏议宜雅，书论宜理，铭诔尚实，诗赋欲丽。"[②]可知铭诔文体的另一重要特征在于不隐恶、不溢美的实录精神。刘勰在论及铭箴时也强调："其取事也必核以辨，其摛文也必简而深，此其大要也。"[③]所谓的"核以辨"也是讲究真实之意。宋濂乃是文章大家，既熟悉《文心雕龙》这部文论经典，也了然诸种文体之体制规定，可是他所写出的这篇碑铭却远未达到此种文体的体制要求，尽管在形式上本文具备了标序盛德的峻伟体貌，但实际上却作出了种种的修饰与遮蔽，违背了"尚实"的文体规定。也许本文达到了稳定朝廷的政治目的，但以碑铭体制的标准来衡量无疑是有严重瑕疵的。清人王昶曾对墓志创作有如下论述：

> 窃谓墓志不宜妄作，志之作与《实录》《国史》相表里。惟其事业焯焯可称述，及匹夫匹妇为善于乡，而当事不及闻，无由上史馆者，乃志以诏来兹，以示其子孙。舍是则皆谀辞耳。苏文忠公不喜为墓志、碑铭，惟《富郑公》《范蜀公》《司马温公》《张文定公》数篇，其文感激豪宕、深厚宏博无崖涘，使顽者廉懦者立，几位韩、柳所不逮，无他，择人而为之，不妄作故也。[④]

宋濂最大的无奈在于，作为翰林院官员的他没有"择人而为之"的自由，他必须承担起为朝廷旨意而撰写的职责，则"谀辞"之弊也就在所难免。此乃体制所关，与其本人写作水准之高低无涉。

其次是情感思想的表达问题。宋濂一再强调写文章应"发之于性情""类人己之情"，可见此乃文章写作的重要原则，但他在本文写作中却完全未能遵守。如果仅从该文自身看，也许问题并不突出，似乎他对方国珍抱有肯定甚至

---

① (南朝梁)刘勰著，范文澜注：《文心雕龙》卷三，北京：人民文学出版社，1998 年，第 214 页。

② (南朝梁)萧统编，(唐)李善等注：《文选》卷五二，北京：中华书局，1987 年，第 966 页。

③ 《文心雕龙》，第 195 页。

④ (清)王昶：《与沈果堂论文书》，《续修四库全书》本《春融堂集》卷三〇。

赞赏的态度。正如前边所指出的，宋濂在《熊府君墓铭》中斥责方国珍“全乖人道”，痛骂其官吏“暴如虎狼”，可在《方国珍碑铭》中却又赞扬其“志欲靖民”“绥定一隅”，如此矛盾的态度出自其一人之手，则掩饰甚至扭曲自我情感便必不可免。宋濂在元末时曾颇为自信地说：“予所著书，随所见笔之，而感慨系之矣，初何恤人之忧己哉！”（《龙门子凝道记·令狐微》）①可当其入明作为翰林院官员时，他就再也不能轻易地“感慨系之”了，于是就有了本文的刻意经营的叙事策略，为了达到稳定王朝的政治效果，他也只好将其感慨性情深埋心底了。由此可知，宋濂作为一位御用的文人，他只要忠实执行自己的政治角色要求，就不仅不能表达自我的思想情感，甚至连儒家传统的教化与传道的职责都难以坚守。于是便出现了他的理论与创作相互矛盾的情形，也许他在主观上依然要宗经复古，恪守儒家的道义，但在实际创作中却又不能不听命于皇上，写出违背自我意愿的文字。可见，传统的圣人在当今的圣人面前是多么的苍白无力。

无论是尊体还是情感表达，其实又可统归之于文章的真实性问题。因为宋濂为了迎合朝廷需要，他隐藏的不仅仅是自我的真实情感，更重要的是他还隐藏了传主的许多生平史实，从而最终写出的并非能够反映历史人物真实面貌的遵命文章。由此可以看出，尽管明王朝的建立显示了许多历史的新气象，但从文学创作角度看，并未给文坛带来活力与生机，可见政治的强盛与文学的繁荣并没有必然的关系。从宋濂本人看，尽管他在黼黻圣朝的文化建设中发挥了无可替代的巨大作用，并在文学史上赢得了重要的地位，但他所创作的此类遵命文章却缺乏应有的感人力量与持久影响力。因为尽管在现存的方国珍文献中，宋濂的这篇碑铭是最早的一篇，但后来几乎所有的史书都没有依照宋濂的立场进行叙述。在众多记载方国珍的文献中，依然是将其作为元末战乱枭雄与朱元璋的对立面来看待的，且不说清人的著述，即令同样作为明人的谢铎，他的出生地还是方国珍所占据的台州，可他在《拟皇明铙歌十二首》中，将其与陈友谅、刘福通、张士诚、陈友定、何真、明玉珍等列为同样的征讨对象。其中叙述方氏政权说：

> 方国政据台、温、庆，阳降阴叛，以海岛为窟穴，我师讨而降之，为海波平第八。
>
> 圣人出，海波平。越裳万里，重译来庭。矧尔海寇，实我边氓。真龙奋，海若惊。犹据窟穴潜其形，恣睢睥睨思凭陵。天威赫，叱怒霆，聪不及

① 《宋濂全集》，第1813页。

塞心胆倾。帝哀其愚宥尔生，尔骨不朽今须铭。①

此处，谢铎点出了方国珍“阳降阴叛”的行径，以及“犹据窟穴潜其形，恣睢睥睨思凭陵”的负隅顽抗。他的最终归降乃是摄于“天威赫，叱怒霆”的巨大压力，而朱元璋最终赦免他，也是因为“帝哀其愚宥尔生”。可见在谢铎眼中，方国珍是“愚”而非“智”，这与宋濂的碑铭相差之大是显而易见的。这也说明，无论其地位与名气有多大，一旦违背了基本的文章体制与史学精神，照样不会被后人所认可。

当然，也许不应过分苛责宋濂，因为他一开始便已交代本文之写作缘起：“洪武七年三月某日，资善大夫、广西等处行中书省左丞方公，殁于京师钟山里之私第。既已襄事，而墓门之石未有刻文。九年冬十一月，其子礼恐公群行湮没无传，请于大都督府。移文中书，中书下礼部。于是尚书臣等以其事闻。制曰：‘可。’遂敕翰林学士承旨濂为之铭。”②宋濂明确告诉读者，他只是经过严格官方程序、经由皇上批准而撰文，乃是奉命行事，写的当然是篇官样文章。言外之意，如有不妥，集体负责。也正因此，由本文倒是可以探讨那一时期的政治导向与朝廷状况，此亦可算是另一种历史文献的价值。

① (明)谢铎：《桃溪净稿》卷二七，《四库存目丛书》影印明正德十六年台州知府顾璘刻本。

② 《宋濂全集》，第1147页。

方国珍的行为方式与路桥地域文化之关系

——从刘基反方而归朱谈起

北京大学　廖可斌

一、刘基之反方与归朱

刘基坚决反对元朝招降方国珍，必欲剿灭之，并因此免官，“羁管绍兴”，这是人们熟知的史实。同样，刘基后来投入朱元璋麾下，出谋划策，为他夺取天下做出重大贡献，这也是人们津津乐道的话题。但人们很少将这两件事联系起来，从而提出一个问题：刘基为什么反对方国珍，而归从朱元璋。

《明史·方国珍传》：“先是，天下承平，国珍兄弟始倡乱海上，有司惮于用兵，一意招抚，惟都事刘基以国珍首逆，数降数叛，不可赦。朝议不听。”按，刘基谏止招降方国珍事在至正十三年(1343)三月。

高岱《鸿猷录·平方国珍》：“癸巳三月……时刘基为浙东行省都事，建议谓方氏首乱，宜捕斩之。执政多受谷珍赂者，驳基议，谓擅作威福，罪之。”

《列朝诗集小传·甲前集·刘诚意基》：“罢官羁管绍兴，感愤欲自杀，门人密里沙抱持得不死。太祖定婺州，规取处，石抹宜孙总制处州，为其院经历。宜孙败，走归青田山中，伏匿不肯出。孙炎奉上命钩致之，乃诣金陵。”

《明史·刘基传》：“方国珍起海上，掠郡县，有司不能制。行省复辟基为元帅府都事。基议筑庆元诸城以逼贼，国珍气沮。及左丞帖里帖木儿招谕国珍，基言方氏兄弟首乱，不诛无以惩后。国珍惧，厚赂基。基不受。国珍乃使人浮海至京，贿用事者。遂诏抚国珍，授以官，而责基擅威福，羁管绍兴，方氏遂愈横。亡何，山寇蜂起，行省复辟基剿捕，与行院判石抹宜孙守处州。经略使李国凤上其功，执政以方氏故抑之，授总管府判，不与兵事。基遂弃官还青田，著《郁离子》以见志。时避方氏者争依基，基稍为部署，寇不敢犯。及太祖下金华，定括苍，闻基及宋濂等名，以币聘。基未应，总制孙炎再致书固邀之，基始出。既至，陈时务十八策。太祖大喜，筑礼贤馆以处基等，宠礼甚至。”

《皇明通纪法传全录》卷二：“庚子元至正二十年(1360)……三月，刘基、宋濂、章溢、叶琛至建康，入见，上喜甚，曰：我为天下屈四先生。赐坐，从容与论经史及咨以时事，甚见尊礼。命有司创礼贤馆以处之。”

按理说，刘基是浙东处州青田人(其出生地今属丽水市文成县)，与方国珍是同乡。当方国珍举事时，刘基在浙东行省任职，距方国珍的地盘更是近在咫尺。

刘基至正二十年(1360)归从朱元璋时，朱元璋也不够强大。当时元朝还存在，朱元璋西面有陈友谅，东面有张士诚，都比他的力量强大。除处于东西夹攻中的集庆一路外，他的主要地盘只有浙东金华一带。

从出身来说，方国珍是普通农家，朱元璋家里更为贫贱，且曾出家为僧。

从名分上说，方国珍是海盗，朱元璋属于红巾军，更是被当时人们视为“妖贼”，当时的形象更差。

刘基反对方国珍，也并非因为忠于元朝。《国朝列卿记》卷七十：“(刘基)尝泛西湖，有异云起西北，祥光掩映，湖波如绮，诸人皆赋诗记之，基独纵饮不顾，徐曰：此天子气也，应在金陵，十年当有王者起其下，我当辅之。众骇，以为狂，悉舍之去，基独剧饮湖亭。”

如果方国珍能慧眼识人，努力争取，当然还要有足够的志向抱负、军政才能，延揽刘基进入自己阵营不是没有可能的。刘基虽然先反对方国珍，如方国珍有三顾茅庐、义释魏征之类的举动，仍然不是没有可能。刘基开始也不肯应朱元璋之招，曾以宝剑送朱元璋麾下孙炎，表示宁死不出。宋濂也曾拒绝应招。

刘基如能投入方国珍阵营，他很可能带动宋濂、叶琛、章溢等一大批人。可惜方国珍与刘基失之交臂。

刘基反对方国珍，而最后归从效力于朱元璋，是因为方国珍与朱元璋的行为方式存在重大区别。

二、方国珍与朱元璋行为方式之区别

(一)方国珍具有冒险精神，敢于率先造反，功不可没，但最初是被动造反，缺乏深谋远虑和宏大志向，没有明确的行动宗旨和理想目标

宋濂《故资善大夫广西等处行中书省左丞方公神道碑铭》：“同县章子善者，好纵横之术，走说公曰：夷狄无百年之运，元数将极，不待知者而后知。今

豪杰并起，有分裂之势，足下奋襼一呼，千百之舟，数十万之众，可立而待。溯江而上，则南北中绝。擅馈运之粟，舟师四出，则青、徐、辽、海、闽、广、欧、越，可传檄而定。审能行此，人心有所属，而伯业可成也。公曰：君言诚是。然智谋之士，不为祸始，不为福先。朝廷虽无道，犹可以延岁月。豪杰虽并起，智均力敌，然且莫敌为主。保境安民，以俟真人之出，斯吾志也。愿君勿复言。子善谢去。”

这当然是方国珍降明之后的解释，以及宋濂出于颂明目的的粉饰。方国珍如真待“真人”出，便愿意俯首归顺，则朱元璋既平陈友谅、复平张士诚后，已符合这个“真人”的标准，方国珍仍不想归降。可见他根本不是要等“真人”之出，完全是缺乏勇气。

方国珍起事之初，实际上只反官府，并不反元。

宋濂《故资善大夫广西等处行中书省左丞方公神道碑铭》：“中书参知政事朵儿只班发郡县兵讨蔡寇（蔡乱头），公之怨家诬构与其通，逮系甚急。公大恐，屡倾资贿吏，寻捕如初，公度不能继，且无以自白，谋于家曰：朝廷失政，统兵者玩寇，区区小丑不能平，天下乱自此始。今酷吏借之为奸，媒蘖及良民，吾若束手就毙，一家枉作泉下鬼，不若入海为得计耳。咸欣然从之。”

《皇明史窃·方国珍》：“方国珍者，黄岩人，其初杨屿盐徒也，膂力绝人。至正四年，县官悬购大盗酋蔡乱头，谷珍出应赏格，帅徒属追捕。而贼中魁宿急甚，覆欲中伤谷珍，求脱免，首告谷珍实与蔡通，诡捕名自匿。吏乃并逮谷珍，谷珍忿曰：蔡能为盗，我不能耶。方食，遽至，谷珍左手执食桌为翼蔽，右手执斧，格杀十余人，亡入海。”

吴国伦《方国珍本末事略》则曰：“至正八年，蔡乱头剽劫海商，方乃为国宣力剿贼，而总管焦鼎纳蔡之赂，反黜其功。方忿曰：蔡能乱，我不能耶？遂与弟国璋等叛。”

可见方国珍最初本来是要“捕盗”，造反主要是为了避祸，没有长远考虑和远大目标。

（二）方国珍缺乏眼光和胸怀，不能选拔任用优秀人才

雍正《宁波府志》卷三十六《逸事》：“台人潘省中，元进士也，为国珍所劫，屡以大义折之，国珍不从。其党郭仁本谮之，乃使盗杀诸隘。”“元主嘉其（方国珍）功德，以节钺镇浙东，开治于鄞，复数加爵赏，俄进太尉、江浙左丞，赐以衢国公印章。昆弟子侄宾客，皆至大官，虽奴仆亦滥名器。每遇朝，金紫杂沓。永嘉丞达海及乡进士赵惟恒皆不与方氏，国珍恶之，并沉之于江，由是人皆侧目。士有誉功德以媚之者，辄跻显贵。溪山啸聚之徒，荷戈来从，授以州县佐

者甚众。又时以粟至燕，交通权贵，凡宣敕封赐，恣其所欲。三路士民忘其为盗，唯知有方氏，更翕然附之。”

最后方国珍投降时，詹鼎为其草写降表，辞辩而婉，得到朱元璋的肯定，可见方国珍手下并非没有人才，而方氏不能充分利用。

张士诚也礼敬文人，筑景贤楼，开弘文馆，一时天下文士多趋吴中。

瞿祐《归田诗话》卷下：“张氏据有浙西富饶地，而好养士。凡不得志于前元者，争趋附之，美官丰禄，富贵赫然。有为北乐府讥之云：皂罗辫儿紧扎梢，头戴方檐帽，穿领阔袖衫，坐个四人轿，又是张吴王米虫儿来到了。”

文徵明《题七姬权厝志后》：“伪周据吴日，开宾贤馆，以致天下豪杰。故海内文章技能之士，悉粹于吴。其陪臣潘元绍，以国戚元勋，位重宰相，虽酗酒嗜杀，而特能礼下文士。”

钱谦益《列朝诗集小传》旨在“以诗系人，以人系传”，说浙东方国珍属下也有一批文人，其实浙东文教力量薄弱。

《列朝诗集小传・甲前集・刘左司仁本》：“方氏盛时，招延士大夫，折节好文，与中吴争胜。文人遗老如林彬、萨都剌辈，咸往依焉。至正庚子，仁本治师会稽之余姚州，作雩咏亭于龙泉左麓，仿佛兰亭景物，集名士赵俶、谢理、朱右、天台僧白云以下四十二人，修禊赋诗，仁本自为之叙。”

（方国珍与张士诚一样，接受了招安，名义上已是元朝大员，所以不少士人可以此为理由，投奔他的麾下，而自认为没有参与造反。庆元、台州、温州很多元朝原任官员，也因此理由照旧在方国珍麾下任职。）

《列朝诗集小传・甲前集・方参政行》：“谷珍窃据时，招延文士，萨天锡、朱右辈咸往依之，刘仁本、詹鼎则亲近用事。”

高明《余姚州筑城志》：“至正十有八年，天子赐印绶节钺，命江浙平章荣禄方公分省东藩。明年，乃巡行至余姚……乃议筑余姚城。”

《明史》卷二百八十五《高明传》：“高明，字则诚，永嘉人。至正五年进士，授处州录事，辟行省掾。方国珍叛，省臣以明谙海滨事，择以自从，与论事不合。及国珍就抚，欲留置幕下，即日解官，旅寓鄞之栎社。”

《明史》卷二百八十五《丁鹤年传》：“避地四明，方国珍据浙东，最忌色目人，鹤年转徙逃匿，为童子师，或寄僧舍，卖浆自给。”

戴良《九灵山房集》卷二十九《高士传》：“已而海上多盗，鹤年转徙无常，大抵皆明之境内。明当方氏之盛，幕府颇待士，士之至者踵接，鹤年独逡巡远避，门无一迹。”

（三）方国珍注重积累财富，善于经营，能牢牢抓住海上优势，保存发展

自我。但只注重眼前利益，政治、文化等方面缺乏建树

《天一阁明代碑林集录》第53页收释方国珍“德政碑”，作于至正二十年(1360)，是时方国珍占据庆元已有两年，该碑记叙方国珍之“德政”，提及减轻赋税、祈雨救旱、经营盐业等，无一语及于文化教育，则方国珍在这些方面无所建树可知。

刘仁本《余姚州重修学记》：“今天子进浙江行省方平章国珍爵司徒、保厘东藩之明年，为至正二十有二年。司徒檄介弟国珉枢密副使，分镇越之余姚州。又明年，州之学宫修葺一新，爰释奠于先圣，且落成之。其学官蒋履泰、耆宿郑彝持状来请曰：副枢密公既镇我邦，伏谒先圣庙，茶然就圮，将图修缮，遂以规略命今都事叶某，与前知州董完哲溥化、学正郑涔。时则有若儒士黄吁者在列，愿悉出己赀力输土木之工费，一毫不假于官。役既作，知州王溶议复其户，稍酬之，而幕宾毛永、龙霖力勉成之。礼殿门堂，斋庑庖舍，以及垣墉黝垩之饰，靡不坚致具备，厥功茂矣。”

《新元史·方国珍传》：“先是，有周必达者，隐天台山，国珍造其居问之，必达曰：‘当今四方大乱，君能举义除盗，名正言顺，富贵可致，余非我所知。’国珍不听。及屡败，始悔曰：‘无意黄毛野人，能料事如此。’由是国珍颇敬礼文士，萨都剌等皆入其幕府。”所谓“举义除盗，名正言顺”，就是要有理念，有旗帜，走正道。

《明太祖实录》：“国珍与兄弟俱不知书，时佐其谋议者，同邑刘仁本、张本仁、郑永思、永嘉丘楠辈。唯丘楠颇廉慎，余皆由州县胥吏进用，贪贿营私，无深虑远略。其兄弟子侄分治二郡，政刑租赋，率任意为轻重。侄明善居温，颇循法度。而兄国璋、弟国瑛居台，唯以买田、造舟、殖货为富家计。及国珍降，其参佐皆杖死，惟赦楠，任为韶州府知府。”

(四)方国珍非常机敏灵活，为求生存和发展，随机应变，但过于软弱，投机取巧，缺乏诚信，因此缺乏道德上的感召力，不能凝聚人心，树立信心

他不仅屡降于元，复屡降于朱元璋，通于张士诚，还曾“效忠于陈友定”(《明史纪事本末》卷五)，四面下注，投机取巧。更有甚者，还与远在北方的小国高丽联络，以留后路。

《高丽史·世家》卷三十九“恭愍王二”：“(戊戌，七年)，五月庚子，台州方国珍遣人来献方物”，“(己亥，八年)戊辰，方国珍遣使献方物”；卷四十“恭愍王三”：“(甲辰，十三年)乙卯，明州司徒方国珍遣照磨胡若海偕田禄生来献沉香、弓矢及《玉海》《通志》等书”；卷四十一“恭愍王四”：“(十四年)八月庚寅，明州司徒方国珍遣使来聘”，“(十四年)冬十月癸巳，方国珍遣使来聘”。

这是典型的商贩行为。

与方国珍形成鲜明对照，朱元璋从投身红巾军起步，开始即明确反元。红巾军倡言天下大乱，弥勒佛降生，又称韩山童为宋徽宗八世孙，当为当朝主，刑白马，誓告天地，首先竖起了反元复汉的旗帜，明确要改天换地，推翻元王朝，建立新世界，这一点为朱元璋所继承。

在此基础上，朱元璋在儒生引导下，逐步向传统儒家文化回归，提出类似近代“驱除鞑虏，恢复中华”的口号，这既是政治旗帜，也是文化旗帜。

朱元璋处于四面围攻中，百折不挠，敢于与力量强于自己的陈友谅殊死决战。

朱元璋也有灵活的生存策略，多次与元朝联络。直到至正二十年(1360)，闻察罕帖木儿下山东，江南震动，还遣使通好，遣千户王时(一作华)携白金三千两，附搭方国珍海舟至燕京。元朝军队马上瓦解，朱元璋又不认账了，后来则称说是去买马的。

朱元璋一直奉龙凤年号。但自己大业将成，便沉韩林儿于江。

但朱元璋毕竟还有底线，注意自己的形象。

朱元璋重视政治制度、文化建设。

朱元璋注重吸引人才，礼敬人才，麾下有李善长、朱升、陶安等人才。

至正十八年(1358)十二月，朱元璋的军队攻下婺州，改为宁越府，以王宗显为知府。次年设立郡学，聘金华人叶仪、宋濂为五经师，戴良为学正，吴沉、徐原为训导，范祖幹为咨议。李文忠守浙东，又荐许元、王天锡、王祎、胡翰等至金陵，同处礼贤馆。朱元璋初置中书省，召许元、胡翰等十余人会食省中，日令二人进讲经史，敷陈治道。继克处州等地，丽水叶琛、龙泉章溢、青田刘基先后来见。以后，由于他们的辗转推荐，更多浙东文士投入朱元璋阵营。他们为朱元璋集团削平群雄、驱除蒙古出谋划策，为朱元璋集团——明王朝政治、经济、军事等一系列制度的制订，特别是为明王朝的思想文化建设作出了重要贡献。他们用一整套儒家思想改造、引导朱元璋集团，使之由起义的农民转变为新王朝的统治者。明王朝的建立，在一定程度上可以说就是淮西武力集团与浙东文人集团相结合的产物。没有后者的参与，朱元璋集团的成功和明王朝的建立几乎是难以想象的。

三、方国珍的行为方式与路桥地域历史文化之关系

方国珍之所以能在元末率先造反，中间反反复复，多次降元、叛元，最后一再犹豫、被迫降明，主要是各种客观历史因素决定的。但他的行为方式，作为

主观方面的因素，也起了重要作用。而他的个性气质和行为方式，在很大程度上又与路桥特定的历史文化环境相关，是这种环境的产物。

在长期的历史发展过程中，路桥特有的自然地理条件塑造了富有路桥特色的生产生活方式，这种生产生活方式锻造出了路桥自身的文化传统。这三个不同层面的要素共同决定了路桥的历史文化特征。

（一）背山面海的自然地理环境

地域文化的发展基础是人类赖以生存的自然地理环境。路桥地处浙江中部沿海，我国黄金海岸中段；境域东濒东海，南接温岭，西邻黄岩，北连椒江；三面环山，一面临海，地形以平原为主，属于近海沉积平原，地势平坦、河道纵横，是温黄平原的中心部分。路桥的地理特征可以概括为三个“有”，即有山、有海、有平原。

王士性曾云“浙中惟台一郡连山，围在海外，另一乾坤”（《广志绎》卷四《江南诸省》），这也是对路桥的真实写照。路桥西北自括苍山延永宁山脉大仁山、委羽山经狮子山、黄家山、虎头山、盘龙山、玉瓶山、龟灵山、牛山（徐山）。南自雁荡山脉延塘岭、石佛山经谷堆山、但龙山经白枫山、南山、石宾山、普泽山。东南自披云山脉向北经阻浪山、凤凰山，再往东延霓岙山至浪矶山、邻东、西廊、黄礁、白果、五百屿、大陈岛等，城周有亭屿、梅屿、洋屿、圆珠屿、钱屿、桐屿等。这种濒山滨海、“与世隔绝”的自然环境使路桥相对于中心区域，没有外力可以依赖，唯有完全依靠自身才可以生存；这种地理环境也使路桥长期处于政治边缘地带，外来压力包括王权压力的相对薄弱，又使这种自主性较少受到干涉。因此，在长期的发展历程中，路桥人逐渐形成了面对现实、自强不息、顽强务实的精神。

路桥濒临大海，海之域风浪险多。海边经常有台风侵袭，频繁的天灾人祸使路桥人常常处在生存与毁灭的交叉点上。与大自然的搏斗，塑造了路桥人轻生死、重抗争的精神和闯荡冒险之气。

在山海之间的是温黄平原黑褐色的土地，平原间有孤丘点缀，土地肥沃，排灌条件优越。路桥正位于这片平原的中心腹地，域内河道纵横，河网密布，南官河蜿蜒穿城而过，交通便捷，这种地理优势是路桥商贸发展的先决条件。

（二）农耕海作的生产生活方式

地理环境的不同导致生产方式的不同，进而导致风俗习惯、价值观念的差异。路桥复杂多变的地理环境促使路桥人选择了灵活多变的生产生活方式，这里有靠山吃山的山民，有靠海吃海的渔民，有“脸朝黄土背朝天”的农民，亦有走街串巷、挑担叫卖的商民。路桥文化，在很大程度上就是山民、农民、渔民、商民文化混合交融形成的，可以称作是“四民文化”。

1. 山民之吃苦耐劳，强悍刚硬

路桥三面环山，山区交通不便，生存环境恶劣，因此山民多吃苦耐劳。苍莽大山也是匪徒出没之处，因此山民又多强悍刚硬。“山谷之民，石气所钟，猛烈鸷愎，侵犯刑法，喜习俭素，然豪民颇负气，聚党兴而傲缙绅。”从路桥人后来的那种“打一枪、捞一把”的土匪情结中还可以窥视到这种透着匪气和狠劲的山民品格。

2. 农民之勤俭务实，小富即安

路桥属近海沉积平原，境内地形以平原为主，为农业生产提供了条件。路桥的农民以种植水稻为主，兼种麦子等其他农作物。民间流传了很多与水稻生产有关的农事习俗，比如“开关秧门”“立夏进补”“祭田公田婆”等。土地上的辛勤劳作培育了路桥人勤俭务实的品格，农业的发展也为商贸的繁荣提供了基础。但是农业劳作也将农民绑缚在土地上，它造就的是保守、中庸、安稳的文明心理。路桥人能吃苦、肯吃苦，敢想敢干，敢闯敢冒，但是发展到一定规模的时候，就容易满足于现状，无意做大做强，转而求稳，很大程度上正是源于这种小农意识的束缚。

3. 渔民之敢闯善为，铤而走险

路桥濒临大海，沿海的渔民在海上捕鱼、在滩涂上捕捉各种生物、在海边晒盐，大海给了他们生存的机会，大海的博大、凶险，也铸就了路桥人敢于冒险、勇于突破的创业精神和刚强进取的品格。

沿海的渔民长年累月在海上捕鱼。海上作业的艰险和生命的无常，需要船上的所有人同舟共济。海上作业的这种特殊性促使沿海渔民萌发出了“打硬股”这种经营生产方式。一家一户造不起船，置不齐网具，就人人投资入股，并相应投入劳力，造船置网出海捕鱼，收成按股、按劳平分。这是一种群众自发采取的以资金和劳动力折股联合的经营生产方式，它讲求以诚相待，用互相协商的形式确定彼此的权利义务，通过彼此利益交换达到双赢结果。这也为后来路桥成为中国股份合作经济重要发源地之一提供了经验与实践基础。

煮盐、贩盐是沿海渔民另一种重要的生存手段，而这又经常与贩卖私盐联系在一起。王士性说“海滨之民，餐风宿水，百死一生，以有海利为生不甚穷，以不通商贩不甚富”，为生计，为求富，路桥人从来不惜铤而走险。在计划经济还占绝对主导地位的年代里，路桥人先行发展民营经济，这在当时可是冒了进监狱的风险。路桥人正是凭着这样一种敢闯善为的气魄，取得了经济发展的先发优势。

4. 商民之精明能干，灵气十足

路桥得地利之便很早就成为温黄平原的商品集散地，路桥人在这里卖米、卖鱼、卖盐，卖菜刀、草籽、箩筐，再到卖陶瓷、五金、金银首饰，路桥人充分利用了这种地理优势，体现了他们的精明和灵气，而商贸活动的广泛开展又反过来强化了这种气质。

（三）多源多流的文化传统

复杂多变的地理环境和灵活多样的生产生活方式使路桥的文化传统呈现出一种多元性。这种多元性首先体现在双重的文化源头上，它是瓯越文化与中原文化交融的结果；其次是形成了融山野文明、海洋文明和农业文明诸多要素于一体的商贸传统，使路桥的商贸传统在经商目的、商民的精神气质、价值取向等各方面呈现出多重特征。

1. 双重的文化来源

路桥的传统文化是瓯越与中原文化长期交融的产物，既保存有中原文化的传统又不失其自身的乡土特色。先秦时期，在中国东南沿海生活着与中原汉人不同的古越人。活动在台州、温州一带的瓯人，就是今天路桥人的祖先。在相当长的时期内，瓯越文化是路桥文化传统的唯一来源。随着北方人口的不断南迁，古越人的世界随着汉人与越人的融合逐渐消失。但是，瓯越文化的影响还是随着历史的长河不断绵延下来。这首先体现在一些历史陈迹上。在桐屿街道共和村的峭壁上，有一处古越人刻画的岩画，岩壁上隐约可见戉形、人形、飞禽走兽、钱纹、太阳或八卦纹等图案。“戉”形图案正是古代的越字，是古越先民的标志。其次在语言风俗方面还带有瓯越文化的遗风。最后，路桥人的文化性格中深深地融入了瓯越先民的气质。越人素有“处危争死”“轻死易发”的传统，路桥人强悍、刚硬的个性特质和轻生死、重抗争的精神都能在古越人那里找到源头。与中原汉人相比，古越人更强调现实的生存与发展。当中原人将珍贵的青铜制作大型礼器时，越人则用来铸造兵器与农具。体现在后来路桥人身上的就是以生存为旨归的务实作风。只要是有利于生存的，他们就会做，与其他地区相比，他们显得更理直气壮，更少顾忌。

中原文化对路桥的影响始于西周时期。在路桥有许多关于徐偃王的遗迹和传说。路桥小人尖遗址出土了徐国风格的文物，印证了当时确有相当身份的中原人士来到此地，为路桥带来了先进的中原文化，对这一带的开发起着积极的作用。秦汉之际，中原政权向周围的势力扩散日益加剧。台州原有的瓯越人开始不断外迁。汉武帝时，汉政府镇压反叛的闽越王，再度将居民迁往江淮流域，东瓯之地纳入汉朝版图。在瓯越人不断外迁的同时，移民开始流入台州，《史记·东越列传》称“秦始皇徙天下有罪吏民置海南故大越外，以备东海外越”。此后，随着中原王权的不断扩张及战乱的频仍，移民源源不断地流入台州。

汉以后，特别是三国、东晋以后，随着北方人口南迁路桥，以中原农耕文化为主的许多习俗随之传入这片越人故土。在路桥老街与新大街交叉处东南角，原有“右军墨池”，为王羲之游历路桥时留下的遗迹。唐代时期，这片偏处海隅，交通闭塞的土地，曾是朝廷贬谪罪臣的荒蛮之地。著名文士如骆宾王、沈佺期和号称“诗、书、画三绝”的广文博士郑虔等曾被流放于此，对本地文化的发展和礼仪习俗的形成，产生了影响。南宋理学盛行，大理学家朱熹来台州各地讲学，流风所及，以至民间婚嫁、丧葬、岁时、礼仪等有“遵文公（朱熹）家礼”之说。宋室南迁更是给路桥带来了新的发展机遇，起步于吴越国时期的社会经济发展，由此达到顶峰，成为路桥社会经济和文化品格发生巨变的转折点。正如杨晨在《路桥志略》中所说：“自宋南渡，近属畿辅，人物渐繁，商贾渐盛，水利渐治，仕学渐兴。”南宋永嘉学派的代表人物叶适在罗洋的讲学，进一步强化了路桥民间的工商风气。宋代以降，随着社会经济的活跃，路桥文化呈现出丰富多彩的样式。

2.包容并蓄的商贸传统

路桥这片土地真正引起人们关注的，是它商贾云集、农工并举的工商文化气质。路桥因其地处台州人口最密集的温黄平原中部，东濒东海，南接温岭，西邻黄岩，北连椒江，加之路桥人多地少的生存窘境和河网密布的水运条件，很早就培养出路桥人强烈的经商意识，商贸文化源远流长。1990年以来，路桥各地陆续发现了众多窑址。这些窑址存在于东汉到南朝期间，特别是以晋代为主体，说明当时路桥境内已经有相当规模的商业活动。隋唐以来，路桥就有制陶、酿造、雕刻、制盐、造纸、五金、木器、金银首饰等手工业的发展，后来形成了若干个手工业专业村，手工业的发达进一步促进了商业的繁荣。五代、宋时，路桥沿海一带盐业由分散生产进入盐场规模生产。路桥沿海一带盐场由南至北有一百四十里。制盐工艺由火煎海水改进为先刮泥淋卤，再煎制成盐。每当盐场售盐前数日，商人从四面八方赶来，几天之内就把一座座盐山搬空。五代吴越王钱镠在位期间开凿南官河，非但搞活了路桥的农业，也极大地便利了路桥的交通与货运。南宋以来，路桥商业得到飞速发展，“百货麇集，远通数州”。市集的地方就在今天“十里长街”一带的河埠、桥边。起源于南宋，鼎盛于明清的“十里长街”是路桥历史与商贸经济的缩影。

然而，路桥的商贸传统并非纯粹的商业文明，在这里，山民、农民、渔民都可以是商民,而商民也可以来源于他们当中的任何一员。商贸传统中深深地融入了山野文明、海洋文明与农业文明的各种要素,使路桥的商贸文化传统展现出独特的个性。在经商目的上,它表现出强烈的生存旨归;在精神气质上,刚劲和灵气并存;在价值取向上,表现为利而义,以利为本。

强烈生存旨归的商贸传统。路桥传统商业表现出强烈的生存旨归。路桥传统商业的目的,是为了实现部分农渔产品的市场化,说到底是因生存所需;商业活动的规模狭小,经商人员多为自产、自售物品的农民和小商小贩,缺少富商大贾;商品贸易内容狭窄,多为小农经济薪米鱼盐、瓜果豆蔬的交易;经营方式多为小本经营,大多是"货郎扁担针头线脑"的买卖;商贸交易也基本上局限于温黄平原,辐射力不强,呈封闭运行态势。

刚灵相济的商民品格。商民本以灵敏、灵活著称,但在路桥这个特定的历史背景下,灵气之中又渗入了一股刚劲,这是一种行为上的"闯劲"、时空上的"韧劲"和信念上的"犟劲"。

路桥人素以性格强悍、个性刚硬著称。如前所述,路桥原为瓯越地,越人素有"处危争死""轻死易发"的传统;路桥移民中,以北人居多,它使路桥人平添一份强悍的基因。同时,路桥濒山临海,大山雄浑苍莽,大海波涛汹涌,山魂海魄使台州人轻生死、重抗争的品格世代相承。从孙恩率众投海自尽,到历代不绝的农民起义可为佐证。

另一方面,路桥人又以"灵"气闻名。要征服大山和大海,仅有"刚"性是不够的,必须要随机应变、斗智斗勇。在传统的农业社会,路桥人并没有拘泥于一种生产生活方式,在从事农、渔的同时,很早就发展出了工商业,并随着时代的演进日趋发达,这是路桥人顺时达变,以求生存的结果。在文化选择上,路桥人既"遵文公(朱熹)家礼",又是事功之学的忠实践行者,民间工商之气极甚,对理学与事功学派采取了兼收并蓄的态度。而"打硬股"这种经营模式的创造不愧为一种制度创新。从路桥人适应自然环境,生产生活方式、文化态度的选择及制度创新上,均可窥见这种"灵"气的闪光。

为利而义,以利为本的价值取向。趋利是商业活动的特征之一,久远的商贸传统使路桥人在利的追求上相对其他地方的人显得更直接,更少顾忌。但是,在求生存的过程中,路桥人也朴素地认识到,单靠个人无法生存,只有强调团队协作,强调"亲帮亲""邻帮邻",才能共渡难关。征服大海,需要全船的人通力合作,不计荣辱,同舟共济;征服大山,需要群体的齐心协力;路桥历史上多强盗倭寇,更需要生死与共,"一方有难,八方支援"。因此"义"贯穿在路桥人的日常生产、生活过程中,成为路桥人的文化基因。但是这种"义"是狭隘的

“义”，它是以个人为核心，以地域为半径，以人情为纽带形成的“义”，当个人利益与国家、集体的大“义”相碰撞时，个人利益往往占了上风。其次，这种“义”没有得到理性的升华，它始终停留在一种简单商业伦理的层面，没有上升到普遍伦理、社会伦理的高度，就如同“打硬股”模式所体现出来的，其组建的目的是“利”，均股均摊、相互合作则是“义”，义是为了利而存在的。因此，总体而言，路桥传统文化中的义利观体现出为利而义、以利为本的价值取向。

总之，路桥传统文化的多元性深深地根植于路桥复杂多变的自然地理环境和生产生活方式，在这里，山野文明和海洋文明奇异交汇，工商传统和农业传统交相辉映。商贸的发展促使原以地理单元为依托形成的山民、农民、渔民个性在商民身上奇异融合，形成了融山野文明、海洋文明和农业文明诸多要素于一体的商贸传统，最终铸就了路桥人以商民之灵为特性，兼有山民之悍、农民之勤、渔民之勇的独特文化品格。

关于方国珍的家庭：

《明太祖实录》：“国珍名珍……世以贩盐浮海为业。”

《明史·方国珍传》：“方国珍……世以贩盐浮海为业。”

尹守衡《皇明史窃·方国珍》：“方谷珍者，黄岩人，其初杨屿盐徒也。”

周昂《元季伏莽志·方国珍》：“至正十九年正月乙卯，国珍献黄金五十斤，白金百斤，金织文绮百端，遣使奉书，愿合兵灭士诚。其略曰：国珍生长海滨，鱼盐负贩，无闻于时。”

《明太祖实录》：“兄国璋、弟国瑛居台，惟以买田、造舟、殖货为富家计。”

查继佐《罪惟录·方国珍》：“方国珍避讳改国真……兄弟五人，咸刚戾。父伯奇，农，懦，无所不狎侮。俗，佃见主人，拱侍，如承官府，伯奇益退竦，至不自容，里人咸笑。国真张目曰：彼犹人，何所上下，乃自丑如此。他日，伯奇或遇屈辱，退告所知，吾儿不让人。”

周昂《元季伏莽志·方国珍》：“国珍……以贩盐浮海为业。家故贫，佃大姓陈氏田。黄岩风俗，贵贱分甚严。农家种富室田，名佃户，见田主不敢施揖，伺其过而后行。珍父伯琦，遇田主尤恭。珍尝谓父曰：田主亦人耳，何恭如此。父曰：我一家养赡，惟田主之田是赖，焉得不恭。珍不悦。盖方氏世以善行里中，珍父益柔良，人或弱之，父笑曰：吾诸子当有贵者，无久苦我。既而父卒，兄弟竭力作苦，家渐裕。”

看来方国珍家里本来是农民(佃农)，其父性格极为懦弱。浙东黄岩一带土地极为稀缺，因此佃主才如此奇货可居。方国珍有兄弟五人，其父要养活他们，肯定有极大的生存压力，因此才如此懦弱。方国珍兄弟等使家庭富裕起来，除了可能继续从事农业外，还可能兼做渔业、盐业和商业。虽然方国珍兄弟表面上与他的父亲性格完全相反，但内心深处不免有继承的一面。

方国珍处于濒海之地有利有弊。从利的方面说，一是元朝军队不善海战，方国珍随时可逃入海，有后路，因此敢于率先造反；二是方国珍的舟师对元朝海运造成极大威胁。元军不一定是无法战胜方国珍，关键是方国珍一有可能战败就下海，下海就会劫掠海运，给元朝造成的麻烦更大，所以元朝宁愿他在陆地上，因此不得不招安。方国珍掌握了元王朝的这个软肋。《续资治通鉴》卷第二百十六："方国珍……以水为命，一闻兵至，挈家航海。中原步骑，无如之何。彼则寇东掠西，捕之不得，招之不可。"从弊的方面来说，方国珍及其兄弟子侄部下，因为有这条后路，所以不思进取。一旦遇到强敌，没有殊死决斗的勇气，马上就想着逃到海上去。

傅维鳞《明书・方国珍记》："辛卯……于是孛罗期(泰)不华大闾洋会战国珍，谍知之，夜率健卒突鼓噪，官兵不战溃，赴海死者过半。执孛罗及郝万户囚舟中，使招安。郝故出元主高丽奇皇后位下，请托公行，二人幸得脱，诡言于朝，元主虑海道梗，下不华复招谕之。"

傅维鳞《明书・方国珍记》："丁酉春，大造海舟。或问曰：舟已多，何更造为？国珍曰：倘兵多至，易浮海去。人见其但为走计，无大志，豪杰多去之。"

《明史・方国珍传》："吴元年(1367)，克杭州，国珍据境自如，遣间谍假贡献名觇胜负，又数通好于扩廓帖木儿及陈友定，图为掎角。太祖闻之怒，贻书数其十二罪……国珍不听，唯日夜运珍宝，治舟楫，为航海计。"

方国珍可谓当时路桥人的代表。他可能既是农民，也是山民、渔民、商民。他的性格是这几种性格的混合。他有敢于冒险、敢于拼搏的一面，因此能勃然一怒，率先造反。但他的性格中又有胆小怕事、目光短浅、唯利是图的一面，所以特别注重积累财富，擅长于金钱开路，常用贿赂的手段，喜欢投机取巧，这是他难成大事的重要原因。

我们现在研究方国珍，既要挖掘总结他的可取的一面，也要以古为鉴，将他作为一面镜子，反思地方文化传统的消极面。

（因时间仓促，本草稿引文多据《方国珍史料集》，尚未核对原书，特此说明）

方国珍崛起的地理背景研究

厦门大学　周运中

方国珍是元末最重要的民间武装领袖之一，但是关于他的研究很少，而且没有太多突破。① 章采烈统计说，从1900年到1986年，研究元末战争史的论文共有351篇，其中研究方国珍的只有6篇。② 陈波指出，日本学者对方国珍的研究更加成熟。在日本学者奥崎裕司、藤田明良、寺地遵的研究基础上，陈波又发掘了鄞县倪氏、永嘉戴氏等航海世家，指出庆元、温州这些沿海豪强及普通海民集团的加入是方国珍割据浙东三府的支柱。③

笔者曾提出元末最重要的三支义军朱元璋部、张士诚部、陈友谅部之所以都崛起于江淮之间，是因为这里在南宋时期是边疆，社会普遍军事化，所以元末江淮群雄发迹时所用的山水寨多数是南宋以来就长久使用的。④ 拙文发表后，有学者面问，方国珍并非在江淮之间。其实，方国珍虽然不在江淮之间，但是他的情况有些特殊：首先是方国珍只占三路（相当于宋、明的府），地域不大；其次是方国珍未建国号，立场不定。所以，虽然方国珍邻近朱元璋、张士诚，比较显眼，但是不足以动摇全局，甚至和元廷关系最好，出船运粮，维持了大都的统治。那么方国珍部的崛起和南宋时期浙东沿海社会有无关系，或者说有多少关系呢？本文试图回答这一问题。

---

① 陈赓平：《关于方国珍起义事迹的探讨》，《光明日报》1961年9月28日；施一揆：《对〈关于方国珍起义事迹的探讨〉的商榷》，《光明日报》1962年5月9日；周乾溁：《怎样评价方国珍》，《文史哲》1963年第2期；葛军力：《元末刘福通同张士诚之流的斗争》，《解放日报》1975年12月1日；章采烈：《论〈方国璋神道碑铭〉的史料价值》，《东南文化》1989年第6期；吴传治：《再论方国珍起事》，《贵州社会科学》1990年第2期；刘曼丽、范红丽：《方国珍家族事迹拾遗》，《西安建筑科技大学学报（社会科学版）》2001年第1期；段海蓉：《元末方国珍治下色目人的境遇与心态》，《南开学报》2011年第3期。

② 章采烈：《论方国珍的功与过》，《上海大学学报（社会科学版）》1990年第4期。

③ 陈波：《海运船户与元末海寇的生成》，《史林》2010年第2期；陈波：《元代海运与滨海豪民》，《清华元史》2011年创刊号。

④ 周运中：《元末大起义和南宋两淮民间武装》，《元史及民族与边疆研究集刊》第二十辑，上海：上海古籍出版社，2008年。

我们还注意到，和元末江淮各地群雄崛起的情况不同，浙江的大规模民间武装集团的数量较少。前人虽然关注浙东地区的环境，但是没有比较浙东内部的差异。那么，为什么是在台州崛起了这一支武装，而非浙东其他地方呢？台州滨海的三个州县里，为什么又是黄岩州，而非临海县和宁海县呢？这也是本文试图回答的两个问题。

一、南宋浙东沿海豪强

南宋宝祐四年(1256)吴潜说：

窃见朝廷自端平初，团结温、台民船为十番，岁发一百四十只，前往镇江府防拓江面，已二纪于此矣。

其始团结，固有定籍。岁月既久，元籍之舟，有坏于风水之飘没者，有陷于盗贼之劫掳者，有家道贫乏无力修葺而朽敝者，有转以售人者。有司但以旧额拘船，祖以及父，父以及子，子以及孙。逼令出备，不至于破家绝产流离死亡不已。其强悍者，则未免转徙而为盗贼。迨至每岁发船，则县道召人纠举白船，以补欠阙之数，又乘此以为搔扰乞取之计。

凡邑之有舟者，不问大小，例皆根刷。有势者不敢问，有力者不敢问，有钱计会者不复问。迨溪壑之欲既厌，然后姑以弊旧之舟、疏略之杠，具孱弱之稍火，文具塞责而已。

间遇江淮制司拨上项舟船，载出戍军士，以至上流，或般运粮饷。以弊舟弊人，溯流犯险，则往往人船俱坏，死为客鬼。于是庆元、温、台三郡边海之民，陆者不得安于陆，渔者不得安于渔，以起发隘船为一大阱。生者怨气充腹，死者冤气干霄。臣实伤之。①

吴潜说，端平初年以后朝廷命浙东三府，调拨民船，防守长江，已有二十多年。久之积弊，不调权势富豪之家，负担转给平民，给当地百姓带来很大灾难。他接着说，台州进士周燮想出了义船之策，七八尺以下的小船不调，按照乡都大小，平均出钱给调船人家，开始在台州展开，前一年秋天在浙东三府实行，沿海二十三里安居乐业。

这则史料告诉我们，南宋浙东沿海三府也卷入宋元战局，长期编有统一船

① (宋)吴潜：《许国公奏议》卷三《奉行周燮义船之策以革防江民船之弊乞补本人文资以任责》，《续修四库全书》第475册，第172—173页。

队。很多人因为弊政变成海盗，而且浙东的豪强势力很大。吴潜《许国公奏议》同卷《奏禁私置团场以培植本根消弭盗贼》又说：

> 本府管下鲒埼镇，倚山濒海，居民环镇者数千家，无田可耕。居廛者则懋迁有无，株守店肆。习海者则冲冒波涛，蝇营网罟，生齿颇多，烟火相望而并海数百里之人，凡有负贩者皆趋为焉。
>
> 《图志》谓之小江下，自古官司不置税场，正欲留此利源，养赡不耕不蚕之民，使之衣食稍给，则非心妄念不作。比年以来，形势之家，私置团场，尽网其利，民不聊生，其间不得已者未免沦而为盗。近幸势家自行住罢团局，听令民间自营生业。小民方有生意，但一方奸猾之徒，垂涎未已，或恐妄行投献府第，借声势以残民，创砂岸以龙断，使小民衣食之源，得而复失。

这则史料说，鄞县东南狭长的海峡称为小江（今名象山港），两侧山多地少，但是人口很多，民多经商，镇上有数千家，而且店铺很多，贸易发达。官府不收税，留利于民。但是豪强自设团场，甚至改造海岸，垄断贸易，致使贫富悬殊，有平民转为盗贼。吴潜请求永远禁止私设团场，立碑为据。其实这种情况可能在浙东沿海很多地方都有，浙东不同浙西在于山多田少，所以民众以海为生。台州人王士性说："两浙东西以江为界而风俗因之……杭、嘉、湖平原水乡，是为泽国之民；金、衢、严、处丘陵险阻，是为山谷之民；宁、绍、台、温连山大海，是为海滨之民。三民各自为俗。"[①]方国珍依靠的就是所谓海滨之民，占据的也是这三府。

元代浙江沿海豪强势力仍然很大，《元史》卷十二说忽必烈前至元十九年（1282）九月："戊午，合剌带等招降象山县海贼尤宗祖等九千五百九十二人，海道以宁。"象山县居然有海盗近万人，说明元初浙东海盗之多。象山县因为地处半岛，四周岛屿很多，所以海盗很多。

《元史》卷十六前至元二十七年（1290）十一月：

> 江淮行省平章不怜吉带言："福建盗贼已平，惟浙东一道，地极边恶，贼所巢穴。复还三万户，以合剌带一军戍沿海明、台，亦怯烈一军戍温、处，札忽带一军戍绍兴、婺。其宁国、徽，初用土兵，后皆与贼通，今以高邮、泰两万户汉军易地而戍。扬州、建康、镇江三城，跨据大江，人民繁会，置七万户府。杭州行省诸司府库所在，置四万户府。水战之法，旧止十所，今择濒海沿江要害二十二所，分兵阅习，伺察诸盗。钱塘控扼海口，旧

① （明）王士性撰，周振鹤点校：《广志绎》卷四，北京：中华书局，2006年，第263—264页。

置战船二十艘,故海贼时出,夺船杀人,今增置战船百艘、海船二十艘,故盗贼不敢发。"从之。

在蒙古人看来,浙东是极为险恶的海疆边陲,是海盗的巢穴,所以必须重兵防守,但是当地士兵居然和海盗勾结,所以调江北军队换防。钱塘江口战船增加一倍,还在沿海、沿江要地增加训练基地。

《元史》卷一百二十五《高睿传》说:"除同佥行枢密院事,迁浙西道肃政廉访使。盐官州民,有连结党与,持郡邑短长,其目曰十老,吏莫敢问,睿悉按以法,阖境快之。"卷一百七十《郝彬传》说:"宋末,鄞县贼顾闰,聚众海岛,时出攻剽,宋羁縻以官。内附后,益横,侵扬州境,彬讨禽之。"卷一百八十四《王都中传》说:"余姚有豪民张甲,居海滨,为不法,擅制一方,吏无敢涉其境。都中捕系之,痛绳以法。"

关于南宋时期浙东海盗,梁庚尧先生有详细研究,他指出浙东海盗源自贩卖私盐,有强大的武装,时常劫掠闽粤沿海。① 从浙东海盗在南宋时期就已经成为东南沿海巨患,并且浙东三府海船在南宋末年有长达半个世纪的编防历史来看,方国珍部的崛起其实在南宋就有深厚的根基了。《元史》卷一百四十三《泰不华传》说方国珍至正八年(1348)首次叛乱后,"事闻,诏江浙参政朵儿只班总舟师捕之。追至福州五虎门,国珍知事危,焚舟将遁,官军自相惊溃,朵儿只班遂被执。国珍迫其上招降之状,朝廷从之,国珍兄弟皆授之以官,国珍不肯赴,势益暴横"。又说:"(至正)十二年(1352),朝廷征徐州,命江浙省臣募舟师守大江,国珍怀疑,复入海以叛。"方国珍开始南逃福建,无疑是南宋时期浙东海盗长期骚扰闽粤的继续。而元朝以浙东海船防守长江,其实是南宋政策的继续,这是方国珍第三次起兵的缘起。

二、方氏崛起于台州的原因

前人对宋元时期浙东海交史的研究,侧重于宁波,鲜及台州。其实台州虽然由于政治地位不如宁波,因而较少出现在官方文献中,但是从其他文献来看,台州的海上贸易也很繁荣。

陈泰夏据《高丽史》统计,从高丽显宗三年(1012)到忠烈王四年(1278),宋

① 梁庚尧:《南宋温艚考——海盗活动、私盐运贩与沿海航运的发展》,《台大历史学报》2011年第47期。

商至高丽120余次。① 松浦章统计了其中有籍贯记载的，台州有3人，明州(今宁波)仅1人。② 不过据陈泰夏的统计，还有明州2人。所以我们说，台州到高丽的商人恐怕和明州差不多。

阿拉伯人阿布尔菲达(1273—1331)《地理学》说："依《喀南》记载，Khanju是中国门户之一，位于河上，伊本·赛义德说，Khanju是中国门户之首，筑石为城……其东是Tajah[台州]。"此段在泉州(刺桐Zaitun)、扬州(Yanju)之间，③是浙江无疑。Khanju是中国门户之首，即杭州，当时是南宋首都。Tajah在其东面，从读音来看只能对应台州。裕尔注解说这里的Tajah即Edrisi所说的Bajah，其实二者不能等同，查裕尔同书中译本第109页所引Edrisi于1153—1154年所写的《地理志》说从库姆丹河口的Janku上溯行船2月到达中国君主所在都城Bajah，Bajah应即北宋都城汴京的对音。裕尔说Bajah是Tajah，忽视原文说此地是中国都城的情况。这一段史料的浙江区域，除了首都杭州的特例外，只说到台州，没有提及温州、明州，说明台州的地位仍然非常重要。

明初宁海县人方孝孺说：

> 台之属邑五，其俗各殊。地大物众者，则机辩轻捷，而过于华。僻在险隘者，则椎鲁俭固，而近于陋。
>
> 宁邑居郡之东北，与会稽、四明相衔而为往来之冲。有山溪、竹木之美、稻麦鱼盐之饶，故其大家多优裕和雅，喜学而好文。其小民力业，寡求鲜争，而罕讼，其俗最为得文质之中。
>
> 然东西两际巨海，异时番樯贾舶骈集竞凑之所，染习异俗，人居其间，或失其常。惟县之北乡，风气奥密，视诸邑为最善。④

这里说，台州除府治所在的临海外，另管黄岩、宁海、太平、天台、仙居五县，风俗各异。偏僻的地方，风俗淳朴，无疑是指天台、仙居等内陆山县。宁海在台州东北，东部沿海地区是突出在海中的半岛，北面即象山港，南面是三门湾，这里在元代就是外商船舶云集之地，所以宁海东部沾染了很多海外异域的风俗，

---

① [韩]陈泰夏：《高丽宋朝之间使臣路程考》，林天蔚、黄约瑟编：《古代中韩日关系研究》，香港：香港大学亚洲研究中心，1987年。

② [日]松浦章：《清代帆船东亚航运与中国海商海盗研究》，上海：上海辞书出版社，2009年，第219—220页。

③ [英]亨利·裕尔著，[法]亨利·考迪埃修订，张绪山译：《东域纪程录丛》，昆明：云南人民出版社，2008年，第228页。

④ (明)方孝孺：《逊志斋集》卷一三《葛氏族谱序》，《影印文渊阁四库全书》第1235册，第385页。

和宁海其他地方很不一样。

元代的台州局势一直不稳,《元史》卷一百三十一《怀都传》说:"(前至元)十四年(1277),授镇国上将军、浙东宣慰使。讨台、庆叛者,战于黄奢岭,又战于温州白塔屯寨。"卷一百六十二《高兴传》说:"[前至元十六年(1279)]奉省檄,讨处州、福建及温、台海洋群盗,平之。"《史弼传》说:"(前至元)二十六年(1289),平台州盗杨镇龙,拜尚书左丞,行淮东宣慰使。"卷一百七十三《崔斌传》载其前至元二十年(1283)言:"江南盗贼,相挻而起,凡二百余所。皆由拘刷水手与造海船,民不聊生,激而成变。日本之役,宜姑止之。"因为东征日本,抓捕水手造船,导致江南沿海民变二百多起。卷一百三十一《忙兀台传》说:"浙东盗起,蠲田租,以纾民力。(前至元)二十三年(1286),奏:以贩鬻私盐者皆海岛民,今征日本,可募为水工。从之,赐钞五千贯。役既罢,请以战舰付海漕。"浙东私盐贩很多,他建议招募为东征船工,东征计划停止,又改战舰为漕船。卷一百八十一《黄溍传》说:"中延祐二年(1315)进士第,授台州宁海丞,县地濒盐场,亭户恃其不统于有司,肆毒害民。编户隶漕司及财赋府者,亦谓各有所凭,横暴尤甚。溍皆痛绳以法,吏以利害白,弗顾也……奸民以伪钞钩结党与,胁攘人财,官若吏听其谋,挟往新昌、天台、宁海、东阳诸县,株连所及数百家,民受祸至惨。"

嘉靖《太平县志》卷二《水利》记有元代修筑的萧万户塘,未说萧万户详情。[①] 萧万户塘的修筑者应是萧伯善,据黄溍给萧伯善撰的神道碑文说,萧伯善的高祖契丹人萧也先降蒙,父为沿海上万户府副万户。大德十一年(1307)伯善继任,"初以沿海军分锁台州,皇庆元年又移镇婺、处两州","两浙之盐法积弊日滋,行省俾公与转运司官共整治之。公访求其致弊之源,随事厘革亭户之凋耗者,亟为佥替,使无缺役。官课既登,而民间私煮盗贩之害,有未尽除。事闻于上,命行省择所部万户,岁一巡历,以申明其禁令。公首膺兹选,所至人莫敢犯,或弗悛而丽于法,立蔽其罪,未尝留狱。由是平民免于诬构株连之患,公复深究其利病,酌古今之宜,为上中下三策,行省以上于中书,事格不行。有识之士以公言不可废,相与刻置郡庠,人至今传之"。伯善"乐台州山水之胜,买田筑室而居焉",于至正七年(1347)死于台州,子宜孙、厚孙继任。萧伯善的长女婿是"泰不葉",[②]应是"泰不華"之形讹。《元史》卷一百四十三《泰不华

① 嘉靖《太平县志》,浙江省温岭市地方志办公室整理:《太平县古志三种》,北京:中华书局,1997年,第37页。

② (元)黄溍:《金华黄先生文集》卷二七《沿海上副万户石抹公神道碑》,《续修四库全书》第1323册,第360—362页。

传》说:“父塔不台,入直宿卫,历仕台州录事判官,遂居于台。家贫,好读书,能记问。集贤待制周仁荣养而教之。年十七,江浙乡试第一。明年,对策大廷,赐进士及第,授集贤修撰,转秘书监著作郎,拜江南行台监察御史。”从泰不华的民族、居地及身份来看,此泰不华应即萧伯善的女婿。宜孙的岳父是于九思,曾任杭州路总管、海道都漕运万户、绍兴路总管。①

萧伯善于皇庆元年(1312)移镇婺州、处州,他晚年居住台州只是私事。据至正《四明续志》卷三说,沿海上万户府“皇庆二年,那移军马镇婺”,②副万户萧氏在台州应该不到一年。由于浙江的元军集中在北部,而浙闽交界山区不稳,所以元军把萧万户部调防浙西南。此前浙东的私盐已经很严重,萧伯善曾有治理。萧万户的海军移到内陆,给方国珍的崛起留下了空间。浙江反元势力只能崛起于台州,而不可能在庆元。

叶子奇《草木子》卷三上说:“至正戊子间,海寇方国珍始为乱。先是蔡乱头剽劫海商,始悬格命捕之。方为台之杨屿人,慕赏功官爵,募众至数千人。时台州总管焦鼎等纳蔡之赂,薄其罪而不加诛,玩忽岁月。方遂入海为寇,官兵皆不战而败。朝廷恐为海运之梗,招安之,即啖之以海运千户。及既定,濒海之民莫不愤之。与万户萧载之谋袭杀之,不果,又叛。朝廷命参政孛罗、元帅董抟霄率兵加讨,兵未交,皆先溃,郝万户为所获。方拘置舟中,使求招安,郝故出高丽后位下,请托得行。遂特旨释之,进爵已拜参矣。”③萧宜孙,字申之,这个萧载之,应即萧厚孙,取厚德载物之意。

《元史》卷一百八十八《石抹宜孙传》说:“尝借嫡弟厚孙荫,袭父职,为沿海上副万户,守处州。及弟长,即让其职还之,退居台州。至正十一年(1351),方国珍起海上,江浙行省檄宜孙守温州,宜孙即起任其事。其年闽寇犯处州,复檄宜孙以兵平之。以功升浙东宣慰副使,分府于台州。顷之,处之属县山寇并起,宜孙复奉省檄往讨之。至则筑处州城,为御敌计。十七年(1357),江浙行省左丞相达识铁睦迩承制升宜孙行枢密院判官,总制处州,分院治于处。”萧宜孙、萧厚孙为万户时,方国珍已经作乱海上。刘基说:“(至正)十四年(1354),海贼复叛,行省宪司又以副元帅起公,分府台州。公辞,不得已,乃命乡民作保伍团结,扼要害,使贼不敢辄登岸。乃聚粮训兵,以图进讨。其夏六月,朝廷用旧议,立巡海道官,所以防贼。贼乃复请降,帅其属往卫漕运至京师。而妖人黄草堂复扇动

① 《金华黄先生文集》卷二三《元故中奉大夫湖南道宣慰使于公行状》,第317—319页。

② (元)王厚孙、徐亮:至正《四明续志》,《宋元方志丛刊》,北京:中华书局,1990年,第6470页。

③ (明)叶子奇:《草木子》,北京:中华书局,1959年,第49页。

黄岩民，以报仇为名，聚众构乱。公以计收其渠酋六人斩之，余党皆散为民。台州平，行省又檄公分府处州。”[①]这里没提修海塘，战乱之时也不可能有大型工程。而萧厚孙也没单独在台州，天如《答载之萧万户书》说：“旌麾去吴，闽洞鼠闹，谓必振旅南行。”[②]萧厚孙随宜孙南征福建，宜孙于至正十九年(1359)在处州抵抗朱元璋部战死。厚孙守婺州，前一年被俘，所以萧万户塘只能是萧伯善所修。

嘉庆《太平县志》卷十下《武秩》认为萧万户塘是《草木子》所说的万户萧载之所修，又据《林头潘氏谱》载白沙有地名萧家巷，相传为萧侍郎故居，认为不知何代人，姓名不可考。[③] 其实萧侍郎不可能是萧万户，萧载之也不可能修塘。今天的台州地方报刊甚至有萧载之被方国珍俘虏后修塘的说法，都毫无根据。

三、方氏崛起于黄岩的原因

方国珍家在杨屿，又名洋屿，今属台州市路桥区，元时属黄岩县。黄岩县和台州其他县不同，天台、仙居二县在内陆，临海、宁海虽然有海，但是沿海没有什么平原。黄岩县既靠海，又有大片平原，所以环境最佳，人口众多，贸易繁盛。《元史》卷六十二《地理志》说元贞元年(1295)升黄岩县为黄岩州，台州其他四县一直是县，说明黄岩人口最多。当时的温岭市石塘镇和玉环县还是岛，温岭市大部还是个半岛，所以黄岩东部是椒江口南的海湾，易于成陆。今天钱塘江以南的浙江沿海地区，以温岭、黄岩的人造平原最大。明成化五年(1469)，析台州府黄岩县南三乡置太平县，十二年析温州府乐清县六都入太平，1914 年太平县改名温岭。温岭一直是台州人口最多的县，温岭设置前的最多县是黄岩。

嘉靖《太平县志》卷二《水利》引侍郎王居安《黄岩浚河记》说：“黄岩县为田可百万亩，而水乡之田实居大半。言水利者，有浚河、置闸二事而已，而二事又复不审不密。昔之为河者，虑未及闸也，是之谓不审。其为闸者，虑未及河也，是之谓不密。元祐以前，初未有闸，大率为埭以堰水，颇为高田之利，而下田病之。水潦大至，下乡之民十百为群，挟梃持刃以破埭，遂有斗争格杀之事。于

---

① (明)刘基：《诚意伯文集》卷八《处州分元帅府同知副都元帅石末公德政碑颂》，《四部丛刊初编》第248 册。

② (元)天如：《天如惟则禅师语录》，《新纂续藏经》第 70 册。

③ 嘉庆《太平县志》，《太平县古志三种》，第 349 页。

是乡先生罗公适提刑本路，始议建闸，酌高下以谨启闭，解仇怨以全乡井，意则美矣。然继述匪人，诸闸既立，开时常少，闭时常多，潮水一石，其泥数斗。朝夕淤塞，浸成平陆。时当巨浸，闸虽启而流实壅。于是下田被害，反咎夫闸之闭水，曾不若埭之可以破决，其泄水易且速也。东嘉蔡军范来宰吾邑，深究水之利弊，初年遂疏决闸内外诸港，使水有所泄。明年，遂开浚田间诸河，稍令广大，使水有所潴。"据同书卷六，王居安是淳熙十四年(1187)进士。所以黄岩、温岭一带的水利史，以北宋为界，以前水利多在高地蓄水，后来开始在海滨建闸，加速了海岸淤积。同书卷二南宋淳熙甲寅(1194)彭椿年《闸记》说："台之五邑，黄岩为壮。邑境之濒海者，率三之二。故其地势斥卤，抱山接涂，川无深源，易盈易涸。非资乎畎浍之利，则不可也。"黄岩、温岭一带的平原最大，水利最重，所以是台州最壮之县。

元代黄岩和宋代的最大不同，在于出现了很多大海塘，嘉靖《太平县志》卷二没有记载宋代的海塘，但是元代修筑的有太平乡的萧万户塘、长沙塘、塘下塘、玉环乡的能仁塘、江心塘、灵山塘。这些海塘的修筑，使得陆地大为扩展，萧万户塘，北起盘马山，南到松门，长达 10 千米。大海塘的修筑，是沿海人口增长的结果，又促进了沿海人口的增长。

因为黄岩的平原最广，所以沿海最容易产生豪族。因为海岛或内陆的环境都比较单一，但是沿海平原经济多元，所以最富。嘉靖《太平县志》卷八《宅墓》说："南塘戴氏故居，在石屏山之阳，俗名塘下。地东南并海，旧有海塘，故名。五季时戴镒，避闽乱，徙黄岩，择地得南塘家焉。历宋经元，子孙益蕃以大，代有闻人。蔡滂曰：戴氏居南塘下，山易材，海易渔，田易稼，聚族数十，富乐累世。"戴氏所居之地，有农业、林业、渔业多种经济，所以戴氏日益发达。

不过戴氏所居之地，成陆较早，今天的塘下已经距海 10 千米。而元代新修海塘内是新成陆地，所以比较危险。嘉靖《太平县志》卷八《杂志・方寇始末》说："至正戊子年，杨屿方国珍兵起……诣南塘戴氏，借大桅木造船，将入海货鱼盐……遂以女妻其子。至正四年秋七月，海啸，大风吹海角上平陆二三十里。国珍故海滨盐徒也，以盗牢盆与蔡乱头相仇杀，州郡不与直。已而蔡乱头剽劫海商，行省悬格命捕之。国珍，故蔡仇也，又慕赏功，遂纠集盐伴数十人，欲以擒蔡。"蔡乱头和方国珍仇杀在前，而之前发生了大海啸，沿海二三十里受灾。这场海啸是导致海边社会混乱的直接原因，而元代黄岩大兴海塘导致沿海人口激增才是海啸成灾的根源。

《草木子》卷三上说："方国珍，台之宁海人。其居有山在海中，曰杨屿。尝有童谣云：杨屿青，出贼精。"宁海误，《国初群雄事略》卷九引刘文进《方氏事迹》说:“(方国珍)所居有山曰杨屿,一曰洋屿山。素无草木,是年青草遍生,国珍之兵果起。”[①]谣言发生作用,必须要有一定真实性,所以韩山童必须埋下一个石人。同样,洋屿长出草木,可能也是实情,正是因为黄岩滩涂成陆,所以杨屿植被开始茂密。洋屿山很小,东西最宽500米,东北到西南600米。洋屿山现在离海已有10千米,但是元末还在海中。明代已经连陆,临海出土的一方万历九年(1581)墓志说:“黄岩县南行四十里,为洋屿山,山特立海滨。”[②]洋屿已在海滨,可见海岸扩展迅速。所以,“洋屿青,出海精”的传说似乎是无稽之谈,其实背后正有方国珍起事的缘由。正是因为元代的黄岩大片填海造陆,壮大了沿海社会的力量,才为方国珍的崛起奠定了基础。

据宋濂撰方国珍神道碑文说,至正初年有李大翁在海岛起事,劫掠漕船,又在蔡乱头之前。[③] 据陶宗仪说,“海舶中以司柁曰大翁”,[④]所以李大翁是商船中的掌舵,这说明台州早期的叛乱者有很多是商人。方国瑋神道碑铭文说,方国珍起事前曾经帮助元兵平王复之乱,得任仙居县丞,家业日富,《元史·泰不华传》作王伏,“(至正)八年(1348),台州黄岩民方国珍为蔡乱头、王伏之仇逼,遂入海为乱,劫掠漕运粮,执海道千户德流于实”。前人认为方国瑋早年任仙居县丞,史籍无载。[⑤] 其实王逢有诗云:“仙居县丞寇海邦……君不见台州牧长金兜鍪,气节自是名臣流。”[⑥]这个仙居县丞应该就是指方国瑋,台州牧长指的是至正十二年(1352)先与方国珍战死的台州路达鲁花赤泰不华。序云:“昌国州达鲁花赤高昌帖木儿,平章买住之犹子也。海寇犯境,侯连与战破之。众寡不敌,或劝侯遁去,侯曰:是吾死所也,遂死之。江浙省参政樊执敬为文遣使致祭,请谥于朝,逢为作歌云。”说明此次入侵昌国的正是方国珍部,王逢知晓方国瑋曾任仙居县丞。

不过此事在至正十五年(1355),而非至正十一年(1351),《元代农民战争史料汇编》误系在十一年,[⑦]因为该书前一条王袆说:“至正十年冬,黄岩海寇荐起,而昌国为州在大海中,距黄岩一息可至也……明年正月,从侯引兵出海,

---

① (清)钱谦益:《国初群雄事略》,北京:中华书局,1982年,第211页。

② 《明南川罗先生配安人郑氏合葬墓志铭》,丁伋点校:《临海墓志集录》,北京:宗教文化出版社,2002年,第175—176页。

③ (明)宋濂:《宋学士文集》卷四〇《故资善大夫广西等处行中书省左丞方公神道碑铭》,《四部丛刊初编》第247册。

④ (元)陶宗仪:《南村辍耕录》,北京:中华书局,1959年,第104页。

⑤ 章采烈:《论〈方国瑋神道碑铭〉的史料价值》,《东南文化》1989年第6期。

⑥ (元)王逢:《梧溪集》卷二《帖侯歌》,《影印文渊阁四库全书》第1218册,第605页。

⑦ 杨讷、陈高华、朱国炤、刘炎编:《元代农民战争史料汇编》中编,北京:中华书局,1985年,第584页。

阃帅府总军民兵，同会海门洋。”[①]赵观光在至正十年(1350)向高昌帖木儿献计，次年随孛罗帖木儿出战，此事被误以为就是方国珍进攻昌国。但是孛罗帖木儿出征浙南，不在庆元路，方国珍进攻昌国也不在十一年，二者并非一事。赵观光战死的海门洋是今台州市的椒江口海域，海门镇即今椒江区，1981 年改黄岩县海门镇为椒江市，1994 年改为台州市椒江区。此时的方国珍仍在浙南活动，还没到浙北。《元史·泰不华传》说：“(至正)十年(1350)十二月，国珍复入海，烧掠沿海州郡。十一年(1351)二月，诏孛罗帖木儿为江浙行省左丞，总兵至庆元。以泰不华谂知贼情状，迁浙东道宣慰使都元帅，分兵于温州，使夹攻之。未几，国珍寇温，泰不华纵火筏焚之，一夕遁去。既而孛罗帖木儿密与泰不华约，以六月乙未合兵进讨。”说明此次战争主要是在浙南，孛罗帖木儿从北而来，正月先在台州一战，再准备到温州夹攻。关于此事系年之误，还有很多佐证，笔者将在另文详述。

四、海战与地理环境

元末王祎说：“今(汤)子诚至浙东，予谓以浙东之事言之。浙东地濒巨海，在异时，沿海常设制置之司，其事权为甚重，而所统领者皆水军。夫海之为物险矣，而军之习于海战者为不易能，非素教而积练之，鲜有不取败于临时者。”[②]方国珍的部众是世代航海的船民，熟悉海情，而元军将士有很多是从北方来的，方国珍占据地理环境的优势。方国珍开始起兵时，势力很小，所以流落到福州，不料在五虎门大败朵儿只班，《元史》卷一百八十六《归旸传》说：“时方国珍未附，诏江浙行省参知政事朵儿只班讨之，一军皆没，而朵儿只班被执，将罪之，旸曰：将之失利，其罪固当，然所部皆北方步骑，不习水战，是驱之死地耳。宜募海滨之民习水利者擒之。”元兵都是北方骑兵，无法适应海战。

五虎门大胜后，方国珍北移浙闽交界海域。当时从平阳到福宁州(今霞浦县)岸边没有一县，直到乾隆四年(1739)才分霞浦县置福鼎县，1981 年分平阳县置苍南县。所以这里守备薄弱，方国珍乘机发展。至正十年(1350)，方国珍二次起兵，“五月，方国珍剽掠至大、小筼筜，宣慰司移檄元帅扈海，率万户孙昭毅等往捕，师溃于水澳，贼追至赤岸，扈海被执”。[③] 嘉靖《福宁州志》说到扈海

① (元)王祎：《王忠文公集》卷二〇《赵君墓铭》，《影印文渊阁四库全书》第 1226 册。

② 《王忠文公集》卷六《送汤子诚序》。

③ 万历《福宁州志》卷一六《时事》，《日本藏中国罕见地方志丛刊》，北京：书目文献出版社，1990 年，第 404 页。

还统有万户马安远，共有三百艘船。[①] 王逢有诗云："冥顽鳄鱼汇，屡覆舟万斛。枭雄扈将军(原注：谓福建扈海元帅)，竟作机上肉。"[②]

大、小筼筜在今福鼎市东部沿海的店下镇，在其附近有个水澳。在福鼎南面的霞浦县长春镇加竹村，也有一个水澳，水澳是地名通名。霞浦的水澳是一个重要海港，清代嘉庆时福建同安县人蔡牵是最强大的海上武装首领，纵横于闽浙台粤海域，霞浦水澳是其基地。而方国珍追击元军到赤岸，赤岸肯定是今霞浦城东北的赤岸。日本恒武天皇延历廿三年(唐德宗贞元二十年，公元804年)，第十七次遣唐使第一舶漂流到福州长溪县(今霞浦县)赤岸，其中僧人空海是向日本传播密宗的重要人物。霞浦县的水澳在赤岸之南，而扈海不应反而向北逃。所以扈海失败的水澳很可能还是福鼎的水澳，所以南逃到赤岸。方国珍在福建壮大后，继续北移浙江。

方国珍从福建北移浙江，攻温州前，首先进攻的是台州黄岩的松门，因为这里是台州南部唯一的漕运基地，又是方氏家乡，嘉靖《太平县志》卷八《杂志·方寇始末》说："十年庚寅十一月，舟兵千艘泊松门港借粮，居民罔敢不与。"不过松门的漕船太少，所以方国珍转移温州。

万历《温州府志》卷十八《杂志·窃据》说："元至正十年(1350)庚寅，台州太平方国珍与其弟国璋、国瑛因拒捕，格杀巡检，遂起兵入海为乱。浙、闽檄调万户府监军哈剌不花、本路监郡帖木列思，以海舟会集剿捕。十二月二十八日早，寇船至外沙，焚漕舟，烟焰涨天。贼众登岸，入镇海门，至竹马坊放火，民扑灭之。时变起仓卒，官民皆奔窜，太守左答纳失里与僚属俱立马拱北门内良久，有海运千户吴世显颇知战事，与千户黑的儿挟弓矢驰至……(十一年)三月，浙东副师董抟霄统舟师至，即以孟载为行军镇抚，遇寇舟兵皆惧赴水，董帅号令不施，仅以身免，先遁入城。贼夺舟数百，其势愈炽，于是羁董帅于永嘉县，械孟载殉于市。四月都帅泰不花至郡，竖旗招募能知天文、地理、兵机、战策之士，祃祭于演武场。会两浙各道兵于郡，御之。十七日，寇舟复至江次，焚劫凡三日而退。泰不花往台州，至冬乃招安。"董抟霄不习海战而败，所以泰不华到温州要招纳知晓天文、地理的人。

温州在至正十年(1350)抵抗方国珍，完全依靠海运千户吴世显。元代设温台海运千户所，《大元海运记》的《艘数装泊》说至顺元年(1330)共有漕船

---

① 嘉靖《福宁州志》卷一二《祥异》，《天一阁藏明代方志选刊续编》第41册，上海：上海书店，1990年，第542页。

② (元)王逢：《梧溪集》卷二《观钱塘江潮时教化平章大燕江上》，《影印文渊阁四库全书》第1218册，第618页。

1800，其中："平阳、瑞安州飞云渡等港七十四只，永嘉县外沙港一十四只，乐清白溪、沙屿等处二百四十二只，黄岩州石塘等处一十一只……临海宁海严屿、铁场等港二十三只。"①温台地区的漕船几乎全在温州，台州只有34只，占总数的9%，而且石塘岛远离黄岩城。由于漕船集中在温州，所以方国珍屡次在温州焚烧漕船。温台千户所的漕船集中在温州，所以温州沿海的民户与官府的结合程度较高，这也是浙东沿海反元势力在台州而非温州崛起的原因。

至顺元年(1330)各地漕船数见下表，其中浙东三路共有502艘，约占总数三分之一不到。最多的地方还是太仓刘家港，其次是太仓东西和对岸的常熟、嘉定、崇明，再往东西的上海和江阴就很少了，这些地方占了漕船总数的一半以上。浙东的庆元还没有温州多，因为温州自古就是造船基地。

表1　至顺元年(1330)江南各地漕船数

路	州县	地名	船数	合计
平江	昆山州太仓	刘家港一带	613	
	嘉定州	沙头浦、官桥等处	173	
	常熟	白茅港一带	173	
扬州	崇明州	东西三沙	186	
松江	上海县	上海浦等处	19	19
江阴	江阴、通州	蔡港等处	7	7
杭州		江岸一带	51	51
嘉兴	海盐	澉浦	12	12
绍兴		三江陡门	39	39
庆元	庆元	烈港一带	34	138
	慈溪、定海、象山、鄞县	桃花等处、高山堰、慈屿等处	104	
台州	临海宁海	严屿、铁场等港	23	34
	黄岩	石塘	11	
温州	乐清	白溪、沙屿等处	242	330
	永嘉县	外沙港	14	
	平阳、瑞安州	飞云渡等港	74	

① (元)赵世延、揭傒斯等纂修，(清)胡敬辑：《大元海运记》，《续修四库全书》第835册，第527—528页。

至正十三年(1353),防守温州的主力吴世显被部下韩虎儿杀死,推海运千户所吏陈安国为主。陈安国杀韩虎儿,又被元军诱杀。十四年,方国珍占台州。十五年,占庆元。十六年,降元。十七年,破温州城。而平阳、瑞安直到二十三年才被方国珍发浙东三路大军半年攻破,月余,瑞安反方,归顺朱元璋。[①]《至顺镇江志》卷十九《人材·仕进·侨寓》称:"焦礼,字和之,其先高邮人,居京口。壮岁游京师,言海运,授进义校尉、瑞安县管领海船上百户。"[②]瑞安漕船占温州的四分之一,所以这里有一定抵抗力量。关于方国珍在浙东遭到的抵抗及其失败原因,本文不能展开。

今天浙江有全国最大的舟山群岛,东南还有海岛县洞头县和玉环县,其实温岭市东部的石塘镇直到嘉庆年间才和大陆相连,石塘岛和陆地之间的海峡狭长,所以狭管效应非常显著,导致其南面的大闾洋海流十分汹涌。嘉庆《太平县志》卷二上《叙山下》说:"闾溪,出大闾山……潮入,山岸皆满,退则泥涂数里,俗呼大闾涂。外即骊洋,云骊龙窟其中,每珠光夜见。骊、闾音近,随读更易,实则骊洋即闾洋……出此洋面,无所不通。永乐间,征西番官军舰舶自福建长乐港过骊洋,遇怒涛大恐怖,即此。"[③]闾洋即今温岭市东南部的隘顽湾,今岸边仍有大闾村。

《元史·泰不华传》记方国珍第二次叛乱:"(至正)十年十二月,国珍复入海,烧掠沿海州郡。十一年二月,诏孛罗帖木儿为江浙行省左丞,总兵至庆元。以泰不华谂知贼情状,迁浙东道宣慰使都元帅,分兵于温州,使夹攻之。未几,国珍寇温,泰不华纵火筏焚之,一夕遁去。既而孛罗帖木儿密与泰不华约以六月乙未合兵进讨。孛罗帖木儿乃以壬辰先期至大闾洋,国珍夜率劲卒纵火鼓噪,官军不战皆溃,赴水死者过半。孛罗帖木儿被执,反为国珍饰辞上闻。泰不华闻之痛愤,辍食数日。朝廷弗之知,复遣大司农达识帖木迩等至黄岩招之。"方国珍大败元军所在的大闾洋,正是海流湍急之地,而元军内部不合,孛罗帖木儿当然不可能战胜熟悉水情的方国珍。

檀上宽指出:大闾洋西南的永嘉县楚门港,住有土豪戴廷芳,而此人后来曾经追随方国珍,不知是从何时开始投奔方氏。檀上宽没有看到更好版本,陈波找到李士瞻《经济文集》卷五的《赠戴氏序》,提到戴廷芳的母亲姓方,因而推测戴廷芳和方国珍联姻。现在看来,确定和方国珍联姻的只有黄岩的南塘戴

---

① (清)叶嘉棆撰、刘绍宽增订、陈庆念点校:《方国珍寇温始末》,上海:上海古籍出版社,2005年,第128—135页。

② (元)俞希鲁撰、杨积庆等校点:《至顺镇江志》,南京:江苏古籍出版社,1999年。

③ 嘉庆《太平县志》,《太平县古志三种》,第203页。

氏。方国珍不仅娶了南塘戴氏，还招南塘戴氏为婿。郑真提到明初有戴颖仲贬谪凤阳并死于此处，[①]而朱右《撄宁生传》说到"淮南丞相方公分省四明"之时，有女婿戴颖仲。[②]

《元史·泰不华传》记载至正十二年(1352)泰不华最后一战："泰不华自分以死报国，发兵扼黄岩之澄江，而遣义士王大用抵国珍，示约信，使之来归。国珍益疑，拘大用不遣，以小舸二百突海门，入州港，犯马鞍诸山……时国珍戚党陈仲达往来计议，陈其可降状。泰不华率部众，张受降旗乘潮而前。船触沙不能行，垂与国珍遇。"澄江即今黄岩区永宁江，今黄岩市区西部还有澄江街道，海门即今台州市椒江区，原为海门卫、海门镇，州港即今椒江，马鞍山今在黄岩市区北，永宁江北岸。黄岩城附近因为有海潮对永宁江水的顶托，导致永宁江下游沙渚很多，所以被方国珍利用，致使泰不华触沙被杀。

嘉靖《太平县志》卷八《杂志·方寇始末》说泰不华在黄林港遇方国珍，万历《黄岩县志》卷七《兵变》相同，但是同书卷一《山川》又说城东北五里的马鞍山是泰不华战死地，[③]其实不是马鞍山，而是永宁江边的黄林港，即今马鞍山南部的王林洋，吴语的王、黄同音。当时叫黄林港，说明这里是永宁江的支流，后来沙渚变大，最后连陆，形成今天的曲流形态，于是改名王林洋。洋同垟，意为平地，是东南地区的常见内陆地名。

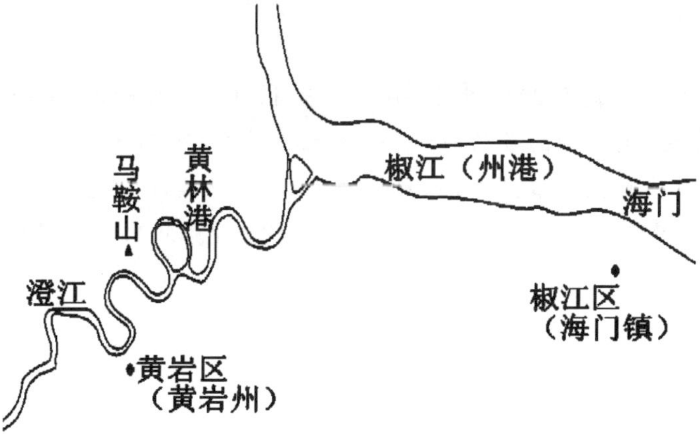

元代黄岩城区位示意图

① (明)郑真：《荥阳外史》卷三九，《影印文渊阁四库全书》第1234册，第234页。
② (明)程敏政：《明文衡》卷五九，《影印文渊阁四库全书》第1374册，第376页。
③ 万历《黄岩县志》，《天一阁藏明代方志选刊》第18册，上海：上海古籍书店，1981年。

五、结论

1.元末浙江的反元势力之所以崛起于浙东沿海，因为这里从在南宋时期就有海盗集团横行东南沿海，而且浙东三府海船在南宋末年长期被调到长江，防卫蒙古，给浙东沿海带来很大负担。宋元浙东沿海的豪强势力一直很大，元代浙东局势不稳。

2.元朝在庆元路统治较严，虽然一度把庆元的沿海上万户府的副万户萧氏分调台州，但是很快移驻浙西南内陆。元朝在浙东南沿海设立的温台海运千户所，绝大多数漕船在温州。由于元朝对台州控制较弱，所以为方国珍的崛起留下了广阔的空间。

3.台州滨海三县，只有黄岩州因为特殊的地理环境，有浙东最广阔的沿海平原，所以豪强最多，方国珍及其以前的黄岩民间武装集团领袖多是沿海商人。元代黄岩又大修海塘，沿海人口增长，导致元末的大海啸为害严重，这是民变的导火索。

4.方国珍充分利用了海洋地理环境优势，起初活跃于元朝统治薄弱的浙闽及温台交界海域，又在海流湍急的大闾洋和沙洲密集的澄江口大败元军，终于不断壮大。

（本文首次发表于2011年10月8日至11日，中国元史学会主办、阜阳师范学院承办的“元后期的政治与社会”学术研讨会，又刊于南京大学元史研究室、民族与边疆研究中心主办，刘迎胜主编《元史及民族与边疆研究集刊》第二十五辑，上海古籍出版社，2013年，第115—127页。此次又有修订，增加了水澳和赤岸的考证）

元末第一支农民起义军领袖方国珍论

台州市路桥区方志办　管彦达

方国珍是中国历史上的风云人物之一。《明史》有《方国珍传》，白寿彝主编的《中国通史》有方国珍专节（第八卷下册，第十四章第七节）。

一、方国珍的三大历史功绩

（一）揭开元末农民大起义的序幕

方国珍，台州市路桥区洋屿（路桥建区前属黄岩）人。《方国璋碑铭》载："惟方氏其先家台之仙居，后徙黄岩灵山乡塘下里。"灵山乡即今路桥区基本区域，塘下里位于路桥石曲东南。万历《黄岩县志》、光绪《黄岩县志》、嘉庆《太平县志》、《台州府志》等均载："方谷珍，世居洋屿。"

《元史·顺帝本纪》载："至正八年，台州方国珍为乱，聚众海上。"《明史·方国珍传》："方国珍，黄岩人。长身黑面，体白如瓠，力逐奔马。世以贩盐浮海为业。元至正八年，有蔡乱头者，行剽海上，有司发兵捕之。国珍怨家告其通寇。国珍杀怨家，遂与兄国璋、弟国瑛、国珉亡入海，聚众数千人，劫运艘，梗海道。"《方国珍碑铭》说得更详细："至正初，李大翁啸众倡乱，出入海岛，劫夺漕运舟，杀使者。时承平日久，有司皆惊愕相视，捕索久不获，因从而绥辑之。剧盗蔡乱头闻其事，谓国家不足畏，复效尤为乱，势鸱张甚。滨海子女玉帛为其所掠殆尽，民患苦之。中书参知政事朵儿只班发郡县兵讨蔡寇，公之怨家诬构与其通，逮系甚急，公大恐，屡倾赀贿吏，寻捕如初。公度不能继，且无以自白，谋于家曰：'朝廷失政，统兵者玩寇，区区小丑不能平，天下乱自此始。今酷吏借之为奸，媒蘖及良民，吾若束手就毙，一家枉作泉下鬼，不若入海为得计耳。'咸欣然从之。郡县无以塞命，妄械齐民以为功，民亡公所者，旬日得数千。"

李大翁、蔡乱头都没有形成起义的规模，也没有建立政权，对元政权的存亡没有产生重大的影响，算是起义先声。只有到了方国珍，才真正拉开元末大起义的序幕。朱元璋说得很清楚,《明太祖实录》载:“上(朱元璋)以书数其过曰:‘当尔起事之初,元尚承平,天下谁敢称乱?惟尔倡兵海隅。元官皆世袭子弟,顾惜妻子,其军久不知战,故临阵而怯,尔得鸱张于海隅。’”对于这一点,前半生一直与方国珍作对的元朝行省都事刘基也这么认为,黄伯生的《刘基行状》载:“公(刘基)以为方氏首乱,其兄弟宜捕而斩之,余党宜从招安。”黄溥《闲中古今录摘抄》:“谷珍肇乱,先天下而起兵。”《明史·方国珍传》也说:“先是,天下承平,国珍兄弟始倡乱海上,有司惮于用兵,一意招抚。惟都事刘基以国珍首逆,数降数叛,不可赦。”高岱《鸿猷录》说:“元末诸雄,惟谷珍举事最早。”难能可贵的是方国珍家乡黄岩县的知县袁应祺主修的万历《黄岩县志》在“陈恢”条论曰“方氏在胜国,犹陈王之在秦也”,把方国珍与秦末首先起义的陈胜相提并论,给予很高评价。

方国珍起义之后,各路义军蜂拥而起。《庚申外史》载:“(至正十一年)五月,颍州红军起,号为香军,盖以烧香礼弥勒佛得名也。其始出赵州栾城韩学究家,已而河、淮、襄、陕之民翕然从之。故荆、汉、许、汝、山东、丰、沛以及两淮红军皆起应之。起颍上者,推杜遵道为首,破成皋据仓粟,从者数十万,陷汝宁、光、息、信阳。起蕲、黄者,宗彭莹玉和尚,推徐贞逸(徐寿辉)为首,陷德安、沔阳、安陆、武昌、江陵、江西诸郡。起湘、汉者,推布王三、孟海马为首。布王三号北锁红军,奄有唐、邓、南阳、嵩、汝、河南府;孟海马号南锁红军,奄有均、房、襄阳、荆门、归、峡。起丰、沛者,推芝麻李为首。”《明史·陈友谅传》载:“徐寿辉兵起,友谅往从之,依其将倪文俊为簿掾。”

钱谦益《国初群雄事略》:“至正十二年壬辰二月乙亥,定远人郭子兴及孙德崖、俞某、鲁某、潘某等兵,自称元帅,攻拔濠州,据其城守之。”《皇明本纪》载:“闰三月一日晨旦,太祖抵濠城,守者缚而欲斩之。有人报于首雄,良久得免,收入步伍。几月,拔长九夫。首雄,滁阳王郭子兴也。”《国初群雄事略》又载:“至正十三年癸巳正月乙未,泰州白驹场亭民张士诚及其弟士德、士信为乱,陷泰州及兴化县,遂陷高邮,据之。”

方国珍反元,在时间上,比刘福通、徐寿辉(后陈友谅加入)等起义早两三年,比郭子兴(后朱元璋加入)起义早三四年,比张士诚兄弟起义早四年多。方国珍与后起的起义大军,一起推翻了元朝统治,改写了一个朝代的历史。

(二)保境安民,使浙东人民免受战争苦难

至正十四年(1354)九月,方国珍占领台州城;十五年三月,占领庆元(宁波);十七年七月,占领温州。此后,方国珍占据台、温、庆元三路六州十一县。按当时的情况,除了朱元璋、陈友谅、张士诚等外,方国珍也算得上一支势力强大的起义军，但他没有进一步发展自己的势力。《方国珍碑铭》载："同县章子善者，好纵横之术，走说公曰：'夷狄无百年之运，元数将极，不待知者而后知。今豪杰并起，有分裂之势，足下奋襼一呼，千百之舟，数十万之众，可立而待。泝溯而上，则南北中绝；擅馈运之粟，舟师四出，则青、徐、辽、海、闽、广、欧、越，可传檄而定。审能行此，人心有所属，而伯业可成也。'公曰：'君言诚是，然智谋之士，不为祸始，不为福先。朝廷虽无道，犹可以延岁月；豪杰虽并起，智均力敌，然且莫若为主。保境安民，以俟真人之出，斯吾志也。愿君勿复言。'子善谢去。"明确指出方国珍奉行"保境安民"政策。

方国珍至少为民做了三件好事：一是保境安民，避免战争；二是兴修水利，轻徭薄赋，建造桥梁，便利交通；三是尊重知识分子，兴办学堂。

元末起义军，大多数没有固定的辖境，流动性很大，与官府和其他义军争城夺地，百姓饱受其苦。杭州是江浙行省首府，重大兵祸就有三起。杭州经过这样的兵祸后，十室九空，死者过半。江浙受兵祸之苦的还有嘉兴、松江等地。至于中原，则战事频繁，有些地方城池被毁，百姓惨遭屠杀，城镇村庄几成一片白地。

方国珍保境的重大举措是筑城。至正十五年(1355)三月方国珍占领庆元后，即完善庆元城。全祖望《方国珍府第记》说："其吾乡府城，因元初隳天下城池而坏者，虽筑于纳麟之手，而亦至方氏始完。"

至正十六年(1356)，张士德渡江南下，先取常州，再取平江，张士诚来居，接着占领松江、杭州等地。至正十八年(1358)，张士诚占据绍兴。方国珍兼有绍兴曹江之东境，与张士诚相邻，时刻防止张士诚部入侵。

至正十九年(1359)九月，方国珍扩建余姚县城，逾月成。一直反对方国珍的高明在《余姚州筑城志》中，歌颂方国珍建筑余姚城的功绩："至正十有八年，天子锡印绶、节钺，命江浙平章荣禄方公分省东藩。明年，政修惠治，海壖辑宁，乃巡行属地，相其厄塞，议为守御计。即至余姚，瞻视形势，顾谓僚属曰：'是州控扼吴、越，不宿重兵以镇之，可乎？顿兵储粮，无郛郭以居之，又可乎？'乃议筑余姚城。且曰：'方今疆场幸安，军士饱廪稍无战伐劳，凡属役宜任军士，毋以烦民。'僚属咸谓宜。余姚之民自相顾曰：'公之城吾州，为吾民也。今民皆敛手环视，而一委诸军士，我心何能安？'咸相率悉愿输财效力。且曰：'是役既重，吾不忍尽出尔力也。矧余姚为鄞郡外屏，吾其召鄞县、奉化、慈溪之民分筑之，以纾尔力。其四门用力尤重，吾其给镪庀材，令军士自营之。'民皆再拜感激。……公乃躬自为表直。视工，黎明至城所，夕犹不息。……公之保捍我民者，其惠庸有既乎？"

至正二十四年(1364)方国珍下令筑上虞丰惠城。汪文璟《修上虞城记》载:"至正二十四年,太尉方公与其宾佐僚属议曰:'上虞实要害地,城池不设,何以奠民居、固士志?'即与贵介弟知行枢密院事国珉率宾佐、僚属、将帅偕来,诹故实,相地宜,虑财用,以令为民除害于近地之州县,曰余姚、奉化、昌国、鄞、慈溪、象山、定海,并上虞为八邑。其役之赢缩,则视田赋所入为之差。惟上虞当六之一焉。……公与知县及其宾佐、僚属日周行城上察工,役勤惰而劝惩之。……经始于是年之十月,逾月而告成。"

正是因为有了城墙,丰惠城才在嘉靖年间倭寇来犯时,三次阻止了倭寇。全祖望《方国珍府第记》说:"吾乡府城……至方氏始完。不然,嘉靖以后王直、徐海之乱,荼毒更有不可言者。"

与方国珍有重大利害关系的有三方,若要保境安民,必须处理好与三方的关系。

第一方是元廷。方国珍占据浙东三郡后,与元廷争夺地盘告一段落。

从至正十五年(1355)开始,方国珍之兄方国璋为元廷运粮到直沽,元廷则授他们运粮万户。此后,汝颍义兵大起,元廷无暇顾及方国珍,一味授国珍兄弟大官,要求他们继续为元廷运粮。至正十九年(1359)后,由张士诚出粮,方国珍出船,历经三年,共有五次,每次运粮十来万担至京,共运张士诚粮 48 万担。朝廷则不断给方国珍兄弟加官。到元末期,方国珍又结好元廷大将山东的察罕帖木儿、扩廓帖木儿父子,福建的陈友定,与元廷相安十二年时间。

第二方是张士诚。方、张大战后,方国珍与张士诚结为亲家,两境之地安宁下来,差不多有十年时间。

方国珍管辖的上虞与张士诚管辖的绍兴相邻,方国珍怕张士诚来袭,首先讨伐张士诚,攻入太仓,在昆山七战皆捷。此时张士诚的西边又受到朱元璋军进攻,为了缓解两面受敌,张士诚降元。元廷令方国珍罢兵。张士诚也为了让方国珍尽快退兵,愿与国珍结为儿女亲家,于是两境安定下来。

最早记载此事的是方国珍同乡、与其年龄相仿的陶宗仪,他在《辍耕录·纪隆平》中载:"昆山数为方国珍海军攻击,托丁氏往来说合,结为婚姻,昆山之民,幸遂苏息。"明嘉靖时所著《秘阁元龟政要》也载:"士诚屡为我军所败,又南与杨完者接境,方国珍乘隙,又以海滨攻击昆山。乃托丁氏往来说合,结为婚姻,于是两境之民稍息。"

嘉靖、嘉庆《太平县志》载:"范秋蟾,南塘戴氏妇,国珍戚也,美而能诗。张士诚遣能诗妓女十余辈来觇,国珍送至南塘与秋蟾唱和。其行也,秋蟾制新词十章被之管弦以送,妓感服,尽以国情输之。""妓女"应该是张士诚嫁女时的随行侍女。

第三方是朱元璋。方国珍结好朱元璋。

至正十八年(1358),朱元璋克婺州及周边地域,与方国珍所辖台州接壤。十二月,遣使招谕方国珍。方国珍认为自己不能与朱元璋抗衡,于第二年正月,遣使奉书献金于朱元璋。三月,赍书币以台、温、庆元三郡来附,并以次子亚关为人质送于朱元璋;朱元璋厚赐关而遣还。此后方国珍一直与朱元璋保持良好关系,同时又接受元廷所赠的大官。朱元璋明白方国珍脚踏两船,但无暇顾及偏安一隅的方国珍,故容忍他这么做,所以相安近九年的时间。

中国封建社会以农业为主,元朝也不例外,财政收入主要靠农业。农业财赋来自农田,所以要核田均赋。在方国珍治下,上虞县进行了核田。贡师泰《上虞县核田记》载:"至正十八年夏四月,安阳韩侯谏来为尹。会治兵县境,一切军资悉取于民,重轻失当,怨嚣载道。明年,春,分省论功升行枢密院都事,仍总制县事。乃进父老曰:'若等苦吏横敛久矣。我欲为若等定令,使不得重轻为市,何如?'皆俯伏顿首曰:'幸甚。'……仍选乡里大姓有禄位、德望者核视之,而侯坐堂上,执朱墨,勾稽核验,穷昼夜不少休。其法:每田一区,署由一纸,载田形地方亩数与凡执事者其上,俾执之以为券,而以鳞,册以鼠尾,分以兜率,总以归类。然后奸欺屏息,田赋正,徭役均,而庭无纷争讼矣。……邻境构兵,游军已入县,将校虑有伏,欲尽毁民居;侯(韩谏)白参政公(方国珉),遂得免。"至正十九年(1359)归类田粮等则"议履亩以计田定赋而差役,思以均齐其民。其法每田一区,亩至百十,随其广袤高下形势,标其号若干,画为之图曰鱼鳞,以鱼鳞条号第载简册曰流水,每号署图一纸","由是积弊以革,民瘼以苏,贫富适均,征差有则,民输惟期,岁人用足"。

元朝浙东连年灾荒,不是旱灾,就是水灾。至正四年(1344),浙东温州、台州、庆元(宁波)发生特大海啸,海水上平陆二三十里,海塘及水利遭受严重破坏。方国珍取得浙东政权后,命令庆元、台州、温州各处官吏认真察看当地的农田情况,抓紧水利建设。

上虞县海堤年久失修,水淹成灾。国珍就亲自带着国珉与谋臣沿江察看,下令改用石砌海堤,修成后,上虞县成为一片沃土。陈恬《上虞县五乡水利本末》(内有刘仁本等人序):"邑所垦田大率三十三万亩,公赋一万八千斛。濒湖五乡为田三之一,而粮乃当大半。盖因田为湖,租未尝减,再包湖面不耕之地,故赋视他乡为特重(上山诸乡每亩止科二升、三升,下五乡每亩起科六升、七升)。"可知上虞县各乡税粮比较低,并非平均数。因为有方国珍兴修上虞五乡水利,数万亩良田得以灌溉,虞北乡民才能够旱涝保收,不再受饥饿之苦;因为有方国珍主持修筑的浙东海塘,才将滚滚滔滔海潮挡在塘外,确保上虞北部平安。

元代温州农业的发展，得益于当时水利的兴修，乾隆《温州府志·水利》载：乐清县东、西两渠“岁久淤塞，元末，方氏（国珍派侄明善管理温州路）吏刘敬存摄邑，浚治深广，于是两渠复通，仍建宝带桥其上。又浚东小河至白沙，以泄溪流，舟楫可通，田得以灌溉，民甚便之”。这是温州古代方志中对农民义军少有的溢美之词。

在台州，方国珍的兄弟方国璋、方国瑛也大兴水利。据嘉靖《太平县志》、嘉庆《太平县志》载，元至正间，太平范围建有车路闸，又建九眼陡门、六眼陡门，建塘有七：太平有萧万户塘、长沙塘、塘下塘、截屿塘，玉环建能仁塘、江心塘、灵山塘。这些塘大部分是方国瑛管理台州时所建。至于台州各县所兴的水利还有许多。

在兴修水利的同时，方氏兄弟还重视修筑桥梁。至正二十年(1360)，方国珍重修庆元东津浮桥，见刘仁本撰《平章方公重修灵桥记》。在台州，方氏兄弟重修了中津桥。在家乡路桥附近，方氏兄弟修筑了石曲桥、三衙（指国珍）桥（在泽国）、四衙桥（国瑛修，在石曲西南）、洋屿桥（又称四府桥，国瑛修）等。

方国珍重视教育，兴建庆元府学堂与黄岩羽山文献书院（见刘仁本《羽庭集》）。余姚办儒学有阻，他便派刘仁本前去督办。至正二十年(1360)三月初三，刘仁本邀请了瓯越名士，聚集于余姚秘图湖畔，举行续兰亭会。当时参加聚会的有枢密院都事谢理、乡贡进士赵俶、御史萨都剌、名士林彬、天台僧白云、前萧山主簿朱右、帅府都事王霖、余姚学正车权、缙云教谕杨燧、防御元帅方永（疑即明巩）、参赞军机方行、永嘉典史文人焕、丹阳山长刘文彬、万户陈国安、镇抚沈得初等四十二人，举行“续兰亭会”。他们各人写好诗，由刘仁本作《续兰亭诗序》，朱右又写下《补续兰亭诗序》，尔后立碑刻石。与方氏政权交往的，除了著名诗人萨都剌外，还有大文人贡师泰、张翥、宋濂、丁鹤年等，著名医家滑寿（伯仁）也与方氏集团关系密切。大戏剧家高明前半生征讨方国珍，方国珍却不计前嫌，方国珍占据庆元后，高明虽然不肯接受国珍的官职，却也受到庇护。

方国珍要求自己的子侄必须读书，明巩、方行、方礼、明谦等人，都善诗。一时文盛，时称“淮张兄弟、庆元父子”。路桥进士、监察御史、给事中杨晨在所编的《路桥志略》称赞国珍“有庆元、台、温三路，视钱氏十四州虽不如，亦称霸一世，尝于羽山建文献书院，一时名士多从之游，子弟亦有才名，迥非陈友谅辈所能及”。

方国珍占据庆元后，开展海外贸易。元时“庆元路市舶提举司在东北隅姚家巷”原址，有宁波学者考证出在当时的波斯馆南面，今旗杆巷北的东后街与车桥街交界的西侧。元末方国珍占据庆元时，一度改称“海沧馆”，“番货海错，俱聚于此”。元末所修至正《四明续志》记载庆元进口舶货有220多种，比南宋修纂的宝庆《四明志》所载舶货多出60余种。无怪乎元人在描绘庆元时这样写道：“是邦控岛夷，走集聚商舸。珠香杂犀象，税入何其多。”

至正十八年(1358)五月，方国珍派其兄国璋及幕僚刘仁本为元廷运粮。途经东海、黄海，曾受到倭寇骚扰。国珍船队顺道至高丽，向其通好。《高丽史》卷39《恭愍王世家》：“戊戌，(高丽恭愍王)七年五月庚子，台州方国珍遣人来献方物。”那时高丽亦深受倭寇之害。

于是方国珍决定出海捕倭。乌斯道在《送陈仲宽从元帅捕倭寇序》中说道：“太尉丞相方公以至正十有七年，受天子命控制东藩，有梗化者讨之，自是东方以宁。倭为东海枭夷，处化外。比岁，候舶趠风至寇海中，凡水中行，而北者病焉。今年夏，丞相曰：‘天子方以中土未尽平，弗暇理东海事，吾为天子弭盗职耳，恶得不选吾爪牙，俘至麾下。’于是诹日饬将士曰：‘汝往必克，毋利其货，以逭其死，毋毒我土民。’时君仲宽以都事职在元帅钱公幕下，因佐其行。”

在方国珍恩威并施的措施下，倭寇得到控制。《高丽史》记载方国珍五次派人来通好，再没有记载受倭寇骚扰之事。

由于方国珍采取一系列保境安民的措施，比起中原，浙东民众在这十二年时间里可谓生活在天堂。

(三)顺应历史进程，归降朱元璋

至正二十七年(1367)，在国家从混战逐步转向统一的历史进程中，方国珍顺应了历史潮流，明智地归顺了强大的明朝开基者朱元璋，使浙东的百姓免受兵燹之苦。

此年九月，朱元璋派出二支劲旅出兵浙东。朱亮祖七万大军攻台州，十月，黄岩被陷，温州失守；汤和、吴桢、廖永忠十万水步军在曹娥江击溃方军，兵临庆元城下。方国珍采取的不是破坏性的对抗，而是保护居民和财产的措施，“乃封府库，具民数，使城守者出迎，躬挈妻孥避去海上”(《方国珍碑铭》)，使儿子方完奉表谢罪。朱元璋览表，觉得方国珍情有可原，同意他归降。十二月，方国珍归降朱元璋。

宋濂奉敕作《故资善大夫广西等行中书省左丞方公神道碑铭》，对方国珍的一生作出比较公正的定论，《碑铭》论曰：“隋大业末，海内纷纭，汪华聚众保民，据有歙、宣、杭、睦、婺、饶六州之境，虽屡受隋爵，及唐高祖有天下，遂封府库籍民数以归职方，擢为歙州刺史，殁于长安，其事与公似，无大相远者。盖公以豪杰之姿，庇安三路六州十一县之民，天兵压境，避而去之，曾无一夫被乎血刃,其有功于生民甚大。"

方国珍从起事到归降,近二十年,其中管领三郡十二年,实行保境安民政策,最后顺应历史进程,明智地归降了明朝开基者朱元璋,也为自己人生划上一个完满的句号。

二、需要澄清的方国珍历史问题

(一)方国珍的出身问题

关于方国珍的出身,黄溥《闲中古今录摘抄》记述最为详尽:"黄岩风俗贵贱等分甚严,若农家种富家之田,名曰佃户,见田主不敢施揖,伺其过而复行。谷珍(国珍)父为佃户,过于恭主,谷珍兄弟四人,既长,谷珍谓父曰:'田主亦人耳,何恭如此?'父曰:'我养赡汝等,由田主之田也,何可不恭?'"

《明太祖实录》《明史》均载:"世以贩盐浮海为业。"

嘉靖《太平县志》、万历《黄岩县志》均载:"一日侵晨,诣南塘戴氏借大桅木造舡,将入海货鱼盐。……国珍,海滨盐徒也,以盗牢盆与蔡乱头相仇杀,州郡不与直。……又以逋租,遣巡检某往捕国珍。"嘉庆《太平县志》载:"国珍父伯奇逋租,为田主陈所辱,国珍给田主杀之,事泄,捕方急。又以与蔡元一(即蔡乱头)争牢盆事,官右蔡,国珍怒,叛入海。"光绪《黄岩县志》:"皆以贩盐浮海为业。国珍与蔡乱头以争牢盆相仇,州不与直……适以逋租,遣巡检某往捕之。"清代进士杨晨《路桥志略》载:"方国珍,父伯奇,卖盐为业。"

所有"正史""方志"都说明方国珍出身于盐民佃户,是田主剥削、官府压迫的对象。但有人因《方国璋碑铭》"乐善好施,家隶尝以小斗出米以予人,公(国璋)闻立剖而谴之;人以贫投者,必周之。……时公上征须繁且急,越公春秋高,不能任劳事,黄岩为望州,有司饕沓,苟弗及,苛责不旋踵,公酬应趣办,未尝使越公闻也。家素约,乃致力著逐,生业日厚,中外族党济其乏、存其孤,岁饥,振其乡里。有王复囚逻卒夜帅其徒斧闼入,尽掠公赀而入海",认为方家是富户。殊不知《碑铭》对于人的籍贯、生卒年记载最为准确,唯对于家境、善事却往往美化。即使这样,我们仍可从《碑铭》"时公(国璋)上征须繁且急,越公春秋高,不能任劳事"看出,如果是富户,用不着因"春秋高,不能任劳事",付不起"征须";而"有司饕沓,苟弗及,苛责不旋踵",也用不着国璋"酬应趣办,未尝使越公闻也",做这种难为事了。方国珍兄弟多,且勤劳节俭,家境逐渐变富,也是事实,《碑铭》说:"家素约,乃致力著逐,生业日厚。"这种富,是通过节约和勤劳取得的小富,是一个真正本实的农民终生追求的目标,并没有不好,并不能说他已经是大地主、大富翁，靠剥削他人为生了。

至于方国璋“乐善好施，家隶尝以小斗出米以予人，公闻立剖而谴之；人以贫投者，必周之”，“中外族党济其乏、存其孤，岁饥，振其乡里”，这也不是一个蛮横“土豪”所为的事。有家隶，就该是地主土豪，也不甚然；“贫投者”“存其孤”，有时把他们收为家隶也不是坏事，而且有家隶的时间也很难考，很可能是在方氏兄弟取得政权之后的事。有人举《方国璋碑铭》“授公仙居丞……公既官守，诸弟得服，田业益富”之例，以“田业益富”说明方国璋有不少田，该是土豪，岂不知国璋当仙居丞是在至正九年(1349)至十年(1350)的事，把方国珍起义后的事来说明起义当时的身份，是不恰当的。

也有人认为方国珍是土豪，拥有千艘船。《方氏事迹》载：“谷真为台州土豪，至正初，造船千艘于海上劫掠商贾，集蛮卒数万，阻元之海运，霸占浙东、西濒海州邑。”方国珍造船千艘，是起义后的事，哪有在至正初即拥船千艘劫掠商贾的事？讲国珍霸占浙东、西濒海州邑，是至正十五年(1355)后占据庆元、温州后的事，此时国珍亦不能以土豪衡量之，而是一方政权割据者。此论不足取。

综上所说，方国珍出身于盐民佃户是不容否认的。国珍兄弟五人，勤劳俭约，特别是从事利润甚高的贩盐浮海商业活动，家境渐富，通过对“中外族党济其乏，存其孤，振其乡里”，获得族党乡里的拥护，为国珍兄弟起义“旬月间，得数千人”打好了基础。

现在我们再来看元末的各路农民起义军领袖。

韩山童与刘福通，《元史·顺帝本纪》：“至山童，倡言天下大乱，弥勒佛下生，……谓山童实宋徽宗八世孙，当为中国主。福通等杀白马、黑牛，誓告天地，欲同起兵为乱。”《庚申外史》：“五月，颍州红军起，号为香军，盖以烧香礼弥勒佛得名也，其始出赵州栾城韩学究家。”我们不能从“谓山童实宋徽宗八世孙”“韩学究”中，认为他是贵族；也不能从“福通等杀白马、黑牛”，便认为刘福通是富人，不是农民。

郭子兴“王父少好术数……不数年，家日赡，生子三，女一，王(郭子兴)中子也。……既长，兄弟皆善殖产……遂散家财，阴结宾客”。我们不能由郭子兴是富人而否认他的起义是农民起义。

芝麻李(李二)有“芝麻一仓，尽以济人”，穷人哪有“芝麻一仓”？

彭莹玉是“和尚”，邹普胜不知干什么，但从他们鼓吹“弥勒佛下生，当为世主”，可以看出他也从事宗教事务，他们找了个“生平以贩布为业”的徐寿辉做领袖。他们这些人也都不是正宗的农民。

陈友谅父亲是渔民，但陈友谅起义前“尝为县吏，不乐，会徐寿辉与倪文俊兵起，慨然往从之”。

张士诚的情况与方国珍极相似，张士诚“有弟三人，并以操舟运盐为业，……颇轻财好施，得群辈心”。

唯朱元璋最穷，小时候去放牛，却把牛犊杀了烤来吃，把牛尾巴塞入石头缝里，说是小牛钻进山洞里去了。被地主赶出后，也没去当佃户，而去当和尚。他没有能力聚众起义，只能去参加起义队伍。

总之，农民起义者，大多不是老实巴交的正宗农民，而都是大农业环境下的下层人民；方国珍兄弟可以说是真正从事农业、盐业劳动的农民、盐工，把真正的佃户、盐工、盐商当成土豪，是戴着有色眼镜看人。况且起义者的队伍，主要是由农民、盐工组成，所以方国珍和众多的起义都应该归为农民起义。

(二)自觉起义与非自觉起义

有人认为，起义正如革命，革命有自觉革命与非自觉革命问题，起义也有自觉起义与非自觉起义问题。

黄岩、太平两县旧县志均载：“以盗牢盆与蔡乱头相仇杀，州郡不与直。又以逋租，遣巡检某往捕国珍。谷珍方食，左执食桌为牌，右持大杠为棍，格杀巡检。遂聚兵叛入海，掠截漕运。”这说明方国珍起义因两件事：一件是与蔡乱头争牢盆，官府偏袒蔡，一件是欠租，官府要来抓他，而被“逼上梁山”的。

张士诚的起义原因也差不多，《明史·张士诚传》：“张士诚，小字九四，有弟三人，以操舟运盐为业。……弓兵邱义者，尤窘辱士诚甚。士诚忿，即帅诸弟及壮士李伯升等十八人杀义，并灭诸富家，纵火焚其居。入旁郡场，招少年起兵。”

当然，中原红巾军就有点不同了。《元史·顺帝本纪》：“至山童，倡言天下大乱，弥勒佛下生，河南及江淮愚民皆翕然信之。福通与杜遵道、罗文素、盛文郁、王显忠、韩咬儿复鼓妖言，谓山童实宋徽宗八世孙，当为中国主。福通等杀白马、黑牛，誓告天地，欲同起兵为乱，事觉，县官捕之急，福通遂反。”烧香聚众的还有芝麻李、彭和尚等。《明太祖实录·徐贞一传》：“寿辉即贞一，以烧香聚众起。初，袁州慈化寺僧彭莹玉以妖术惑众，其徒周子旺因聚众欲作乱，事觉，元江西行省发兵捕诛子旺等。既而麻城人邹普胜复以其术鼓妖言，谓‘弥勒佛下生，当为世主’。遂起兵为乱。以寿辉相貌异，众乃推以为主，举红巾为号。”郭子兴也类似，《滁阳王庙碑》：“初，王父少好术数，常从异人游，得其书。……元末，民间有造言者，王误信之其笃，遂散家财，阴结宾客。至正壬辰，汝、颍兵起，王识天下当变，乃召所结宾客子弟，拔濠梁据之。”

中国的起义，可分为两类：一类是非宗教性质的，著名的如秦末的陈胜、吴广起义，隋末的瓦岗军起义，唐末的黄巢起义，北宋末年的宋江起义，明末的李自成起义；一类是宗教性质的，如东汉末的张角起义，创太平道，裹黄巾，宣言“苍天已死，黄天当立”；东晋的孙恩以五斗米道组织起义；清末的洪秀全，以组织拜上帝会起义。

元末的起义也分两类：刘福通、芝麻李、徐寿辉等起义军统称“红巾军”。他们的特征是：举红巾为号，称“弥勒佛降生”。只有方国珍、张士诚等少数起义军不属于“红巾军”系统，他们不裹红巾，也不称“弥勒佛降生”。

现在有些历史学家认为，红巾军的韩山童、刘福通、芝麻李、彭和尚等，他们组织“白莲会”，称“弥勒佛降生”，其目的就是推翻元朝统治，是自觉革命；而方国珍、张士诚等，则由于贩盐事情上的个人私怨，被迫起事，不是自觉革命。

这种观点显然是片面的。我们知道，中国的社会从来不是一个宗教社会，中国的政权也从来不是政教合一的政权。起义也一样，以迷信为手段蛊惑人心，发动群众，开始时效果不错。但迷信毕竟是虚假的，具有欺骗性而难以为继，中国历史上起事最后能成功者，如刘邦、刘秀、李世民等都不是宗教分子。朱元璋也不例外，虽然当过和尚，投军时处在红巾军郭子兴部下，但从不以“弥勒佛”号众，严格地说，他不是一个教徒。

“被逼起事”又怎么样？秦末的陈胜、吴广就是被逼起义的。黄岩知县袁应祺在其主修的万历《黄岩县志》论曰：“方氏在胜国（指元朝），犹陈王之在秦也。”一个由方国珍的政敌朱元璋建立的皇明政权的县令，把方国珍起义与秦末陈胜（称陈胜为陈王，表示对他尊敬）起义相提并论，这是多么中肯的评价！

有人赞扬中原红军起义时旗上一联，有明确的政治目的：“虎贲三千，直抵幽燕之地；龙飞九五，重开大宋之天。”殊不知方国珍起义时，就高举大旗：“天高皇帝远，民少相公多。一日三遍打，不反待如何？”（《台、温、处树旗谣》）中原红巾军是以民族（大宋）大义为号召，现在看来却不妥，蒙古族、汉族同为中华民族；而方国珍却没有这种民族成见，他认为统治的压迫，才是起义的真正原因。

现在我们再来看元末的各路起义军领袖忙着干什么事。至正十一年（1351）八月，彭和尚等起义，推徐寿辉为主；九月徐寿辉被立为帝，国号“天完”，建元“治平”。十四年（1354）正月张士诚据高邮，称“诚王”，国号“大周”，改元“天祐”。十五年（1355）二月，刘福通攻占亳州后，立韩山童子韩林儿为“小明王”，建国号“宋”，建元“龙凤”。二十年（1360），陈友谅杀害徐寿辉，据江州，自称皇帝，改国号“大汉”。

方国珍和朱元璋与他们却不一样。朱元璋占领南京后，采取老儒朱升“高筑墙，广积粮，缓称王”的建议，循序渐进，最后取得政权。方国珍取得浙东三郡后,采取“保境安民,以俟真人之出”的政策,结果既保全了浙东人民,也保全了自己,不能不说是明智之举。

(三)如何看待起义军的破坏力

有些史学界学人认为方国珍是海盗,把方国珍看成孙恩、汪直一类的人。在这一点上,他们连古代的史志学者都不如。

在台州史志中,对方国珍评价最差的要算嘉靖《太平县志》了。嘉靖《太平县志》载:“岁庚寅(至正十年)十一月,贼(指方国珍)舡千艘泊松门港借粮,居民罔敢不予。”而稍后万历间的黄岩知县袁应祺却认为:“方氏在胜国(元朝),犹陈王(陈胜)之在秦也。”因此在他主修的万历《黄岩县志》中去除“贼”字称呼,称:“舟兵千艘泊松门港借粮,居民罔敢不予。”此后的嘉庆《太平县志》、光绪《黄岩县志》、《台州府志》均采用万历《黄岩县志》的说法。可见嘉靖《太平县志》仇视起义及方国珍的观点不能被台州众多人士接受。

嘉靖《太平县志》载:“(至正十年)十二月攻温州路,烧掠沿海诸县。”稍后的万历《黄岩县志》等认为“烧掠沿海诸县”的说法过分,因此只载“十二月攻温州及沿海诸县”。嘉靖《太平县志》载:“(至正)十二年六月,国珍坐定光观,遣悍兵入黄岩城,毁官亭民居,邑荡为墟。”万历《黄岩县志》等认为“邑荡为墟”是夸大其词,去掉了这个“尾巴”。

刘基《天妃庙碑》载:“十二年(1352)五月,方国珍寇台州,自中津桥直上登楼,骑屋山,内薄临城,城中人方拒击,楼忽自坏,登者尽压死,贼遂纵火焚郭外民舍,楼并毁。”所有黄岩、太平的县志只载“八月攻台州”,都没有记载“纵火焚郭外民舍”这句话,可能他们认为战争起火是常见之事。

方国珍在起义中最严重的扰民之事,要算至正十二年(1352)春发生在太仓的事。《嘉定县志》载:“至正壬辰(1352)春,国珍率海岛贫民千余人突入刘家河,烧运船无算,遂抵太仓,大肆焚掠。浙省参政宝哥、樊执敬以兵数千来援,遣平江奕十字军为前锋,溃于张泾,贼大获金帛而归。”《太仓州志》载:“罹于烽火者十万余户”“第宅煨尽”“千门万户俱成瓦砾丘墟”。千余人致“十万余户第宅煨火,千门万户俱成瓦砾丘墟”,太不可思议了。此事在《元史·樊执敬传》中另有说法:“二月,(江浙参政樊执敬)督海运于平江(刘家河属平江路),卜日将发,官大宴犒于海口。俄有客船自外至,验其券信令入,而不虞其为海寇(指方国珍义军)也。既入港,即纵火鼓噪。时变起仓猝,军民扰乱,贼竟焚舟劫粮以去。执敬既走入昆山,自咎于失防,心郁郁不解。”原来这是一起方国珍部队劫夺漕运粮的事件。正史只说他们“既入港,即纵火鼓噪。时变起仓猝,军民扰乱,贼竟焚舟劫粮以去。”我看《嘉定县志》《太仓州志》有些夸大其词。

事实上，方国珍在攻城夺地中的破坏性并不大。《定海厅志》《定海县志》记载，元至正十五年(1355)春，方国珍从台州率兵北上，攻打庆元(今宁波)，元守将纳麟抵挡不住，献城投降。方军占领宁波后，又向宁波所属各县进军，慈溪县令陈文昭不肯归降，城破被擒，方将陈监禁于岱山。(《宁波大事记》同)杨维桢(1296—1370)说，四明(庆元)的城很坚固，方国珍一攻就进去了，无人肯死守，也没有丝毫抢掠的记载。现宁波天一阁藏有《方国珍德政碑》。章凤池先生认为："方国珍攻占昌国后，由于他把老百姓从元朝官吏的严密统治下解救出来，使他们获得了一些自由，所以，方国珍率领的义军，不但得到了普通老百姓的拥护和支持，而且得到了一部分元朝的下级官员和知识分子的支持，使他们纷纷倒戈，投入方国珍的义军，为方出谋划策。"

方国珍占领温州的时间十分模糊，一般都载："至正十五年，方国珍占有温、台、庆元。"永嘉溪南《卢氏宗谱》载："至正十六年(1356)，温州、台州、庆元三州皆为方国珍占据。"《温州市志》载："至正十七年(1357)七月，方国珍遣李德孙攻占温州，次年命侄方明善为省都镇抚分据温州。"可见没有发生什么大的战役。方国珍经管温州，非但没有造成温州的灾难，而且为温州做了不少好事。《乐清志》论曰："元代温州农业的发展，得益于当时水利的兴修。乐清县东、西两渠'岁久淤塞，元末，方氏(国珍)吏刘敬存摄邑，浚治深广，于是两渠复通，仍建宝带桥其上。又浚东小河至白沙，以泄溪流，舟楫可通，田得以灌溉，民甚便之。'(见于清乾隆《温州府志·水利》)"这是温州古代方志中对农民起义军少有的溢美之词。《太祖实录·方国珍传》载："侄明善居温，颇循法度。"

可见，方国珍非但没有给台州的人民造成战争的灾难，也没有给浙东人民造成战争灾难，这是事实。

我们看看其他起义军的情况。《南村辍耕录·想肉》载："天下兵甲方殷，而淮右之军嗜食人。以小儿为上，妇女次之，男子又次之。或使坐两缸间，外逼以火；或于铁架上生炙；或缚其手足，先用沸汤浇泼，却以竹帚刷去苦皮；或盛夹袋中，入巨锅活煮。或刲作事件而淹之。或男子则止断其双腿，妇女则特剜其两乳，酷毒万状，不可具言。总名曰想肉，以为食之而人想之也。"淮右之军指谁？一般都认为是指朱元璋的部队。朱元璋出身社会底层，属于"流氓无产者"，由于他长期在社会压迫下生活，所以对社会充满了仇恨，在他开始打江山时杀人如麻，被杀者大都是无辜的老百姓。鲁迅先生说"明则诬赖儿郎"。正如赵翼所评价的："盖明祖一人，圣贤豪杰盗贼之性，实兼而有之者也。"当然，随着朱元璋军事势力的强大，部队的纪律也得到了一定的约束。吴晗《朱元璋传》写道朱元璋军队攻破城池后，就乱杀人，乱抢东西，俘虏壮丁，霸占妇女，闹得百姓妻离子散，家破人亡。朱元璋立刻召集诸将，申明约束："大军从滁州来此（和州），人皆只身，并无妻小。今破城，凡有所得妇人女子，惟无夫未嫁者许之，有夫妇人不许擅有。"但这种约束彻底改变军队纪律了吗？没有。朱元璋军在攻占台州时，朱亮祖就任士兵横行掳掠。陶宗仪一家姊妹、弟妻三人死于士兵淫威下。连宋濂主编的《元史·列女传》都记载此事："台州被兵，宗媛方居姑丧，忍死护柩，为游军所执，迫胁之，媛曰：'我若畏死，岂留此耶！任汝杀我，以从姑于地下尔！'遂遇害。其妹宗婉，弟妻王淑，亦皆赴水死。"

其他各路起义军，也存在着各种各样的劣迹，相比之下，方国珍和明玉珍的队伍还比较好。

（四）方国珍真的被招安了吗？

方国珍起义之时，元朝政治、军事力量都十分强大，凭方国珍起义的数千人是无法与元朝廷抗衡的。《元史·泰不华传》载："诏江浙参政朵儿只班总舟师捕之。追至福州五虎门，国珍知事危，焚舟将遁，官军自相惊溃，朵儿只班遂被执。"方国珍知道这次胜利是侥幸，《明太祖实录·方国珍传》载："国珍因迫使请于朝，下招安之诏，元主从之，遂授庆元定海尉。"（《方国珍碑铭》《续资治通鉴》同称授"定海尉"，被《台州府志》采信；《草木子》称"海运千户"，被黄岩、太平《县志》采信。）海运千户实以后事，定海离黄岩甚远，方国珍知道这是调虎离山计，因此"国珍虽受官还故里，而兵聚不解"（《明太祖实录·方国珍传》）。

果然，朝廷也清楚地知道方国珍不会被招安。《元史·归旸传》和《续资治通鉴·元纪》均载枢密参议归旸曰："国珍已败我王师，又拘我王臣，力屈而来，非真降也，必讨之以示四方。"《元史·泰不华传》载："九年，诏泰不华察实以闻，既得其状，遂上招捕之策。"叶子奇《草木子》载："朝廷恐为海运之梗招安之，即啖之以海运千户。及既定，濒海之民莫不愤之，与万户萧载之谋袭杀之不果。"在这种情况下，方国珍只好复入海，攻掠沿海州郡。十二月二十三日攻温州，登岸入镇海门，焚烧漕舟，官兵逃窜。二十八日，从镇海门攻入温州。次年正月初三，方国珍撤出温州。

《元史·泰不华传》载："十一年（1351）二月，诏孛罗帖木儿为江浙行省左丞，总兵至庆元。以泰不华稔知贼情状，迁浙东道宣慰使都元帅，分兵于温州，使夹攻之。既而孛罗帖木儿密与泰不华约以六月乙未合兵进讨。孛罗帖木儿乃以壬辰先期至大闾洋，国珍夜率劲卒纵火鼓噪，官军不战皆溃，赴水死者过半。孛罗帖木儿被执，反为国珍饰辞上闻。……复遣大司农达识帖木迩等至黄岩招之。"这是方国珍第二次被招安。

“十二年(1352),朝廷征徐州,命江浙省臣募舟师守大江,国珍怀疑,复入海以叛”,“泰不华自分以死报国,发兵扼黄岩之澄江……垂与国珍遇”,结果泰不华被方国珍杀死,方国珍复反。

至正十三年(1353)春,方国珍复降。《续资治通鉴》载:“三月,命江浙行省左丞特里特穆尔(帖里帖木儿)、江南行台侍御史遵达实哩(左答纳失里)招谕方国珍。”十月,元朝命方国珍交出船只,遣散部众,被他拒绝。方国珍拥有海船一千三百余艘,占据海道,阻绝粮运。

至正十五年(1355)春,方国珍从台州率兵北上,攻打庆元,纳麟抵挡不住,献城降。此后,元廷已没有力量剿讨方国珍了,只好与方国珍讲和了。

总之,方国珍的招安只是一种名义上的招安,他从不轻易交出兵权,而他的官位也是有名无实的空衔,自己不去担任。如他曾被授“徽州路治中,未赴,仍据海道”,元朝廷封他江浙行省左丞相,他也没有去杭州做官;封他为太尉,也没有到大都做官,而是仍守浙东。方国珍对敌我形势有着较深刻的认识。

张士德也是这样认识的。至正十七年(1357)六月,朱元璋军队擒张士德,欲招降张士诚。士德却秘密送书给哥哥士诚,劝他投降元廷。原因是投降元廷,犹可以保存自己的实力,待后再起;而投降了朱元璋,只能当个部下,一生事业没有了。结果张士诚听从弟弟士德的话,归附元廷。

朱元璋也差点归附元朝廷。朱元璋最初的军事发展,全靠小明王的红巾军主力在北方抗元作掩护,他才有精力与其他义军作战。至正十六年(1356)后,元察罕帖木儿一军兴起,起义军屡遭受重创。十九年(1359),察罕帖木儿攻克汴梁,刘福通奉小明王数百骑出东门遁走。朱元璋眼看形势对起义军不利,决心向察罕帖木儿求和。他通过方国珍、方国璋,两次派了使臣去见察罕帖木儿,送上重礼和亲笔信,要求通好,也就是表示愿意被招安。《罪惟录·方国真》载:“始,元察罕平定山东,江南震动。太祖(朱元璋)遣千户王华挟三千金附国真海舟至燕通好,元随遣尚书张昶等出谕。”二十一年(1361),张昶等来到台州,想与方国璋一道去南京,落实招安之事;二十二年二月,方国璋遇害,朱元璋同意张昶去集庆(南京)。这一年察罕被降兵杀死,形势发生变化,朱元璋立即变卦,不再提招安之事。

方国珍的招安,体现着农民起义军对生存和安定的追求。方国珍认识到元政权还十分强大,利用招安与元廷周旋,以积蓄力量,所以他不轻易交出自己的军队,对朝廷的异地委任也不去赴任。一旦朝廷作出对他不利的举措时,方国珍便会义无反顾地“入海反元”。当他取得生存和安定基本条件后,即进行“保境安民”政策。

(五)方国珍为元廷运粮问题

元代北方的粮食是靠南方运输去的。南粮北运有两种方法:一是经大运河,一是经海道。但大运河久塞,使用困难,京师所仰赖的长江三角洲的粮食主要靠海路运来。至正八年(1348)方国珍起义后,海运受阻。元丞相脱脱在治理黄河的同时,一度想重新挖掘大运河,结果造成中原红巾军大起义,运往京城的粮食被阻。至正十四年(1354)大旱,元廷向江浙行省借米数十万石。《续资治通鉴》载:"是岁,京师大饥,加以疫疠,民有父子相食者。"《中国通史》载:"元廷为中原、江浙各地红巾军所困,河运已经中断,京师发生粮荒,而方国珍据海上,海运亦中断,京师粮荒愈加严重,故元对国珍仍以招抚为主。"

至正十七年(1357),河南大饥。十八年(1358),京师大饥疫,时河南北、山东郡县皆被兵,民之老幼男女,避居聚京师,以故死者相枕藉。《草木子》载:"元京军国之资久倚海运,及失苏州,江浙运不通,失湖广,江西运不通,元京饥,穷人相食,不能师矣!兼之中原连年旱蝗,野无遗育,人无食脯,蝗为粮。"《元史·顺帝本纪》载:"(十九年)山东、河东、河南、关中等处蝗飞蔽天,人马不能行,所落沟堑尽平,民大饥。"

在这样的情况下,从至正十五年(1365)开始,即为元廷运粮。从至正二十年(1360)开始到至二十三年(1363)止,方国珍派大批海船,每年运送张士诚的十余万石粮到元大都去。这一举动为现代历史学家所非议,他们认为:如果方国珍、张士诚未曾以海运粮给元廷,那么元政权的灭亡会更早一些。

历史学家往往从理论出发,说应该怎样怎样!但事实上,元廷即使没有张士诚的粮食、方国珍兄弟的运输,皇族、官员、士兵们仍然可以活得潇洒,苦只苦了广大百姓,必定大量饿死。以百姓饿死作代价以加速元政权的灭亡,我看并不可取。方国珍兄弟为元廷运粮,以给济北方的粮荒,减少百姓的饥饿,并没有大错。

(六)潘伯修之死

万历《黄岩县志》载:"岁戊子方氏兵起,元帅朵儿只班酗愎,欲尽屠边海之民,伯修挺身争止之。"嘉庆《太平县志》、光绪《黄岩县志》、《台州府志》说得更详细些:"参知政事朵儿只班总兵至台,将尽屠边海之民。伯修率父老诣军前力争曰:'百姓何罪?倡乱者独国珍耳。'乃得免。"由于潘伯修在黄岩东南乡百姓存亡的危急时刻,不顾个人安危,挺身而出,消除了一场大屠杀,因此黄岩百姓十分感激他,他也因此得到史志的称赞。潘伯修又尝挺身说方国珍降,南台御史左答纳失里奏其功(嘉庆《太平县志》、光绪《台州府志》)。

方国珍对潘伯修也十分看重,派人把他接到庆元,欲使长幕府,潘伯修却不肯为国珍所用,力辞归。但是潘伯修却在返家途中被人杀死了。明谢铎《赤城新志》载“后竟为谷珍所害”，其他志书亦有所载，这成为方国珍的罪行。

嘉靖《宁波府志》：“潘省中，元进士也，为国珍所劫，屡以义折之，国珍不从，其党郭仁本（即刘仁本，仁本源出仙居郭氏，其父入继母舅刘氏，乃以刘为姓）谮之，乃使盗杀诸隘。”

万历《黄岩县志》比较含蓄：“用事者不悦，使盗待诸隘杀之。”

嘉庆《太平县志》载明郭樌《跋潘省元宣德碑文后》：“宣德碑未树，而方国珍遣盗杀潘省元伯修。”又说：“方为行省丞相，郭任枢密，假盗杀潘省元伯修，焚毁陈宣家，并郭之为，见于方石《台州杂咏》及《叶志》，而元、明两史不载。”

潘伯修被杀与方国珍脱不了干系，但多数认为是由刘仁本所谗或所为，但这不能减轻方国珍的责任。

怎样看待潘伯修被杀之事？

潘伯修说过：“倡乱者，国珍尔！”为了立功，每次来说服方国珍投降元廷；方国珍要用他，他又认为方为海寇，不肯为其所用。这使方国珍十分恼火，在刘仁本的谗言下，默许或遣人杀害之。

万历《黄岩县志》论曰：“潘先生倜傥多才，亦一时硕彦，然考其言论，盖牵曳于胡元网罗之中，而不思海岳腥膻所当汛埽者也。逊志先生曰：‘夷狄不可为正统，盗贼之雄耳。’伟哉斯言，足订千古之谬矣。”当然《县志》主修知县袁应祺及逊志先生（方孝孺）认为潘伯修错为胡元（即异族）出力，在今天看来亦不妥。

明郭樌《跋潘省元宣德碑文后》论曰：“元之事已矣。独惜省元（伯修）以清庙瑚琏之器，乃倒持莫邪、干将，失其用以自殒其身。”认为潘伯修违背历史进程，招来自殒，是公允的。

其实不愿为方国珍所用的文人甚多，方国珍对他们都很宽容。如长屿人李翁，方国珍委任他为仙居主簿，辞不去，再委任为镇海巡防千户，亦力辞。有人与方国珍讲：“彼不为公所为，是目无公也。”国珍曰：“此善人也，不愿做官任他去。吾不可得罪乡里。”对于反对国珍的乡兵，如陈恢、毛贞德父子、陈宣、赵师闾等，方国珍都曾劝服过他们，他们却坚决与他作对，不得已才用兵。（《台州府志》，黄岩、太平《县志》）

三、方国珍与主要对手的关系

（一）对待刘基的态度

刘基，字伯温，比方国珍大 8 岁。至正八年（1348），刘基任江浙行省儒学副提举、行省考试官，不久因不满官场辞职。方国珍起义时，刘基正闲居在杭州。刘基虽然仕途遭挫，对元王朝的腐败政治深为不满，但是，他仍然视剿灭起义者为吊民伐罪的行为。至正十一年(1351)，省掾高明随省臣南征方国珍之前，刘基赋诗为之送行："用兵非圣意，伐罪乃天讨。牧羊必除狼，种谷当去草。"

刘基从政后的前半生一直以方国珍为敌，他始终认为方氏兄弟为首乱，应当捕而杀之，以儆效尤。浙东道宣慰使都元帅、台州路达鲁花赤泰不华的看法与刘基相同，也力主剿捕。至正十二年(1352)，泰不华打算诱杀方国珍，结果自己反被方国珍击杀，台州的形势十分紧张。时江浙行省又任命刘基为浙东元帅府都事，浙东道宣慰司(即元帅府)置司庆元，刘基到庆元报到，建议江南行台御史、帅府元帅纳麟修筑庆元城以御方国珍，他说："当筑庆元城以御之。庆元得固，内陆安宁，此防守之扼要也。"纳麟接受了刘基的建议。之后又派刘基到台州，协助石抹宜孙镇剿方国珍。他一到台州，就建议整修台州城，不久城墙完工。

八月，方国珍率众攻台州，由于城防已固，防范严密，进攻没有成功。刘基也因此在浙东元帅府出了名。刘基十分得意，撰《筑城词》："寄语筑城人，城高固自好，更须足食仍足兵，不然剑阁潼关且难保。独不念至元、延祐年，天下无城亦不盗。"

至正十三年(1353)，江浙行省左丞帖里帖木儿将刘基辟为行省都事，商议剿抚方国珍事。《诚意伯刘公行状》载："及帖里帖木儿左丞招谕方寇，辟公为行省都事。"刘基建议招、捕两法，对方国珍兄弟进行剿捕，而对其部下实行招安，并起草了议剿奏书，帖里帖木儿派其兄行省都镇抚呈报朝廷。

方国珍对刘基颇为忌惮，派人送礼物给刘基，劝他宽行剿捕之法，以保安宁。刘基却拒收礼物，决意道："只有剿灭，别无他策。"方国珍无奈，派人贿赂朝中权要："省院之驳议未决，而航海之宝贿直达于宫中。"十月，授国珍徽州路治中、国璋广德路治中、国瑛信州路治中。这还不算，还斥责刘基擅作威福，有伤朝廷好生之仁，罢了他的职，将他羁管绍兴。帖里帖木儿也被罢了官。满怀热情的刘基一下子掉进了冰窖里，当然是又气愤又痛苦。朱彝尊说他："感愤至欲自杀，门人锡里实(密里沙)抱持之，得不死。"(《刘基行状》同)论者以为"刘基的这一悲剧是忠而见弃的悲剧"(周群《刘基评传》)。

至正十六年(1356)，刘基复被起用为行省都事。至正十七年(1357)，改任枢密院经历，到处州与石抹宜孙同理军务。此时方国珍已占领温州，处州与温州相邻，刘基觉得方国珍是个威胁，因此，到任不久便向石抹宜孙建议道："方国珍虽已归顺朝廷，但此人反复无常，不可不防。依臣之见，仍应以武力平定，方为上策。"但石抹宜孙的头脑却比刘基清楚，认为今日方国珍已非昔日可比，一来势力渐大，二来朝廷器重，岂能轻易除之，劝刘基忍耐。

刘基无奈，把主要精力放在治理军队、招募义勇等方面。刘基自此也建立起了一支自己控制的武装力量。当时，处州的青田、丽水、松阳、遂昌、缙云等县都爆发了农民起义。刘基赴任后，作《谕瓯括父老文》，宣扬皇恩浩荡，为扑灭农民起义，维护元王朝的统治，继续竭忠尽力。其后，在镇压、招抚处州一带农民起义的过程中，刘基等人筹谋划策，石抹宜孙指挥，或发兵进剿，或设计诱捕，不久即几乎残歼无遗。

总之，刘基前半生对方国珍的敌对情绪是站在元朝统治者立场上的对待一个起义者的敌对情绪，并无可赞扬之处。

至正十九年(1359)岁末，朱元璋部将胡大海镇守金华府，得知金华、处州一带有四位贤达：宋濂、叶琛、章溢、刘基。孙炎攻克处州后，朱元璋便命孙炎敦请四人同赴帐下。宋、叶、章三人都应允受聘，但受“忠臣不侍二主”的观念羁绊的刘基婉言辞谢。第二年，朱元璋再次派江南名士、处州路总管孙炎前往青田邀聘。经孙炎再三固邀，并道明利害，进行威胁，刘基才不得不受聘。刘基打点行装，临行前，将召集的义兵交付给其弟刘陛指挥，告诫曰“守境土，毋为方氏所得也，勿忧我”(黄伯生《行状》)，仍不忘防范方国珍。

二十年(1360)三月，刘基到了应天(南京)。此时他见到日益壮大的起义军领袖朱元璋，眼界突然开阔。他重新审视了天下形势，发觉方国珍首先反元并非坏事，在各路义军中，方国珍也不是朱元璋夺取政权的重要障碍。刘基向朱元璋提出了时务十八策，提出先灭陈友谅，暂时与张士诚、方国珍妥协，避免两线作战，然后各个击破的策略。朱元璋一一采纳。

至正二十一年(1361)，正值朱元璋西征陈友谅之时，刘基母亲病逝，意欲归里营葬，朱元璋竭力慰留。二十二年(1362)初，朱元璋东西两线战局得到了暂时的稳定，刘基归里守丧。在刘基归里途经衢州时，金华苗军元帅蒋英、刘震、李福反叛，杀害了金华守臣参政胡大海等。处州苗军元帅李祐之、贺仁得等闻讯后随即反叛，杀害了行枢密院判耿再成、都事孙炎等。刘基至衢州后，安抚民众，会同平章邵荣、元帅王佑、胡深等兵攻复处州。金华又重新被朱元璋收复。直到局面得到稳定，刘基才回家葬母，还为招抚方国珍作了准备。

刘基归里后，方国珍便派人向刘基致书奉礼，想通过修好刘基以达到修好朱元璋的目的。刘基则因时因事而为，认为方国珍不是朱元璋的死敌，同意为方国珍说话，派人赴应天禀告朱元璋关于方国珍致书奉礼一事，在征得朱元璋的同意后，向方氏来使宣示朱元璋的威德，劝其归附。方国珍由此向朱元璋纳土入贡，为最终降附作了准备。

至正二十七年(1367),方国珍归降朱元璋后,与刘基同朝为臣,两人已没有了过去朝廷与反贼的仇怨,也没有了起义军之间的利益冲突。方国珍一直敬重刘基,刘基也没有在朱元璋面前说方国珍坏话,两人相安无事。此时刘基反而受到主要政治对手淮西派胡惟庸等排挤,尽管刘基十分小心,结果还是被胡惟庸等害死,仅比方国珍病死晚了一年时间。

(二)与张士诚的关系

至正十六年(1356)张士诚的弟弟士德攻陷平江,士诚自高邮迁都平江。接着占领了江浙行省的省会杭州,势力伸展到绍兴,窥视方国珍地盘,威胁到方国珍的生存空间。《中国通史》载:“十七年(1357)八月,元廷升方国珍为江浙行省参知政事、兼海道运粮万户,命其率兵讨士诚。国珍率兄弟诸侄等以舟师5万进击士诚昆山州,士诚遣其将史文炳等御于奣子桥,国珍七战七捷。未几,张士诚降,元廷命方国珍罢兵。”《辍耕录》和《秘阁元龟政要》均载:“(张士诚)托丁氏往来说合,结为婚姻,于是两境之民稍息。”方国珍与张士诚之间的战争以婚姻的方式了结。

有人认为,方国珍攻打另一起义军张士诚,已经蜕化变质成为元廷鹰犬。但是任何时期的起义,起义军之间为争夺生存权、扩展势力,互相之间争斗是经常的事,无所谓蜕化变质与否。就拿元末各起义军来说,刘福通就是被张士诚部将吕珍所杀(亦有认为当时未死,是后来被朱元璋杀害的);陈友谅开始投于倪文俊部下,倪文俊挟持徐寿辉,陈友谅杀倪文俊,又杀徐寿辉,自称皇帝;朱元璋的军事行动,也以各路起义军为主要目标,他打陈友谅,打张士诚,并派人把小明王韩林儿沉死在江中(他原可以采取禅让的办法,但他连这一点都不愿意),为自己当皇帝扫除最后的障碍。在夺取政权的生死之斗中,说不上变质不变质。况且方国珍、张士诚最后以缔结婚姻为结局,使两境之民稍息,这比各路义军非以生死不能了结好许多。

至正二十年(1360)至二十三年(1363),方国珍又与张士诚合作为元廷运粮。直至至正二十七年(1367)九月,张士诚被朱元璋所灭,十二月,方国珍归降朱元璋,方国珍与张士诚间已十年没有战事,这在起义军之间实属稀罕之事。

关于张士诚与方国珍交好,黄岩、太平两地《县志》均载:“范秋蟾者,塘下戴氏妇,方国珍戚也。张士诚遣能诗妓女十余来觇国珍富盛,国珍送至戴,与秋蟾角艺,无所轩轾。其行也,秋蟾制新词十章被之管弦以送,妓感服,尽以国情输之。”这可能并非妓女,而是张士诚嫁女所带的侍女。在战争年代,两地竟然互觇虚实(其实没有必通过妓女或侍女口中所得国情,方国珍谋士刘仁本等都到过平江),比起富来。

(二)与朱元璋的关系

朱元璋的主要对手是陈友谅、张士诚，开始方国珍与他并不相干。至正十八年(1358)底，朱元璋的军队东下衢州、婺州，与方国珍割据的温、台、庆元诸路相望。当时朱元璋受陈友谅、张士诚夹击，无暇南顾，因此，对方国珍试以招抚策略，以求南线稳定。十二月，朱元璋遣主簿蔡元刚、儒士陈显道往庆元招谕方国珍："国珍与其下谋曰：'方今元运将终，豪杰并起，惟江左号令严明，所向莫敌。今又东下婺州，恐不能与抗。况与我敌者，西有张士诚，南有陈友定，莫若姑示顺从，借为声援，以观其变。'众以为然。"至正十九年(1359)正月，方国珍遣使奉书来献黄金五十斤，白金百斤，金织文绮百匹来献。朱元璋复派镇抚孙养浩到庆元抚慰。"三月丁巳，方国珍遣郎中张本仁以温、台、庆元三郡来献，且以其次子关为质，上(朱元璋)厚赐而遣之"(《明太祖实录》)。九月，方关回来，朱元璋派博士夏煜同往，授国珍福建行省平章事，国瑛参知政事，国珉枢密分院佥事。国珍复遣使者，愿守城邑，如钱镠故事，岁贡白金以给军赀，朱元璋答应了。

但是在元廷的诱惑及手下谋士的怂恿下，从至正二十年(1360)开始，由张士诚出粮、方国珍出船，每年都运粮十几万石到京城；对朱元璋的来使也忽冷忽热，这令朱元璋很不高兴。

至正二十二年(1360)，朱元璋派胡大海再次攻下金华。其部下苗军杀主将胡大海，持其头来献方国璋。方国珍反对招降纳叛，叫国璋遣兵警戒。苗军于二月十二日夜四更围仙居，矢石如雨。方国璋仓促应战遇害。得知方国璋为拒叛将而死，朱元璋十分感谢，从南京遣使到台州祭奠，慰抚其遗孤。

至正二十四年(1364)，方明善攻占平阳。后被朱元璋参军胡深遣兵击败。明善惧，与国珍谋输岁贡银二万两充军费，请守乡郡，如钱镠故事。上许之，命深班师(《明太祖实录》)。

至正二十六年(1366)四月，方国珍遣经历刘庸等来贡白金二万两于朱元璋。元廷也抓紧拉拢方国珍，授方国珍大官。

吴元年丁未(即至正二十七年，1367)四月己未，朱元璋以方国珍反复，以书数其十二过。七月，朱元璋遣使责国珍贡粮二十三万石，仍以书谕之。九月，朱元璋灭张士诚后，派朱亮祖、汤和领兵攻方国珍。十二月，方国珍率余部与海舟 400 艘归降汤和，汤和把他送到南京，朱元璋十分高兴地迎接他，且喜且嚷曰："若来何晚也?"方国珍即叩首谢罪。

《方国珍碑铭》载："上以公诚悫，遇之特厚，每赐宴飨，皆与功臣列坐。未几有广西左丞之命，俾奉朝请。"俞本《纪事录》也证明这一点："谷真朝毕，宣升奉天殿，赐以龙衣冠带，命于大臣班坐而宴。”方国珍病了，朱元璋数遣中使慰问，并封他的长子方礼，宣武将军佥广洋卫亲军指挥使司事；次子方完，忠显校尉虎贲卫千户所镇抚。洪武七年(1374)，方国珍亡故，寿五十六岁。葬于城东二十里玉山之原。(《方国珍碑铭》)

洪武九年(1376)，应方国珍子方礼之请，朱元璋敕命翰林学士承旨宋濂作《故资善大夫广西等行中书省左丞方公神道碑铭》，对方国珍的一生做出公正而肯定的结论。

方国珍与朱元璋是两个起义军的领袖，当朱元璋强大后，攻下婺州(金华)，来招谕方国珍。方国珍对朱元璋一开始就表示愿意归顺，但方国珍在浙东经营十多年，已经形成一套管理机构，他投朱元璋不可能毫无顾忌，因此反复也是正常的事。好在他还是有自知之明，没有采取与朱元璋作殊死战斗的方针，朱元璋大军压境，方国珍“乃封府库，具民数，使城守者出迎，躬挈妻孥避去海上，使完奉表谢”(《方国珍碑铭》)，终于取得了朱元璋的原谅，最后兄弟子侄得以善终，不能不说是一奇迹。

四、方国珍杰出的军事才能

《元史·泰不华传》载：“八年(1348)，台州黄岩民方国珍为蔡乱头、王伏之仇逼，遂入海为乱，劫掠漕运粮，执海道千户德流于实。”方国珍起义一开始就劫取漕运粮，起义军有了粮食，军心稳定，又不用扰民，真是太出色了。“事闻，诏江浙参政朵儿只班总舟师捕之。追至福州五虎门，国珍知事危，焚舟将遁，官军自相惊溃。”这是方国珍起义后的第一场战事。当时方国珍根本无法与朵儿只班率领的元军相抗，只能采取逃跑计策，“焚舟将遁”是美化元廷的话，亦有可能就是方国珍设下的计谋。当时的船只都由木板制成，海战最怕火战，船只着火后处在茫茫大海中，士兵无处可逃，因此“朵儿只班遂被执”。当然，朵儿只班被执，国珍没有杀他，而是“迫其上招降之状”，为自己留下后路。

至正十一年(1351)，元廷又一次大规模地剿讨方国珍。二月，诏孛罗帖木儿为江浙行省左丞，总兵至庆元。以泰不华熟知台州情况，迁浙东道宣慰使都元帅，分兵于温州，使夹攻之。“既而孛罗帖木儿密与泰不华约以六月乙未合兵进讨。孛罗帖木儿乃以壬辰先期至大闾洋，国珍夜率劲卒纵火鼓噪，官军不战皆溃，赴水死者过半。”(《元史·泰不华传》)这次战斗虽然元军强于方国珍军，但方国珍已经有相当的军事力量，当然他所采取并不是白天正面作战，而是“夜率劲卒纵火鼓噪，官军不战皆溃，赴水死者过半”。又一次取得巨大的军事胜利，连统领孛罗帖木儿和郝万户也被他俘虏，当然，方国珍仍然没有杀他们。

至正十二年(1352)春，方国珍率海岛贫民千余人突入刘家河，烧运船无数，遂抵太仓。《元史·樊执敬传》载："二月，(江浙参政樊执敬)督海运于平江，卜日将发，官大宴犒于海口。俄有客船自外至，验其券信令入，而不虞其为海寇也。既入港，即纵火鼓噪。时变起仓猝，军民扰乱，贼竟焚舟劫粮以去。执敬既走入昆山，自咎于失防，心郁郁不解。"这次偷袭真是太神奇了。

三月，浙东道宣慰使都元帅、台州路达鲁花赤泰不华准备诱杀方国珍，泰不华语众曰："吾以书生登显要，诚虑负所学。今守海隅，贼甫招徕，又复为变。君辈助我击之，其克，则汝众功也，不克，则我尽死以报国耳。"结果被方国珍识破。方国珍率小舸二百入海门港，在马鞍山下黄林洋与泰不华相遇，泰不华却因不懂潮汛，大船搁浅，无法行动，国珍士兵"欲抱持(泰不华)过国珍船"，泰不华却夺刀杀义军，义军只好将他刺死。

至正十四年(1354)，元命阿儿温沙为江浙行省右丞、恩宁普为江浙行省参知政事，领兵讨方国珍。阿儿温沙等令各州县树栅捍江，加紧备战，但元兵入海遇国珍兵皆溃而归。

台州城为刘基建议修筑，十分牢固，方国珍久攻台州不下。九月，"有渔者九人，尝夜从水关入城，渔毕则出，既久，乃就国珍献计，国珍与谋而遣之。一夕，国珍兵至西门，渔者使数人于西门大噪放火，城中官兵尽趋救之。又数人密从东门斩关而出，纳外兵，遂陷台州"(《月山丛谈》)。方国珍执元帅也忒迷失、黄岩州达鲁花赤宋伯颜不花、知州赵宜浩，以俟诏命。

庆元城(今宁波)同样为刘基建议修筑。至正十五年(1355)春，方国珍从台州率兵北上，攻打庆元，元守将纳麟抵挡不住，献城投降。杨维桢说，四明的城很坚固，方国珍一攻就进去了，无人肯死守。因为元兵元将知道，投降方国珍非但没有生命危险，甚至可以仍旧当差；而死守则凶多吉少。"攻心为上，攻城为下"，方国珍真是太了解"孙子兵法"了。

张士诚占据平江、杭州后，威胁到方国珍的势力范围。至正十七年(1357)八月，国珍率兄弟诸侄等进击士诚昆山州，"士诚知公且至，遣其将史文炳、吕真统十将军兵七万，御公于昆山。昆山去姑苏七十里，士诚之伪都在焉。文炳、真陈兵城中，乃以步骑夹岸为阵。士诚命游兵往来，旌旗数十里不绝，气势甚盛。公曰：'滨海之地，非四达之衢。乃复参用步骑，兵虽众，不足畏也。'公舟师仅五万，身率壮士数百趋奣子桥，文炳、真使十将军薄水战，矢石如雨，公戒其众持苇席，借涂泥，冒矢石，文炳、真急奋呼夹岸之军，以火箭乱射，公燎及须鬓，横刀大呼而入，杀两将军及十余人，军大溃，若禽鸟散去。公与壮士追击，趋其中坚，文炳、真接战，公出入阵中，所向辄披靡。桥左右水骑讫不得成列，而岸上军又败北，文炳、真弃马走，亡七将军，溺死者万计。公乃次兵于岸。明日又战，七战七捷，直至城下。”（《方国珍碑铭》，《明太祖实录》同）“两军相遇勇者胜”，这次战争充分显示出方国珍的军事才能及其作战的勇敢。

自方国珍至正八年(1348)起义，直到至正十七年(1357)与张士诚在昆山的战斗，十年时间里，在重大的战斗中，方国珍几乎没有吃过败仗。现在大家谈论施耐庵的《水浒传》，施耐庵生活在张士诚、方国珍同时代，侨居杭州，比他们略小几岁，梁山泊中发生的水战，论者认为采用了南宋洞庭湖杨幺及元末张士诚的水战作参考，但似乎忘掉提及元末水军最强大的方国珍，方国珍水战并不比梁山泊水战差。难道施耐庵只知道张士诚却不知道方国珍吗？这是不可能的。所以我认为施耐庵写《水浒传》，必定也参考了大量方国珍的水战实例。方国珍的成功水战，为《水浒传》的水战生色了不少。

可惜在至正十七年(1357)后，方国珍的军队几乎不再打仗，十年间守望浙东三郡，看着别人争城夺地，毫无发展。到了至正二十七年(1367)，朱元璋征服张士诚后，向他发动进攻，方国珍毫无还手之力，只能束手投降了。

五、如何评价方国珍

《明书》作者傅维鳞称赞方国珍："非有乘衅伺隙之便，辄诛仇结众，凌风卷雾于江海之陬，不可谓非云雷之壮烈焉，叱咤数年，始多控弦勒骑之举，是亡元者，国珍也！元即啖以爵禄，讵能挚虎兕而令弭耳哉？使听章子善之论，天下事未可知也，乃终不建号称王，卒归命真主，国珍之识量有过人者。回视吴楚，俱烟消灰灭，而独乐天年，保富贵子孙安享厚禄，于太祖迅霆之下，非沉勇知几而能若是乎？说者咎其不夹击江阴，于质子之日取公侯分诰券，果尔，则前安得岸然豪宕于浙左者几二十年，后亦与傅、李诸公同受惨苦矣。"

如果客观一些讲：

方国珍是元末第一支有影响力的起义军领袖，由于他的首义及坚持，使得后来的起义军有了榜样，形成声势，方国珍也与各路起义军一道推翻了元朝统治，改写了一个朝代的历史。"亡元者，国珍也"是赞扬语，改为"亡元首义者，国珍也"更恰当些。

当他取得浙东三郡地盘后，实行保境安民政策，使得浙东人民免受战争之苦——是他第二大功。"使听章子善之论，天下事未可知也"，是遗憾；"回视吴楚，俱烟消灰灭"，该庆幸。国珍生长海滨，所用将帅谋士，均为家族亲戚及当地文人;所集之兵,也多是海滨盐丁、佃户,这些人缺乏中原人士的全局意识,国珍如能听章子善建议,进军中原,有可能会取得更大的地盘,但若要取得全国政权,可能性不大;与其如此,则“保境安民,以待真人出”,亦不失为一种好的选择。

当朱元璋大兵压境时,他封府库,使城守者出迎,使浙东人民免受血刃——这是第三大功。“于太祖迅霆之下,非沉勇知几而能若是乎?说者咎其不夹击江阴,于质子之日取公侯分诰券”都是小事,但能沉稳应对,而能卒保富贵,确不容易。且子侄对明初抗倭作出巨大贡献,都是额外的收获。

首义、保境安民、归降大明政权,不管从哪个方面看,方国珍的一生功不可没,值得后人景仰。

最后说一下人的生存权利。生存权利是人的最基本权利,人在追求本身生存权利时,又兼顾尊重别人的生存权利,这样的人,起义也好,妥协也好,投降也好,我们有什么理由不给他公正的评价呢?

略论方国珍

浙江师范大学　龚剑锋　童翡波

方国珍又名谷真、谷珍，江浙行省台州路黄岩县洋屿人（现属台州市路桥区），生于佃户家庭，年长后，以务农为主，兼营渔盐副业，家道逐渐富裕。元顺帝至正八年（1348），同里蔡乱头聚恶少年行劫海上，方国珍同乡陈氏诬告他与海寇相勾结，方国珍怒而杀陈氏，官府捕之甚急，于是方国珍聚众逃亡海上。他们劫掠漕运粮，梗海道，严重影响了元政府的粮食海运。从方国珍起兵反元到至正十五年（1355）的七年间，元政府数次发兵征讨他，但最终都以失败告终。方国珍屡战屡胜，实力不断壮大，但他审时度势，没有螳臂挡车之行，凭借自己的水军以及控制着元政府海漕北运等优势，待价而沽，对元政府屡叛屡降，以获取更大的利益。至正十七年（1357），方国珍发兵帮助元政府讨伐张士诚，七战七捷，迫使张士诚"奉元正朔"。随后，方国珍开府庆元，并兼管台州路和温州路，成为真正意义上的地方割据势力。至此，方国珍偃旗息鼓，践行着避免战争、保境安民的理想，缓和与周围势力的关系，一面向朱元璋进依附之言，并进奉金银；另一面则始终奉元正朔，数次帮助元朝运送粮食。直到至正二十七年（1367）面对朱元璋强大的军事压力，审时度势，顺应历史潮流，归顺朱元璋。方国珍从起兵反元到最终归顺朱元璋的近二十年时间里，有反元活动，也有助元行为，史学界对其评价众说纷纭，莫衷一是。有的斥责其为起义军的叛徒，有的认为他是为时局所逼，并且赞扬其在统治浙东三路时的功绩。笔者才疏学浅，但也希望自己尽可能地对这个历史人物作一客观评价，希望得到大家的批评指正。

一、方国珍与元朝的微妙关系

方国珍从至正八年（1348）起义到至正二十七年（1367）最终归顺朱元璋的近二十年时间里，对元朝屡叛屡降，始终与元政府保持着一种微妙的关系。一方面，方国珍梗塞海道，劫掠元政府的漕运粮，并数次对元政府实施反围剿，抗击元军，最终实际控制着浙东三路地区，在一定程度上削弱了元政府在浙江的统治力量。另一方面，他对元政府采取妥协态度，始终奉元正朔，承认元政府的正统地位，甚至帮助元政府讨伐张士诚，最后还四次联合张士诚向元大都运送粮食。方国珍充分利用自己的实力与元政府周旋，以期获得最大的利益，他的这些所作所为与同时期的农民起义领袖相比大相径庭，元政府对此也是爱恨交加，无可奈何。

(一)抗击元朝

方国珍在至正八年(1348)起义反元后，不断袭击元政府部署在浙东沿海的军事力量，对此，元政府曾数次派兵前往镇压，但都遭到了惨败。至正八年(1348)，方国珍起兵反叛，入海为乱，劫掠漕运粮。元政府"诏江浙参政朵儿只班总舟师捕之……官军自相惊溃，朵儿只班遂被执"[①]。至正十年(1350)，五月，"宣威司移檄元帅扈海，率万户孙昭毅等往捕，师溃于水澳"[②]。至正十一年(1351)，六月，"江浙左丞孛罗帖木儿为方国珍所败"。[③] 至正十二年(1352)，二月，"(樊执敬)督海运于平江……贼竟焚舟劫粮以去"[④]。至正十四年(1354)，九月，国珍攻陷台州，"拘执元帅也忒迷失、黄岩州达鲁花赤宋伯颜不花、知州赵宜浩"[⑤]。

方国珍从至正八年(1348)起义，到至正十五年(1355)最终归降元朝的七年间，数次重创江浙行省的元军，削弱了元政府在浙江的统治力量，使得元政府无法集中力量打击各路起义军，为红巾军的发展壮大创造了良好时机。与此同时，方国珍势力不断发展与稳固，最终控制了台州、庆元和温州三路。浙东三路不仅是元政府的税收重地，更是元朝重要的贸易港口。方国珍控制了浙东三路，便扼制了江南地区海漕北运的咽喉，也就控制了元政府的财政收入，这在战火纷飞的元末时期，在经济上给予了元政府不小的打击。

在元朝行政区划上，浙江属于江浙行省，自唐宋以来中国的经济重心已经完成了由北向南的转移。南宋时期，江浙一带已成为统治阶级最主要的财政来源。虽然元朝疆域辽阔，为中国历史之最，但元政府对江南地区的控制没有丝毫的放松，对它的压榨程度远远超过其他省份。就全国总租税来说，江浙缴

---

① (明)宋濂等撰:《元史》卷一四三《泰不华传》，北京:中华书局，1976年，第3424页。

② 万历《福宁州志》卷一六《时事》，北京:书目出版社，1990年，第404页。

③ 《元史》卷四二《顺帝本纪》，第891页。

④ 《元史》卷一九五《樊执敬传》，第4412页。

⑤ 《元史》卷四三《顺帝本纪》，第4412页。

纳的数额占 7/10,而比较富庶的平江、嘉定、湖州三府的负担,又占江浙总赋税的十之六七;就全国每年税粮来说,江浙岁输中央 449 万余石,占全国总数 1211 万余石的 1/3 强;江南三省(江浙、湖广、江西)的海运粮也由至元二十年(1283)的 4 万余石增至天历二年(1329)的 352 万余石。[①] 不仅如此,方国珍占领了浙东三路,便相当于直接控制了元政府在江南地区的漕运咽喉,由于浙江的米粮,主要是靠海漕北运,方国珍占据了浙东沿海,做着劫掠漕运粮、梗海道的海盗行径,这便阻止了元政府在浙江地区的海漕北运。这对于深陷战争旋涡的元政府而言,显然是一个不小的打击。

(二)对元妥协

方国珍可以说是最早起兵反元的起义领袖,起义后发展得十分顺利,不久就占据了浙东这块富庶地区。浙江属于元朝军事边缘地区,元政府并没有集中力量对方国珍进行征讨,也没有出现过一般的起义军集团内部因争权夺利而互相残杀的现象,因此,方国珍很快便拥有披甲十万余众的军队和数以千计的舟船。这样的客观条件与其他同期起义集团相比较,应该说是十分优越的,如果方国珍能够对当时的社会情况进行客观、准确的分析,认识到元政府金玉其外、败絮其中的现状,充分地抓住元政府疲于应付各地起义军的有利机遇,聚集有识之士,制定出北上中原、推翻元政府的正确战略,那么他的发展前途无可限量,元政府的腐朽统治也将提前结束。早在至正十七年(1357),方国珍同乡的一位有识之士章子善就向方国珍推荐进取中原之策。章子善的战略主张应该说是完全正确的,他希望方国珍能凭借手中所掌握的军队实力,顺应历史潮流,积极南征北略,以推翻元末黑暗统治,建立一个受百姓欢迎的新王朝。可方国珍却作了这样的回答:“朝廷虽无道,犹可以延岁月。豪杰虽并起,智均力敌,然且莫敌为主。保境安民,以俟真人之出,斯吾志也。愿君勿复言。”[②]可见,方国珍对元末王朝还寄托着不切实际的幻想,抱着妥协态度。

方国珍生于佃户家庭,在兄弟五人年长后,以务农为主兼营渔盐副业,家道逐渐富裕。但是由于同乡陈氏诬告他与海盗相勾结,怒而杀人,不得不逃亡海上,聚众反元。可以说,如果没有陈氏诬告之事,方国珍对元政府是没有太大的仇视之心,反而可能还有一种报效朝廷之心。因此,方国珍在每次打败元军后都请求归降。一方面固然是出于对当时形势的分析,虽然方国珍有散兵游勇数千人,但如果仅以这数千人就想对抗元政府这个庞然大物显然是螳臂

① 桂栖鹏、楼毅生:《浙江通史》(元代卷),杭州:浙江人民出版社,2005 年,第 361 页。

② (明)宋濂:《宋学士文集》卷四〇,《四部丛刊》影印明正德本,第 486 页。

挡车，自寻死路。另一方面，虽然方国珍在起义后期也有舟船千余艘，兵甲万余人，但是他并没有北上称王争霸的野心，一心只想安安稳稳地割据一方，希望谁也不得罪。因此，方国珍对元政府并没有坚决的对抗意识，而是对元政府采取了妥协态度。

（三）助元伐张

方国珍从至正八年(1348)反元开始，虽然始终奉元正朔，但他对于元政府还是有所提防的，因此才会出现屡叛屡降的现象，他始终没有向元政府交出自己的军队，也未替元政府做过任何实事，这对于农民起义事业并没有造成不良影响。然而，在至正十七年(1357)八月，方国珍却接受了元政府征讨张士诚的命令，他率领诸兄弟子侄以舟师五万，向张士诚发起进攻。张士诚命史文炳、吕珍率军七万迎击，经过两天两夜的七次激战，张士诚均告失败，被迫"奉元正朔"[①]。方国珍第一次真刀实枪地为元政府卖命，就顺利完成了镇压张士诚，迫使其奉元正朔这个任务。对此，元政府大大肯定了方国珍的功劳："元主嘉其功，听以节钺镇浙东，开治以鄞，复数加爵赏钺。进太尉、江浙右丞，赐以衢国公印章，昆弟、子侄、宾客皆至大官。"[②]

（四）帮元运粮

元朝末年，各地起义不断，其中尤以北方的红巾军起义之势最大。元政府频频出兵镇压各地起义，深陷战争泥淖，粮食需求猛增，但是粮食补给却不断减少。特别是江浙地区自从被方国珍和张士诚占据后，多年未向元政府输送粮食，这弄得元政府焦头烂额。"元都于燕，去江南极远，而百司庶府之繁，卫士编民之众，无不仰给于江南。自丞相伯颜献海运之言，而江南之粮，分为春夏二运，盖至于京师者，一岁多至三百万余石。"[③]可见江南对元政府而言至关重要。鉴于此，元政府频频向方国珍伸出橄榄枝，并投之以官爵，以求海运的畅通。1359年，元政府派遣兵部尚书伯颜帖木儿、户部尚书齐履亨为使，极力调和方国珍与张士诚之间的矛盾，终使他们冰释前嫌、通力合作，张士诚出粮，方国珍出船，四次向元大都运送粮食。1359年运粮11万石，1361年运粮11万石，1362年运粮13万石，1363年运粮13万石。四年内共有四次海运，运往大都的粮食共计48万石。当时大都正值大饥荒，这些巨额的海运粮缓解了元政府的燃眉之急，使其得以继续苟延残喘，并继续指挥对农民起义的反击。

---

① (清)钱谦益：《国初群雄事略》，北京：中华书局，1982年版，第216—217页。

② 《宋学士文集》卷四〇，第486页。

③ 《元史》卷九三《食货志》，第2364页。

方国珍在抗击元政府的同时，屡叛屡降，虽然实际控制着浙东三路，却也始终承认元政府的正统地位。元政府需要拉拢方国珍，保证其海漕北运的稳定；方国珍也希望元政府授予高官厚禄，默认他在浙东三路的实际统治地位。因此，方国珍与元政府始终保持着一种相互利用却又相互提防的微妙关系，这也正是方国珍能够仅以浙东三路之地坚持近二十年之久的原因之一。

二、方国珍对浙东三路的经营

方国珍从至正八年(1348)起义，到至正十五年(1355)最终归降元朝的七年间，屡叛屡降，他的势力日益增强，官爵也得到不断晋升，并逐渐控制了台州、庆元和温州三路(即现在的浙江省台州市、宁波市和温州市)。而恰在此时，刘福通在亳州立韩林儿为“小明王”，国号“大宋”，建立了北方红巾军革命政权。至正十七年(1357)，刘福通兵分三路开始北伐，起义军节节胜利，达到极盛时期。元政府忙于镇压北方的红巾军，对于方国珍控制浙东三路这个既成事实无可奈何，只能听之任之。方国珍把台州交给方国璋、方国瑛治理，把温州交给方明善管辖，自己则坐镇庆元，留下方国珉做助手。方国珍在统治浙东三路的十几年间，始终奉行保境安民、发展生产、与民休息的政策，使得浙东经济得以恢复与发展。当然，在方国珍统治浙东三路时，方国珍家族为了满足自己的私欲，大力收罗各种奇珍异宝，并向百姓征收较重的赋税。但总的来说，相对于北方的战乱局面，此时的浙东三路可谓是一方乐土。

(一)避免战火

元末农民起义初期，各地纷纷举旗起义，起义军可谓浩如烟海、鱼龙混杂。但是大多数起义军，没有固定的根据地，流动性很大，为了继续生存，经常与官府和其他义军争夺城池，战火连天，遭遇兵祸的百姓为了生存不得不背井离乡，流离失所。作为江浙行省首府的杭州，历来为兵家必争之地，仅重大兵祸就有三起。然而，方国珍的部队在攻克台州、庆元、温州时，比较轻松，而且义军入城纪律良好，没有骚扰百姓。

元末农民起义中后期，局势渐变，一些实力雄厚的起义军为了争做霸主，一面继续进行反元战争，一面开始对邻境的割据势力进行兼并战争，最著名的便是朱元璋与陈友谅之间的三年兼并战争。然而浙东三路却始终没有发生大规模的兼并战争。当方国珍击败张士诚，并占领浙东三路后，势力达到鼎盛，同县章子善向他献进取中原之策。方国珍却回答说：“朝廷虽无道，犹可以延岁月；豪杰虽并起，智均力敌，然且莫适为主。保境安民，以俟真人之出，斯吾志也。”[①]可见方国珍并未有称王争霸的野心。他在占据了浙东三路之后并无太大的扩张势力之心，除了与张士诚发生过一些小规模的争斗，与其他周边势力没有兵戎相见，彼此关系比较缓和。

方国珍不仅没有争霸的野心，也没有称王之行。方国珍不仅是元末最早的较有影响力的起义领袖，也是坚持最久的，但是终其一生都没有“称王”之行，而反观其他几个较有影响的起义领袖：至正十四年(1354)，张士诚在高邮称诚王，建国号大周，以天佑为年号；至正十五年(1355)，刘福通拥立韩林儿在亳州称帝，改元龙凤，国号大宋，史称“小明王”；至正十九年(1359)，陈友谅自称汉王，次年闰五月，杀徐寿辉，自立为帝，建国号大汉，改元大义；至正二十年(1360)，明玉珍自称陇蜀王，之后称帝，国号大夏，建元大统，都重庆；至正二十四年(1364)，朱元璋自称吴王。这些起义军领袖的称王称帝行为直接打击了元政府的“正朔”形象，因此成为元政府的主要征讨对象。而对方国珍却始终没有花太大的力量，讨伐方国珍时一直以地方军队为主力，也正因此，方国珍才能在元政府的数次征讨下屹立不倒，甚至不断扩展自己的实力，并最终控制了浙东三路地区。

(二)缓和矛盾

元朝统治者建立的四等级制度，是将人按民族和归附时间的先后划分为蒙古人、色目人、汉人、南人。浙东是以地方色目官吏治理南人的地区，色目人作为元朝的第二等人，在南人眼中就是统治阶级。例如元朝征调征讨方国珍军队的主要将领都是蒙古或色目人。普通老百姓在色目人近百年的统治下生活比较艰苦，汉民族向来都认为自己是文明之邦，视其他少数民族均为蛮夷，但在蒙古铁骑的威慑下，汉民族虽有敌视少数民族之心，却未敢有实际之行。

元末农民起义后，汉民族对少数民族的排斥行为也终于开始出现。方国珍统治浙东三路之后，除了像金哈剌这样极少数的重要官员被召回大都，大部分地方色目官吏在当地实际成了失去退路的特殊异族移民。在失去强有力的中央王朝保护后，他们的处境变得比较艰难。但是在方国珍割据势力控制的地区，由于方国珍并没有称王争霸的野心，只想割据一方以求自保，因此他直至元朝灭亡都一直与元政府保持着表面的从属关系，这种政治利益需要在较大的程度上遏制了民族矛盾的激化。[②]

① 《宋学士文集》卷四〇，第486页。

② 段海蓉：《元末方国珍治下色目人的境遇与心态》，《南开学报》(哲学社会科学版)2011年第3期，第57—63页。

(三)实田均赋

对于方国珍在统治上虞时所采取的实田均赋政策,章采烈先生有比较详细的研究,给我们再现了六百多年前上虞县的一些情况。[①] 1358 年,方国珉会同上虞县尹韩谏,“总余姚、上虞之师,乃克命官验田高下,以均其赋”,“度其土宜,第其租入,民皆称均”,“于是民大欢洽”[②]。1369 年,核实上虞县田。“越上虞县,大德间定垦田,总之凡三十三万二千三百亩有奇,兵、灶、驿、学、寺、观免征者四万七千亩,官民实征者二十八万五千二百亩。……岁久法弊,因去其籍,且推收之法不行,而鬻质之数不实,遂使诡名寄户、飞隐走贴、虚增张并之弊,纷纭杂出,而真伪莫能辨矣”,“会治兵县境,一切军资悉取于民,重轻失当,怨嚣载道”。县令韩谏“乃下令、听民自实,即有不实,并以坐吏。……其法:每田一区,署由一纸,载田形、地方、亩数与凡执事者其上,俾执之以为券,而图以鱼鳞,册以鼠尾,分以兜率,总以归类。然后奸欺屏息,田赋正,摇役均,而庭无纷争之讼焉”[③]。

(四)兴修水利

元朝末年浙东地区连年灾荒,不是旱灾,就是水灾。但是官吏腐败无能,面对各地起义并起的局面只求自保,因此对于农田水利基础建设置若罔闻。方国珍占领三路之后,命令庆元、台州、温州各处官吏认真查看当地的农业情况,抓紧水利建设。上虞县海堤年久失修,水淹成灾,方国珍就亲自带着国珉与谋臣沿江察看,下令改用石头砌成海堤,修成后,上虞县成了一片沃土。台州也是灾荒频繁,58 年间曾先后发生 18 次灾荒,其中有 10 次是水旱灾。于是方国璋、方国瑛二人,在海门枫山到洋屿、横街一线修了塘堤,此塘一直延续到松门。此外还在楚门一带围成了许多塘堤,使楚门湾的大片近海滩涂变成了良田。[④]

方国珍统治期间对浙东三路水利设施的修建,缓解了旱涝灾害,使得农业生产有了发展,百姓得以安居乐业。

(五)兴办儒学

方国珍要求庆元、台州和温州三路都兴办儒学,并指定建庆元府学堂与黄岩羽山文献书院。当时余姚开办儒学遇到阻碍,他便派刘仁本前去督办。上虞县在核实全县田赋的同时,也“大修孔子庙,复忠恕堂,聘名师,广弟子员,日

---

① 章采烈:《论方国珍的功与过》,《上海大学学报》(社会科学版)1990 年第 4 期,第 72—77 页。

② (元)贡师泰:《玩斋集》卷七,明嘉靖刻本。

③ 《玩斋集》卷七。

④ 刘登阁:《元亡明兴:中国历史大变局》,北京:北京图书馆出版社,2008 年,第 236 页。

与讲论忠君亲上之道，县人化焉”[①]。

（六）发展贸易

方国珍管领浙东三路时期，发展与日本、高丽的贸易。那时方国珍的海军十分强大，强盛时拥有兵船两千多艘。日本商人老老实实地来华做生意，中国商人也高高兴兴地与他们贸易。这与后来朱元璋为了防止方国珍、张士诚余众造反，毁船禁海，造成明朝前期、中期倭寇泛滥的情况，有天壤之别。[②]

（七）纳地归朱

至正二十三年(1363)，随着陈友谅势力被朱元璋所消灭，江南群雄各据一方的平衡状态被打破，朱元璋集团开始占据上风，大有一统江山之势。至正二十七年(1367)，朱元璋在消灭张士诚势力后，命朱亮祖领兵讨伐方国珍，连战连胜。虽然方国珍起初也进行了一定的抵抗和挣扎，但是最终幡然醒悟，完全归顺朱元璋，避免了战争的进一步扩大，使浙东百姓免于遭受战乱之苦。方国珍的归顺，顺应了历史的潮流，解除了朱元璋北伐的后顾之忧，进一步加速了明朝大一统局面的形成。

方国珍也存在着谋取私利的行为，他对元政府屡叛屡降，使他在短短几年间“俄至太尉，江浙行省左丞相，赐衢国公印章，昆弟子侄宾客，皆至大官”[③]。方国珍“一人得道，鸡犬升天”，可是他对浙东三路的人民，却是“政刑租赋率任意为轻重”[④]，而他的兄弟国璋、国瑛，则“惟以买田造舟殖货为富家计”[⑤]，使方家成为富甲一方的大家族。方国珍起义初期，面对元政府的征讨，为求自保，他多次贿赂元朝的权贵，至正十三年(1353)，当元政府要接受他的投降而遭到浙东行省都事刘基阻挠的时候，“使人浮海至京贿用事者”。[⑥] 其后，当朱元璋势力发展起来的时候，他通款于朱元璋，送以“黄金五十斤，白金百斤，金织文绮百端”。[⑦] 至正二十一年(1361)，又以“金玉饰马鞍辔上之”。[⑧] 至正二十七年(1367)，方国珍曾一度为朱元璋所逼，想故伎重演，逃亡海外，“日夜运珍宝，治舟楫，为航海计”。[⑨] 可见，方国珍在起义后，并不是完全投身于反元事业，

---

① 《玩斋集》卷七。

② 《元亡明兴：中国历史大变局》，第236页。

③ 《宋学士文集》卷四〇，第486页。

④ （明）焦竑：《国朝献徵录》卷一一九《方国珍传》。

⑤ 《国朝献徵录》卷一一九《方国珍传》。

⑥ （清）张廷玉等撰：《明史》卷一二八《刘基传》，北京：中华书局，1974年，第3778页。

⑦ （清）谷应泰：《明史纪事本末》卷五，北京：中华书局，1977年，第77页。

⑧ （清）谈迁：《国榷》卷一，北京：中华书局，1958年，第292页。

⑨ 《国榷》卷一，第325页。

也有为自己的利益而考虑，以求保住自己在浙东的霸主地位。

虽然存在着谋取私利的行为，但是方国珍在台州、温州和庆元三路休养生息、励精图治十多年，鼓励农工商学，与民休息，大大改善了浙东经济条件，又实施保境安民、避免战争的政策，使得浙东三路的百姓能够在元末战乱的局面下安居乐业，能够在元末战火纷飞的局势下做到这些，实属不易。

三、结　语

方国珍的起兵反元有其特殊性，方国珍出生于佃户家庭，早年生活艰苦，但其在长大成人后，兄弟齐力，在耕作闲暇之时兼营渔盐副业，家道逐渐富裕，不仅自家的温饱有充足的保障，而且还能救济乡里。可以说，在方国珍起义以前，他不仅没有对元朝廷抱有仇视之心，反而还有一种报效朝廷之心。方国珍由于同乡仇家陈氏的诬告，不得不聚众逃亡海上，劫掠漕运粮、梗海道，成为海盗。方国珍起兵初期，虽然势力弱小，也没有坚定的反元意识，但是却善于海战，因此能够经受住元军的数次征讨。然而，正是由于方国珍无法看清元政府即将分崩离析的趋势，没有坚定的反元意识，而是采取妥协态度，希望凭借自己的实力在各方势力中待价而沽。

方国珍控制了浙江地区漕运和海运的咽喉，招降方国珍就能维持漕运和海运，因此元政府对方国珍始终没有放弃招降政策，向方国珍开出的条件也越来越诱人。同时，方国珍也并没有坚定的反元意识，一心只想保护自己的既得利益，做一个割据一方的霸主。因此，当时元政府虽然疲于应付各地起义，但是毕竟瘦死的骆驼比马大，方国珍才会对元政府屡叛屡降。

纵观方国珍的整个起义历程，虽然数次打击了元政府在浙江地区的军事力量，控制了元政府在浙江地区的经济命脉，削弱了元政府在浙江地区的统治，使元政府无法集中力量镇压各地起义。但是他对元政府持妥协态度，屡叛屡降，也曾帮助元政府讨伐张士诚，迫使其“奉元正朔”，其后，联合张士诚分四次向元大都运送了四十八万石粮食，缓解了元大都的燃眉之急，使其能够继续指挥对各地起义军的反击。因此，我认为方国珍的所作所为在反元事业上是功过相消的，可以说方国珍的反元与助元对于整个元末农民起义事业的发展并没有实质性的影响。

元末时期，农民起义有如星火燎原之势，普通老百姓特别是中原地区的百姓流离失所，饱受战争疾苦。然而方国珍在保境安民、治理三路期间，缓和与各地方势力的关系，并且坚决不称王称帝，避免成为元政府的主要打击目标，使得浙东百姓得以免遭战火之灾。同时他在浙东三路均田实赋,大力兴修水利海塘,发展农业生产,并积极发展海外贸易。因此,浙东三路在方国珍的励精图治下,改善了浙东经济条件。当然,方国珍在治理三路期间,也存在着唯利是图以满足私欲的现象,但是相较于战火纷飞的其他地方而言,浙东地区可谓是“人间天堂”。因此,我认为方国珍的保境安民、治理三路政策对于浙东地区而言,无疑具有莫大的功劳。我们不能因为只看到方国珍治理三路是为了满足一己之私这一方面,就抹杀其在客观上使得浙东三路百姓得以安居乐业的这个事实。

方国珍走对和走错的几步棋

浙江大学　徐永明

古人常把人生喻为弈棋，如降清的学者钱谦益在《金陵后观棋》中写道："老夫袖手支颐看，残局分明一着难。"钱谦益在明清易代之际，因一着不慎，投靠了清朝，结果成为时人及后世唾骂的"贰臣"，一生英名，毁于一旦。可见，一生中要走好每一步棋，并不是一件容易的事。以弈棋之论观照方国珍，我们发现，方国珍升降起伏的一生，也走过几步关键的棋子，有的走对了，有的走错了。本文拟择方国珍所走的几步关键棋子作一简要分析，以就教于博雅君子。

一、走错的"三步棋"

（一）走错的"第一步棋"：不应杀泰不华

泰不华（1304—1352），字兼善，初名达普化，元文宗改赐此名，元人诗中常称他达兼善，伯牙吾台氏。父塔不台为台州录事判官，遂定居台州。十七岁，江浙乡试第一，第二年廷试进士第一，授集贤修撰，转秘书监著作郎，拜江南行台监察御史。顺帝时出佥河南廉访司事，不久移淮西，转江浙行省左右司郎中，擢秘书监，改礼部侍郎。至正元年（1341），除绍兴路总管，招入史馆，与修辽、宋、金三史，授秘书卿，升礼部尚书。至正九年，为江东廉访使，改翰林侍读学士，不久出为都水庸田使，迁浙江道宣慰使都元帅。

泰不华虽然不是汉人，但从小习儒，是一个汉化了的蒙古人（一说为色目人）。泰不华在元朝有很高的文名，当时著名的文人袁桷、虞集、钱惟善、李孝光、柯九思、吴师道、苏伯爵、顾瑛、宋褧、郑元祐、迺贤、刘基等均与他有诗文往来。泰不华的书法也很好，《元史》本传称其"善篆隶，温润遒劲"[①]。

泰不华不仅有文名、书名，而且治政有声。《元史》本传称"浙西大水害稼，

---

① （明）宋濂等撰：《元史》卷一四三，北京：中华书局，1976年，第3426页。

会泰不华入朝，力言于中书，免其租”，又称他在任绍兴路总管时，“除没官牛租，令民自实田以均赋役。行乡饮酒礼，教民兴让，越俗大化”。可见，泰不华是一个博学儒雅、正直亲民的好官，深受百姓的爱戴。

人在江湖，各为其主。作为元朝的命官，泰不华自然要为元朝效力。由于泰不华从小在台州长大，故朝廷命泰不华讨捕方国珍。从至正十一年(1351)二月起到至正十二年(1352)三月的这一段时间里，方国珍与泰不华有数次的交锋，双方可谓知己知彼。不幸的是，泰不华在一次规模不大的海上交战中，被方国珍的士兵刺杀身亡。《元史·泰不华传》写道：

> 十二年，朝廷征徐州，命江浙省臣募舟师守大江。国珍怀疑，复入海以叛。泰不华自分以死报国，发兵扼黄岩之澄江，而遣义士王大用抵国珍，示约信，使之来归。国珍益疑，拘大用不遣，以小舸二百突海门，入州港，犯马鞍诸山。泰不华语众曰：“吾以书生登显要，诚虑负所学。今守海隅，贼甫招徕又复为变，君辈助我击之。其克则汝众功也，不克则我尽死以报国耳。”众皆踊跃愿行。时国珍戚党陈仲达往来计议，陈其可降状。泰不华率部众，张受降旗乘潮而前，船触沙不能行。垂与国珍遇，呼仲达申前议。仲达目动气索，泰不华觉其心异，手斩之。即前搏贼船，射死五人。贼跃入船，复斫死二人。贼举槊来刺，辄斫折之。贼群至，欲抱持过国珍船。泰不华瞋目叱之，脱起，夺贼刀，又杀二人。贼攒槊刺之，中颈死，犹植立不仆，投其尸海中。年四十九，时十二年三月庚子也。[①]

泰不华的死，使广大文人的心情特别沉重，就连方国珍的亲戚、女诗人范秋蟾得知泰不华死难的消息，也为其撰诗悼唁，称赞他是一个大丈夫：

> 江头沙碛正交舟，江上人怀百战忧。
> 力屈杲卿生骂贼，功成诸葛死封侯。
> 波涛汹汹鲸横海，天地寥寥鹤怨秋。
> 若使临危图苟且，读书端为丈夫羞。[②]

方国珍和他的兄弟都没有多少文化，他起事不久，急需大批的人才辅佐他。泰不华这一死，使原本对方国珍没有多大了解的文人一下子站在了方国珍的对立面，从内心里排斥方国珍而不愿走向他的阵营。

其实，对待泰不华，方国珍如果聪明有远见，就不应命令手下的人置他于

---

① 《元史》卷一四三，第3425页。

② 《哭泰不华元帅》，(清)顾嗣立编：《元诗选·癸集下》，北京：中华书局，2001年，第1507页。

死地，而是设法活捉他，善待和优待他。如果能做到这一点，方国珍收获的，一定是文人的好感，而不是离心远避。

（二）走错的"第二步棋"：不应杀潘伯修

潘伯修，字省中，黄岩人。他曾三中省试，但春试均不第。没有考上进士，不等于他没有学问，因为元朝进士考试名额极为有限，加之民族偏见、科考腐败，使不少有真才实学的人折翼科场，沉屈下僚。如宋濂、陶宗仪等都是元朝科举的失败者，但他们都是学富五车的大儒。

潘伯修是台州地方上的大儒，泰不华来镇守黄岩的时候，也常常向潘伯修咨访请益。故有人曾这样说他："潘先生莫邪大剑也，其光铄然，足以动星斗；其锋锷然，足以破坚珉，而不保其缺折之患。虽然，不害其为千金之宝也。"[①]方国珍早闻潘伯修的名声，十分希望将潘伯修罗致幕下，为己所用。但是，在招贤纳才的方法上，方国珍并没有像刘备三顾茅庐一样，对人才表现出应有的恭敬和礼重。方国珍是用强迫的手段，硬逼潘伯修到其幕下的。潘伯修是泰不华的好友，他见泰不华死于方国珍之手，自然不愿意为方国珍效力，因此，他力求辞归。方国珍见潘伯修不从于己，心生怨恨，就派人在潘伯修回归的路上将其杀害。

方国珍杀潘伯修，可谓一错再错。之前杀泰不华，虽然给自己带来不良的影响，但还可借两军交战，死伤难免，为己开脱。但他杀潘伯修，可以说是极为卑劣的做法，使自己难洗摧残人才的恶名。无怪乎史载不愿与方国珍合作的文人何其之多！

在对待人才上，方国珍显然比不上张士诚与朱元璋。张士诚在平江（苏州）时，曾开宏文馆，招礼儒士，深得吴中文士们的拥戴。朱元璋在下金华前，就得李善长、陶安等谋士。下金华后，又将宋濂、范祖幹、叶仪、戴良、王祎、胡翰、许元等罗致幕下。他对范祖幹、叶仪"甚加礼貌，命二人为谘议"[②]，与王祎商略机务时，"每称子充而不名"[③]。聘请宋濂当郡学五经师，也是一再奉了礼币和书信，才将他从山中请出。朱元璋至正十九年（1359）回南京后，又在李善长的建议下，将宋濂、刘基、章溢、叶琛征聘到南京。朱元璋也正因为有了刘基、宋濂等人才，能得以平定天下，成为开国之君。

方国珍虽然手下也有些文人，但不少文人是元朝的命官，其到方国珍幕下

---

① 光绪《黄岩县志》卷一九，《中国地方志集成》本。

② （明）胡广等纂修：《大明太祖高皇帝实录》"戊戌十二月辛卯"条，明抄本。

③ （明）过庭训：《王祎传》，《本朝京省人物考》卷二二，明天启二年刻本。

不是说为方国珍效劳，而是为元朝效劳，因为方国珍依违于元朝，奉元朝为正朔。如方国珍幕下的核心人员刘仁本即充当了这样的角色，他并不是为方国珍个人的集团利益在效劳。

（三）走错的"第三步棋"：没有听从章子善的建议

如果说杀了泰不华和潘伯修是自己断了招贤纳才之路，那么，不听章子善建议，则是自断王霸之路。

方国珍起义后的第三年（至正十一年，1351），红巾军起义爆发，先后出现了朱元璋、张士诚、陈友谅、明玉珍等军事集团，但这些军事集团刚兴起的时候，经济实力和军事力量都比不上方国珍。方国珍有着强大的海上军事力量，控制着元朝的经济命脉，成为元朝头号的心腹大患。尤其是在元朝一次次的封官授爵后，方国珍拥有了庆元、台州、温州三地。在这样的情势下，方国珍治下的章子善献上了一策：

> 夷狄无百年之运，元数将极，不待知者而后知。今豪杰并起，有分裂之势。足下奋襼一呼，千百之舟，数十万之众，可立而待，溯江而上，则南北中绝。擅馈运之粟，舟师四出，则青、徐、辽、海、闽、广、欧、越，可传檄而定。审能行此，人心有所属，而伯业可成也。[①]

可以说，章子善的建议是极为正确的。因为从元朝对方国珍的一再退让和迁就可以看出，元朝的气数将尽，难以久支。而各地蜂拥而起的起义，更是摧枯拉朽似地加速着元朝的灭亡。此时的方国珍，就应顺应时代潮流，审时度势，听从章子善的建议，水陆并进，直驱北上，扫荡群雄，一定江山。遗憾的是，方国珍却无王霸之志，谢绝了章子善的建议，他说道：

> 君言诚是，然智谋之士，不为祸始，不为福先。朝廷虽无道，犹可以延岁月。豪杰虽并起，智均力敌，然且莫敌为主。保境安民，以俟真人之出，斯吾志也，愿君勿复言。[②]

方国珍本来可以成为"真主"，但自己不想成为"真主"，那只有拱手让给他人。后世的读书人，当读到方国珍谢绝章子善北上的建议时，为其捶胸顿足、惋惜哀叹的一定大有人在，但捶胸顿足、惋惜哀叹改变不了历史。还是明代高岱评价得好，说方国珍"非有长驾远驭之才，取威定霸之略"，可见，能否走好一

① （明）宋濂：《故资善大夫广西等处行中书省左丞方公神道碑铭》，《宋濂全集》，杭州：浙江古籍出版社，1999年，第1148页。

② 《故资善大夫广西等处行中书省左丞方公神道碑铭》，《宋濂全集》，第1147页。

步“棋”，不仅仅取决于一个人的棋艺，而取决于一个人的“志向”。这是方国珍这一事例留给后人深思的地方。

二、走对的“两步棋”

（一）走对的第一步棋：竖起反元大旗

方国珍“世以贩盐浮海为业”[①]，如果不是被仇人构陷、官府追捕，方国珍也不会铤而走险，入海为盗。宋濂的《故资善大夫广西等处行中书省左丞方公神道碑铭》记载了方国珍入海为叛的背景和经过：

> 至正初，李大翁啸众倡乱，出入海岛，劫夺漕运舟，杀使者。时承平日久，有司皆惊愕相视，捕索久不获，因从而绥辑之。剧盗蔡乱头闻其事，谓国家不足畏，复效尤为乱，势鸱张甚，滨海子女玉帛，为其所掠殆尽，民患苦之。中书参知政事朵儿只班发郡县兵讨蔡寇。公之怨家诬构与其通，逮系甚急。公大恐，屡倾资贿吏，寻捕如初。公度不能继，且无以自白，谋于家曰："朝廷失政，统兵者玩寇，区区小丑不能平，天下乱自此始。今酷吏借之为奸，媒蘖及良民，吾若束手就毙，一家枉作泉下鬼。不若入海为得计耳。"咸欣然从之。郡县无以塞命，妄械齐民以为功。民亡公所者，旬日得数千，久屯不解。

从上引的这段话中可以看出，在方国珍之前，其家乡已有李大翁和蔡乱头等与官府为敌的“海寇”，而这些区区“海寇”，搅得地方不得安宁，官府居然长时间不能将他们驱除肃靖，非但如此，方国珍自己因被仇家构陷而成为官府追捕的对象，与其“束手就毙，一家枉作泉下鬼”，不如揭竿而起，入海为叛。事实证明，方国珍的这一步棋是走对了，因为束手就擒的话，则只有死路一条，不可能有后面轰轰烈烈、名垂千古的一生。

从大的背景来看，方国珍的反元起义，也是顺应了历史的潮流。因为元朝是由蒙古族建立的朝代，终元之世，民族的压迫歧视政策始终存在，数十年科举制度的废除，使得大多数知识分子出仕无门，沉屈下僚。到了元朝中后期，接连不断的宫廷事变，皇帝的荒淫无忌，上层官僚的倾轧争斗，下层官吏的压榨盘剥，使得元朝经济崩溃、吏治腐败、社会动荡、民不聊生，元朝的统治已摇摇欲坠。前人在述及方国珍起义的缘由时，曾有下面一段话：

---

① （清）张廷玉等撰：《明史》卷一二三《方国珍传》，北京：中华书局，1974年，第3697页。

> 世间治乱有数存焉。且如胡元只任胡族为正官，中华人官佐二。到末年，数当乱，任非其人，酷刑横敛。台温处之民，树旗村落曰："天高皇帝远，民少相公多。一日三遍打，不反待如何？"由是谋叛者各起。黄岩方谷珍因而肇乱，江淮红巾遍四方矣。[①]

所谓"有数存焉"，也就是元朝的气数已尽，官逼民反，方国珍的起义是顺应历史潮流的。

（二）走对的"第二步棋"：归顺朱元璋

在元末的群雄角逐中，朱元璋凭借英勇善战的淮北武人和浙东文人的辅佐渐渐胜出。在消灭了陈友谅的军事集团和张士诚的军事集团后，朱元璋的下一个目标自然是方国珍了。方国珍的理想是保境安民，成为一方的诸侯。但是，一山不能有二虎，历史的趋势也必然是大一统，朱元璋不是元顺帝，他不可能容忍方国珍那种既依且违的山大王做法，他必消灭方国珍的有生力量而后快。

此时摆在方国珍面前的路有三条：一是与朱元璋决一死战，但结局十有八九是陈友谅、张士诚的下场，因为现在双方的力量高下悬殊，非昔日可比。二是远窜海岛，俟异日东山再起。方国珍能去的海岛估计只有日本、琉球等地，但当时率众入海的时候，恰遇大风，"风辄不利，窘甚"[②]，入海未果。三是归顺朱元璋，这样，既可保全自己和子孙的性命，又可避免大规模战争带来的生灵涂炭，房屋焚毁。

当朱元璋的大将汤和、朱亮祖兵临城下，攻下庆元、新昌、台州等地后，方国珍决定放弃抵抗，率众从海上来归朱元璋。因归顺有功，方国珍被授为广西等处行中书省左丞，直至完首而卒，享年五十六岁。

对于方国珍的保境安民、归顺朱元璋之举，时人及后世众口一词，对其赞扬有加。如宋濂在为他写的神道碑铭中称他"盖公以豪杰之姿，庇安三路六州十一县之民，天兵压境，避而去之，曾无一夫被乎血刃，其有功于生民甚大"，"功在三府，其惠孔昭"；清人傅维鳞在《明书》中称他"不建号称王，卒归命真主，国珍之识量有过人者。回视吴楚，俱烟消灰灭，而独乐天年，保富贵子孙安享厚禄，于太祖迅霆之下，非沉勇知几而能若是乎？"[③]

---

① （明）黄溥：《闲中今古录摘抄》，《丛书集成新编》本。

② （清）傅维鳞：《明书》卷九〇《方国珍记》，《四库全书存目丛书》本。

③ 《明书》卷九〇《方国珍记》。

三、余　论

综上所述，方国珍作为元末农民起义领袖，他头尾的两步棋走得很精彩，足以使他传名后世。中间的几步棋，都与如何对待人才有关，可惜都走错了。究其深层的原因，这与方国珍读书少、文化素养低、志向不够远大有关。在如何对待人才这一点上，方国珍不如起事之初的朱元璋。

元末士人群体的走向与选择:以方国珍集团为中心

中南大学　晏选军

一

元末的东南地区,实际上控制在几股武装割据势力的手中:吴中地区的张士诚,浙东地区的朱元璋,福建地区的陈友定,温、庆、台地区的方国珍。其中,张士诚、朱元璋的军事实力最为雄厚,对待士人的态度也较为温厚友好,张士诚集团尤以虚己右文著称,一时东南士子趋附者甚众。方国珍注重礼贤下士:"当方氏之盛,幕府颇待士,士之至者踵接。"①"招延士大夫,折节好文,与中吴争胜。"②福建陈友定同样比较注意保护士人,发展闽地文化,"虽兵戈格斗之余,内外所置学官弟子员,散去而从他道,惟闽不废"③。但其间的实际情况却很复杂,比如方国珍,"至正末,方国珍据台、庆、温,用名士以收人心。凡士居其地者,不为所用,则为所祸"④。他还"深忌色目人"⑤,色目诗人丁鹤年流寓到此,为避祸不得不辗转逃匿,"或旅食海乡为童子师,或寄居僧舍卖药以自给"⑥。又如,因为慈溪县尹陈麟忠于元室,不愿为其所用,国珍先亟欲杀之,后软禁于舟山,时时派人觇视。⑦ 而宁海詹鼎等则得以亲近用事,"国珍闻鼎

---

① (元)戴良:《九灵山房集》卷一九《高士传》,《四部丛刊初编》本。

② (清)钱谦益:《列朝诗集小传》甲前集《刘左司仁本》,上海:上海古籍出版社,1983 年。

③ (元)贝琼:《清江贝先生集》卷三〇《送吴义孚序》,《四部丛刊初编》本。

④ (元)苏伯衡:《苏平仲文集》卷一三《故元温州路同知平阳州事孔公墓志铭》,《四部丛刊初编》本。

⑤ (明)瞿佑:《归田诗话》卷下;《明史》卷二八五《丁鹤年传》。

⑥ 《九灵山房集》卷一九《高士传》。

⑦ 《九灵山房集》卷二三《元中顺大夫秘书监丞陈君墓志铭(并序)》。

有才，以计获之，鼎为所获无奈，因为之尽力”①。凡此，均说明其时的割据群雄对士人的真实态度。盖他们多认识到，能不能争取到士阶层的支持，成为自身势力兴衰存亡的关键和衡量实力大小的标准。“得士则昌，失士则亡”的观念成为当时群雄的共识。为了求得自保或者在竞争中获胜，迫切需要寻找适合自己需要的发展方略，遂极力延揽人才，甚至不惜设计罗致之。同时，传统伦理思想的惯性，也促使割据群雄不得不接受“道尊于势”的说法——至少在表面上如此，从而形成了这种礼贤下士的风气，这是问题的一个方面；另一方面，正是因为其时天下事实上已经成分崩离析之势，裂土称王只是振臂举旗间事，而士人阶层的去就干系甚大，不为己用，则或恐为其他集团所用，故忌惮者有之，胁迫者有之，甚者必欲杀之而后快。

士人方面。他们凭借自身的文化知识和专长，往往为新兴的实力人物所用，而元末“势”“道”分离的现实也加速了士阶层的这一流向。他们与新主人之间的关系并不十分固定，有着较大的自由度，带有一种交换性质的、双向选择的关系，合则留，不合则去，各行其是，各事其主，这就很有战国时期游士的意味。吴中士人领袖杨维桢看出了这一层新的关系，曾以战国四公子所养门客来比类张士诚集团的文士：“王者人才得于乡，三物之所取是也；战国人才得于客，四豪之所养是也；两汉人才得于荐，公卿之相推毂是也；唐人才得于科，环(怀?)牒以自试是也。士之兴，至于唐宋之科，其去王道也远矣。今取士不免于科。军兴来，科亦废，不幸又不得于荐，则得于客耳。三吴之会，为今淮吴府也。客之所聚者，几七千人。吾求客于战国，得孔伋焉，孟轲焉，荀况、鲁连焉，毛遂、冯驩焉，牛畜、荀忻、徐越焉。而秦仪辈，妾妇尔，不足以客进也。淮也吴之客七千，异于妾妇者几人?”②而陈基则借邻妇之喻，将此意说得更为明白：“里人有生子而甚爱之者，求善妪字之，而得邻妇焉。妇以身任爱子之托于人，凡子之饱饥燠寒、喜戚笑啼，一是以其父母之心为心。子有不获其所欲而痒疴痛疾，或从而萌焉，则其责悉归于妇，而妇盖不得以邻自狎，而或敢少措几微不满之辞于其间哉。是妇也，不过受佣于人，佣直满，则复去为邻。非若士大夫委质为臣属，则终身焉，如女子之事其夫然者。……今之从政而以邻自狎者皆是。”③将依附群雄的士人比作受佣于人、佣满则去的邻妇，语嫌刻薄，却比较形象。诗人王逢目击时事，也大发感叹道：“呜呼，后世乱纷纷，非君择臣，

① (明)方孝孺：《逊志斋集》卷二一《詹鼎传》，《四部丛刊初编》本。

② (元)杨维桢：《东维子文集》卷八《送王公入吴序》，《四部丛刊初编》本。

③ (元)陈基：《夷白斋稿补遗》之《送刘廷杰序》，《四部丛刊三编》本。

臣亦当择君。”[①]这与传统伦理中宣扬的臣之事君若妾之事夫，须从一而终，确实是很不一样的。许多士子往来于群雄之间，奔走于权势之门，“方海内兵争，智勇之士，各欲自衒以徼一时之贵富，朝暮奔走于形势之途”[②]。所到之处，经常引起各割据势力政治舞台上的风云变幻。如刘基、宋濂、胡琛、章溢等“浙东四先生”于至正二十年(1360)应朱元璋之聘至南京，定攻守之策，为朱元璋削平群雄及有明开国奠定根基，就是一个很典型的例子。

各割据势力争取士人的手段不外乎三，曰：厚养之，尊礼之，重用之。首先，在生活上给予优厚的待遇；其次，在政治上给予较高的地位和荣誉，像张士诚开设宏文馆，朱元璋设立礼贤馆，专门安置四方贤才，均属此类性质。厚养和尊礼都是吸引士人投奔、树立自身政治形象的重要举措。设若某些士人确有才干而又愿意为其所用，则往往在通过考察后委以重任，寄以心膂，满足他们参预政治生活的欲望。而由于先天的因素，士阶层与政治、政权的关系密切，因此震荡、升降的幅度也更大，在社会大变迁的转折阶段，每能从他们身世变迁看出王朝兴衰的历史脉络。其时，士人阶层也依据自己对时事的判断，审时度势以定去就，或投靠，或依附，或依违，或抵制，或抨击，在易代之际动荡不安的历史回流中翻腾浮沉。

这样，就在各个割据集团周围和幕府中，集聚了一大批的士人——像杨维桢所说的仅张士诚所据吴中一地，就有“客七千”这样庞大的士人群体。这些士人在一定的地域范围内，通过各种方式发生着联系，在这个基础上，进而形成了一种宽泛意义上的士人集团。虽称为集团，但实际上他们的政治态度、生活方式、思想观念、价值取向、文学创作等却未必倾向一致。

从方国珍在台州路桥起事(1348)到至正二十八年(1368)元朝灭亡的二十年时间里，元廷既失其驭，群雄遂纷起逐鹿问鼎之心，各自拥兵自重，割据自雄，一时间干戈遍地，狼烟满目。易代之际的战争，其酷烈程度远远超出常人的想象。翻检时人的史籍，触目惊心的记载时时挟裹着令人窒息的血腥气，扑面而来：

> 自兵兴以来，锋镝之下，劫烧之余，荆榛骨骸，渺莽萧瑟，亘数千里无复人烟。兵祸之惨，未有甚于今日。其幸存而窃活者，沟壑是忧，又何知寿考康宁之意乎？[③]

> 九州封豕食人肉，旌旗遍野尘沙黄。金城汤池尽瓦砾，往往白骨堆秋

① (元)王逢：《梧溪集》卷一《虞美人行赠邵倅》，《影印文渊阁四库全书》本。
② 《清江贝先生集》卷五《炙背轩记》。
③ (元)郑元祐：《侨吴集》卷七《世寿堂铭(有序)》，《影印文渊阁四库全书》本。

霜。新魂旧鬼相间哭，哭声落日连穹苍。赤者为狐黑者乌，北风其凉雨雪雱。凤凰高飞避矰缴，梧桐不复生朝阳。[①]

何况十年来，无岁无干戈。黄尘迷道路，白骨被陂陀。原田自膴膴，孰种麦与禾。遗黎转惸惸，短褐不至腂。[②]

当寇发难时，巨族寒畯，男女扶携走道上，以脱一旦之命。不顾宗祏、弃骨肉者，里相比也。[③]

自军兴来，民不幸兵死者，无所诉其诸误。系诸有司者，幸而有诉已，有司又付之不理，讫与叛人戳死。盖杀民者，殆狗豕之不若。官以李(?)为职，亦莫之下已。呜呼，民之涂炭也极矣。[④]

……

类似的记载俯拾皆是，不胜枚举，观之实令人艰于呼吸视听，悲情入骨，士人群体的命运也变得不可捉摸。有太多的士人在战乱中或者有过死里逃生的经历，或者曾经度过一段迁播避难的生活。如戴良(1317－1383)，婺州浦江(今浙江金华境内)人。至正二十二年(1362)，戴良时客居婺州郡城之中，因避战乱“挈妻子登舟遡流，至乌伤境，因自叹去家远，行橐枵然，无以给。予材性下，又无他伎术摇动人，又不得好义倜傥之士以相倚，予其不为沟中瘠也其几矣！为是忧之甚”[⑤]。所幸得友人接济，勉强躲过一劫。元朝灭亡的前夕，戴良又被迫流离于四明(今浙江宁波境内)、慈溪一带，有家不能归，赋诗以寄慨云：“转粟百里道，窜身千里巅。人行危栈外，家在畏途边。门巷尽营垒，仆夫皆铠鋋。乱离今若此，何日是归年。”“边隅兵又动，咫尺路难通。妻子艰虞里，乡关震荡中。半生忧世变，此日值途穷。闷极惟思醉，清尊幸未空。”[⑥]家乡永远是个人命运遭际的港湾，虽然为之魂牵梦绕，虽然近在咫尺，却始终不可即及，人当此际，情何以堪！

中国传统文化学术，极重薪火传承，将之视为文化延续发展的根本所在，而士人正是担当这一使命的主要群体。士子们间关转徙，自保尚且不暇，遑论学术思想的深入研习。从这个意义上看，战乱打断了文化的正常发展。

---

① (明)李昱：《草阁诗集拾遗》之《冰山行》，《影印文渊阁四库全书》本。

② 《苏平仲文集》卷一五《送李丞赴堂邑》。

③ (明)胡翰：《胡仲子集》卷九《胡义士墓表》，《影印文渊阁四库全书》本。

④ 《东维子文集》卷一《监宪决狱诗序》。

⑤ 《九灵山房集》卷七《朱茂清哀辞(并序)》。

⑥ 《九灵山房集》卷三《避地二首》。

二

在这样的情形下,元末的士人群体,其政治态度、价值观念和人生取向,明显开始出现分流,试以方国珍所据温、庆、台地区士人群体言之:

(一)部分士人选择了继续忠于元廷,视之为正统所在,对抗割据势力,甚至不惜为朝廷死节。

如陈高(1315—1367),永嘉平阳(今属温州)人。至正十四年(1354)进士,授庆元路录事。平阳为方国珍攻陷后,弃妻子,往来闽、浙间,拒不为方氏所用。至正二十七年(1367),自海道至山东,谒见元军将领扩廓帖木儿,为其"论江南之虚实,陈天下之安危,当何以弭已至之祸,何以消未来之忧"。最终病卒于山东。[①] 和他不谋而合的还有戴良。至正二十六年(1366),戴良自四明出发,泛海北上元京师大都,行至半道,以道梗不果,遂盘桓于山东昌乐、益都等地。又意欲联络扩廓帖木儿乞援图事,也未成功。二十七年(1367)复由山东渡海南还,隐居于四明、慈溪一带。陈高和戴良北上乞师来对抗地方割据集团的努力都以失败告终,但不难看出他们都是元王朝的拥护者,愿意为王室殚精竭虑、鞠躬尽瘁。

更典型的例子是泰不华(1304—1352),初名达普化,字兼善,蒙古伯牙吾台氏。其父为台州录事判官,遂居台州。家贫好学,集贤待制周仁荣养而教之。至治元年(1321)右榜进士第一,授集贤修撰。至正十一年(1351)因熟知方国珍起事的情状,由都水庸田使迁浙东道宣慰使都元帅,分兵于温州,奉诏与江浙行省左丞孛罗帖木儿(驻庆元)左右夹攻之。不久,方氏攻温州,泰不华纵火筏焚,方氏兵败,一夕遁去。既而孛罗帖木儿密与泰不华约以六月合兵进讨,结果孛罗帖木儿的部队不战而溃,赴水死者过半,孛罗帖木儿自己也被活捉,反而为方国珍饰辞奏报朝廷。泰不华闻之痛愤,数日没有进食。朝廷不知其间曲折,又派遣大司农达识帖睦迩等到黄岩招抚方国珍。八月,方氏兄弟接受朝廷招安,登岸罗拜,退止民间小楼上,泰不华欲命壮士袭杀之。达识帖睦迩坚决不允,事未果。又檄令泰不华亲至海滨,散方氏徒众,拘其海舟兵器,方氏兄弟复授官有差。次年三月,方国珍又入海叛乱,泰不华发兵扼黄岩之澄江,与之战,手刃四人后殉国死难。卒时其尸犹植立不仆,年四十九。元廷追

① (元)陈高:《不系舟渔集》卷一六附录揭汯《陈子上先生墓志铭》,《影印文渊阁四库全书》本。

封魏国公，谥忠介。①

（二）大部分置身宦途或取得功名的士大夫，既无力与日益恶化的生存环境抗争，又不甘心同流合污；既不愿欺世媚俗，又不得不逢场作戏，随波逐流，难以有所作为。于是，要么落职闲居，放弃仕进，转而高蹈远引以求全身远祸；甚者脱徙世务，托迹僧道缁流之中，佯狂遁世。

前者如永嘉（今属浙江温州）陈达（1322－1375），至正间任端本堂文学。十七年（1357）冬，率御史劾秃鲁帖木儿导帝淫乐，顺帝大怒，严谴其越职言事而亟欲杀之，赖太子苦谏方免，遂辞官归里，从人问学，深隐不出。其后元廷以同佥太常礼仪院事召，不拜。又召拜集贤直学士兼太子赞善，最后召以翰林侍讲学士，知制诰同修国史，同知经筵事，达终不赴召，并称："吾尝见病者，不早使医师治之，及在膏肓，始召医从事，虽扁鹊亦走而已。今国事如此，岂臣子之所忍见？然贤如先丞相（按指其伯祖宋相陈宜中），处辅弼之地，犹不能存宋于垂亡，况吾之材职以论，思独能存元于垂亡乎？"②

后者如温州陈麟（1312－1368），至正十四年（1354）进士，后授浙东副元帅，领慈溪县事。方国珍降元为左丞，麟"单骑往谒，方忌君，留之不遣。或说君潜归为自守计，君不忍危其民，即尽散其兵为农。方以君既势失，陈兵胁之。君正色曰：'吾先朝廷，不可以两虎斗，故只身以至，杀我非男也。'方愧悟谢过，然卒置君海上之岱山。比行，父老送之出境，遣去，不可，皆泣曰：'奈何舍父母乎？'君至岱山，即着道士衣冠，而舍其宫，治田葺园种牧以为食，无纤毫芥蒂意。后仍诒以足疾，倚杖蹒跚出迎客。方使人觇之，益不疑"。后元廷屡除麟为户部主事、应奉翰林文字、温州路瑞安知州，自承事郎迁至中顺大夫，秘书监丞，均辞不赴。③ 他们在仕路蹭蹬、心灰意冷之余，顿生超然物表之想，借此获得一丝来自仕途之外的精神慰藉。既然世不可以有为，那就用"用舍由时，行藏在我，袖手何妨闲处看"来安慰自己。

（三）虽然元朝的仕途较为狭窄，士人，尤其是南方士人多被排斥在政权的要路之外，进身无门，但仍有一部分士人勇于任事，自觉以道自任，在并不平坦的仕路上苦苦跋涉。但他们往往长期沉抑下僚，备受心志摧折之苦，鲜有抱负得展布者，最终多不得不改弦易辙。刘基就是这样一个典型。严格来说，刘基不能算是方国珍集团中的文人，但是，他的遭际尤其是他在选择上的转变，却

---

① 《元史》卷一四三《泰不华传》、卷四二《顺帝本纪》。

② 《苏平仲文集》卷一三《故元翰林侍讲学士陈公墓表》。

③ 《九灵山房集》卷二三《元中顺大夫秘书监丞陈君墓志铭（并序）》。

与方国珍集团密切相关，故而在此加以分析。

刘基二十三岁中进士，翰林学士揭傒斯一见即以国士目之，赞叹道："此魏徵之流，而英特过之。将来济时器也。"三年之后授江西高安县丞。任职期间，以清正廉洁著称，"发奸擿伏，不避强御"[①]，触动了当地豪右的利益，遭忌恨而被免官。改任江西行省掾史，又因秉公莅政得罪权贵，一年后即被迫辞职归里。至正八年(1348)，他接受江浙行省的征辟，出任江浙行省儒学副提举一职，又因为建言监察御史失职而触怒当朝权贵，不得已移文辞职，寓居杭州。至正十二年(1352)又一次接受江浙行省征聘，起为浙东元帅府都事，后改江浙行省都事。其时方国珍起兵浙东，对元朝时叛时降，刘基认为"方氏首乱，罪不可赦"[②]，坚决主张镇压。但一部分高级官员接受了方氏的重赂，决定予以厚爵招安，反而多方排挤和打击刘基。至正十三年(1353)，遂罗织"伤朝廷好生之仁，且擅作威福"[③]的罪名，将刘基发往绍兴羁管。这一次打击对刘基分外沉重，史载刘基闻听此信，"发忿恸哭，呕血数升，欲自杀。家人叶性等力沮之，门人穆尔萨曰：'今是非混淆，岂公自经于沟渎之时耶！且太夫人在堂，将何依乎？'遂抱持，公得不死"[④]。如果不是刘基虽屡遭贬抑却锐意以功业自见，则断然不会有如此深悲巨痛。

刘基的一生，始终洋溢着传统儒家经邦致用、悯怀民谟的精神，这在他的为政践履以及诸多诗文中都可以得到证明。至正六年(1346)北上京师，沿途所作《北上感怀》《过东昌有感》诸诗，均有老杜《北征》遗风，贯注着强烈的系念天下苍生休戚之情。《送谢教授序》更有明确表述："士有急于用世者，非苟为利禄计也。少而学，壮而欲行之，不得一命，则抱材而无所施。古之人皇皇焉出疆必载质，夫岂苟而然哉！"[⑤]正是基于这种信念，刘基自年少时即广泛涉猎天文地理、兵法战阵、诸子百家、阴阳卜筮之书，过目即洞识其要，以为日后拯时济物之用。但腐败不堪的元政府没有给他实现抱负的机会。遭际不平的愤懑、理想落空的失望，交织于内心，才使他一时间产生了无路可走的幻灭感。

至正十九年(1359)，因执政者袒护方国珍集团，故意贬抑刘基军功不录，降回原级使用，仅由儒学副提举格授处州路总管府判官，且夺去兵权。这一

---

① (明)刘基：《诚意伯刘文成公文集》卷首附录黄伯生撰刘基行状，《四部丛刊初编》本。

② 《诚意伯刘文成公文集》卷首附录张时彻撰刘基神道碑铭。

③ 《诚意伯刘文成公文集》卷首附录黄伯生撰刘基行状。

④ 四库全书本《诚意伯文集》卷二〇附录黄伯生撰行状。按，此段文字，为四部丛刊本《诚意伯刘文成公文集》附录刘基行状所阙。

⑤ 《诚意伯文集》卷一〇。

次，刘基是真的对元政权彻底绝望了："臣不敢负国，今无所宣力矣！"[①]愤而辞职，归隐青田。此后不久，他完成了《郁离子》的写作，这可以说是他对自己出仕元朝所作的思想清算。门生徐一夔称其书"大概矫元室之弊有激而言也。……见是书者，皆以公不大用为憾"，吴从善称其"学既不获措诸设施，道不行于天下，其所抱负经画可以文明治世者，独得笔之方册，垂示千百载之下"[②]，均可谓深得其心。引《郁离子》中的两则以概其余：

郁离子之马孳得駃騠焉。人曰："是千里马也，必致诸内厩。"郁离子悦，从之。至京师，天子使太仆阅方贡曰："马则良矣，然非冀产也。"置之于外牧。南宫子朝，谓郁离子曰："熹华之山，寔维帝之明都。爰有绀羽之鹊，菴而弗朋。惟天下之鸟，惟凤为能屣其形。于是道凤之道，志凤之志，思以凤之鸣鸣天下。奭鸠见而谓之曰：'子亦知夫木主之与土偶乎？上古圣人以木主事神，后世乃易以土偶，非先王之念虑不周于今之人也，苟求诸心诚，不以貌肖。而今反之矣。今子又以古反之，弗鸣则已，鸣必有戾。'卒鸣之。咬然而成音，拂梧桐之枝入于青云，激空穴而殷岩巉。松杉柏枫，莫不振柯而和之。横体竖目之听之者，亦莫不蠢蠢焉，熙熙焉。鸢闻而大惕，畏其掩己也。使鹨谗之于王母之使曰：'是鹊而奇其音，不祥。'使鹨日逐之进幽昌焉。鹊委羽于海滨，鸸鹋遇而射之，中脰，几死。今天下之不内吾子之不为幽昌而为鹊也，我知之矣。"

郁离子谓执政曰："今之用人也，徒以具数与，抑亦以为良而倚以图治与？"执政者曰："亦取其良而用之耳。"郁离子曰："若是，则相国之政与相国之言不相似矣。"执政者曰："何谓也？"郁离子曰："仆闻农夫之为田也，不以羊负轭；贾子之治车也，不以豕骖服。知其不可以集事，恐为其所败也。是故三代之取士也，必学而后入官，必试之事而能，然后用之。不问其系族，惟其贤，不鄙其侧陋。今风纪之司，耳目所寄，非常之选也，仪服云乎哉，言语云乎哉？乃不公天下之贤，而悉取诸世胄昵近之都那竖为之，是爱国家不如农夫之田，贾子之车也。"执政者许其言，而心忤之。[③]

这两则寓言是刘基对自己不遇于时，甚至反遭时所忌，故不得不隐的最佳诠释。像刘基这样的士人精英分子，最终心灰意冷，宁愿选择隐逸，而卒不能为时所用，元之不可为，于此毕见。后一年，刘基应朱元璋聘，至南京，"既至，陈

① 《诚意伯刘文成公文集》卷首附录张时彻撰刘基神道碑铭。

② （明）徐一夔：《郁离子序》，均见《诚意伯刘文成公文集》卷首附录。

③ 《诚意伯刘文成公文集》卷二。

时务十八策。太祖大喜,筑礼贤馆以处基等,宠礼甚至”。刘基对明之开国,厥功甚伟。“帝察其至诚,任以心膂。每召基,辄屏人密语移时。基亦自谓不世遇,知无不言。遇急难,勇气奋发,计画立定,人莫能测。暇则敷陈王道,帝每恭己以听,常呼为老先生而不名,曰:‘吾子房也’”①。这与元朝执政者对待刘基的态度适成鲜明的对比。从这个意义上看,刘基可以称得上是“楚材晋用”的典范。换言之,也正是元王朝的民族偏见和用人政策的狭隘阻塞了举贤用能的道路,削弱了自己的统治基础,并反过来培养了自己的掘墓人。

不独刘基为然,同时代的不少士子均有与刘基类似的经历。即早年热衷于仕进,积极用世以期自我实现,却备尝仕路蹭蹬之苦。自觉报国无门,遂灭灶再起,另外谋求他计。当然,他们不一定都像刘基一样从事反元的活动,但最后基本上都丧失了为元廷服务的热情。

(四)一部分处世较为灵活的士人,希望以所学干禄或实现自己的理想,纷纷加入各地割据势力的幕府之中。这在方国珍集团中,主要有詹鼎和刘仁本。

詹鼎,字国器,宁海人。幼年家贫而勤学不辍,出为方国珍府都事。勇于任事且临事有才,简牍满前,须臾而决。朱元璋攻庆元,方国珍惧罪逃遁于海上,同时上谢罪表,其中有“孝子之于亲,小杖则受,大杖则走,臣之情事适与此类。即欲面缚待罪阙廷,复恐婴斧钺之诛,使天下后世不知臣得罪之深,将谓主上不能容臣”这样的表述,就是出自詹鼎之手。朱元璋读后称赞说:“孰谓方氏无人哉?是可以活其命矣。”于是不仅没有进一步问罪,更任命方国珍为广西行省左丞。②

刘仁本,字德元,台州天台人。历官温州路总管、江浙行省左右司郎中。方国珍据温、庆、台地区,仁本入其幕府,参与谋议,多所建言且颇有善政,加枢密院副使,一时名士依附者甚众。方国珍兵败后,仁本被擒,鞭背溃烂而拒不投降朱元璋,终死于难。可见,他是将自己的命运与方国珍集团紧紧联系在一起了。

当然,以上只是对士人群体所作的粗略划分,实际上,除上述群体之外,士人因为不同的选择而导致的走向是多样化的,比如一部分文人选择了避世隐居,如台州陶宗仪,即以隐逸终其身,最终成为元明之际杰出的学者;又比如一部分文人虽未加入方国珍幕府,但却与其保持着频繁的来往或亲近的联系,如台州章子善、临海朱右等等,不一而足。当世运板荡之际,士人遭际不一,戴良有云:“《易》称君子之道,或出或处,或语或默。夫捐身以行化者,知进而不能

① 《明史》卷一二八《刘基传》。
② 《逊志斋集》卷二一《詹鼎传》,《明史》卷一二三《方国珍传》。

退；嫉世以矫情者，知往而不能返。二者各得其道之一偏，恶睹所谓中哉？孔子曰：不得中行而与之，必也狂狷乎？狂者又不可得，欲得不屑不洁之士而与之，是狷也，是又其次也。孔子居周之世，而其言如此，况世变多故，君子道消之时乎！于斯之时，责士以必中而不过，则天下为无士矣。君子之于人也，乐成其美而不求其备，况蹈义乘方、蝉蜕尘埃之表，时固难遇其人乎？"[①]这是亲身经历了丧乱整个过程的士人的深沉喟叹，对于元末士人群体的走向和选择，戴良的评述足以引发我们理解和同情。

① 《九灵山房集》卷一九《高士传》。

浅论方国珍割据与浙东南文人

复旦大学　闵　劼

一、引　言

方国珍，生于 1319 年，卒于 1374 年，台州黄岩人，是元末浙东农民起义军领袖。曾投诚元朝，后归降明朝，明洪武二年(1369)，任职广西行省左丞，留居京师(即现在的南京)，七年后病死。

在元明易代之际，方国珍徘徊在新旧朝廷之间，屡叛屡降。对于他割据浙东南地区的这段历史，明清两代的文人士大夫一直不乏评论，并且褒贬不一。

现当代对方国珍的研究却并未成为学界关注的热点，史学研究在讨论元代海运以及漕运时有所提及，例如高荣盛《元代海运试析》等。此外虽有一些专题学术论文，也都是以考据为主，如章采烈《论〈方国璋神道碑铭〉的史料价值》、刘曼丽与范红丽合著《方国珍家族事迹拾遗》等，评述性论文如章采烈《论方国珍的功与过》、吴传治《再论方国珍起事》等，限于篇幅，也多是点到而已，并未进行详尽的论述。今有应在泉等编纂的《方国珍史料集》问世，对研究方国珍无疑有极大的助益。

相比之下，文学史方面的研究，主要集中在入仕元朝廷的文人，以及处于朱元璋政权下的文人研究。对元末浙东南地区文人的个案研究，学术界产生了一些成果，在这类研究成果中往往也会对方国珍势力有所触及。但研究方国珍割据范围内文人群体生存状态，与此相关的专题研究相对较为少见，近年来仅见段海蓉《元末方国珍治下色目人的境遇与心态》一篇论文面世。

方国珍与朱元璋、张士诚同为元末起义军领袖，起事甚至更早于后两者，割据浙东南，即温州、庆元、台州三路长达二十年，并且与当时各个不同的势力都有着密切接触和往来。方国珍势力的存在与动向，影响着元明易代时期政治格局的变化。但方国珍坐拥海路漕运重镇，却自始至终都没有表现出逐鹿问鼎的意向，而是选择了在不同政权间持观望态度。相对于在起义之初就已建国称号的朱元璋和张士诚，方氏集团的选择在当时的历史背景下具有一定的特殊性和复杂性，也使得这一课题的研究具有一定的挑战性。

另一方面，由于地缘关系，浙东南地区的民间学人对方国珍割据这段历史一直有着浓厚的兴趣，对此进行的研究也一直延绵不绝，当地的报纸杂志及网络上可以见到很多相关的随笔性质的文章，内容多是评点方国珍起事的功过是非及其对温、庆、台地区历史发展产生的影响等，但是并未形成正式的学术成果。

对元末浙东南地区文人活动与文学整体风貌研究较为稀少，相比之下，史学界对此的研究却产生了丰厚的成果，近年相继有苏力《元代地方精英与基层社会——以江南地区为研究中心》、孙晓丹《历史时期温州城市的形成与发展》、陈丽霞《温州人地关系研究：960—1840》等几篇博硕士论文发表，这些论文有助于学者全方位了解浙东南史地沿革和经济发展。

文学史研究者更多关注的是同一历史时期的浙东地区。元朝是少数民族入主，形成了尚武轻文的行政格局，当时的朝廷并不重用汉族文人，加之前朝南宋政治中心的南迁，于是儒学的中心便转移到了江南地区。当时的浙江，是元朝学术重镇之一，也是正统理学的学脉所在。元明交替之际，浙东地区涌现出了刘基、宋濂等一大批在当时及后世都产生了重要影响的理学大家，也正是由于浙东地区的人文鼎盛，元末盘踞在江南的众多地方割据势力为争取浙东人才，可以说是不遗余力。

此外，浙东地区在元朝末年为朱元璋盘踞，在朱元璋建立独立政权、扩张乃至于统一全土的过程中，浙东文人曾经起到相当大的作用。而在明朝建立伊始，朱元璋又对在朝的浙东文臣进行了无情地打压和诛杀，学界也一直不乏对这段历史的关注和讨论。

关于这段历史时期浙东地区文人的研究，可分为宏观研究和个案研究两个方向。对浙东文人群体研究的成果，散见于文学史类著作，同时也有如徐永明《元代至明初婺州作家群研究》此类专书，另外还有饶龙隼《元末明初浙东文人择主心态之变衍及思想根源》、萧启庆《元明之际士人的多元政治抉择》等学术论文面世，学位论文如董刚《元末明初浙东士大夫群体研究》于2004年完成，对于系统把握元季浙东文人群体具有相当的参考价值。相关论文还有朱传季《元末明初杭郡文人集群研究》等。个案研究表现在考据方面，相关的文人年谱得到了进一步完善丰富，对文人交游、生卒年等事迹进行考辨的单篇论文也见发表，如陈葛满的《宋濂简谱》及《宋濂简谱(续)》。同时，对文人创作的理论性研究也不在少数。

相比对浙东文人的研究，对浙东南地区文人的研究成果，则主要是个案研究。近年，既有如徐永明《高则诚生平行实新证》、刘祯《高明生卒年再考辨》等这样的史实考证文章，也有如陈增杰《李孝光的生平和文学创作成就》、黄仁生《论李孝光的诗歌创作及其在诗坛地位的变迁》等这样的个案分析文章，在此不一一赘述。

综上所述，由于元明易鼎的特殊时代背景及浙东地区在理学传承上的特殊地位，对元末明初浙东文人群体的研究，一度成为学界所聚焦的热点。对浙东南文人的关注则多体现为个案研究，综合考察方面还相当薄弱。而这项研究，对全面了解元末江南文人生存状态以及他们在元明易代之际的心态具有一定的价值。浙东南地区从至正八年(1348)到洪武元年(1368)元朝灭亡，基本上处于方国珍势力的割据范围内，要全面了解文人的生存状态，就不能脱离当时浙东南政治格局的变化，反之，研究当时文人的取舍和动向，也有助于更深入地理解元明交替这段历史。研究方国珍势力对温庆台地区的统辖方针，以及他对待文人的态度，考察当时文人对于方国珍势力与其他割据势力，乃至对元朝廷情感倾向的不同等等一系列问题，既有相当大的学术空间，也有一定的学术价值。

二、方国珍割据势力概况

(一)方国珍起事的时代背景

元代的浙东南主要是指温州路、台州路及庆元路。温州路包括永嘉、乐清二县，领瑞安、平阳二州；台州路包括临海、仙居、宁海、天台四县，领黄岩州；庆元路包括鄞县、象山、慈溪、定海四县，领奉化、昌国两州。

在社会经济发展上，浙东南地区与江浙其他地区相比有一个突出的特点，那就是海运的繁荣。

自宋至元，长江沿岸及东南沿海地区的农业、手工业不断发展，商品经济蓬勃兴起。其后，随着水利工程的兴修，即使是在较为偏僻的温州地区，也出现了不少在外经商的商人。这些商人的基本活动范围在江浙地区主要是苏州、杭州及南京，外省则主要在广东和福建。台州商人的足迹更是远及海外，谢肇淛在《五杂俎》中就曾经描述台州的商人与邻国日本之间的往来贸易。历经两宋的发展，奠定了浙东南地区在元代成为经济重镇的基础。

元至元十三年(1276)，中书右丞相伯颜至临安(今属杭州)，命熟知海河航道的朱清、张暄两人将南宋朝廷库藏的文献由海道载入京师，成为有元一代官方海运的肇始。至元十九年(1282),伯颜向朝廷建言海运,元世祖忽必烈命总管罗璧、朱清及张暄等人造平底船六十艘,将四万六千石粮食通过海运输送到大都。自此,海运成为江浙地区漕粮运输的主要方式,也成为元朝廷保证赋税收入的重要手段。在海运的鼎盛时期,元代官府共统领海船计九百艘,船户八千余户,在官船不足的情况下,有时还要按需征用民船,以及漕民以外的一般民众。对于元廷而言,海运是联系政治中心与经济中心的国家命脉所在,其对政局稳定的重要性是不言自明的。但与元朝廷所获得的经济利益相比,运粮的水手却只能从中获得为数不多的"脚钞钱",这种分配方式的不公平,为江浙地区日后的贫富差距极端,社会局势动荡埋下了隐患。

到了元朝末年,政治腐败,元顺帝宠信哈麻,后者不时向其鼓吹各种行乐之法,于是顺帝广取女妇,终日以淫乐为事,以至于完全不治理朝政。至正二十年(1360),京城饥荒,致使民间父子有人相食者,宫中却依然大设筵宴,庆祝天寿节。"皇帝和贵族的腐化,引起了连锁反应,元朝的地方官府和官吏也急遽地暴露出各种腐朽性。"①而京师这种奢靡生活,在很大程度上正是靠经由东南沿海地区输入京城的漕运税粮在支撑着。君臣耽于享乐,铺张浪费,必然导致财政的巨大负担。当时的元朝廷为解决财政危机,向民间大量发行纸钞,导致物价急遽膨胀。这种饮鸩止渴的应急方法,实则进一步加重了底层人民的经济负担。

在通货膨胀的同时,船户通过漕运获得的脚钞钱却并未获得相应的增长,而运输途中风雨颠簸、盗贼鼠患等带来的粮食损耗,也要由船户承担,加之地方官吏暴敛克扣,船户涉险运粮的所得往往是微乎其微的。元代诗人朱德润在《送丁镇抚还四明海道》中就曾经描述漕运船户的生活艰辛:

> 忆昔朱张漕运始,岛涡浪窟争穷探。白骨沉沙舟自往,黄合牌多死所甘。五十年来物情异,沧海无波粮运至。太仓红腐漕民饥,岛畔妖蛮生异志。夺粮为食民为奴,杀人吮血争锱铢。②

官府粮仓中的米粮已经堆积到红腐变质的地步,为此历尽艰险的船户们却依然过着三餐不继的生活,这样的生存状况又如何能让人不生"异志"呢?

台州黄岩是方国珍的故乡,此地为海道都漕运万户府下辖温台等处海运千户所统领,距离当时官府粮仓所在的太仓的距离比其他港口更加遥远。这

① 韩儒林:《元朝史》,北京:人民出版社,1986年,第41页。

② (元)朱德润:《存复斋续集》,《丛书集成续编》第109册,上海:上海书店出版社,1994年。

也就意味着台州船户要担负更大的风险、付出更多的劳动，而官府所付给他们的脚钞却和其他地方一样微薄，这直接导致台州船户的正常生存需要无法通过正当劳动得到满足，甚至往往因为漕运之故而落得倾家荡产。

事实上，浙江地区的民族矛盾和阶级矛盾，自元朝建立以来就一直存在。下层劳动人民，特别是汉族人民的生活条件非常恶劣，这一点在浙东南漕运船户们身上表现得尤为明显。到了元末，元廷内部益发腐败，外部又战乱频发，社会财富分配不均，贫富差距极端严重，久而久之，势必导致局势动荡，出现“夺粮为食民为奴，杀人吮血争锱铢”的现象也就不足为奇了。

就是在这样的历史背景下，浙江一些相对远离元朝廷统治的地区，开始出现规模不同的地方集团，其中一些积极地招兵买马、笼络人才，形成了不可小觑的割据势力，还有的进一步建立了独立政权。台州、温州以及周边地区，先后有宁海杨镇龙、青田季文龙、广德章焱等起事，出身黄岩的方国珍出海起事也正是在这段时期。

而此时的元朝，不仅是财政方面，整个军队也早已是腐朽不堪，战斗力已经远不及建立之初，世袭官军平日养尊处优，早已失去了战斗热情。这样的军队，在各地云起的农民起事的打击下，更是日趋土崩瓦解。当时身在江南的王祎发出这样的感慨：“今天下之弊极矣。南北用武未有休息，而将帅之权不相统一，朝廷之赏罚不能明信，此殆不容言矣。至于军卒之单寡而无所于调，发钱粮虚匮而无所于征。”[①]以至于农民军所向披靡，有些驻守于地方的文臣武将甚至望风而逃，而元朝廷派往镇压的官兵辄每每败退。

与此同时，江浙地区有一批当地士人自发组建了“义军”，为维护元朝统治，更主要是为了维护其所在地方局势稳定，与各路割据势力相对抗。在当时影响较大的义军主要分布在浙东，有永康吕文燧及陈显道、青田刘基、龙泉王毅及章溢等。浙东南也不乏“义军”活跃的身影，见于文献记载的就有温州陈麟（事见《九灵山房集》卷二十三《陈君墓志铭》）、平阳郭璞（事见《苏平仲文集》卷十四《郭府君墓志铭》）、天台贾嵩（事见《不系舟渔集》卷十二《忠敬堂记》）等。

浙东南地区“义军”的组织者大部分是在野的汉族士人，其中也包括在任官员的旧僚和少数未举官的进士。这些义兵人数并不多，但多数响应朝廷号召、与朝廷官兵协同作战，是帮助元廷对抗割据势力的生力军。义军的构成和立场较为灵活，其主要目的是保护自己所在的地区，如贾嵩在任元帅府事时，曾经用自己的资产召集义军保卫乡里。“至正戊戌（1358）从军来温，每有征

---

① （元）王祎：《王祎集》卷四《送胡仲渊参谋序》，《丛书集成初编》本，第 85 页。

伐,未尝不在行距。"[①]贾嵩所从属的军队,实则当时投诚元朝的方国珍部。

由于政治腐败和经济危机,元朝廷对浙东南地区人民,尤其是漕民的压迫日益加重。恶劣的生存环境,导致了农民武装起事的大规模爆发。与此同时,浙东南地区的地方士人自发组织义军,与官军合作对抗农民军。在这样的时代背景下,方国珍登上了元朝末年的历史舞台。

(二)方国珍起事始末

方国珍起事前后,浙江行省的基本政治格局大体如下:浙西即建德、处州、婺州以及衢州各路仍处于元朝廷统辖范围;张士诚割据浙东北,即杭州、绍兴以及湖州各路;浙西南即建宁、信州以及饶州等为陈友谅军活动的主要范围;而盘踞于浙东南,即温州、台州及庆元等地区的,则是方国珍势力。

方国珍,又名谷珍、谷贞,台州黄岩人。至正八年(1348),方国珍被仇家构陷,为逃避冤罪,举家入海起事。次年,元廷派遣浙江行省参政朵儿只班率军缉捕方国珍未果,元军败。其后方国珍攻打温州,至正十一年(1351)败元兵于松门(今属温岭),生擒统帅孛罗帖木儿,并接受元廷招降。至正十二年(1352),方国珍再次叛元,台州路达鲁花赤泰不华率官军与其交锋并战死,元军再次大败。其后方国珍一路攻占台州、温州、庆元等地,二度投诚元廷。至正十七年(1357),方国珍为元朝廷发兵攻打张士诚,七战七捷。

历数方国珍起事的前十年,可谓所向披靡。他与兄弟国璋、国瑛、国珉等起事于海上,不过一个月时间便聚集了数千人之众,到至正十二年(1352)时已拥有千余艘海船。要完成这种程度的武力积累,必须有强大的社会基础,而这社会基础的来源,是浙东南地区饱受剥削压迫的漕运船户。正是这些被迫成为"岛畔妖异"的船户,成就了方国珍起事的群众基础。而且,漕运出身的方氏家族,不仅在浙东南,即使在其他沿海地区,也同样受到船户们的拥戴。史载至正十六年(1356)方国珍归降元朝,为元廷讨伐张士诚,当时就得到了名为倪蓬头的漕户为内应。倪蓬头协助方国珍偷袭张士诚部下吕珍,夺取了其守卫的平江,为方国珍赢得胜利贡献了功劳。

另一方面,其后建立了明朝的朱元璋部也不断发展和扩张,声势逐渐壮大,逐渐成为江浙一带不容小觑的割据势力。朱元璋在攻克婺州之后,其势力范围才和方国珍割据势力范围相毗邻,此时的朱元璋部队,正受到陈友谅和张士诚两股势力的夹击。为稳定领土东南部的局势以便全力应对陈、张两部,朱元璋对方国珍采取了较为友善的态度,这也恰好迎合了方国珍一贯的外交作

---

① (元)陈高:《不系舟渔集》卷一二《忠敬堂记》,《敬乡楼丛书》本。

风，于是他对朱元璋政权也是故示顺从，以静观其变。至正十八年底(1358)，朱元璋招降方国珍。方国珍深知凭自己的力量不能与之抗衡，于是遣使纳贡。至正十九年(1359)三月，方国珍主动向朱元璋呈献温、庆、台三路，并提出将自己的次子方关送至朱元璋部作为人质。同年九月，朱元璋任命方国珍为福建等处行中书省平章政事，方国珍却以病推辞，使得朱元璋对其产生了不满。至正二十一年(1361)，方国珍派遣使者进献金玉马鞍，却被朱元璋拒之于门外，双方的紧张关系再次升级。至正二十二年(1362)，当时已经供职于朱元璋手下的刘基丁母忧返乡，期间代表朱元璋劝降方国珍。此后，方国珍开始定期向朱氏政权纳贡。至正二十三年(1363)，朱元璋剿灭陈友谅部；至正二十七年(1367)，又攻取了张士诚割据范围内的杭州和湖州。在此之前，方国珍曾与朱元璋约定，假如朱元璋攻克杭州，则向其纳地称臣，此时却没有遵守自己的承诺，反而暗地与北方扩廓帖木儿、福建陈友定等联络，企图共同抵抗朱元璋。至正二十七年九月，也就是朱元璋举国号为“吴”的第一年，朱元璋派遣朱亮祖率师讨伐方国珍。十月，复命汤和为征南将军攻打庆元。十一月，朱元璋部队攻克庆元。十二月，方国珍向朱朝上表归降，未来明朝的东南海岸版图也就此廓定。

方国珍势力割据浙东南的温州、台州、庆元三路长达二十年，期间并不曾与元朝廷彻底决裂，从至正十六年(1356)始，方国珍曾历任元朝的海道运粮千户、江浙行省参知政事、江浙行省左丞等官职，也曾与降元后的张士诚部协力为元廷的漕运保驾护航。他也并未像其他割据势力一样，大肆屠戮元朝在浙任职的高级官员。如进攻温州时，方国珍曾俘虏时任温州路达鲁花赤的三宝柱(字廷珪，畏吾儿人)，但其后又将他释放了。

不仅仅对元廷是屡战屡降，方国珍对其他邻近割据势力也始终维持着若即若离的关系。在投诚明朝后，方国珍官至资善大夫、广西等处行中书省左丞，直至洪武七年(1374)三月卒于京师私邸。

关于元末明初方国珍割据浙东南地区的这段历史，《元史》《明史》及当时的学人笔记中均有所记载，清叶嘉棆曾修《方国珍乱郡考》编年志之；民国初，刘绍宽又征引多种方志、私家文集，对叶氏的记载予以增补、考订，写成《方国珍寇温始末》一书。然由于方国珍其人以及其起事过程的复杂性，加之作者的立场和经历有所不同，这些记载也存在着不同程度的出入。

三、方国珍割据势力与浙东南文人

(一)浙东南地区的文化环境

元朝建立以后,温、黄平原地区的农业、手工业、水利漕运等都有了极大发展,一度成为浙闽之门户,东南之都会,温庆台一带商贾云集,海河航道发达,社会经济繁荣,可以说是当时的水运枢纽,交通要冲。社会经济的发展及海、河运交通的便利,极大地开阔了浙东南地区文人的视野,同时也影响了当地文化教育的发展。

另一方面,随着政治中心北移,浙江的学术分布也发生了改变。自宋至元,浙江的学术体系从江西传入的陆学、本土诞生的事功派等多种派系并存,逐渐变为官方认可的朱学一枝独秀。根据《宋元学案》的记载,到了元代,浙江共有鲁斋、静修、草庐、静明实峰、师山以及萧同诸儒六个学案,其中自南宋以降的金履祥、许谦、柳贯一脉多集中于金华一带。元末明初,主要以婺州为学术中心,以宋濂、刘基、王袆等人为代表。

在同时代的浙东南,有序的学术传承规模并不算大,慈溪有赵偕的实峰学案;庆元地区的戴表元、程端礼、程端学在理学方面亦有时名,不过他们的主要成就还是文学创作;台州地区有陈孚、孟梦恂、周仁荣和周仔肩,其中后三者均师承北山四先生一脉,以理学闻名。

尽管浙江地区长期处于严苛的民族政策压制之下,当地的理学和文学在元朝还是得到了一定程度的发展。《元史·儒学传》中记载有 45 人,其中浙江籍人士就有 18 人之多[①]。其中以理学见长的有 13 人,以文学见长的有 5 人。从某种程度上说,这也证明了理学在元代江浙地区的地位之高。部分浙东南文人在易代之际,选择了通过不同形式抵抗割据政权,向元朝廷尽忠,这和江浙地区浓厚的理学氛围不无关系。

元末浙东南文人群体的活动,就是在这样的学术和文化背景下展开的。

元代版图之广,在中国历史上达到了空前的地步。广阔的疆域及多民族的国民构成,使得元代的文化比以往的朝代更具有多元性。然而在匡定天下之后,元朝廷却采取了并不契合大一统局面的民族政策。依据民族和地域,元

① 这 18 人分别是金履祥、许谦、吴师道、胡长儒、郑滁孙、郑陶孙、孟梦恂、周仁荣、周仔肩、程端礼、程端学、韩性、宇文公谅、戴元表、杨载、牟应龙、陈孚和李孝光。另,《元史》编排并未将儒学和文学划分开,故理学和文学并入《儒学传》。

朝的国民被分为四个阶层：一等为蒙古人，二等为色目人，契丹、女真及北方汉人为三等，等级最为低下的是南人。所谓南人，即是指前朝南宋统治范围内的汉人。由此可见，江浙一带作为南宋的政治中心，无疑成了元朝廷压迫和盘剥的重点区域。除了横征暴敛的徭役赋税，元朝廷在法律上对于南人也做出了诸多不公平规定，例如不允许南人持有兵器，其中甚至还包括一些生产用的农具；不允许在当地营造或修缮城墙；为防止百姓聚众生事，许多正常的文化娱乐活动也被明令禁止。类似这样不近人情的法规在当时不胜枚举。

这种民族歧视和压迫，理所当然也体现在人才的简拔和任用上。在元朝，行省以下的建制称路，最高行政官员称达鲁花赤。以台州路为例，先后到任达鲁花赤共二十三任，均为蒙古人或色目人。有元一代，百官皆蒙古人为之长，而汉人只能充任副职。在科举方面，蒙古人和色目人的考试与汉人所参加的考试也是有所区别的，前两者考试的科目较少，试题也相对简单。看似为保障公平而进行的科举考试，事实上也给汉人设置了重重阻碍，汉族士子希望借此登上仕途可谓难上加难。元末陈高的组诗《感兴》中，就深刻反映了种族制度的不平等：

> 客从北方来，少年美容颜。绣衣白玉带，骏马黄金鞍。捧鞭揖豪右，意气轻丘山。自云金张胄，祖父皆朱幡。不用识文字，二十为高官。市人共咨嗟，夹道纷骈观。如何穷巷士，埋首书卷间。年年去射策，临老犹儒冠。[①]

诗中明确地说到，蒙古人和色目人的子弟，即使不识字也能当上高官，而有些汉族文人穷其一生攻读应试，最后却只能以儒冠终老。汉人即使是科举得中，也往往不能真正参与到政治决策当中去。

通过这种森严的民族等级制度，元朝廷看似成功将南方本土的汉族文人排除在核心统治圈之外，维护了少数民族的统治地位，然而少数民族官员的简拔并不严格，其中大部分也不熟悉南方的风土民情，真正能因地制宜、把握江浙地区政局的本土士人却往往无法获得参政的权利。这样的行政方针，实际上为元末地方局势的动荡埋下了隐患。

到了至正年间，各地兵荒马乱，元廷为了渡过眼下的危机，又一变以往的态度，以官爵作为笼络手段，意图吸引更多的汉人为朝廷效力，借此抵抗割据武装。这样的政策表面上看似使汉族士人获得了施展抱负的机遇，然而一旦有一点功劳便立即行赏封官的权宜之计，只能导致官职爵位日益泛滥、朝政纪

---

① 《不系舟渔集》卷三《感兴》。

纲紊乱的结果，最终使元朝由下至上的整个官僚系统走向崩溃。

在元朝廷一味崇尚武力，疏远南方汉族文人的同时，盘踞于浙江的各割据势力却日益蓬勃。他们一方面马不停蹄地扩张着自己的割据版图，一方面则积极地笼络人才，招纳当地的隐士贤人。割据势力的领袖们深知起用耆儒名士，既可以出谋划策，又可以借助他们在地方上的声望，为自己的政权赢得民众支持，此举可以说是百利而无一害。朱元璋每克一城，都会立即着手于访求当地人才，例如在滁州招纳范常、在太平征辟陶安，等等。同时期割据于浙东北地区的张士诚更是礼贤下士，连当时的元臣郭良弼、董绶也纷纷投奔其麾下。张士诚弟弟张士德是其割据势力中的重要人物，他和当时名噪一时的王逢、杨基、杨维桢、陈基、高启等人均有所往来。

元代的文化政策使广大的汉人始终进入不了权力的中心，元末政局的腐败也使文人看不到施展个人才华的希望。在这样的情况下，割据势力适时举起了“华夷之辨”的旗帜，这对于南方的一部分汉族文人而言，无疑具有极大的吸引力。而最善于利用“华夷之辨”来拉拢地方文人的高手，正是朱元璋。

朱元璋在建立政权并统一全国的过程中，对元朝故官和在野逸民都不遗余力地进行笼络，他所接触到的文人，几乎都曾受到他的礼遇。元末入幕朱元璋政权的名士很多都曾在元朝为官，如刘基、张以宁、危素、李思迪、朱守仁等人。通过《明太祖实录》中的记载，可以看到朱元璋礼贤下士的言论比比皆是。至正十六年(1356)攻克集庆(今属南京)时，朱元璋曾放言贤人君子，有愿意投诚其麾下者，都一定以礼相待。其后在洪武元年(1368)的《平元都诏》中，朱元璋又再次重申了这一点，并承诺在新朝中对归附自己的文人一定会因材而用。这些许诺，对于在元末一直郁郁不得志的浙东南文人而言，无疑有着相当的煽动性。

而对于一些传统忠君意识较强的文人，朱元璋在加倍礼遇的同时，不失时机地搬出了“华夷之辨”的观念，并一再申明自己是受天明命、替天行道，他曾在《奉天讨元北伐檄文》中宣称：

> 盖我中国之民，天必命中国之人以安之，夷狄何得而治哉？予恐中土久污膻腥，生民扰扰，故率群雄奋力廓清，志在逐胡虏、除暴乱，使民皆得其所，雪中国之耻，尔民等且体之。[①]

这也就是说，按照传统儒家观点，颠覆元朝统治，是为了让被外族所侵占

① 《明太祖实录》卷二六，影印国立北平图书馆红格抄本，第401页。

的天下重新回到汉族人的手中，而自己之所以建立独立政权，也是旨在光复中华正统。朱元璋以这样的理论为自己建立新政权提供了大义的名分，他将华夷之辨的价值观置于忠君的操守之上，这至少从表面上解除了一些文人在君臣伦理方面的顾虑，并吸引了大批文人的归附。

当时割据吴中地区的张士诚也非常注重延揽人才。至正十六年(1356)，张士诚占据平江路(今属苏州)，得以盘踞浙西地区。此后他立刻着手开馆延宾，礼贤下士。张士诚曾两次接受元朝招安，被元廷封为太尉，并奉元正朔，这为入幕其下的文人提供了在当时较为“合法”的身份。另一方面，张士诚治下社会环境相对而言较为安定，于是有不少文人在元末选择了避地吴中，在当地一时形成了规模较大的文人团体，这其中也包括许多浙东南文人，文献记载曾入幕张氏集团的温州籍文人有陈秀民和余尧臣，当时客居吴中的还有天台徐一夔等人。当时南方规模最大的文人雅集之一，由顾瑛发起的玉山雅集正是在吴中地区。陈秀民、余尧臣和徐一夔等人都曾经是玉山草堂的座上之宾，其诗酒唱和的诗歌作品可见于顾瑛所编辑的《草堂雅集》。

反观浙东南，方国珍割据势力也曾几度降于元朝廷，其所统辖的温、庆、台地区远离当时的政治中心，适合于隐居的同时又有着海陆交通便利的地理优势，由是也聚集了各地流寓至此的文士。

关于方国珍对于文人的态度，明苏伯衡在《故元温州路同知平阳州事孔公墓志铭》中曾经写道：“至正末，方国珍据台、庆、温，用名士以收人心，凡士居其地者，不为所用，则为所祸。”①然此语出于明朝文臣之手笔，文章的目的又是为了表彰元朝故臣，难免有失偏颇。事实上，在已有的史料中，并未见方国珍本人或其集团其他重要成员刻意祸害文人的记载。相反，关于方国珍访求和任用名士贤能的记载并不在少数，其幕中的文士对其政绩也往往赞誉有加。且方国珍在治期间，曾经率领其部下重修奉化州儒学尊经阁、兴修定海县儒学等。由是可知，方国珍对于地方文化教育的发展有着相当程度的重视。

这一历史时期，活跃于温庆台地区的文人在诗文方面的创作亦不在少数，有一定数量的文集传世。当时的浙东南地域内，也不乏各种文人雅集，如刘仁本、赵俶、谢理、朱右等人的《续兰亭雅集》，为饯别京师来使贡师泰而兴的白沙联句等。

方国珍本人虽不能说是文人雅士，但据史料记载他曾多次为自己的子侄辈延请当时名士为师，其子方行与浙东南地区的文人之间不乏交游酬答之作，这其中就包括朱右、萨都剌、丁鹤年等当时颇有盛名的文人，方行本身也是“襟

---

① (元)苏伯衡：《苏平仲文集》卷一三，《四部丛刊》本，上海：商务印书馆，1919年。

度潇洒，善谈明理”[①]。

这些记载，无不反映出方国珍对文人的基本态度是尊重并渴望的，也有一大批文人志愿投身于其幕下，协助他治理政事。

当然，为元朝廷殉节的浙东南文人在史书中亦不鲜见。除此之外，还有更多的文人在面对方国珍集团的招募时，选择了隐匿于山林。无论是死节还是避世隐居，其实更大程度上是出于文人出于伦理道德的判断，而自主做出的选择，而不应完全归咎于方氏集团，关于这一点，在下文中将进一步探讨。

（二）浙东南文人在元明之际的选择

1.效忠元朝廷

明代元兴的乱世中，浙东南地区的文人群体表现出了三种极为不同的态度，有的选择尽忠于元廷，有的选择隐居山林或放浪江湖，有的则选择入幕于割据势力。

元朝廷是一个由少数民族统治的政权，其民族政策又是如此严酷，为何还会有饱受压迫的汉族文人在亡国之际选择了忠君守节，而不是归附以汉人为主的独立政权呢？

萧启庆在《元明之际士人的多元政治抉择》一文中，具体分析了元明易代之际各族文人的不同选择，关于“忠君之道”和“华夷之辨”，他做了如下诠释：“元朝虽为征服王朝，道学‘君臣大义’的观念却是在元朝开始弥漫南北，而对各族进士影响最大。元朝族群政策虽然极度不公，但‘夷夏之辨’的观念甚为淡薄。遭受歧视之汉人、南人进士由于身为既得利益者，而且在‘君臣大义’观念影响下，并未轻易背离蒙元政权。”[②]

自古以来汉族士人就有着天下一统的愿望，从历史发展的角度而言，元朝的建立确实扫清了之前长期分裂的局面，形成大一统之势。于是在元初时，就已经有文人提出了“行中国之道则中国之主”的观念，为蒙古人入主中原正名，如郝经就曾经说：“天无必与，唯善是与；民无必从，唯德是从。”[③]其后，闻名于江浙的杨维桢也作有《正统论》，拥护元朝的统治。事实上，“夷夏之辨”的价值观自元朝伊始就逐渐变得淡薄。

另一方面，自两宋以降，理学思想将儒家传统的“忠君”观念提到了宗教般

---

① 《元诗选三集》卷一〇《方行小传》，北京：中华书局1987年，第431页。

② 萧启庆：《元明之际士人的多元政治抉择》，《台大历史学报》2003年第32期。

③ （元）郝经撰，秦雪清点校：《郝文忠公陵川文集》卷三七《与宋国两淮制置使书》，太原：山西古籍出版社，2006年，第514页。

的高度，而“忠君”就要求官员具备为君、为国守节并矢志不渝的品德。对信奉传统儒家道德标准的文人而言，理学所产生的深远影响，在元廷危亡之际得到了淋漓尽致的展现。众多仕元的汉族文臣选择了将“君臣之义”置于“夷夏之辨”之上。其后的清人钱谦益，在回顾这段历史时发出了“士君子生于夷狄之世，食其毛而履其土，君臣之义，虽国亡社屋，犹不忍废”[①]的慨叹，这不仅是当时大批浙东南士人心理的真实写照，也成了元朝灭亡以后绝大多数元遗民，尤其是汉族遗民文人立身的道德准则和行为基础。

不仅是遵从理学道德观的文人，连“华夷之辨”的最大受益者朱元璋，都不得不以元为正统，至少出于政治方面的考虑不得不秉承这样的传统。至正二十七年(1367)《奉天讨元北伐檄文》中称：“自宋祚倾移，元以北狄人入主中国，四海内外，罔不臣服，此岂人力，实乃天授。”[②]也认定了元朝统治来自“天授”的合法性。洪武元年(1368)正月的《即位诏》也明确承认元承宋统，明承元运。朱元璋手下第一谋臣刘基，虽然在《春秋明经》中宣扬要明确华夏民族和夷族之间的区别，但也仅仅是从礼治本位而非民族本位来讨论的，认为所谓的华夏正统乃是以礼治国，与统治者的民族并无直接关系。其后在《郁离子·神仙》里，刘基也曾进一步扩展他的民族理论，认为中国以夷狄为寇，而夷狄也以中国为寇，要认清这个道理的话，就能够达成天下大同。

所以即使深知元廷腐败，也深知当朝统治者并不重视文人，但正因为有着这样的道德标准，多数文人出于正统意识，仍旧选择了站在统治者的立场上，对抗地方割据势力，更有甚者选择为朝廷殉死或守节。

在浙东南因对抗方国珍割据势力而死节的文臣中，最典型的例子是泰不华。泰不华(1304—1352)，又名达普化、他哈布哈，字兼善。至正八年(1348)，方国珍兵起，江浙行省参政朵儿班只被擒，方国珍通过朵儿班只向元廷上招降状。当时任礼部尚书的泰不华向朝廷建言讨伐方国珍，并提出了招捕方国珍的策略，却未能受到朝廷重视。至正十一年(1351)，泰不华迁为浙东道宣慰使都元帅，到任后与时任江浙行省左丞的孛罗帖木儿夹攻方国珍，不料孛罗帖木儿又被方国珍所执。不久，方国珍看准机会向元廷纳贡。是时朝廷之中对如何处置方国珍起事还没有形成统一意见，而方国珍的供物已经送达宫中。元廷当时正面临着政治和经济各方面的危机，于是对态度暧昧的方国珍部采取

---

① (清)钱谦益:《牧斋初学集》卷八四《跋王原吉〈梧溪集〉》，上海：上海古籍出版社，2009年，第1765页。

② 《明太祖实录》卷二六，第401页。

了绥靖的态度，遣使招安。由于在对方国珍的态度上与核心政治圈产生不和，泰不华又再次被改迁为台州路达鲁花赤。其后，泰不华出于对方国珍一贯行事作风的了解，认为其降元并非出于本心，曾一再向朝廷请愿攻打方国珍。元廷非但没有回应其一片苦心，反而解散了在台州路与方国珍对峙的军队，同时还对方氏家族上下均赐封官职。至正十二年(1352)三月，方国珍果然再次叛元，泰不华集结部队与之交战于澄江，最终死于是役，年四十九岁。元廷追赠其为江浙行省平章政事并魏国公，谥忠介，于台州立庙祀之，额曰崇节。泰不华虽是少数民族出身，但却是当时有名的文人，和汉族文人也多有交往。在他战死之后，有很多汉族文人作诗文挽之，杨维桢有《挽达兼善御史辛卯八月殁于南洋》，其中两联写道："黑风吹雨海冥冥，被甲船头夜点兵。报国岂知身有死，誓天不与贼俱生。"[①]生动地再现了泰不华捍卫元廷疆土、忠于职守的形象。当时还在元朝任职的刘基也作有《吊泰不华元帅赋》。

不仅是少数民族官员，浙东南地区在元任职的汉族官员，也都不约而同地选择了为保卫元朝廷而全力抗争。至正十七年(1357)年底，方国珍部将李德孙进攻温州，温州守将由于拥兵自矜，致使温州城陷落。温州路总管王伯衡守城奋战，被擒后不屈就死，其女亦抱幼子赴水殉难。在和各割据武装抗争的过程中，这样的例子不在少数。元末在与起义军和地方割据势力对抗的过程中，有明确记载为"死节""殉节"的文人比比皆是，《元史・忠义传》中列有六十人，其中属于汉族的多达四十人。

除此之外，虽未殉死，但守节终身，未入仕新朝的文人，如戴良、"国初三遗老"等，更是不胜枚举。

陈高(1315—1367)，字子上，号不系舟渔者，平阳金舟乡人。至正十四年(1354)陈高中进士，翰林学士承旨欧阳玄、吏部侍郎贡师泰等人举荐其在京任职，而陈高以双亲老迈，需有人奉养为故，向朝廷乞授庆元路录事南还。陈高在任上行政明敏刚决，声名赫赫。后方国珍攻占庆元，元廷招安方国珍为江浙行省左丞。出于对元廷此举的不满，陈高选择了弃职回乡。方国珍曾在陈高回乡后招其为慈溪县尹，陈高辞不赴，其后往来于闽浙间，仍不忘为元朝廷建言献策。方国珍之侄方明善治温州时，与平阳州守周嗣德相互排挤，导致当地战事不断，陈高左右奔走化解。当时各州郡官员多欲延请陈高在自己手下为官，陈高却终不为一家所用。

李士瞻(1313—1367)，字彦闻，荆门人。累迁户部尚书，拜翰林学士承旨，

① 《元诗选初集》，第 2032 页。

封楚国公。撰有《经济文集》)受朝廷之命督福建漕运时途经平阳州，曾高度赞扬陈高尽忠元廷的气节。当时天下盗贼四起、郡邑失陷，部分文人争相附庸割据势力，抛弃君臣大义，在这样的环境下陈高能坚贞不屈，实在是难能可贵。陈高的心迹，每每透过他的诗作展现出来："守节岂为名，秉义不顾身。""但知君臣义，宁论骨肉亲。"他也曾以"为臣死忠，为子死孝"的壮言来表明自己忠于元廷的决心。至正二十六年(1366)，朱元璋部大举进攻闽浙地区。次年春，当时在闽地避难的陈高通过海上，长途跋涉到达山东，谒见元朝河南王扩廓帖木儿，和他讨论江南地区的局势，陈述天下之安危，以及挽救天下危亡的计策。八月，陈高因病卒于山东，结束了他为元朝殚精竭虑的一生，时年五十三岁。

和陈高一样，面对方国珍势力选择了不合作态度的，还有一度曾寓居于浙东南地区的刘基。

和泰不华同时在元朝为官的刘基，也是由于对方氏集团的态度与朝中政要相左而被降职。刘基仕元期间，对元廷一直是忠心耿耿，曾写下"落叶辞故枝，不寄别条上"[①]的诗句，与泰不华一样，刘基曾极力进言朝廷为维持长治久安，出兵剿灭方国珍势力，结果并未被采纳。离职隐居之后，刘基仍毫不懈怠地在浙东南地区组织义兵，积极与方国珍势力相抗衡。刘基对方国珍部态度之强硬，一直是方国珍所避忌的。至正年间，刘基回乡丁母忧时，方国珍为示好，还曾特别遣使者向刘基赠礼致意。刘基对方国珍态度发生战略性的转变，是在辅助朱元璋之后，出于对朱政权长远发展的考虑，刘基并未建议攻打方国珍，而是担当了居中调停的角色，代表朱政权招降方国珍，但是他最终消灭方国珍割据势力的初衷是没有改变的。

还有一部分文人站在元廷的立场上，不愿与方国珍等"贼寇"同流合污，但也不希望通过暴力手段讨伐起义军，他们主张通过劝降招安等和平手段将起义军纳入元朝体制中，以求得江浙地区的安全稳定，这类文人在浙东南的代表是高明。

高明，字则诚，永嘉平阳人。至正十一年(1351)，泰不华举兵讨伐方国珍，高明因为是本地人，且熟知海事，被调到泰不华处任职。赵汸《送高则诚归永嘉序》中记载，泰不华"一见君(指高明)欢然，既开幕府，乃以论事不合，避不治文书"[②]。从这条记载中可以看出，高明和泰不华在对待方国珍势力的主张上是有所不同的，泰不华坚决认为应通过武力剿灭方国珍势力，而高明则主张以招降为主。其后高明任福建行省都事时，曾路经余姚，亲见方国珍在修筑余姚

① (明)刘基撰，林家骊点校：《刘基集》，杭州：浙江古籍出版社，1999年，第229页。

② (元)赵汸：《东山存稿》卷二，《文渊阁四库全书》本。

城的过程中“躬自为表直，视工，黎明至城所，夕尤不息。工先毕者，犒以金帛，既毕而溃圮者，又出钱令军士缮修之”①，并为之作《余姚州筑城记》。方国珍曾力邀高明入幕为宾，高明力辞不从，方国珍又以礼求聘他为家族子弟授业，高明也没有应承。可见在高明眼中，方国珍虽降于元，仍是匪类，不够资格成为值得与之共谋的当权者。

在当时的浙东南，与高明一样不愿入幕方国珍集团的还有陈麟、王嘉闾等人。

陈麟，字文昭，永嘉人，至正十四年(1354)以进士任为慈溪县尹，人称慈溪第一循吏。方国珍入鄞(今属宁波)后，陈麟曾与之见面，并劝其勤王。方国珍看中陈麟的才华，将其挽留在岱山(今属舟山)。陈麟不得脱身，亦不愿在其手下为官，于是着道士服，修葺田园，重兴岱山书院讲学。

王嘉闾，字景善，晚年别号竹梅翁，余姚人。至正二十三年(1363)授武德将军，广东道宣慰副使、佥都元帅，当时该地已为方国珍所割据，景善曰：“吾为天子命吏，非奉天子诏，吾职不改也。”遂弃官归隐，戴良作有《竹梅翁传》，记载其事迹。②

尽管方式不同，高明等人不与方国珍等割据势力苟合的态度，和泰不华等殉国死节的文人是一样的。

2.入幕方国珍集团

与效忠元廷、抗击起义军相对的，元季文人另一种积极的选择就是入幕割据政权。元末身处浙东南地区的文人，入幕的主要选择就是方国珍集团。

方国珍割据集团一度受封于元，从名义上来说，方国珍是以朝廷的代理人身份统辖浙东南地区，故而出仕方氏集团的文人，大多也是向元朝尽忠，并自诩为元臣，如戴国芳、邱楠等。他们既是方国珍的幕僚，同时也是正式受命于元廷的官员。

方国珍起义的直接原因是被官府诬告冤罪，被迫偕家逃亡海上，可以说从一开始就没有要争夺天下的野心。在起事规模日益扩大以后，方国珍也只是依仗自身拥有的兵力，在各个政权之间求得制衡。在归顺元朝期间，方氏集团曾多次为漕运粮食保驾护航。对于当时内忧外患的元朝廷而言，保障漕粮供给，无疑就是为政权的续存提供了一道生命线，方氏也由此得到了元廷的大力封赏。

方国珍一方面对元廷屡叛屡降，一方面对与自己割据地域接壤的朱元璋政权，也维持着若即若离的态度。《国初事迹》载，方国珍提出向朱元璋献温庆台三郡之后，却并不奉朱朝正朔。朱元璋陆续派遣夏煜、李谦、孙养浩等人警

① 《元代农民战争史料汇编》引《越中金石记》，北京：中华书局，1985年，第626页。

② (元)戴良：《九灵山房集》卷一七《竹梅翁传》，《丛书集成》本，第246页。

告方国珍，方国珍对此作出的回应是："当初献三郡，为保百姓，请上位发军马来守，交还城池。不至，若遽奉正朔，实恐张士诚、陈友定来攻，援若不及，则危矣。姑以至正为名，彼则无名罪我。况为元朝乱首，元亦恶之，不得已而招我四兄弟，授以大职名，我弱则不容矣。要之从命，必用多发军马来守，即当以三郡交还，国珍愿领弟侄赴京听上位之命，止乞国珍一身不仕，以报元之恩德。"[①]方国珍善于利用自己的兵力和资源，在不同力量之间谋得制衡之势，这固然有其狡猾之处，但同时也应该看到，方国珍并不像朱元璋一样有取元而代之的抱负，他的目的不过是维持自己所据有的温庆台地区的局势稳定。不管"为保百姓"之说是否只是冠冕堂皇的托词，方国珍无意于问鼎这一点是可以确定的。

事实上，方氏集团中也有一些具有政治野心的幕僚，如章子善就曾向方国珍提议过建立独立政权："夷狄无百年之运，元数将极，不待知著？而后知。今豪杰并起，有分裂之势，足下奋袂一呼，千百之舟，数十万之众，可立而待。溯江而上，则南北中绝，擅漕运之粟，舟师四出，则青徐、辽海、闽广、瓯越，可传檄而定。审能行此，人心有所属，而伯业可成也。"方国珍的回答是："君言诚是而远矣。然智谋之士，不为祸始，不为福先。朝廷虽无道，犹可以延岁月。豪杰虽并起，智均力敌，然且莫适为主，保境安民，以俟真人之出。斯吾志也，愿君勿复言。"[②]（《方国珍神道碑铭》）此后，章子善就被方国珍疏远了。

方国珍在群雄并起的元末乱世中只求拥兵自保，所以他一边帮助元廷招降张士诚，并与后者协同为元廷输送税粮，一边也不忘对邻近雄踞虎视的朱元璋纳贡示好。这种种迹象都说明，与其说方国珍是入主浙东南，不如说是凭借兵力偏安一隅，期待从这场逐鹿之战中脱颖而出的"真人"，也就是自己可以投靠的明主。

方国珍集团无心自立为王，入幕于其下的文人，如詹鼎、刘仁本等，也大多本着为元朝廷效力的原则，致力于国计民生，在治理政事方面颇有建树。

詹鼎，字国器，台州宁海人。方国珍受元朝赐封，开府庆元之后，招延文人隐士，听闻詹鼎有才，千方百计请到詹鼎。詹鼎在方国珍手下任府都事，在当时颇有廉名。至正末年，朱元璋部攻至庆元城下，方国珍惧怕被降罪而逃遁于海上。詹鼎冒死向朱元璋草表为方国珍请命，言辞甚恭而辩。朱元璋一度曾打算出兵追击方国珍，但在读了詹鼎的上表之后，感叹"孰谓方氏无人哉，是可

① （明）刘辰：《国初事迹》不分卷，《文渊阁四库全书》本。
② （明）宋濂：《宋学士全集》卷一七，同治退补斋本，第39页。

以活其命矣”。于是非但没有问责，反而任命方国珍为右丞。詹鼎的才华可见一斑，也可以从中看出詹鼎作为文人对于方国珍及其割据势力的认可。[①]

刘仁本，字德元，天台人。以进士乙科历官温州路总管、江浙行省左右司郎中。方国珍据有温、庆、台地区时，刘仁本入其幕中，为其出谋划策。其后方国珍曾一度降元，并协助元朝漕粮海运，将江淮等地粮食输入元大都，实际负责此事的官员中就有刘仁本。至正二十二年(1352)，刘仁本时为温州路总管，在任期间一直重视文化事业。他频繁与新任的温州路儒学教授韩愕商榷，广纳人才以兴教育。

刘仁本愿意入幕方国珍集团，协助其治理浙东南地区，与他深知民间疾苦不无关系。统观刘仁本的诗文作品，其中多表达眷怀王室，忧心国计民生之意。他之所以协助方国珍，或许是希望借助其力量，帮助国运衰弱的元朝重新走向复兴。刘仁本对元朝一直是赤胆忠心，他既然承认了方国珍在元朝的合法身份，就尽职尽责地辅佐其在浙东南地区治理政事。方国珍兵败于朱元璋，刘仁本被朱元璋部队擒获之后，抗节不屈，被鞭背至溃烂，终死于难，身为元臣不曾一日入明。

有这样一批心向元朝的文人士大夫在方国珍幕府之中，使得方氏政权割据浙东南这段历史，并非如明初文献中所说的那般乖违人道。

要应付四方战事，就必须从民间征敛人力物力，但在征收赋税的同时，方氏集团在其谋臣幕士的协助下，也做出了很多建设基础设施和保障民生的举措。例如在方国珍之侄方明善管理温州期间，曾启用李光为乐清县尹。李光致力于在乐清辖内重新整理毁于战乱的户籍档案，并根据整理的户籍平均赋役，一改从前无凭据的征税方式。可以说在很大程度上改善了元朝征敛赋税的积弊，也减轻了底层民众的经济重负。

邱楠，字彦材，永嘉人，至正初任户部主事，曾跟随江浙行省左丞讨伐方国珍，其后成为方氏集团中最受重用的文人之一。方国珍在归降元廷之后，挽留邱楠辅佐其行政。邱楠在方国珍治下历任朝列大夫江浙行省理问官、行枢密院副使、庆元路总管，为保障一方平安殚精竭虑。邱楠因为贤能在当时颇有令名，也深得民心，谨身持法，以赞藩服。临海文人朱右曾为邱楠作记，称邱楠能“曲折调护，扶持颠危”。

元末乐清市有东西两渠，是当时主要的泄洪通道，元代有司失于管理，导致两渠岁久湮塞。至方国珍下属刘敬为乐清县尹时，主持疏浚河道，沟通两

① (明)方孝孺著，徐光大校点：《逊志斋集》卷二一《詹鼎传》，宁波：宁波出版社，2000年，第696页。

渠，建宝带桥于其上，又疏浚东小河至白沙，以疏通溪流，才使两渠舟楫可通，灌溉便利。

方国珍集团的善政不仅仅出自其幕僚臣下，史料中记载的方国珍本人和其集团中的重要成员也都颇为关注民情和民生。

至正二十三年(1363)年初，方国珍号召官民利用冬季农闲修筑上虞海堤。光绪《上虞县志校续》卷三十三载：

> 二十二年秋，海飓大作，怒涛掀簸，上堤冲啮殆尽，卫以石者亦为震掉。民不堪命……府下令为所请，俾就综若事，大约谓海之溢害于湖，湖之害伤于稼。度受溉之田，亩出升米，工农助力，共资畚筑材具之费，相维筑石堤二千二百二十尺以障之，制视旧规稍密。以帅阃史王权、儒士俞苏、潘翔分董其役，夏扬庭司其出纳，钱敬主其籍禄，侯则日月一至，吏不得扰，民忘其劳。继补葺旧石之倾泐者一万九千二百四十二尺，而修筑土堤、江堤之寻尺不与焉。又复筑堤二千三百尺，为鹊子村之备，而疏河治湖之工役不与焉。直新堤之费，因米为钱总估三万九千四百四十缗，而凡为疏补修治者，悉非在算计内也。[①]

方国珍不但积极为筑堤筹备钱粮，同时又能善用人才，委以适合的职务，能使“工农助力”“民忘其劳”，海堤耗时一年余便得以竣工。对防范水患、保障当地农业生产都起到了极大的作用。

至正二十五年(1365)，林彬祖为文赞扬方明善在温州的政绩：“公之镇温也，内清山贼，外遏淮寇，岁督海艘转漕于京师。每念膺乱未平，寐不安枕……礼贤任能，务农通贾。武备增修，而功实益著矣。”[②]认为他勤于治政，善用人才，在督运漕粮、清剿贼寇等方面功不可没，为维护社会稳定作出了贡献。

方氏集团在民生上所下的功夫，得到了其统辖地域内百姓的赞许。刘仁本《羽庭集·西溪湖题咏序》中就曾记载：

> 至正二十有二年春正月，其乡老有章志安，率若干人，持绘帙踵门而告曰：“西溪湖之利病，殆将百年弗治，今一旦得参政方公檄，韩伊上下询谋，悉心匡济，俾吾农民利其利、而乐其乐。”[③]

刘仁本是方国珍幕僚，虽不排除他对方国珍集团的记载或许有所美化，但

---

① 光绪《上虞县志》卷三三《学校志一》，《中国方志丛书》，台北：成文出版社。

② 李修生主编：《全元文》卷五六《重修温州路谯楼记》，南京：凤凰出版社，2004年，第242页。

③ (元)刘仁本：《羽庭集》卷五，《文渊阁四库全书》本。

方国珍割据浙东南期间，统领其幕僚及属官实施了为数不少的善政，这也应当是事实。

综观方国珍割据浙东南地区始末，方氏集团内部这一批颇具才干的士人，襄助方国珍治理温庆台三郡长达二十年，而在此期间方氏积极争取浙东南文人的努力也从未停止过。

除了任职于方国珍治下的元官与幕僚外，还有一些文人，虽未正式入幕或仕宦于方氏集团，但对方国珍势力表现出亲近的态度，并与方氏集团的核心成员有频繁往来，如朱右、萨都剌、丁鹤年等，其中不乏少数民族文人。受封于元朝的方国珍势力，对少数民族文人较为宽容，在战事纷乱的浙江地区，为这些身份特殊的少数民族文人提供了一片相对安全的居所。

3. 避世隐居

方国珍深知要立足温、庆、台地区，笼络当地文人士大夫具有相当的重要性。依靠其在元为官的身份，方国珍也确实招揽了不少贤士能人。然而他毕竟是起义军出身，面对方氏集团的延揽，更多的文人选择了避地山野。时语有曰："知向背者，以为国盗也，不可辅，皆匿不出。"①

有很大一部分浙东南文人，在元朝文化政策和民族政策的打压下，早已放弃了政治理想和建功立业的远大抱负，而元末哀鸿遍野、民生凋敝的状况更是让他们对腐朽的元廷失去了最后的信心。于是，避世成为最佳的选择，他们有的在尚未步入乱世时就已经隐居，潜心于学问；有的虽通过了科举，得以在元为官，但战乱伊始便弃官归隐。元明之际，抱持着避世心态的文人并不少见，他们对于救元廷于危急的保国大业并不热衷。这一部分文人占据了入明遗民的相当大比例，综观他们的人生态度和行事风格，也许称之为"逸民"更为合适。

陈达（1322—1375），字符达，一字颖达，祖籍永嘉，曾在元大都为官，因弹劾图噜特穆尔专权未果，辞官回到永嘉，拜陈高门下，从陈高授《书》《易》。其后元廷多次诏陈达出仕，均不赴。因为有过失败的从政经历，陈达对元朝官场的腐败程度有着清醒的认识，他总结道："吾尝见病者，不早使医师治之。及在膏肓，始召医从事，虽扁鹊亦走而已。今国事如此，岂臣子之所忍见？"一语道尽郁郁不得志的元官的辛酸。

王厚孙（1300—1376），字叔载，号遂初老人，曾师从袁桷、戴表元，元时曾参加科举考试，三试不中，后经提举荐署郡直学，又任浦江教谕，未几辞官隐

① 《逊志斋集》卷二一《詹鼎传》，第 696 页。

居。后李国凤经略江南，欲启用王厚孙为江西理问所知事，亦不就，隐居以终，著有《遂初稿》三十卷。

郑昂，字处抑，一字崇阳。年十九岁就被聘为温州路郡学师，后温州乱起，郑昂避居山中。至正十六年(1356)春，浙东廉访司事至温州，延请其重回郡学为师，郑昂固辞，不被获准，在温州被羁留一年多方得脱身，归家后便坚卧不出。独行孤坐，徜徉自适，绝不与当时的达官显贵往来，被别人当视为古逸民之流，回乡后第二年郑昂便卒于隐居之所。

王共之，永嘉人，元末从福建行省员外郎张庸授在闽治防御事，不到两年，王共之便屡兴思乡之叹，遂离职隐居。

以上这些例子，不过是当时出于对元朝廷的绝望而隐居的浙东南文人中的一小部分。

另一方面，地方割据势力如方国珍部，在浙江沿海地区拉开频繁不断的战事，这对当地的民生产生的影响、给下层人民带来的苦难也是不可否认的。虽然元廷的横征暴敛确实导致了底层百姓民不聊生，然而各路起义军也都是以自身势力扩张为重，所作所为绝不能以文明之师称之。

钱谦益《台州方谷真》记载："至正壬辰春，国珍率海岛贫民千余艘，突入刘家河，烧运船无算，遂抵太仓，大肆焚掠。"[①]刘基在《台州路重建天妃庙碑记》中也有类似的描述："至正十有一年，方国珍复乱海上，明年夏五月，寇台州……城中人方拒击，楼忽自坏，登者尽压死，贼遂纵火焚郭外民舍。"[②]这样大肆烧杀抢夺的行为，自然无法博得在野文人的好感。有学者研究称，朱元璋政权能吸引文人的投靠，与其严命军队所到之处不得侵扰百姓的仁政不无关系。翻阅史书，朱元璋关于此的号令确实不少，但他这样做却并不是真的旨在为生民黎首造福。《国初事迹》载朱元璋任胡深为王府参军，并命其回处州召集部属，并同时管领守御处城池。胡深在军中粮食储备不足时，曾在丽水等七县内征收科银两用来补贴军用，百姓深为其苦，朱元璋对此只是说不需要和胡深计较。另外，元末攻打方国珍部之前，朱元璋曾明令部下诸军在城下之日，不可乱杀一人，然而在朱元璋部攻克温州时，手下兵士不但无故屠戮出降百姓，还放火焚烧了温州城，其所过之境，亦不乏烧杀劫掠之事。由是可知，朱元璋所谓的仁义之师，更多的是为了在底层民众和在野士人中营造良好的形象，其根本目的还是为了巩固政权，在必要时，一样会以牺牲平民百姓的利益为代价，

① 《国初群雄事略》卷九，北京：中华书局，1982年，第210页。

② 《刘基集》卷一二，第175页。

来换取自身势力的发展与稳定。

正是因为看清了割据势力一心图谋扩张的本质，同时也是出于对战争的厌恶，有些文人虽然不满于元朝的统治，但是对新生的汉族政权也并不以为然。这类文人在浙东南地区的代表是陶宗仪。

陶宗仪是元明易代之际的学术大家，在文史甚至自然学科方面均有所创见，著述颇丰。陶宗仪自幼好学，举凡历代史书、百家学说、医农杂著，他都广泛涉猎。但是这样一个才华横溢的文士，却因为直言朝政而致使科举落第。后因遭方国珍起义，陶宗仪避居松江，以巢父、许由、严子陵等隐士自许，不问政事，专务古学。陶宗仪平生耳闻亲历了无数由战乱带来的惨景和悲剧，导致了他对战争和暴政的强烈反感。通过陶宗仪《南村辍耕录》中的记载可以看出，他虽然对于元朝廷深怀怨怼，但是更让他痛恨的还是地方割据势力，以及割据武装之间相互争夺领地而引发的战乱。导致陶宗仪去国离乡的直接原因是当地的战事，也就是方国珍起事，但是不仅仅是对方国珍集团，他对于其他割据势力的态度，也多是批判大于赞同。在陶宗仪的笔下，往往可以看见对乡贤先哲的崇敬和追怀，以及对颠沛流离之苦的深切体会。正是对太平盛世的向往和对战乱的厌恶，让陶宗仪选择了隐居山林。

像陶宗仪一样选择了避世隐居的文人，还有张庸、金建等。

张庸，慈溪人，字惟中，方国珍曾任其为上虞书院山长，辞不就。与同邑桂彦良、龙子高、揭汯等人酬答唱和，寄情于山水之间。明洪武初，朱元璋曾召张庸入朝为官，张庸亦辞，终老于田里。著有《全归集》[①]。

金建，自号林居子，瑞安人，时有文名，元时即隐居不仕，在乡里讲授《春秋》为业。元时朝廷曾征召其为江浙行省秘书勾管，不就。方氏集团割据温州时，以礼延请金建，亦不出。

类似这样的例子在元末的浙东南地区并不鲜见。

一方面，汉族士人在元朝的政治体制中没有获得太大的发挥空间，另一方面，他们也不满地方割据势力求扩张，大肆发动战争，给普通民众带来苦难。于是在元末，一些文人选择了避世隐居。明朝建立后，新主朱元璋对文人的猜忌和迫害，更使得由元入明的文人视出仕为畏途。于是在这一历史时期的浙东南地区，大批文人无心仕途，或躬耕于田野乡里，或优游于山川河岳，隐逸的风气从元末一直延续至明初。

---

① 《日本现存希见元明文集考证及提要》中提及有清抄本，该本不传于中国大陆，其诗作现散见于《元诗选补遗》及《明诗综》。

至正二十七年(1367),元朝正式宣告灭亡,方国珍也上表降于朱元璋,结束了对温、庆、台地区的割据。次年,朱元璋建元洪武,浙东南地区步入了新的时代,当地的文人也迎来了新的当权者。

朱元璋生性多疑,对于主动投诚于自己的文人,尚且无法信任,那些不愿归降,反而对朱氏政权表现出抵抗的文人,在明初的下场则更加悲惨。

在朱元璋平定张士诚部后,张氏幕僚多被诛杀。同样的,隶属方国珍集团的文人也多不得善终。不愿意归顺新朝,也就是朱元璋所盛赞的可为故主死节的文人,如刘仁本等,当即便被杖死。其他愿意跟随方国珍一同归降明朝的官吏,几乎都被调往滁州等偏远地区,名为任命,实为流放。

关于入明后浙东南文人的下落,则又是后话了。

四、结　语

任何特殊时代的特殊人物,总是在特定的历史背景下产生的。考察历史人物的生平经历与行为动机,就应当结合其所处的历史阶段和社会背景,同时又能在考察的过程中加深对其所处的历史背景的了解。

改朝易代最受到关注的就是文人的归属和去向。相对以往的政权更替,文人,尤其汉族文人在元明易代之际的选择具有一定的复杂性。一边是自宋朝以来日益深入人心的理学思想,要求文人忠于元朝统治者,一边是元末群起的割据势力抛出了“华夷之辨”“驱逐胡虏”的大义口号。在当时的历史背景下,对中国传统文人而言,元明之际的乱世无疑提供了多元化的选择,也确实由此产生了多元化的选择。

而要研究元明易代之际文人群体的动向和心态,浙东南地区无疑具有一定程度的代表性。

江浙地区经济的发展与元朝统治的腐败引起激烈的社会矛盾,最终导致了元末南方底层人民起义的大爆发。元明易代的数十年间,正是江浙地区势力关系最为复杂的时期。在这段时期内,张士诚、朱元璋等数支势力强大,分别建立了独立政权在南方相互制衡,并各自以巩固和拓展政权为目的,拉拢地方文人为之效力;另一方面,元朝廷为摆脱内忧外患的困境,一反过去的民族政策,以赏赐官爵为手段征召江南地区的文人;一些地方士绅也自发组建起了与独立政权对抗的“义军”。在所有这些势力当中,有着能与元朝军队相抗衡的实力的方国珍,却始终没有在浙东南地区开国建元,只是拥兵坐镇温庆台三郡,并借此在不同势力之间摇摆不定。方国珍对元廷及朱元璋政权的暧昧态度，以及他本人“海寇”出身、又受封于元朝的特殊身份，使得浙东南地区文人的处境变得尤为微妙，同时也给予了他们更大的选择余地：有一部分文人选择站在元朝的立场上，与包括方国珍在内的割据势力斗争到底；一部分文人选择成为方国珍的幕僚，辅佐其治理辖下的浙东南地区，试图通过这种方式巩固元朝廷的统治；还有一部分文人，或出于对元朝统治的绝望，或出于对新兴政权的畏惧，抑或本身淡漠的个性使然，选择了与世无争的隐逸之路。

正是由于元末明初时代背景的复杂性，对当时浙东南地区文人取舍的批评，有明以降的学者一直都是仁者见仁，智者见智。在当时文人行迹等史实尚未彻底明晰的情况下，要对整个文人群体进行讨论，无疑也将人为地增加问题的复杂性，甚至造成理解的偏差。对这一段历史的研究，任重且道远。就文献角度而言，通过对历史文献以及文人总集、别集的钩稽考证，参考前人研究成果，尽力还原当时的历史真实，客观重建当时文人活动的状况，不失为一种可供参考的出发点。

论元末方国珍起义与元末红巾军起义的异同

暨南大学　邱树森　张　军

一

元朝是蒙古贵族通过长期征战于13世纪中叶在中国建立的封建王朝。它具有封建王朝固有的特点和规律,又具有北方草原民族进入中原汉地后特有的一些特点。例如,它改变原有的统治方式接受中国旧有的统治制度要晚一些,但是它从蒙古和中亚各地吸收的统治方式和剥削方式引进到中原汉地要更多一些。

元朝是一个很特殊的朝代,它比中国原有的封建朝代有更多的特殊性。例如,统治元朝的蒙古贵族更具有贪婪性,他们总以为通过多年征战,他们付出了很大的功劳,现在统治中国和世界了,因而就该享受了。成吉思汗在世时,对他那些互相争权夺利的儿子们讲:“世界尽大,有力气的,尽量占有。”成吉思汗的儿子窝阔台汗认为自己就是“统治世界的皇帝”[①]。他认为:“我成吉思汗皇帝很难创立国家,如今教百姓每安宁快活,休教他辛苦!”[②]让百姓“安宁快活”,这是嘴上讲的,真正的意思是征战了半个世纪的蒙古人需要“快活”了。

窝阔台汗继承大汗位后,因为要过“快活”的日子,就整天酗酒,把搜刮民脂民膏的权力,交给奥都剌合蛮这些色目人,奥都剌合蛮把税收“扑买”给权贵、奸商,这些权贵、奸商把天下的税收承包了,诸凡廊坊地基、水利、差发、猪、鸡、盐课、桥梁渡口等等,他们全部承包给这些权贵商人。要知道,这时元还未

① 这是志费尼对窝阔台汗的称号。[波斯]志费尼:《世界征服者史》上册,呼和浩特:内蒙古人民出版社,1980年,第218页。

② 《元朝秘史》第279节。

建立，蒙古贵族贪赃之快，为中国历史上各王朝之最。

元朝建立后，忽必烈当政，在汉臣帮助下实行“汉法”，采取了许多反贪措施，完善了各项制度。但他仍觉得蒙古人是建国的功臣，色目人帮助蒙古人夺取政权，在全国实行“四等人制”，蒙古、色目贵族理应有许多优厚待遇。时人权衡说：“元朝之法，取士用人，惟论根脚。其余图大政为相者，皆根脚人也；居纠弊之首者，又根脚人也；莅百民事之长者，亦根脚人也。”①时人叶子奇也说：“天下治平之时，台、省要官皆北人为之，汉人、南人万中无一二。其得为者，不过州、县卑秩，盖亦仅有绝无者也。”②所谓“根脚人”和“北人”，其实就是蒙古、色目贵族，元朝皇帝只有称为“黄金家族”即成吉思汗的后裔才能继承大汗位（元朝建立后称皇帝），他们以饮酒为务，不亲政务。成宗朝“凡国家政事，内则决于宫壶，外则委于宰臣”③。仁宗朝权臣铁木迭儿擅权，“居首相，怙势贪虐，凶秽滋甚”④。到了元朝末年，末代皇帝元顺帝当政时，元朝进入了最黑暗的岁月。

当时权臣伯颜、哈麻兄弟、搠思监、扩廓帖木儿轮番擅权。伯颜擅权时，皇帝赐给他的田地、黄金、白金、币帛数不清，“天下贡赋多入伯颜家”⑤。哈麻兄弟当政时，“自藩王戚里，皆遗赂之”⑥。所以，朱元璋说：“近睹有元之末，主居深宫，臣操威福，官以贿求，罪以情免，台宪举亲而劾仇，有司差贫而优富。”⑦当时的社会风尚，简直无法描述，元中期理学家吴澄说：“数十年来风俗大坏，居官者习于贪，无异盗贼，已不以为耻，人亦不以为怪、其间颇能自守者，千百不一、二焉。”⑧到了元末，社会风俗更加糟糕，元顺帝为声色所好，厌于朝政，整天沉湎于淫乐，其丑行“著闻于外，虽市井之人，亦恶闻之”⑨。贪腐之风波及整个社会，权臣贪赃更加明目张胆，左丞相搠思监竟然“任用私人杂列及妾弟崔完者帖木儿印造伪钞”⑩。当权者如此恶行，其下诸吏也为所欲为，社会盛行各种要钱的名目，什么“拜见钱”“撒花钱”“追节钱”“常例钱”“人情钱”“赍发钱”“公事钱”，等等，在老百姓看来，兵匪如同一家，“官人与贼不争多”，都是

---

① （元）权衡：《庚申外史》。

② （元）叶子奇：《草木子》卷三《克谨篇》。

③ 《元史》卷二一《成宗本纪》。

④ 《元史》卷二〇五《铁木迭儿传》。

⑤ 《庚申外史》。

⑥ 《元史》卷二〇五《哈麻传》。

⑦ （明）吴宽：《平吴录》。

⑧ （元）吴澄：《吴文正公文集》卷一四《赠史敏侍亲还家序》。

⑨ 《元史》卷二〇五《哈麻传》。

⑩ 《元史》卷二〇五《搠思监传》。

抢掠老百姓的"匪徒"。

在宋元社会环境极端昏暗的情况下,社会矛盾极其尖锐。可以说,在全国各地任何地方只要有一点风吹草动就极有可能爆发局部的农民起义。以至正八年(1348)方国珍在浙东台州地区起兵为例,当时该地社会矛盾也是十分尖锐的。大德十一年(1307)杭州路达鲁花赤扎忽儿歹说道:

> 把持官府之人处处有之。其把持者杭州为最,每遇官员到任,百计钻刺,或求其亲识引荐,或赂其左右吹嘘,既得进具,即中其奸。始以口味相遗,继以追贺馈送,窥其所好,渐以苞苴,爱声色者献之美妇,贪财利者赂之玉帛,好奇异者与之玩器。……贪官污吏吞其钩饵……被其捎勒,拱手俯听,是非颠倒,曲直不分,民之冤抑,无所申诉。①

杭州路是江浙行省的治所,是元代江浙行省财赋之出最重要的都市,一度还是元代行御史台(南台)的所在地,南台负责监察江浙、江西、湖广三行省,统江东、江西、浙东、浙西、湖南、湖北、广东、广西、福建、海南十道,设察院,品秩如御史台(内台)。南台驻地尚且如此,其他各地可想而知。

到元朝后期,离南台杭州不远的浙东台、温地区流行着如下一首民谣:

> 天高皇帝远,民少相公多;
> 一日三遍打,不反待如何。②

方国珍就是在这样的背景下于至正八年(1348)在台州发动了起义。

方国珍,名珍,又叫谷珍,台州黄岩(今浙江路桥)人。"世以贩盐浮海为业。"③至正初,黄岩人蔡乱头起义发生后,元发兵追捕,祸及平民。至正八年(1348)春,方国珍怨家陈氏诬告方国珍与蔡乱头勾结,方国珍怒杀陈氏,官府追捕,方国珍"大恐,屡倾资贿吏,寻捕如初"④,出于无奈,只好和其兄国璋,弟国瑛、国珉及邻里惧祸逃难者逃入海中,聚集数千人,劫夺漕运粮,扣留元海运官员,谋起反来。元廷命江浙行省参知政事朵儿只班前往镇压,朵儿只班兵败被俘。

如果方国珍是由于司法不公、社会不公的逼迫而起兵的,那么,以韩山童、彭莹玉为首的北南红巾军起义是社会矛盾极端尖锐的情况下爆发的,后者的

---

① 《元典章》卷五七《扎忽儿歹陈言二件》。

② (明)黄溥:《闲中今古录摘抄》。

③ 据《明太祖实录》卷八八。一说方国珍出身佃户,因杀田主而起义(见黄溥《闲今古录摘抄》、傅维鳞《明书》等)。此说与方国珍自称及明初史料不符,今不取。一说方国珍为台州土豪。时有"杨屿青,出贼精"之谣,国珍所居有山日"杨屿"。(钱谦益:《国初群雄事略》卷九引《方氏事迹》)

④ 《明太祖实录》卷八八。

起义有其历史必然性。

至正四年(1344)五月,大雨二十余日,黄河暴溢,平地水深达二丈许,北决白茅堤(今河南兰考东北)。六月,又北决金堤。沿河郡邑,如济宁路(治今山东巨野)的单州(今山东单县)、虞城(今河南虞城北)、砀山(今安徽砀山)、金乡(今山东金乡)、鱼台(今山东鱼台西)、丰(今江苏丰县)、沛(今江苏沛县)、任城(今山东济宁)、嘉祥(今山东嘉祥)、曹州(治今山东菏泽)的定陶(今山东定陶)、楚丘(今山东曹县东南)、成武(今山东成武)、大名路(治今河北大名南)的东明(今山东东明东南)、东平路(治今山东东平)的汶上(今山东汶上)等许多地方都遭受水灾。水势沿着运河北侵安山(今山东梁山县境),涌入会通河,蔓延至济南、河间(今河北河间)两路地域。黄河泛滥如此严重,受害地域如此广阔,是历史上所罕见的。

黄河大水,给沿河两岸的广大人民带来了极大的苦难。先是大水使农田被淹,民屋冲塌,诗人高志道写道:

> 屋倒人离散,风生水浪滔。
> 周围千里外,多少尽居巢![1]

接着又是大旱,诗人迺贤写道:

> 河南年来数亢旱,赤地千里黄尘飞。
> 麦禾槁死粟不熟,长铲挂壁犁生衣。[2]

水灾、旱灾之后,又是瘟疫蔓延。黄河两岸的人民遭受着深重的灾难,过着饥寒交迫、痛苦万状的生活,据估计,当时饥民的总数达到一百万户,五百余万人。余阙说:"至正四年,河南北大饥,明年又疫,民之死者半。……民罹此大困,田莱尽荒,蒿藜没人,狐兔之迹满道。"[3]

黄河决堤后,也直接影响到元朝政府的国库收入,河水溢入会通运河,延袤济南、河间,"将坏两漕盐场,妨国计甚重"。[4] 漕运和盐税是政府财政的主要支柱。通过漕运从南方各地运来大量粮食、丝绸、奢侈品;盐税收入则占政府总收入的十分之八。[5] 如果漕运和盐场遭到破坏,必然带来严重的经济危机。因此,当贾鲁于至正九年(1349)提出治河方略后,立刻得到右丞相脱脱和

① 《元诗选癸集》。
② 《元诗选戊集》。
③ (元)余阙:《青阳先生文集》卷八《书合鲁易之作颍川老翁歌后续集》。
④ 《元史》卷六六《河渠志》。
⑤ 《元史》卷一七〇《郝彬传》。

元顺帝的批准。至正十一年(1351)四月,元顺帝任命贾鲁为工部尚书、总治河防使,领河南北诸路军民,发汴梁(今河南开封)、大名等十三路十五万河工及庐州(今安徽合肥)等十八翼两万军队,到河上服役。这两万军队主要是监督河工之用的。根据贾鲁的方案,开凿自黄陵岗南至白茅、黄固、哈只口,西至阳青村,共二百八十里,为新河道,然后塞南行之旧河道,使黄河由新凿之河道至哈只口进入故道,即东去徐州,合淮河入海。

黄海泛滥后七年来,沿河两岸的贫苦农民遭受了洪灾、饥荒和瘟疫,长期在死亡线上挣扎,本来已是怨声载道,对元朝统治充满了仇恨。现在被强征为河工后,伙食和工资又遭到治河官吏的克扣,这些半饥半饱的河工,在军队的皮鞭下担负着极其沉重的劳役。他们实际上是被驱使的奴隶。怨恨、愤怒的气氛,笼罩着治河的工地。由于河工来自黄河南北的四面八方,因此,河工的怨恨和愤怒集中表现了中原地区广大受灾的劳动人民的怨恨和愤怒。

元顺帝即位后,由于对贵族、官僚滥行赏赐和宫廷的挥霍浪费,造成国库入不敷出,为了摆脱财政危机,右丞相脱脱准备用变更钞法的办法来解决。至正十年(1350)十一月,元顺帝下诏:“以中统交钞一贯文省权铜钱一千文,准至元宝钞二贯,仍铸至正通宝钱与历代铜钱并用,以实钞法。至元宝钞,通行如故。子母相权,新旧相济。”[①]当年,置宝泉提举司,开始铸造“至正通宝钱”、印造“至正交钞”,令民间通用。这次变钞的结果实际上形成了“钞买钞”的局面,即政府通过滥发新币的办法来搜刮民间的至元宝钞;二是发行“至正通宝钱”与历代旧币通行,这样,也就形成了钱钞通行的书面。“钞乃虚文,钱乃实器,钱钞兼用,则民必舍虚而取实。……而惟钱之是用。”[②]最后连钱也不用,“皆以物货相贸易。公私所枳之钞,遂俱不行”[③]。在京师大都,钞十锭(每锭等于十贯)买不到一斗粟。

所以,“开河”和“变法”促使元末社会矛盾进一步激化了。当然,“开河”和“变钞”不能说就是红巾大起义的根源,真正的根源还是“人吃人”的社会本质。宋濂等认为:“议者往往以谓天下之乱,皆由贾鲁治河之役,劳民动众之所致。殊不知元之所以亡者,实基于上下因循,狃于宴安之习,纪纲废弛,风俗偷薄,其致乱之阶,非一朝一夕之故,所由来久矣。不此之察,乃独归咎于是役,是徒以成败论事,非通论也。设使贾鲁不兴是役,天下之乱,讵无从而起乎?”[④]这

① 《元史》卷九七《食货志》。

② (明)王祎:《王忠文公集》卷一二《帛货议》。

③ 《元史》卷九七《食货志》。

④ 《元史》卷六六《河渠志》。

是有道理的。

黄河泛滥，加上“变钞”，是南北红巾军发动群众推翻元朝腐朽统治的很好的口实，所以他们用歌谣的方式把分散于全国的农民动员起来，发动武装起义，这些民谣在揭露社会矛盾上非常深刻。有《醉太平》小令一首：

> 堂堂大元，奸佞专权，开河变钞祸根源，惹红巾万千。官法滥，刑法重，黎民怨。人吃人，钞买钞，何曾见？贼做官，官做贼，混贤愚，哀哉可怜！[①]

又有一首专门揭露“开河”“变钞”的民谣，写道：

> 丞相造假钞，舍人做强盗。
> 贾鲁要开河，搅得天下闹。[②]

这两首民谣把元朝司法制度的败坏，刑法不公，人吃人的恶，“开河”“变钞”的本质揭露得十分深刻。

这样，至正十一年(1351)五月，轰轰烈烈的元末农民大起义就暴发了。方国珍的活动从此就被纳入元末农民大起义的组成部分。

二

然而，以韩山童、彭莹玉为代表的北南红巾军起义的目的、发动群众的手段、起义队伍的构成与方国珍是完全不同的。

第一，发动群众的方式不同。

元末农民起义，主力红巾军是通过宗教活动来宣传和组织群众的。元人张桢说：“颍上之寇，始结白莲，以佛法诱众，……”[③]就是说北方红巾军是通过宗教手段“以佛法诱众”，把群众发动起来的。

白莲教渊源于佛教净土宗的弥陀净土法门，得名于五世纪初东晋庐山慧远之白莲社。南宋初昆山(今江苏昆山)人茅子元创立白莲宗，即白莲教。他们崇奉阿弥陀佛，只要口念阿弥陀佛，死后即可“往生”西方极乐世界。茅子元根据弥陀经典，编写了《弥陀节要》，宣扬“念念弥陀出世，处处极乐观前”，[④]认

---

① (明)陶宗仪：《南村辍耕录》卷二三《醉太平小令》。

② 《草木子》卷四《谈数篇》。

③ 《元史》卷一八六《张桢传》。

④ 《庐山莲宗宝鉴》卷二《离相三昧无住法门》。

为弥陀、净土乃是修行者明心见性的产物。白莲教的戒律,要求徒众做到“三皈”(皈佛、皈法、皈僧)、“五戒”(不杀生、不偷盗、不邪淫、不妄语、不饮酒),主张素食,故其教徒被称为“白莲菜人”。由于该教教义简明易懂,在广大人民中得到了迅速的发展。但是,它受到正统的天台宗僧侣的攻击,志磐在《佛祖统纪》里把明教、白莲教和宋代流行的白云宗一概称为“事魔邪党”,宗鉴在《释门正统》里说:“此三者皆假名佛教,以诳愚俗。”

白莲教在宋亡之前就传到了北方。元朝统一后,得到了进一步的发展。“南北混一,盛益加焉。历都过邑无不有所谓白莲堂者,聚徒多至千百,少不下百人,更少犹数十”①,“礼佛之屋遍天下”②。元朝初期对白莲教采取了扶助态度,庐山东林寺受到封赏,昆山淀山湖白莲堂香火旺盛。但是,早在至元十七年(1280)时就有农民起义领袖利用白莲教发动反元武装起义,同年四月,江西都昌白莲教徒杜万一就曾以“五公符、推背图、血盆”等符箓发动武装起义③。以后利用白莲教“妖言惑众”的事例不断发生。因而导致了元武宗至大元年(1308)时白莲教被禁止,“毁其祠宇,以其人还隶民籍”④。韩山童的祖父,可能就在这之后不久,因“以白莲会烧香惑众”,从赵州栾城(今河北栾城)“谪徙”广平永年县(今河北邯郸永年区)的。元仁宗以后,白莲教虽然恢复,有些白莲教主虽然忠于元朝统治者,但广大的白莲教徒仍然以各种形式不断反抗元朝的封建统治。元代流行的“天遣魔军杀不平,不平人杀不平人,不平人杀不平者,杀尽不平方太平”这首“扶箕诗”⑤,虽然很难确定是哪一教派的,但也不排斥在白莲教徒中传唱的可能,因为白莲教也被认为是“事魔邪党”。如果是这样,元代白莲教中对现实不满、追求平等的愿望是存在的。

韩山童出身于北方白莲教世家。其祖父韩学究“以白莲会烧香惑众,谪徙

① (元)刘埙:《水云村泯稿》卷三《莲社万缘堂记》。

② 《会善堂记》,见《永乐大典》卷七二四二引《抚州罗山志》。

③ 《通制条格》卷二八《杂令》。

④ 《元史》卷二二《武宗本纪》。

⑤ 《南村辍耕录》卷二七《扶箕诗》。

广平永年县”[①]。至山童继为白莲教主后，开始宣传“弥勒佛下生”[②]和“明王出世”[③]，这就争取了更多的群众，“河南及江淮愚民，皆翕然信之”[④]，并且拥有一批有能力的骨干，如刘福通、罗文素、盛文郁、王显忠、韩咬儿等。他们在宣传群众时，结合当时的社会状况，“倡言天下大乱”，这就具有积极的政治意义，推翻元朝统治的斗争目标是十分明确的。

彭莹玉，又名彭国玉、彭翼、彭祖、彭和尚，敌人称他为“妖彭”，出生在江西袁州（今江西宜春）南泉山慈化寺东屯庄的一个农民家庭里，十岁时入慈化寺为僧，后因会治病，“袁民翕然，事之如神”，在群众中有很高的威信。同时在农民群众中开展白莲教的宣传活动。彭莹玉在袁州发动起义失败后，“逃淮西，淮民闻其风，以故争庇之，虽有司严捕，卒不能获”[⑤]。此后十余年间，他在江淮地区继续宣传白莲教，成为南方白莲教的“祖师”，他提出了“弥勒佛下生，当为世主”的宗教口号，并以此组织反元武装力量。他的门徒遍及江淮地区，早期的门徒，多按白莲教的规定以“普”字命名，如以巢湖为根据地的赵普胜、李普胜，以蕲州为根据地的邹普胜、项普略，以汉阳为根据地的丁普郎，以袁州为根据地的欧普祥等。他不仅培养了一大批农民起义的骨干，而且为农民大起义奠定了坚实的群众基础。

以贫苦农民和手工业者为基本力量，以宗教迷信为纽带的宗教团体，在元末农民起义的准备阶段，在宣传群众和组织群众方面曾起了很大的作用。但是由于宗教本身的派系，造成了南北两大派始终没有统一起来，甚至各个派系内部也有不相统属、孤立分散的现象。大起义爆发后的情况也是如此，南北两支红巾军一直没有统一起来，始终是各自为战的，甚至还发生过互斗和火并，因而大大削弱了红巾军的战斗力。至于宗教色彩随着起义的深入逐渐淡薄，政治斗争口号逐渐代替了宗教号召。

韩林儿、刘福通、徐寿辉、彭莹玉等发动了北南红巾起义后，全国各地响应

---

① 《元史》卷四二《顺帝本纪》。

② 《元史》卷四二《顺帝本纪》。

③ （明）高岱：《鸿猷录》卷二《宋事始末》。杨讷同志认为，“明王出世”出于净土宗的《大阿弥陀经》，见《元代的白莲教》，《元史论丛》第二辑。按：宋代以来的明教徒亦诵佛教《金刚经》，或非《藏经》所载的“不根经文”，如《佛佛吐恋师》《佛说啼泪》《大小明王出世经》《开元括地变文》《齐天论》《五来子曲》之类（见庄季裕《鸡肋篇》、志磐《佛祖统纪》卷三九引《释门正统》），“明王出世”似应来源于《大小明王出世经》，故立此存疑。又，各教派之间互相渗透的情况是存在的，韩山童提出“弥勒佛下生”的宗教口号，显然取自净土宗的另一教派弥勒派，而后至元三年(1337)河南棒胡起义置弥勒佛小旗，又称李老君太子，看来还吸收了道教的成分。

④ 《元史》卷四二《顺帝本纪》。

⑤ 《庚申外史》。

起义的“无虑千百计”①,其中大部分后来都归南北红巾军建立的政权所统辖。此外,还有大小不等的其他农民起义,他们不以红巾为号,不信奉白莲教,也不属于南北红巾军建立的政权管辖。在这些起义队伍中,以张士诚、方国珍两支最强大,活动范围最广,但这两支起义军的领导人表现很不好,时降时反,他们的队伍很快变质了。

不属于红巾军起义的台州方国珍、泰州(后迁苏州)张士诚,都是遭到仇家陷害窘辱之后起义的,虽说仇家的陷害和窘辱都是社会不公造成的,但毕竟属于突发事件。他们没有像韩山童、彭莹玉那样经过几十年的艰苦努力,用秘密宗教作掩护,在他们的活动范围内,有一批信徒,有相当的群众基础。而方、张群众基础相对薄弱,如方国珍被迫无奈,只好与其兄国璋,弟国瑛、国珉及邻居相好们起兵反元。张士诚则与其弟士义、士德、士信及壮士李伯升等十八人起兵。这种家族式的反抗,往往经不起时间的考验,斗争也不坚决、不能持久,往往在敌人“利诱”下,走上背叛的道路。

第二,元末红巾军起义是在中国封建社会后期爆发的。这时的农民起义经过千锤百炼,已经比较成熟了。无论从起义发动群众的方式上,起义的目标上,起义的斗争口号上,红巾军的斗争水平都是历代农民起义之最,而方国珍、张士诚等就显得很仓促,有一种“乌合之众”的感觉,他们以追求田地、美宅为目标,起义没有明确的目标,没有号召群众的斗争口号,在斗争中遇到挫折时或者在有利条件下就向元朝统治者用要挟的手段要官、要权,他们与北南红巾军在对敌斗争中不屈不挠的精神,起义队伍纪律严明,有天壤之别。

至正十一年(1351)五月初,韩山童与颍州(今安徽阜阳)人刘福通联合杜遵道、罗文素、盛文郁、王显忠、韩咬儿等,聚众三千人于颍州颍上②,杀黑牛白马,誓告天地,准备起义。刘福通等宣称韩山童为宋徽宗八世孙,当为中国主,刘福通自称南宋将刘光世后代,当辅之③。韩山童则发布文告,称:“蕴玉玺于海东,取精兵于日本;贫极江南,富称塞北。”④这是假托南宋广王赵昺走崖山、丞相陈宜中走日本的故事,来达到“复宋”的目的。至于“贫极江南,富称塞北”,则把民族斗争和阶级斗争结合起来了。“贫极江南”,主要是指汉族劳动

---

① (明)解缙:《解学士文集》卷九《故元邵武同知萧公墓志铭》。

② (明)何乔远《名山藏·天因记》载,刘福通等在白鹿庄誓告天地。按:白鹿庄今地无考。但《庚申外史》说刘福通等起兵地点在颍州颍上县,白鹿庄当在颍上县境。民间传说,刘福通起兵地点在阜阳县阜东枣庄集(今阜阳市颍东区枣东镇)。

③ 《名山藏》卷四三《天因记》。

④ 《草木子》卷三《克谨篇》。

人民贫困化;“富称塞北”,主要是指蒙古、色目贵族对土地的占有和财富的搜刮。因此,汉族劳动人民反对元朝的黑暗统治,不仅具有反对民族压迫的性质,而且也是贫富之间,即阶级之间斗争的性质。他们还打出“虎贲三千,直抵幽燕之地;龙飞九五,重开大宋之天”的战旗[①],表示推翻元朝,恢复大宋的决心。韩山童等人的号召,对广大汉族劳动人民具有极大的吸引力,“是时人物贫富不均,多乐从乱”[②]。

南方红巾军从一开始就有明确的斗争目标,他们至正十一年(1351)八月在蕲州(今湖北蕲春)起义成功后,十月攻克蕲水,即以蕲水为都,建立新政权,以天完为国号,“天完”是压倒大元的意思,即这个政权目的就是要推翻大元,起而代之。

他们在与元朝军队作战过程中,坚持发动群众,用农民斗争的口号来武装农民,所以这支队伍,每到一地,打土豪,通过把官府和地主的钱财分给农民的办法来进一步壮大自己的队伍。

据记载,至正十二年(1352)四月,江西宜黄的红巾军首领涂一、涂祐,新城红巾军首领童远攻占建宁(今江西建宁)、泰宁(今福建泰宁),不久,进入邵武(今福建邵武),他们“扬旗执榜”,宣传“摧富益贫”,深受贫苦百姓的欢迎。地主分子污蔑说:红巾军首领“扬言‘摧富益贫’以诱村甿从逆。凡窭者之欲财,贱者之欲位,与凡子弟之素无赖者,皆群起趋之。旬日间,聚至数万,大掠富民家,散入山谷搜劫,无获免者”[③]。“摧富益贫”,这是南方红巾军领袖们针对当时的社会现实,提出的响亮的反封建口号。这个口号突出了一个“摧”字,即用暴力去实践他们争取社会平均和平等的主张。在“摧富益贫”的口号鼓舞下,世世代代受压迫、被剥削的“贱者”“窭者”,挣脱了封建枷锁,“不愿为农愿为‘盗’”,纷纷参加起义,投入浩浩荡荡的农民起义洪流中去。

彭莹玉在自己的战斗历程中,也是遵循“摧富益贫”的口号的。他无疑是南方最有权威的白莲教首领和农民领袖,在发动了1338年、1351年两次农民起义并建立了政权后,他始终没有自己去做王称帝,而在浴血奋战在第一线。至正十二年(1352)二月,彭莹玉率军占领江州(今江西九江),杀了曾作诗恶毒咒骂红巾的江州路总管李黼。接着攻克南康(今江西星子)、饶(今江西鄱阳)、信(今江西上饶)。四月,挥师入安徽境,克婺源、黟县、休宁和徽州(今安徽歙

---

① 《南村辍耕录》卷二七《旗联》。

② 《草木子》卷三《克谨篇》。

③ 嘉靖《邵武府志》卷二,黄镇成撰碑。

县)。在这一带,主要遭遇了地主武装的拼死抵抗,其中休宁的大地主汪同、程国胜、俞茂等纠集一支“义兵”,依据山谷,控制险要,威胁很大。六月,彭莹玉、项普略率军攻破昱岭关,进入浙江。七月,在当地贫苦农民的支持下,攻克江浙行省首府杭州,元江浙行省的官员纷纷逃窜,参政樊执敬自杀。彭莹玉的军队,纪律严明,“不杀不淫”,一面继续宣传“弥勒佛出世”,号召人民参加红巾军,“招民投附者,署姓名于簿籍”,一面把府库金帛没收归红巾军所有①。由于南方红巾军有至正十二年占领苏南和浙江北部的经历,当张士诚起义军从苏北南下,至正十六年(1356)占领松江(今属上海)时就流行一首民谣,错把张士诚军队当作“红军”,人民群众以欢欣鼓舞的心情欢迎红巾军来到,描述了贪官污吏狼狈逃窜的情景:

满城都是火,府官四散躲;
城里无一人,红军府上坐。②

但方国珍起兵后,从一开始他就用手中的武装,劫夺元朝漕运粮,扣留元海运官员的手法来要挟朝廷,他们没有农民起义的目标,他们的造反是为谋求自己的利益。

方国珍起兵后,其表现可谓丑恶之极,用两面三刀、诡计多端、朝秦暮楚来描述也不为过。

至正八年(1348)起兵后,元廷命江浙行省参政朵儿只班前往镇压。朵儿只班兵败被俘。方国珍起兵本来是出于报复私仇,并无反抗元朝封建统的意识,因此,被俘获的朵儿只班成了方国珍向元朝伸手要官的一张王牌。当时,方国珍迫其上书朝廷下招降之诏,元顺帝怕海运受阻,下诏授方国珍庆元定海尉,方氏兄弟也都捞了一官半职。方国珍回到家乡后元廷希望解除他的武装,而方国珍“势亦暴横”。此后,元廷与方国珍双方进行了一次又一次交易,方国珍凭借自己控制的军队,要价越来越高;元朝政府则一怕影响漕运,二怕他与红巾军相联结,所以既羁縻他,又要解除他的武装,因而就出现反复无常的情况。

至正十年(1350)十二月,方国珍又入海“烧掠沿海州郡”。十一年(1351)二月,元命江浙行省左丞孛罗帖木儿、浙东道宣慰使都元帅泰不华夹击,方国珍俘获孛罗帖木儿,“国珍兄弟复授官有差”。十二年(1352)三月,因“汝颖兵

① 《南村辍耕录》卷二八《刑赏失宜》。
② 《南村辍耕录》卷九《松江官号》。

起，元募舟师守江"，方国珍怀疑，又入海反元，杀泰不华。十三年(1353)，方国珍使人潜入京师，赂诸权贵，于是元又授其以徽州中路治中，方国璋广德路治中，方国瑛信州路治中，但方国珍仍在海上活动。所以，从至正八年(1348)至十四年(1354)，方国珍的两面手法已经表现得很充分了。

从至正八年(1348)到十四年(1354)六年间，方国珍已有三次造反、三次投降的丑恶历史。至正十五年(1355)后，其表演更为充分。至正十六年(1356)三月，方国珍又投降元朝，被封为海道运粮万户兼防御海道运粮万户，其兄方国璋为衢州路总管兼防御海道事。次年八月，元升方国珍为江浙行省参知政事，并奉命征讨尚未降元的张士诚，双方战于昆山，方国珍大胜。正好这时元朝接受张士诚的乞降。张士诚"乃托丁氏往来说合，结为婚姻，于是两境之民稍息"[①]。两个叛徒握手言好了。后来，方国珍依然据有温、台、庆元等处，虽然有的元官很不服气，但"朝廷方倚重国珍，资其舟以运粮"[②]，也无可奈何。

至正十八年(1358)底，朱元璋的军队已经东下衢州、婺州，逼近方国珍割据的温、台、庆元诸路。十二月，朱元璋遣蔡元刚至庆元招降方国珍。"国珍与其下谋曰：'方今元运将终，豪杰并起。惟江左号令严明，所向莫敌。今又东下婺州，恐不能与抗。……莫若姑示顺从，借为声援，以观其变。'众以为然。"[③]次年正月，方国珍遣使奉书献给朱元璋黄金五十斤，白银百斤及其他礼品；三月，又以温、台、庆元三郡之地献朱元璋，并以其次子方关为质；九月，朱元璋授方国珍为福建等处行中书省平章政事，方国璋为行省右丞，方国瑛为行省参政，方国珉为江南行枢密院佥院，并"令奉龙凤正朔"[④]。但方国珍本来就不是真心实意投降朱元璋的，现在虽然受了朱元璋的封职，却"心持两端，觇伺成败"。提出借口，"不奉正朔""姑以至正为名"[⑤]。

果然，这个诡诈多端的两面派在地主政客刘仁本、张仁本等人的怂恿下，接受朱元璋封职才一个月，就又接受了元朝封他的江浙行省平章政事的官职。并于至正二十年(1360)开始，到至正二十三年(1363)，每年派大批海船，运送张士诚的十余万石粮到元大都去，元顺帝大为赞赏，封他为江浙行省左丞相赐爵衢国公，方国珍依然在庆元、温、台一带作威作福。但又害怕朱元璋来攻，只

---

① (清)钱谦益:《国初群雄事略》卷九引《秘阁元龟政要》。

② 《元史》卷一八八《迈里古思传》。

③ 《明太祖实录》卷七。

④ 《明太祖实录》卷七。

⑤ (明)刘辰:《国初事迹》。

好伪装“惶惧谢罪，以金宝饰鞍马献”[①]，要尽了两面派手腕。

三

元末南北两只红巾军在整个元末农民起义过程中的表现与方国珍、张士诚之类的表现是有极大的不同的。

古代的农民作为从事自然经济条件下的小生产者，他们作为一个阶级，有其两面性：一方面表现出落后散漫的保守性，而且由于小生产的特点，他们又特别显得分散；另一方面，他们作为被地主、富农长期压迫，因而具有革命性和反抗性。反映在农民战争期间，农民反对地主、反对封建是其主流。著名马克思主义历史学家翦伯赞的名言：农民反对地主，但没有把地主当作一个阶级来反对；农民反对封建，但没有把封建当作一个制度来反对；农民反对皇权，但没有把皇权当作一个主义来反对。这正是农民起义或者说农民革命的悲剧所在。元末农民战争期间，南北红巾军充分展示了古代农民阶级的革命性，但他们的革命性终究是十分有限的，他们虽然反对地主，但总是要求地主阶级中的知识分子替他们出谋划策；他们虽然反对元朝封建统治，但终究摆脱不了用“封建”的模式来替代封建的大元政权。他们不过是期望“大宋之天”和压倒“大元”的“天完”来取而代之；他们也痛恨“天高皇帝远”，但终究认为有朝一日会“明王出世”，有个“好皇帝”，日子就好过了。所以他们能喊出“摧富益贫”这样的口号，就是意识到农民阶级要求通过暴力革命的手段实现社会经济平均的愿望。

但是方国珍连这一点也做不到。他只反对压迫他们的地主，他只反对镇压他们的元朝将领和军队，他们连“明王出世”也没有祈求过，他们只顾自己，根本没有考虑到推翻元朝使全国农民都能有一个“好日子”。他们只满足于在庆元、台、温地区称王称霸。至正十七年(1357)有一个章子善对方国珍说：“元朝气数将尽，今天下豪杰并起，有分裂之势，不如屯足粮食，舟师四出，而大业可成焉。”方国珍答曰：“君言诚是，然知谋之士，不为祸始，不为福先。朝廷虽无道，犹可延岁月。豪杰虽并起，智均力敌，然且莫适为主，保境安民，以俟真人之出，斯吾志也。顾君勿复言。”由此可见，他还远远没有意识到农民造反最起码的要求：反对封建地主和封建皇帝进而推翻他们，取而代之。等待“真人之出，斯吾志也”。他根本没有陈胜、吴广的壮志，更没有韩山童、彭莹玉视死如归的气概。

① 《明史》卷一二三《方国珍传》。

方国珍起义诸问题研究

宁波大学　钱茂伟

关于元末方国珍起义的文献记录不算太多，有关记录自相矛盾。《方国珍史料集》[①]的及时出版，大大方便了学人们的研究。古代的农民起义，站在不同的立场上，会有不同的观察。本文拟根据相关文献，既站在上层政府立场，也结合下层民间立场，对起义过程及方氏在宁波时期活动的相关问题作一梳理。

一、方国珍起义过程及背景

元朝后期，浙东自然灾害频发。至元二十九年(1292)，庆元大饥。治中拜降几次上书江浙行省，行省不睬，拜降亲自到行省，终于请得4万石粟，庆元百姓赖此渡过难关。大德二年(1298)四月，发庆元粮5万石，折价，赈饥民。大德六年(1302)六月，庆元路饥，政府赈灾。大德十一年(1307)，又饥，以钞、盐引、粮，赈庆元饥民。武宗至大元年(1308)，庆元饥，死者甚多。政府发钞10万锭，赈灾。接着，庆元路疫病流行。至治二年(1322)，庆元发生蝗灾。泰定元年(1324)二月，庆元路饥，政府发粟赈灾。二年，庆元路象山诸县饥，赈灾。天历二年(1329)，庆元路饥，政府赈灾。至顺元年(1330)，庆元路发大水，将大批民田淹没。朝廷命江浙行省入粟补官，又鼓励富人们拿出粟赈灾。顺帝至正四年(1344)，庆元海啸。六年(1346)，奉化州干旱。古代的农耕生产，属于简单再生产，自我生产能力十分弱。浙东地区本身就是人多地少之区，丰年只能勉强过日子，一到荒年，生存问题就成了难题。

同时，地方政府管理失度，赋税不均。政府与百姓之间的关系，主要体现在赋税上。按照当时观念，人民向国家纳税，是应尽的职分。政府的重要职责之一就是向人民征税。国家向百姓征税，中间环节越多，越容易出问题。税收

---

① 应再泉主编:《方国珍史料集》，杭州:浙江大学出版社，2013年。

在名义上是面向全国人民的，人人应纳税，但在实际操作中不会公平。负责收税的底层乡村官员也会借机为自己谋取好处，结果底层百姓税收负担就重。方孝孺称其家乡宁海，“元季无政，大家以赀结长吏，田之租税，俾小民佃者代输。里正因而渔利，每亩征米四升，小民以为病”[①]。中国的底层百姓，其实要求是十分低的，只要能生存下来，别的就无所求了。农民问题的核心是生存权问题。“大家”“里正”的种种不公正手法，只会加剧政府与百姓之间的矛盾，逼使百姓走上暴动之路。方国勤就说：“民之为盗者，或迫于饥寒，或祛于徭役。”[②]至正八年（1348）春，浙东沿海海盗盛行。同年十一月，方国珍暴动。官民间甚至对立到这种程度：吴江同知金刚努到宁海，以白金募民为水兵，结果，水兵哗变，在半路上杀了护卫的官吏，投奔了方国珍。

方国珍（1319—1374）是台州黄岩洋屿（或作杨氏、杨屿，今属台州市路桥区横街镇洋屿村）人，其父方伯奇是一个忠厚老实的佃农，生有五子，五子皆粗豪，力大。老三方国珍，个子很高，力气尤大，脸较黑。方氏兄弟以贩盐、海上运输为业。由于五兄弟齐心合力，故家境不错。

台州黄岩地处沿海，有盐场，岛屿众多，所以容易成为海盗活动区。元末时，黄岩连出三起海盗事件。“至正初，李大翁啸众倡乱，出入海岛，劫夺漕运舟，杀使者。时承平日久，有司皆惊愕相视，捕索久不获，因从而绥辑之。”[③]渔民李大翁成为海盗以后，政府长久捕获不了，只好行招安之策，如此也就树立了“坏”的榜样。蔡乱头（主一）闻其事，“谓国家不足畏”，至正八年（1348），“复效尤为乱”，起兵海上，“势鸱张甚，滨海子女玉帛为其所掠殆尽，民患苦之”[④]。

方国珍起事，正与蔡乱头起事有关。至于如何关联法，有两种不同的说法。一是剿贼无功。“至正八年，蔡乱头剽劫海商，方乃为国宣力剿贼，而总管焦鼎纳蔡之赂，反黜其功。方忿曰：‘蔡能乱，我不能耶？’遂与弟国彰等叛。”[⑤]一是仇家所逼。据《明太祖实录》说法：“国珍怨家陈氏诬构国珍与寇通，国珍怒杀陈氏，陈之属诉于官，官发兵捕之急。”[⑥]至正十九年（1359）给朱元璋的书信称：“国珍生长海滨，鱼盐负贩，无闻于时。向者因怨构诬，逃死无所，迫于自

---

① （明）方孝孺：《逊志斋集》卷二一《童贤母传》，《四库全书》本。

② 《逊志斋集》卷二一《先府君行状》。

③ （明）宋濂：《文宪集》卷一七《故资善大夫广西等处行中书省左丞方公神道碑铭》。

④ 《文宪集》卷一七《故资善大夫广西等处行中书省左丞方公神道碑铭》。

⑤ （明）郎瑛：《七修类稿》卷八《国事类·方国珍本末略》。晚明吴国伦（1524—1593）有《方国珍本末事略》（《四库全书存目丛书》史部162册），内容完全与郎瑛（1487—1566）此文相同，不知何故。

⑥ 引自《方国珍史料集》，第11页。

救而已。”[①]由此可见，他是为了“自救”才走上起义之路的。问题是，陈氏何以要诬构方国珍与蔡乱头？原来，与一件杀人案有关。方家长期租陈氏田为业，“黄岩风俗，贵贱分甚严。农家种富室田，名佃户，见佃主不敢施揖，伺其过而后行”。方国珍父亲事奉陈氏尤其恭敬，方国珍以为有伤人格，称“田主亦人耳，何恭敬如此？”方父死后，方国珍家境有了较大的改变，但陈氏一如既往地薄待方家，引起方家的不满。有一次，方国珍杀了上门收租的东家陈氏及其仆人。事后，陈家上告官府，官府派人缉捕，方氏兄弟只得走上反叛之路。[②]按此说法，方国珍是因为长期的心理失衡而杀了陈氏。《续弘简录》的说法可能更为合理：“伯奇为陈氏佃，事陈甚恭，而数被侵辱。父殁，陈索租益急，稍不足，则扬言国珍等通盗。”[③]由此可见，先是方国珍没有及时缴租，逼急了陈氏；陈氏上门催租，复把方国珍逼急了，最后导致方国珍杀东家陈氏事。这是一桩因彼此不同的连环动力引发的杀人案件。

陈氏告发官府以后，方国珍大惊，赶快行贿地方官，结果没有用，巡检仍上门来捕人。方国珍对家人说：“朝廷失政，统兵者玩寇，区区小丑不能平，天下乱自此始。今酷吏籍之为奸媒，孽及良民。吾若束手就毙，一家枉作泉下鬼，不若入海为得计耳。”[④]大家觉得有理，于是，方国珍杀了仇家，与兄方国璋，弟方国瑛、方国岷等逃亡海上，成为海盗。由此可见，一件普通的民事案件，因为官府的处置不当，逼近过急，引发百姓的造反。方国珍起义后，地方政府复处事不当。“郡县无以塞命，妄械齐民以为公。民亡公所者，旬日得数千。”[⑤]如此，方国珍手下人很快达到数千人。他们靠海吃饭，成为海盗，专门打劫官府的运粮船，海上航运被中断。由此可知，地方政府处事不当，过度紧张，小事酿成大祸。“凡事未有不起于细微而生于所忽。星火不灭，终必燎原；蚁孔不塞，久且溃堤。”[⑥]

方国珍叛乱之事传到大都，朝廷下诏镇压。江浙参政朵儿只班（清人译为“多尔济巴勒”）率领海军追捕方国珍，一直到福州五虎门（连江县闽江口五虎礁，亦称虎门，形势险要，为闽省门户）。方国珍见情况不妙，烧掉了船只，准备

---

① 《七修类稿》卷八《国事类·方国珍本末略》。

② （清）周昂：《元季伏莽志》卷七《盗臣传》，《续修四库全书》第520册；也见应再泉主编《方国珍史料集》，第35页。

③ 引自《方国珍史料集》，第154页。

④ 《文宪集》卷一七《故资善大夫广西等处行中书省左丞方公神道碑铭》。

⑤ 《文宪集》卷一七《故资善大夫广西等处行中书省左丞方公神道碑铭》。

⑥ （明）黄绾：《上西涯先生论时务书》，《明文海》卷一七八。

逃跑。没想到这一招，官军反倒吓破了胆，一溃而散，朵儿只班成了方国珍的俘虏。[①] 这是时下多数文献的记录。这段记录过于模糊，中间信息有残缺。据相关文献记录，元军追到建宁之补门关，方国珍走投无路，"以书诈降"，元军都镇抚陈某受之，"意稍解"。其养子金道玄建议："贼志未可知也，不如严备之。"不过，陈氏没有听。结果，方国珍"以艨冲数百艘，帆以赤布，蔽日而下，势渐迫，官军犹晏然。国珍乘风纵火，矢石交注"[②]，元军大败。元军何以失利？"度海，飓风大作，舟且覆。"[③]而元军"所部皆北方步骑，不习水战，是驱之死地耳"[④]。由此可见，方国珍利用了诈降手法，让元军意志松懈，然后趁飓风大作的日子，袭击了不习水战的元军。元军何以失败？显然与轻敌思想有关。于地方上的小暴动，朝廷的反应相当不敏感，对对手的估计不足，对战争的复杂性估计不足，最后导致战争的失败。

这一战役，奠定了方国珍成功的基础。有了朵儿只班这张王牌，方国珍乘机要挟元朝下招降书。消息传到宁波的浙东都元帅府，都事刘基坚决反对，称"方氏兄弟首乱，不诛无以惩后"。方国珍听说后，马上派人行贿刘基，刘基不予理睬。方国珍先下手为强，"使人浮海至京，贿用事者"[⑤]。等消息传到大都，枢密参议归旸坚决反对，称："今国珍遣人请降，决不可许；国珍已败我王师，又拘我王臣，力屈而来，非真降也，必讨之以示四方"[⑥]，"时朝廷方事姑息，卒从其请"[⑦]，授方国珍为定海尉，几个兄弟也授予了相应的官职。朝廷何以会接受招抚请求？或朝廷用事者因为接受了方国珍的行贿，才替方国珍说话。这可能是部分原因，更大的可能是，当时朝廷没有将起义当作敌我矛盾来处理，而是用内部矛盾宽大为怀原则来处理的。明代大臣丘浚称："方国珍者，当天下无事之时，一旦敢为天下先，为元人计，宜痛诛剿之，以惩夫民之不逞者可也。乃听人言，行招安之策，不徒不加之以罪，而又授之以官，是以赏善之具以劝恶也。由是，群不逞之徒，纷然相仿效，相诱胁。事幸成，或得以为王，为伯不成，亦不失州县之官。用是，盗贼蜂起，而元因是亡矣。"[⑧]站在非常狠的政府立场来说，丘浚的分析是对的，必须下狠心，将祸端消灭于萌芽状态之中，才能维稳。

---

① (明)陈邦瞻：《元史纪事本末》卷四《东南丧乱》。

② (明)王鏊：《姑苏志》卷五三《金道玄》，《四库全书》本。

③ 《姑苏志》卷五二《滕德懋》，《四库全书》本。

④ (清)毕沅：《续资治通鉴》卷二〇九，"至正八年"条。

⑤ (清)张廷玉等撰：《明史》卷一二八《刘基传》，见应再泉主编《方国珍史料集》，第193页。

⑥ 《续资治通鉴》卷二〇九，"至正八年"条。

⑦ 《元史纪事本末》卷四《东南丧乱》。

⑧ (明)丘浚：《遏盗之机六》，(明)黄训：《名臣经济录》卷四三，《四库全书》本。

不过，方国珍是一个自身利益至上者，善于保护自己，处处防着元政府，不肯真正上任。至正十年(1350)十二月，方国珍再次入海，烧掠沿海州郡。不久，又攻打温州。因为温州城内防备较严，没有得逞，仅在城外抢了一通。浙东副元帅董抟霄率领舟师到温州，与方国珍船队相遇。这次又重复了上次的镜头，官军见方国珍船队，早已吓破了胆，水兵争着跳海逃命，董抟霄只身逃命，几百艘官船为方国珍所俘。十一年(1351)正月，朝廷命江浙行省左丞孛罗帖木儿讨方国珍。孛罗帖木儿到庆元后，分兵温州，夹攻方国珍。孛罗帖木儿手下泰不华用火筏进攻方国珍船队，方国珍见势不妙，连夜逃跑。昌国州知州招募兰、秀二山山民为水兵，与方国珍战于海门洋。结果，寡不敌众，官军大败，州吏赵观光战死。六月，孛罗帖木儿再次与方国珍交锋，官军大败，孛罗帖木儿本人也被俘。七月，朝廷没有办法，派大司农达识帖木儿等再次招降方国珍，授方国珍为万户。十二年(1352)，汝、颍兵起，朝廷命江浙行省募舟师，到长江口去防卫。方国珍以为朝廷要对付他，三月，第三次下海。泰不华发兵讨伐，兵败，被杀。闰三月，命江浙左丞左答纳失里讨方国珍，以浙东道肃政廉访使纳麟哈剌为浙东都元帅。元帅府都事刘基主张筑庆元城，以防备方国珍的进攻。这个建议得到采纳，元初毁坏的庆元城，得以重新建筑。十月，诏江浙左丞帖里帖木儿(亦译为“帖里铁木尔”)等招降方国珍，授方国珍为徽州路治中，方国璋为广德路治中，方国瑛为信州路治中，督促他们上任。方国珍心持怀疑态度，不肯上路，提出要求：“愿毕力海漕，报朝廷”[①]，帖里帖木儿不得已，请求别立台州海道巡防千户所，方氏兄弟为千户。要求方国珍散兵后上任，方国珍也不从，拥船 1300 余艘，仍据海道，阻挡南北间的粮运。至正十四年(1354)四月，朝廷再次派江浙右丞阿儿温沙讨方国珍，结果又大败。

时方内乱，朝廷国力不济，方国珍觉得机会来临，九月，率兵突入台州路，俘元帅也忒迷失，占领台州，开始割据生涯。十五年(1355)春，兼任象山东门巡检司事的庆元学录王刚甫离职，象山东门巡检司为方国珍所破，庆元震动。方国珍趁机率领舟师攻打庆元，守将浙东都元帅纳麟哈剌知道守不住，开门迎接。方国珍进入庆元城，谒见纳麟哈剌，表面上尊重纳麟哈剌的领导。慈溪县尹陈麟不肯依附方国珍，方国珍下令逮捕了陈麟，本来准备沉入大海，后改变主意，囚禁在昌国之岱山。不久，取昌国州，达鲁花赤高昌帖木儿战死。不久，又取余姚州。七月，方国珍派部将李得孙占领温州。十月，院判迈里古思出兵

---

① (元)张翥：《大元赠银青荣禄大夫江浙等处行中书省平章政事上柱国追封越国公谥荣愍方公神道碑铭》，见应再泉主编《方国珍史料集》，第 139 页。

曹娥江，为方国珍所败。十六年(1356)三月，朝廷进一步授方国珍为海道运粮万户，方国璋为衢州路总管兼防御海道事。此时，方国珍占领了浙东庆元、台州、温州三大地区，越发强不可制。七月，朝廷任命方国珍之侄温州守将方明善为院判。十七年(1357)八月，任命方国珍为江浙行省参知政事。此时，浙西的张士诚势力也发展到绍兴，双方约定以曹娥江为界。元朝下令方国珍出兵打张士诚，两军在昆山海浜交锋，方氏七战七捷，张士诚被迫投降元朝，方国珍于是退兵浙东。张士诚为方国珍打败后，害怕方国珍，托人与方国珍结为儿女亲家，两浙东西得以平静了一段时间。当时，元朝失去江淮后，完全得靠方国珍的船队运粮食，所以，只得以重爵羁縻方国珍。

二、方国珍开府于庆元

至正十七年(1357)，方国珍被元朝任命为太尉，江浙行省左丞，赐爵衢国公。方国珍得到元朝江浙行省左丞职务后，索性将总部迁到庆元，开设了江浙行省，治所在元都元帅府(今鼓楼内)，开始了浙东割据生涯。方国珍掌握浙东三路后，行丞相事，获得用人权。方国珍的兄弟、子侄、宾客都被授以大官。方国珍任命方国璋、方国瑛守台州，侄子方明善守温州，方国珉为自己的副手。由此可知，核心层均为家族人员，家族色彩相当强。

方国珍在宁波时期的行迹，可以归纳为以下几个方面：

(一)招揽人才。方国珍喜欢招延士大夫，折节好文，与浙西的张士诚竞争。凡是听方国珍的人，都得到了不同级别的官职。“至正末，方国珍据台、庆、温，用名士，以收人心。凡士居其地者，不为所用，则为所祸。”[①]面对名义上合法的江浙行省、实际上的割据政权，浙东的士人心态较为复杂。“是时知向背者，以为国盗也，不可辅，皆匿不出。”[②]但利荣禄之士“多趋之”[③]，人称“三路士民，忘其为盗，惟知有方氏”。方氏“署官属，蚁附之徒率势焰赫赫动”[④]。当时不少外地文人，如林彬、朱右等，也流落到了浙东。本地的刘仁本、詹鼎则成为方氏的得力助手。

不过，太有名的士大夫没有投奔方国珍，如桂彦良“方国珍连瓯越，辟之，

① (明)苏伯衡：《苏平仲文集》卷一三《故元温州路同知平阳州事孔公墓志铭》，《四库全书》本。

② 《逊志斋集》卷二一《詹鼎传》。

③ (明)郑梁：《乌春草先生传》，转引自张如安《元代宁波文学史》，北京：中国文史出版社，2002年，第122页。

④ (明)杨士奇：《东里续集》卷二四《封荣禄大夫少保户部尚书兼武英殿大学士黄公神道碑铭》。

谢不就”[①]。如孔旸,“不得而用之,亦不得而祸之”[②]。方国珍想请赵偕出山,但为赵偕谢绝了。又如庆元路推官高明,“国珍就抚,欲留置幕下,即日解官,旅寓鄞之栎社沈氏楼居,因作《琵琶记》”[③]。赵偕弟子、慈溪县尹陈麟不肯投奔方国珍,流放舟山十年,明初卒于福建[④]。这除了方氏的海盗恶名外,也有方氏器识不为士人所赏之处。有一则趣事,说方国珍拼命造船,有人问:“公舟已足用,今更造何为?”方国珍回答说:“倘有兵来,吾即舟浮海去之耳。”那人听了此话,大发感叹:“若但为走计,非英雄也。”结果,豪杰往往离方国珍而去。如黄岩人张(或误作章)子善,擅长纵横术,跑到庆元,鼓动方氏把事业做大。“元数将终,人皆知之。今豪杰并起,四海分裂。公若奋臂一呼,战舰数千艘,数十万众,可立至也。溯江而上,则南北中绝,擅漕舟之粟。舟师四出,则青、徐、闽、广、辽、海,皆惟公所欲。审能行此,则人心有所系属,而伯业成矣。”方国珍听了摇摇头说:“君言远矣。智者不为祸始。朝廷虽无道,尚可以迁延岁月。今豪杰争雄,莫适为主,吾乃按兵保境,以待其定耳。”[⑤]张子善只得离开。方国珍几个兄弟更无大的志向,方国璋、方国瑛同样只考虑造船,做生意发家致富,只有侄子方明善能循法度。

(二)加强基础建设。如至正十九年(1359)九月,筑余姚城。称“是州控扼吴越,不宿重兵以镇之,可乎? 顿兵储粮,无郭以居之,可乎?”[⑥]至正二十年(1360),再修东津浮桥。在郎中张启原、县丞麻直领导下,出官缗九百锭余,购材召工,仿台州中津桥风格,“每舟以二为偶,肩连栉比,合为一扶,中实以材”。共用船 18 只,配成 9 对,用铁绳串联,固定在江岸,征用 21 个丁夫管理。经过这次重修,“于是憧憧往来者,履坦坦之康衢矣”[⑦]。至正二十三年(1363),重修余姚州学。至正二十四年(1364),筑上虞城。

再筑庆元城。面对羽翼日渐丰满的朱元璋吴政权咄咄逼人的态势,为了战略的需要,至正二十七年(1367)五月,方国珍下令修筑庆元城,称“吾所以用民,盖所以保民,吾不得已焉耳”,“越四旬而城成”[⑧]。元末庆元城的重新修筑,尽管都是统治者为了巩固其统治的需要,但客观上使得庆元避免了元末农

---

① (清)沈佳:《明儒言行录》卷一《桂彦良》,《四库全书》本。

② 《苏平仲文集》卷一三《故元温州路同知平阳州事孔公墓志铭》。

③ (清)顾嗣立:《元诗选三集》卷一一《高明柔克集》。

④ (元)戴良:《九灵山房集》卷二三《元中顺大夫秘书监丞陈君墓志铭》。

⑤ 嘉靖《宁波府志》卷二〇《遗事》。

⑥ (元)高明:《高则诚集·余姚州筑城志》,见应再泉主编《方国珍史料集》,第 232 页。

⑦ (元)刘仁本:《重建灵桥记》,雍正《宁波府志》卷三五。

⑧ (明)乌斯道:《春草斋集·文集》卷三《赠行省理问仲刚君治城序》。

民战争战火的波及。在元末战火纷飞的多事之秋，庆元百姓还能独享太平。至正二十二年(1362)上元节，“四明父老请放灯为升平庆”，于是出现了“元夕张灯万户齐，严城弛禁罢钲鼙。银花火树开金谷，青琐香烟喷玉鲵。箫鼓声中春富贵，玻璃影里月高低”这样的升平景象[①]。可以说，新城的重筑对于庆元城市的发展意义还是重大的。

(三)海运的顺畅。方国珍统治时期，由于陆上交通线的阻隔，海上交通成为主要线路。“自中原乱起，滋蔓淮浙，辙环既梗，邮传尼而不行。凡京师信史下江南者，率由海上浮桴以达。若征漕运、若责赏贡、若治兵戎、若亲谋方面、若咨询于宥密、若将命于相府、若持大赉以赏边勋，动则骈肩接踵，悉会于鄞，转而他之。”[②]由此，庆元的海上交通的重要位置突显。至正十四年(1354)，淮海漕粟无法运进京仓，元廷十分忧虑。朝廷派江浙左丞帖里帖木尔来慰问方国珍，立台州海道巡防千户所。这年，朝廷“诏江浙行省参知政事方公兼总漕事，岁董舟师以卫达之”[③]。方国璋(1317—1362)“护漕抵直沽，号令严明，粮舶悉集”[④]。至正十五年(1355)三月，派曲有诚任署海道防御官，“亲率其徒旅，护漕舶千余艘，转粟数百万斛以归”[⑤]。至正十五年(1355)七月，升台州海道巡防千户所为防御海道运粮万户府。[⑥] 至正十六年(1356)三月，因张士诚攻吴地，平江路失陷，海道都漕运万户府由平江路移建到庆元路，方国珍为海道运粮漕运万户，“董舟师以通漕运”[⑦]。漕府徙庆元后，“漕运数年不辍，且就桴筏为驿传”[⑧]。或称此后“淮夷难兴，海岛窃发，漕运废阁者四载”[⑨]。从有关文献来看，漕运一直断续存在，但困难相当大。因为海道阻塞，至正十七年(1357)，朝廷派户部尚书伯颜帖木儿亲自来庆元路，“命公帅诸弟发船装粮于平江”[⑩]，方国璋因此功被授予福建行省参知政事。至正十八年(1358)五月，

---

① (元)刘仁本：《羽庭集》卷三《壬寅灯夕》。

② 《羽庭集》卷五《饯长信寺经历曹德辅序》。

③ (元)卓说：《移建海道都漕运万户府记》，见章国庆编著《天一阁明州碑林集录》，上海：上海古籍出版社，2008年，第58页。

④ 《大元赠银青荣禄大夫江浙等处行中书省平章政事上柱国追封越国公谥荣愍方公神道碑铭》，见应再泉主编《方国珍史料集》，第139页。

⑤ 《羽庭集》卷五《饯将作院使曲有诚公序》。

⑥ (明)宋濂等撰：《元史》卷九二《百官志八》。

⑦ (元)刘仁本：《海道经·送中书兵部尚书伯元回京叙》，见应再泉主编《方国珍史料集》，第237页。

⑧ 《羽庭集》卷五《饯将作院使曲有诚公序》。

⑨ 《羽庭集》卷五《送户部尚书彻公通理趣漕回京序》。

⑩ 《大元赠银青荣禄大夫江浙等处行中书省平章政事上柱国追封越国公谥荣愍方公神道碑铭》，见应再泉主编《方国珍史料集》，第139页。

方国珍升为江浙左丞,“乃征深练于漕者倪侯可辅为千夫长,俾饬舟纪,以纠岁漕”[①]。至正十九年(1359)九月,元廷遣户部尚书曹履亨到平江收粮,得11万石,兵部尚书伯颜帖木儿到庆元路指挥漕运事。[②] 十九年(1359)十月,方国珍升江浙平章政事[③],在庆元城明远楼西北的庆元绍兴路海运千户所基础上,将之扩建为海道都漕运万户府。直到今天,我们还能在宁波天一阁明州碑林见到《移建海道都漕运万户府记》残碑。至正十九年(1359)冬,长信寺经历曹德辅奉命来催漕运粟。至正二十年(1360)夏,得粟若干石,转输于海船[④]。同年,尚书王公至,得粟13万石奇。至正二十一年(1361)九月,朝廷想从平江赋粟百万石,以户部尚书彻彻不花负责。结果,仅从平江得13万,方国珍勉强提供了30万石多。至正二十二年(1362)五月登海舶,运回大都[⑤]。但由于粮食征收困难,再加上“漕户凋敝,填委沟壑者过半,其仅存者,虽斧钺弗畏”[⑥],当年岁输300万石的盛况一去而不复返了。

(四)保持了与朝鲜的外交关系。据《高丽史》记录,至正十八年(1358)五月、至正十九年(1359)、至正二十四年(1364)方国珍三次遣使献方物,其中有《玉海》《通志》等书。至正二十五年(1365)八月与十月,两次遣使高丽。[⑦] 这是前人关注不多的。

至正二十年(1360),释某氏曾撰《方国珍德政碑》,称“海堧肃清,黎氓底宁……郡之士庶与吴释氏子莫不戴公恩”[⑧],虽有拍马之嫌,多少也反映出得民心的一个方面。

三、与朱元璋的若即若离

至正十八年(1358)十二月,吴国公朱元璋下婺州,遣使招谕方国珍。方国珍与手下商量道:“江左号令严明,恐不能与抗。况为我敌者,西有吴,南有闽。

① 《移建海道都漕运万户府记》,见《天一阁明州碑林集录》,第58页。

② 《海道经·送中书兵部尚书伯元回京叙》。

③ 《移建海道都漕运万户府记》没有记载时间,中有“右丞公进秩平章,侯以捍御之功跻判署之正,于是与同列谋厥署,乃辟庆绍所为都漕运府”,考方国珍由右丞升平章政事,时间在至正十九年十月,则可以肯定建署时间也在这年。机构之所以迟至十九年才修,是因为此前“日图旋返,未遑署之辟也”。

④ 《羽庭集》卷五《饯长信寺经历曹德辅序》。

⑤ 《羽庭集》卷五《送户部尚书彻公通理趣漕回京序》。

⑥ 《春草斋集》卷三《送高本中知司秩满序》。

⑦ 《方国珍史料集》,第107—108页。

⑧ 《天一阁明州碑林集录》,第52页。

莫若姑示愿从，借为声援，以观变。”[①]大家觉得方氏此论有道理。十九年(1359)正月，方国珍派使者到吴，献上三州，且以次子方关为人质。方国珍的上书写得十分诚恳，末尾有“谨遣使奉书，上陈恳款，或有指挥，愿效奔走”语。朱元璋见方国珍的表书写得十分诚恳，再说此时自己精力有限，不想惊动方国珍，于是下令送回人质，而且重重地赏赐了方国珍。九月，方国珍加固了余姚城，以防进攻。十月，朱元璋派博士夏煜到浙东，授方国珍为江浙行省平章政事。方国珍称疾，只接受了印诰，同时继续与元朝交往。夏煜从庆元回到浙西后，报告了方国珍的两面手法，朱元璋大为光火。二十年(1360)正月，朱元璋复派杨宪到庆元。方国珍不想向朱元璋投降，所以得到信后不加理睬。十二月，朱元璋再次派夏煜到庆元，方国珍表面承认错误。二十一年(1361)三月，方国珍遣使于吴国公朱元璋。二十二年(1362)，苗军元帅蒋英等杀吴婺州守将胡大海，投奔方国珍。方国珍不敢得罪朱元璋，派方国璋进攻苗军，结果方国璋为流矢所杀。这以后，方国珍知道自己的军队不中用了，只得北连察罕父子，南连福建陈友定，以观成败。十二月，元朝派尚书张昶航海庆元，授朱元璋为江西行省平章政事。因察罕被杀，朱元璋没有接受元朝的任命。不久，朱元璋又派杨宪到庆元谕方国珍。时方国珍与张士诚关系不错，故没有答应。二十三年(1363)，方明善以舟师攻平阳，执守臣周兴嗣。二十四年(1364)春，吴将胡深攻温州，方明善害怕，与方国珍商量，要求向朱元璋岁输白金三万，俟杭州下，即纳土来归。朱元璋同意，下令胡深班师。二十五年(1365)九月，元朝任命方国珍为淮南行省左丞相，分省庆元。二十六年(1366)九月，元朝再次任命方国珍为江浙行省左丞相，方国瑛、方国珉、方明善为平章政事。十一月，李文忠下杭州，方国珍继续割据浙东。二十七年(1367)四月，朱元璋派来使，数说方国珍十二大罪状。方国珍没有回信。五月，方国珍加固庆元城，做好迎战准备。七月，朱元璋要求方国珍贡粮30万石，同时督促方氏早日归降。方国珍与部下商量，大家都倾向于不理睬朱元璋。方国珍最终还是决定做两手准备，日夜运珍宝，修理船只，为下海做准备。九月，朱元璋派朱亮祖攻台州，方国瑛败逃入海。十月，朱元璋派汤和为征南将军、佥大都督府事，吴祯为副，讨方国珍。朱亮祖又克温州，方明善投降。十一月，汤和乘潮入曹娥江，入余姚、上虞，直逼庆元。方国珍见势不妙，封存了府库，准备了户籍账册，让守城官迎接汤和军队，自己则带着家小逃入大海。汤和军队进入庆元，庆元完成和平交接。几天后，廖永忠与汤和在海上会合，穷追方国珍。盘屿(定海城区西南面)

① 《明史》卷一二三《方国珍传》。

一战，方国珍大败。十二月，汤和派人出海劝说方国珍投降。方国珍"欲泛海，以风不顺"①，走投无路之余，只得答应。汤和得方国珍残部，陆军 9 200 人，水军 14 300 人，官吏 650 人，马 190 匹，海舟 420 艘，粮 151 900 石。

方国珍回到宁波后，先遣儿子方关送上表书，试探朱元璋的态度。此篇出于幕僚詹鼎的上表，确实写得很有水平。先戴高帽子，让朱元璋明白王者应有的气量，最后表白愿意接受惩罚，但要有些分寸。既站在朱元璋立场讲话，又站在自己立场讲话，有理论，也有辩解，进退自如。难怪朱元璋得表，称"孰谓方氏无人哉，此表活其命矣"。朱元璋当即回信称赞，改庆元为明州，将方国珍集团下的官员与悍将迁移江淮之间②。洪武四年(1371)十二月，"命靖海侯吴桢借方国珍所部温、台、庆元三府军士及兰秀山无田粮之民，凡十一万余人，隶各卫为军"③。可见，方国珍集团军人数量不少。

方国珍被封广西行省右丞，只享禄不上任。王祎起草的《方国珍除广西行省右丞诰》称："自元政既微，乃有智勇之士乘时而兴，思建功业。及天下兵起，遂角立一隅，以为民人之保障。其后果得所归，以全富贵，是亦可谓豪杰者矣！以尔方国珍，材器雄毅，识虑深远，知世道将不可为，乃奋于东海之滨。二十年间，与其兄弟子侄，分守三郡，而威行于海上，得非一时之豪乎！然奉贡于我，盖亦有年，终能知几达变，举族来归，富贵功名保，而明不失始终，自全如此，朕甚嘉之。是用擢居左辖，列名外省，食其禄秩，缀于朝班，以示朕优崇之意。尔其恭慎以自饬，暇豫以自安，益勉令名，庶图报称。"④此可见明初对方国珍的态度。洪武七年(1374)三月，方国珍卒。方国珍十分聪明，了解朱元璋的为人，所以要求葬在南京，而不是葬回故乡。

四、小结

境界决定格局。方国珍出身盐商与运输商，文化层次低，兄弟均"不知书"，气魄不大，"市井之徒，斗筲之器"，没有远大的政治理想，惟以保境安民为己任。方氏集团，家族色彩较浓，主要人物都是兄弟及子侄。方国珍集团是一群典型的浙东人，精明是他们最大的特点。他们占领的地盘，一直局限于浙东

---

① (清)周昂：《元季伏莽志》卷七《盗臣传》，《续修四库全书》第 520 册。也见应再泉主编《方国珍史料集》，第 41 页。

② 本文没有出注之资料，多据董沛《明州系年录》卷四，俞福海点注本，北京：当代中国出版社，2001 年。

③ 《钦定续文献通考》卷一三二《兵考》。

④ 雍正《广西通志》卷九八《艺文》。

沿海三路之地，处于大海与大陆之间，或陆居，或入海；或与政府对抗，或与政府合作，或与朱元璋合作，不敢得罪强者，完全是为了保存自己的实力，保护自己的生命安全，享受人生荣华富贵。最后方国珍得以寿终于南京，从个人利益来说，是个成功者；而从历史大局来说，则是一个首鼠两端的人物。他的性格过于纠结，患得患失，成不了大的政治气候。

不过，方国珍的首义之功不可忘。谷应泰评曰："元至正八年(1348)，方国珍以黄岩黔赤首弄潢池，揭竿倡乱，西据括苍，南兼瓯越，元兵屡讨，卒不能平。以致五年之内，太祖起濠城，士诚起高邮，友谅起蕲黄，莫不南面称雄，坐拥剧郡。则国珍者，虽圣王之驱除，亦群雄之首祸也。"①

① (清)谷应泰：《明史纪事本末》卷五《方国珍降》。

方国珍起义二题

浙江大学　林家骊

方国珍是元朝末年农民起义的第一人。他由于不堪元朝统治者的残酷统治，于元至正八年(1348年)十一月起义。当时，长浦巡检到方家追索欠款，国珍刚在吃饭，就以桌为盾，以杠为矛，格杀巡检，遂与二兄国璋，弟国瑛、国珉逃入海中，不到一个月，就聚集了被逼迫造反的老百姓数千人，开始劫夺元朝海运皇粮。方国珍首义反元，比刘福通、徐寿辉等起义早两三年，比郭子兴(后来朱元璋加入)起义早四年。因为是第一人，因此其意义是不言而喻的。然而，后人对方国珍起义的评价不一，为何？今试论之。

一、关于方国珍起义

陶宗仪辑有浙东民谣曰："天高皇帝远，民少相公多；一日三遍打，不反待如何?"台州也有谣谚《咏方国珍》曰："洋屿青青出海精，挥锄带领掘元坟。王林洋畔不华死，五虎门前只班擒。保境三州兴水利，修文东海续兰亭。方家坫上英雄出，留待乡亲话到今。"

"洋屿"，就是洋屿山；"海精"指方国珍。方国珍抗击元朝政府军队，取得了许多胜利，史料记载甚多，这里不赘。但看他起义的几年里所做的几件事，我们就可以想见他的政治眼光和施政方针。

(一)不称王

方国珍起义后，声势较大，占有庆元(今宁波)、台州、温州三府，据宋濂《神道碑铭》载：

> 同县章子善者，好纵横之术，走说公曰："……足下奋襼一呼，千百之舟、数十万之众，可立而待。溯江而上，则南北中绝，擅馈运之粟；舟师四出，则青、徐、辽、海、广、欧、越可传檄而定。审能行此，人心有所属，而伯业可成也。"公曰："君言诚是，然智谋之士，不为祸始，不为福先，朝廷虽无

道，犹可以延岁月；豪杰虽并起，智均力敌。然且莫适为主。保境安民，以俟真人之出，斯吾志也。愿君勿复言。”子善谢去。

他一方面做元朝“江浙行省中书、参知政事”的官拥兵自重；一方面又与朱元璋联系纳贡，就是他所说等“真命天子”出来。按当时的情况，除了朱元璋、陈友谅、张士诚等外，方国珍也算得上一支势力强大的义军。但是他不称王，避免了战争的祸害，仅仅限于保境安民，真可以说是吴越国时钱镠第二。

明洪武元年(1368)九月，朱元璋命朱亮祖进攻台州，方国瑛拒战失败，奔黄岩。十月，朱亮祖兵至黄岩州，方国瑛遁海上。朱元璋继续命诸军讨方国珍于庆元。方国珍遂乘大舶遁入海岛。朱亮祖攻温州，方国珍侄明善挈家逃走。十一月，方国珍入海岛，朱元璋命廖永忠等自海道会汤和讨之。十二月，方国珍使其子明完奉表乞降。朱元璋赐书曰：“吾当以汝此诚为诚，不以前过为过，汝勿自疑。”(见《明太祖实录》)方国珍率其弟国珉见汤和于军门，汤和乃送方国珍等赴师。时明太祖得国珍降卒 9200 人，水军 14300 人，官吏 650 人，马 190 匹，海舟 420 艘，粮 151900 石。洪武二年(1369)十月，以方国珍为广西行省左丞，不至官，食禄于京师。洪武七年(1374)三月，方国珍卒，葬于南京城东 20 里玉山之源。朱元璋亲自设祭，并命翰林学士宋濂作《神道碑铭》为祭(见《明太祖实录》)。对于方国珍来说，也可谓审时度势，最后寿终正寝了。

(二)轻徭赋，兴学堂，筑塘堤，造桥梁

方国珍安定了台州、温州、庆元后就致力保境安民，休养生息，鼓励农工商学，轻徭薄敛，百姓安居乐业。比起战事频繁的中原，浙东可谓天堂。方氏兄弟虽处群雄角逐、天下扰攘之际，却起用元进士刘仁本，在黄岩建文献书院、在宁波修庆元路与定海儒学、重建灵桥、兴修上虞五乡水利，并在余姚集文武士子 42 人作续兰亭之会，一时名士如萨都剌等都参加盛会。概括起来，方国珍为民做了三件好事：一是兴办学堂，二是修筑塘堤，三是建造桥梁。

庆元府学堂与羽山(在黄岩城南)文献书院都是方国珍亲自指定兴建的。

元朝台州一带灾荒连年，到至正十四年(1354)时，先后发生了 18 次灾荒，其中有 10 次是水旱灾。方国珍割据后，修了松门的萧万户塘，大闾的长沙塘、塘下塘、横山截塘和坞根的赵万户塘；另一处是楚门一带的先后围成的能仁塘、东岙塘、江心塘、九眼塘、崇德塘、三山塘、吊山塘、花岩塘、渡头塘、枫林塘、上青塘、陈司徒塘，使楚门湾的大片海涂成为良田。在方国珍占领庆元(宁波)后，了解到上虞县海堤年久失修，水淹成灾。国珍带谋臣沿江察看，下令改用石砌海堤，修成后成为一片沃土。

浙东是水网地带，百姓往来不便，国珍命令大修桥梁，仅路桥就修了六七座石桥。现在泽国镇还留下"三衙桥"和"四衙桥",相传就是方国珍修造的。

方国珍在台、温、庆三府保境安民20年,使百姓避免了战争的祸害,发展生产和贸易,大大改善了浙东经济条件,这些都为后人所称道。可以说,方国珍是一位比较好的农民起义军领袖。

二、后人对方国珍的评价

(一)刘基对方国珍的评价

帮助朱元璋建立明朝的功臣刘基作《台州路重建天妃庙碑》曰:

> 台州故有天妃祠,在城东五里。延祐中,守土者病其远,弗便于祀事,乃徙置其神像于城南垣外水仙之楼,故祠遂废为墟。今至正十有一年,方国珍复乱海上。明年夏五月,寇台州,自中津桥直上登楼,骑屋山,肉薄临城。城中人方拒击,楼忽自坏,登者尽压死。贼遂纵火焚郭外民舍,楼并毁。又明年,中书参知政事帖理特穆尔出为江浙行省左丞,领征讨事。贼闻之,因温州守帅吴世显纳款请降。奏上。有诏命左丞公与南台侍御史尊达纳锡哩同往,察便宜以行招讨。二公既受命至台州,遣使宣谕,方氏兄弟大感寤,悔罪,悉归所俘民,愿岁帅其徒防漕粮至直沽以自效。

刘基在此文中说到方国珍时,说法是"复乱海上"。

刘基又作有《夏夜(台州城中作)》一诗,诗云:

> 江上火云蒸热风,欲雨不雨天瞢瞢。良田半作龟兆拆,粳稻日夕成蒿蓬。去年海贼杀元帅,黎民星散劫火红。耕牛剥皮作战具,锄犁化尽刀剑锋。农夫有田不得种,白日惨淡衡茅空。将军虎毛深玉帐,野哭不入辕门中。健儿斗死乌自食,何人幕下矜奇功。今年大军荡淮甸,分命上宰麾元戎。舞干再见有苗格,山川鬼神当效忠。胡为旱魃还肆虐,坐令毒疹伤和冲。传闻逆党尚攻剽,所过丘垄皆成童。阃司恐畏破和议,斥堠悉罢云边烽。杀降共说有大禁,无人更敢弯弧弓。山中悲啼海中笑,蜃气绕日生长虹。古时东海辟孝妇,草木枯瘁连三冬。六月降霜良有以,天公未必长喑聋。只今幅员广无外,东至日出西太蒙。一民一物吾肺腑,仁者自是哀鳏恫,养枭恤凤天所厌,谁能抗疏回宸衷。夜凉木末挂河汉,海峤月出光玲珑。仰视皇天转北斗,呜呼愁叹何时终。(《刘基集》卷二十一《七言古诗》)

此诗刘基站在元朝统治者的立场上说话,称方国珍为"海贼"。

刘基还作有词二首,《玲珑四犯(台州作。至正末,方谷珍作乱,据温、台,岂其时耶?)》词云：

> 白露点珠，明河生浪，秋光看又一半。翠衾知夜永，清梦冷孤馆。南楼数声过雁。西池桂花零乱。岁序如何？江山若此，赢得霜鬓满。
> 伤心谩回愁眼，见蛩吟蔓草，萤度荒疃。泪随黄叶下，事逐浮云散。沧波衮衮东流去，问谁是，登楼王粲。菊绽篱边，赋归来恐晚。(《刘基集》卷二十五《诗余》)

按，王粲依刘表，登郢城楼，思故乡，作赋。陶渊明诗："采菊东篱下，悠然见南山。"陶渊明又作《归去来兮辞》。在此词的引言中，刘基称方国珍"作乱"。

《淡黄柳(台城秋夜)》词云：

> 江城夜寂，何处吹羌笛？城上月高风淅淅，翻动林梢败叶，一片琅玕下空碧。　　倦游客，乡关暮云隔。谩回首，盼归翼。想柴门流水依然在，白发参军，青衫司马，休向天涯泪滴。(《刘基集》卷二十五《诗余》)

考元宁宗至顺元年(1332)，刘基二十二岁，赴杭参加江浙行省乡试，中第十四名举人。翌年赴大都(今北京)参加会试，中三甲第二十名进士，甚为士流赏识，侍讲学士揭傒斯称之为"魏徵之流，而英特过之，将来济时器也"(黄伯生《诚意伯刘公行状》)。

元顺帝至元二年(1336)，刘基被授予江西瑞州路高安县丞之职。初登仕途，意气风发，作《官箴》以自勉，决心"振惰奖勤，拯艰息疲""禁暴戢奸""视民如儿"。史称刘基在高安县丞任上，"以廉节著名，发奸擿伏，不避强御，为政严而有惠爱，小民自以为得慈父，而豪右数欲陷之"(黄伯生《诚意伯刘公行状》)。后在审理一起杀人案中，损害了当地蒙古当权者的利益，被免官。幸亏江西行省大臣素知刘基廉正谠直，将其征召至行省，改任行省职官掾史。又因秉公办事，不讲圆通，议事与同僚意见每每相左，所以一年后被迫"投劾去"(张时彻《诚意伯刘公神道碑铭》)。元顺帝至正八年(1348)春二月，辞官隐居了多年的刘基重新被任命为江浙行省儒学副提举、行省考试官，孤寂了多年的刘基又一次意气风发，想有一番作为。他忠于职守，兢兢业业，"校文棘闱"(刘基《杭州实庵和尚福严寺纪》)，为各地贡生及落第士子批阅文章，还不时到杭州各地讲经论学，并大力提倡兴办文学，以便为更多的学子提供就学机会。由于在任上他越职弹劾了一位失职的行台监察御史，因而受到排挤，至正九年(1349)秋，只当了一年多儒学副提举的刘基又只好移文辞职了。其时正当元末，朝政昏乱，天灾频仍，大规模的农民起义已经在各地酝酿。至正十一年(1351)五月，北方的颍州爆发了刘福通领导的红巾军起义，揭开了元末农民起义的序幕。

同时与北方遥相呼应，南方也爆发了以徐寿辉为首的红巾军起义。除此之外，台州方国珍早在至正八年(1348)就聚反海上了，并且势力已迅速扩大到了庆元、台州、温州的广大沿海地区。为了镇压农民起义，维护统治秩序，元朝廷又重新起用了刘基。在至正十一年(1351)到至正二十年(1360)的十年间，刘基共两次参加了元朝镇压农民起义的戎事活动。第一次是至正十二年省檄刘基为浙东元帅府都事，隶浙东宣慰副使石抹宜孙部，于台州、温州一带开展旨在征讨方国珍的军事行动。至正十三年(1353)十月，因反对招抚之策，力主剿捕，与执政意见抵牾。执政为方国珍贿赂，以为刘基之策伤朝廷好生之仁，且擅作威福，刘基因此受免职羁管绍兴的处分。此后两年，刘基一直放浪山水，以诗文自娱。第二次是至正十六年(1356)二月复被任命为江浙行省都事，与石抹宜孙于处州(今丽水)同谋"括寇"，镇压安山吴成七起义，不久因功升任江浙行省郎中。至正十八年(1358)因执政故意抑刘基军功，把刘基降回原级使用，且夺去兵权，仍以儒学副提举格任处州路总管府判。刘基愤而弃官，拂袖而去，不久就回到家乡青田武阳村，开始了长达两年之久的隐居生活。在此期间，刘基并未忘怀国事，仍然密切关注着时事的发展，著《郁离子》"以俟知者"(叶蕃《写情集序》)，"以待王者之兴"(刘基《郁离子·九难》)。

至正二十年(1360)三月，应朱元璋之聘，刘基与宋濂、章溢、叶琛同赴金陵，呈时务十八策，朱元璋礼遇甚隆。刘基遂留帷幄，参预机要。

从以上叙述可以知道，这三首作品是刘基在元时所作，当时刘基中举人、中进士，意气风发、斗志昂扬，很想为国家出力，因此是站在元朝统治者的立场上看待方国珍起义事件的。随着时间的推移，刘基渐渐看清了元朝统治者的真面目，自己也加入了朱元璋的起义军，后来就没有发现有对方国珍作"海贼""作乱"的评价了。

(二)谢铎对方国珍的评价

刘基是方国珍同时代的人，后人编辑刘基诗文集，把刘基作于方国珍归顺朱元璋之前的诗文收入，不加改写，保留历史的真实面貌，也无可厚非。但是在方国珍归顺朱元璋以后，人们如何评价方国珍？就值得我们研究了。方国珍有一位黄岩老乡谢铎(成化年间由黄岩分出太平，谢铎家乡桃溪始归太平)，宣德十年(1435)出生，正德五年(1510)去世。谢铎，桃溪(今温岭市大溪镇)人，字鸣治，号方石，明茶陵诗派重要诗人、文学家、史学家、教育家。天顺八年(1464)进士，入翰林院为庶吉士，次年授编修。成化三年(1467)，谢铎参加编修《英宗实录》，后升侍讲。弘治三年(1490)提升为南京国子监祭酒，后辞官回乡，家居十年，先后有数十人举荐，明孝宗命吏部遣人员至其家，起用为礼部右侍郎兼国子监祭酒,谢铎71岁告老还乡。谢铎博通经史,文学造诣极深。死后赠"礼部尚书",谥文肃。谢铎有《桃溪集》,今经整理编为《谢铎集》84卷,由中华书局于2002年出版,他对方国珍的评价就耐人寻味了。

《谢铎集》卷二十六《古诗》云:

方国珍据台、温、庆,阳降阴叛,以海岛为窟穴,我师讨而降之。为《海波平》第八。

圣人出,海波平。越裳万里,重译来庭。矧尔海寇,实我边氓。真龙奋,海若惊。犹据窟穴潜其形,恣睢睥睨思凭陵。天威吓,叱怒霆。聪不及塞心胆倾。帝哀其愚宥尔生,尔骨不朽今须铭。

《谢铎集》卷二十九《古诗·台州杂咏二十六首有引·白枫河》云:

方国珍之乱,陈仲广倡宗族乡党共御之,战于白枫河,死者几百人,贼势益张,仲广忧愤成疾而卒。

白枫河,河水满地流红波。波声入海争荡摩,蛟螭夜泣愁鼋鼍。於乎壮士可奈何,白骨两岸高峨峨。君不见河之水,深不极,至今下有衔冤石。

又《待隘盗》云:

潘进士省中为方国珍所劫,屡以大义劝折之,国珍不从,其党郭仁本谮于国珍,使盗待诸隘而杀之。

鸱鸮张,悲凤凰。麒麟伤,类犬羊。嗟嗟先生今则亡。君不见棘门盗,能杀春申黄,又不见宝应盗,能杀辅国王。于嗟尔,盗何不解,杀枢密郭,更杀丞相方。枢密郭、丞相方,百世与尔谁流芳,嗟嗟先生今不亡。

从谢铎对方国珍的评价中,我们看到,谢铎对方国珍起义的看法是"方国珍据台温庆阳降阴叛,以海岛为窟穴","方国珍之乱",尤其是对"潘进士省中为方国珍所劫,屡以大义劝折之,国珍不从,其党郭仁本谮于国珍,使盗待诸隘而杀之"事颇多愤慨,为潘省中被杀之事感到"悲""伤",发出"嗟嗟"之声。

这就奇怪了,方国珍降朱元璋后,朱元璋赐书曰:"吾当以汝此诚为诚,不以前过为过,汝勿自疑。"授广西行省左丞,食禄不之官。几个儿子也封了官。方国珍已经是明朝官员了,那么,为什么后来明朝官员对他的评价怎么还是那么低呢?这就费解了。

(三)其他文艺作品对方国珍的评价

这个问题,应再泉先生主编,徐永明、何斌超、赵世文三先生副主编的《方国珍史料集》(浙江大学出版社2013年版)中搜集了许多材料,笔记小说、戏曲、辞赋都有,如《警世通言》《儒林外史》《型世言》《英烈传》《剪灯新话》《西湖二集》《六十种曲》,等等,此处不赘。在这些作品中,对方国珍起义的评价都不高,称之为“乱”“匪”等,而赞扬刘基的剿平之的方针。

综上所述,方国珍起义是一次规模较大的农民起义。在元朝末年,残暴的元朝政府统治已经使老百姓民不聊生,在这样的情况下方国珍首举义旗,如同秦朝末年的陈胜、吴广,其意义是不言而喻的。虽然在当时的情况下,方国珍没有提出更加响亮的口号,也没有更大的志向和举动,但是,他能够在自己力量的范围内,保境安民,轻赋薄敛,筑塘修桥,重视文化,为老百姓做好事;能够不称王,使宁波、台州、温州三地保持稳定,免除战祸;并且在适当的时候归顺了朱元璋,他所贡献的海船、马匹、兵器、粮食、士兵为迅速平定海疆做出了很大的贡献,这些都值得我们深入研究。至于评价,我们更应该透过历史迷雾,还其本来真实面目,给以正确的评价。

方国珍首义之功与割据之局简论

台州学院　胡正武

元朝统治者依靠“马上打天下”的行事模式来治天下，以文化落后的民族来统治文化高度发达的汉族，其残暴、粗鲁甚至野蛮的统治方式引起汉族人民越来越强烈的不满，同时元朝统治者与以汉族为主体的广大被统治者的矛盾日益尖锐。加上官员公权私用，对下层人民敲诈勒索、盘剥加重、贿赂公行，各种不公不平之事有增无减，逐步将社会导向紊乱，终至于出现天下形势纷乱，各路豪强揭竿而起，此呼彼应，风起云涌，一时形成滚滚洪流，如摧枯拉朽，将风雨飘摇的蒙古朝廷赶下了历史舞台，赶回了蒙古草原，实现了“驱逐胡虏，恢复中华”的伟大目标，最终由朱元璋开创了大明王朝。在各路豪强起义过程中，又以浙东台州黄岩洋屿(今属台州市路桥区)人方国珍为最早，于元至正八年(1348)杀官捕，聚众入海，梗元海漕粮运之道，成为雄霸一方的海上强寇，对元朝统治特别是对元朝在浙东的统治造成了巨大的威胁。同时为后来江淮流域农民大起义做了很好的榜样与铺垫。方国珍在元末农民大起义以及推翻元朝统治集团的历史过程中几起几落，过程比较曲折，情况比较复杂，其个人结局尚称圆满。以下就方国珍起义生涯中的几个问题，谈一些粗浅的看法，以就正于方家通人。

一、方国珍首义是出于偶然

方国珍在元末农民大起义的大潮中首先拉起一支反抗现实残暴统治的武装力量，于至正八年(1348)聚集人马，入海则占岛为王，登陆则攻击官军，打得赢就占地为王，打不赢就乘船逃跑。方国珍是对现实、官府有愤恨，有起来反抗的强烈冲动，同时方国珍出身海边的盐贩，又无文化，对眼前利益看得较重，因此未见其明确的反元思想与著名的言论；也未见方国珍有准备、有铺垫的反元计划。方国珍的“起义”带有很大的偶然性，他是在见世道不平，黑白颠倒，是非不分，公权私用，贿赂公行，犯下命案的情况下，为保自家性命，不得已而拒捕，杀死官府衙役，从此被逼上梁山，走上了武装反抗黑暗社会与腐朽统治的道路。并非出于某种远大目标，怀抱崇高理想，而号召下层人民揭竿而起的。

二、方国珍建军是为抵抗官府

方国珍走上武装反抗官府的道路后，虽然对前来镇压的官军作了针锋相对、你死我活的斗争，但他最大的要求只是朝廷的招安，授予官职，便保持相对平安，与朝廷合作共赢。这是在"保本"的前提下，再利用一切有利时机，与买主讨价还价，得寸进尺，层层加码，为自己谋求更大的利益。方国珍对于被俘的军官，采取宽大态度，不加杀害，而加以利用，只要"战俘"愿意对话，能向朝廷提出优待方氏的方案，倡议招安，即算实现方国珍的目标。对于被俘的其他官府官员，方国珍也多持此基本立场来处理。

方国珍接受朝廷的招安以后，摇身一变，成了朝廷正式委任的地方高级官员，像江浙行省左丞相，等等。这样就成为朝廷"命官"，与元朝其他"命官"，包括曾经追剿方国珍而为方国珍所败的"命官"成为"同僚"，相互间合作取得成功，最有代表性的"业绩"便是方国珍与另一位被朝廷招安的农民起义领袖张士诚以及元朝派遣督办的"特使"一起，利用方国珍的海船，运送吴中赋粟十万余石到大都，以供京师之需。可见方国珍对于朝廷重要命令，如海上输粟大都这样的使命是认可的。

方国珍拥兵是为自保，从无有过武装推翻朝廷之念。这从上述内容看也重复印证着这个事实。最为典型的事例就是他对章子善献统一全国之宏规远略所表现出来的思想。当"纵横术者"章子善游说方国珍，为方规划率领"海军"(水师)从长江口溯江而上，以南窥江东，北略青、徐、辽、海的"席卷天下，包举宇内，囊括四海之意，并吞八荒之心"时，方国珍很率真地说："吾始志不及此。"送走了章子善这样的谋士。这就表现了方国珍只具盐贩的眼光，不是有远见卓识的战略家，更不是有远大目标的政治家。

三、方国珍几大胜仗的动力是图利

方国珍军事集团起初为了生存不惜与官军以死相抗，打过几次有点"刺刀见红"的仗，如在灵江马头山诱杀台州路达鲁花赤泰不华之役，攻入台州城之役，论作战的规模，实际上都属于小型的战斗。在台州沿海所发生的战斗，规模、声势都不大。方国珍“冲出台州”后所发生的交战，除了极少的一两次外，基本上都是不太能摆得上桌面的“打仗”，有的甚至是极富喜剧性的事件，如江浙行省参政朵儿只班率军追击方国珍到福州五虎门之战，就是其中典型的战例。

史料记载中，方国珍舍命相搏的战斗，大体上只有格杀官府衙役捕快一次和奉命镇压张士诚一次。这两次战斗有较为详细的过程记录与描写，显示方国珍“力大”“勇猛”的一面，在他一生不怎么“辉煌”的军事生涯上留下了“浓墨重彩”的一笔。然而其背后的动力是什么？

前一次格杀官府衙役捕快，是属于“突发事件”，是千钧一发之际出于本能的反抗行为。与其束手待缚，孰若起而拯之？不甘被捕，反而杀死了“官人”，表现了方国珍不畏强暴、敢于反抗的“硬汉”形象，因而其乡亲中许多害怕受牵连者便愿意跟随方国珍“入伙”为寇。

后一次率军攻打势力强大的张士诚，是一次很值得思考的军事行动。方国珍集团在军事上并不算很强大，其麾下战斗力也不强，朝廷命令方氏前去镇压张士诚，极其明显的是一个并不太难识破的局，是要借刀杀人，让两个武装反抗朝廷的集团自相残杀（当时方国珍已经接受朝廷招安，“身为朝廷命官”，算是“公务员”系列的“体制中”人，但非朝廷信任的“自家人”，方氏的确是“暂借朝廷来栖身”，对朝廷自是三心二意，虚与委蛇。朝廷对方氏亦属无力消灭之下暂时羁縻之、利用之而已），朝廷则坐山观虎斗，很希望取得两败俱伤，“鹬蚌相争，渔翁得利”的结果。但是方国珍好像迷途不返，毅然跳入火坑，作战中十分勇猛，身先士卒，冲锋在前，斩张二将，以五万远道而来的“海军”（大概可称为“海军陆战队”），力克张士诚在自家门口养精蓄锐、以逸待劳的七万陆军（包括步兵与骑兵），杀死张氏七员大将，兵锋直指平江府（苏州）城下，取得前所未有的“重大胜利”。方国珍所部可以说是“超水平发挥”，其动力其真相究竟为何？其实是方国珍另有所图，打好自己的小算盘：“国珍闻吴中富饶，亦欲自为计。”于是率舟师五万进击昆山州（据《明书・方国珍记》、查继佐《罪惟录・方国真》）。方国珍对此役极为重视，“率兄弟诸侄以舟师进攻昆山州”，可谓精锐尽出，放手一搏了。

昆山之役中，方国珍进攻张士诚十分卖力甚至有舍命相搏之勇，此役在军事上打出了威风，检验了方军的战斗力，虽未能攻入平江府（今苏州），尽取张氏的财宝，但在政治上收获更大，一是获准“以节钺镇浙东，开治于鄞”“兼领温、台，全有三郡之地”，冠冕堂皇地做起元朝的一方大员，俨然一派封疆大吏的架势，好不风光。二是获得了朝廷的嘉奖与赏赐，官至太尉、江浙行省左丞相，封衢国公，其兄弟子侄宾客，皆至大官。可谓名利双收，一时志得意满，风光无限，达到了其一生中的“顶峰”。

四、割据浙东沿海三郡策略得失

方国珍农民军势力范围囿于浙东沿海台州、温州、庆元（今宁波、舟山）三路及绍兴路的一部分（主要是余姚、上虞两县），与张士诚部以曹娥江为界。陆上地盘不大，属于地方割据势力的性质，划地自守，“守株自保”的类型。这有客观原因，也有主观原因。

（一）地理因素的限制。浙东总体上属于中国东南丘陵地带，少平原而多山，山地占总面积的绝对优势。先以方国珍家乡台州来说，台州地理大势是“三面环山，一面临海”，呈西高东低，向东开放的“簸箕形”，以台州最大的水流灵江为文化带，形成政治、文化的核心区域。以沿海冲积平原——温黄平原为粮仓，台州民谚有“温黄熟，台州足”之说。温州的地理大势亦大致相似，王士性说：“台、温二郡，以所生之人食所产之地，稻麦菽粟尚有余饶。宁波齿繁，常取足于台；闽福齿繁，常取给于温。皆以风帆过海，故台、温闭籴，则宁、福二地遂告急矣。”（见《广志绎》卷之四《江南诸省》）。庆元路的情形稍有不同，其环江（钱塘江）临海（东海），冲积平原较台、温为多，故易致富裕。浙东地理形势的特点造成了交通的不便，信息传播的缓慢滞后，一个州郡往往就成为一个相对独立的封闭、半封闭的地理区域，与平原地区的环境有很大的差异，这自然造就了浙东人民生活方式与生产方式独特的一面。

（二）经济实力的限制。浙东沿海台、温、庆三郡，由于上述地理条件的不同，形成了不同的生存状态，若是按照明朝地理学家王士性对浙江省人文地理的看法，宁、绍、台、温地理环境相似，风俗相近，“连山大海”，属于海滨之民。“海滨之民，餐风宿水，百死一生，以有海利为生不甚贫，以不通商贩不甚富，闾阎与缙绅相安，官民得贵贱之中俗尚居奢俭之半。”（王士性《广志绎》卷之四《江南诸省》）当然宁波与绍兴平原水乡多，虽不如杭嘉湖那样富裕，却比台、温强得多。因此浙东沿海三郡，虽有庆元较富，而台、温两郡较贫，物质条件仍然有限，难以支撑大规模军事行动所需。

（三）军事实力的限制。庆、台、温三郡皆濒临大海，拥有海上航行之便，然而腹地纵深欠缺，幅员不够开阔，所能动员的人力资源比较有限，难以支持建立一支可以打败张士诚、陈友定这样割据一省（或一省之内）的地方军阀，更不用说与“号令严明，所向无敌”的“江左”（即起义于凤阳的朱元璋集团）相抗衡了。

1.方国珍所部长于水战，而短于陆战。他的优势在海上，这支“海军”是当时连朝廷都生畏的难以消灭的力量。方国珍起事之初，跟随他逃亡入海的是黄岩(含今路桥、温岭)沿海一带的渔民与农民，这批人构成了基本力量与干部队伍的骨干。方国珍的老家洋屿当时就在海边，现在离海岸已有数十里之遥。因此这批基干熟悉海上，在力量占优势的情况下可以与官军作战，若是不占优势则最佳方案就是逃亡海上，驾船入海，扬帆远航，官府屡次剿捕而屡败，折将丢兵，损失惨重，徒唤奈何。正因为如此，方国珍所部啸聚海上，占岛为王，梗阻海道，截获漕运，令元朝大都物资供应频频告急，权衡利弊之后，不得不一再招安方国珍，赐以高官厚禄以羁縻之、利用之。

方国珍所聚集的队伍主要是一支下层贫民迫于生计而来的“乌合之众”，不是训练有素的军队，其战斗力是不太强的，而且擅长的是海上的“水战”，也仍然被元朝官军追击到福州五虎门，差点就要支撑不住，准备烧船逃跑，因元军内部自乱而侥幸获胜。打台州路达鲁花赤泰不华获胜是因为使用阴谋诡计，采取欺骗手段杀了个回马枪，又是“瞎眼猫碰上死老鼠”，对手泰不华乃一介书生，在军事上是个外行，相信了狡诈多变的方国珍，结果是“灯蛾投火——自取灭亡”。婺州(今金华)苗军将领哗变，方国珍兄国璋与之交战，反被打死，就更暴露出方氏军队战斗力的真实水平。吴元年，朱元璋命令朱亮祖率军征讨方国珍时，指示朱亮祖：“方国珍鱼盐负贩，呰窳偷生，观望从违，志怀首鼠。今出师讨之，势当必克。彼无长策，惟有泛海遁耳。”(《大明太祖高皇帝实录》卷之二十五)就勾画出了方国珍的特点与优劣，所以方国珍即使想“冲出浙江，走向全国”也难以达到目的。

2.长处也是短处。方国珍所部强在海上，若 登陆，即非其长。所以他的生存之道必须在濒海之区，不能离海太远。在这一区域，能打胜就打，打不胜即乘船入海，具有很浓重的“海盗”性质，他的对手像元朝官府、朱元璋等都曾指斥他为“海贼”，不是没有原因的。即使在方国珍势力鼎盛时期，他所统辖的范围都是浙东沿海的庆、台、温三郡以及绍兴与庆元相邻的两个县，这两个县也是靠海(钱塘江入海口，绍兴人习称“后海”)。当章子善向方国珍献计进军长江，进窥中原，夺取天下之宏伟蓝图时，方国珍不是不想夺取天下，而是内心还算明白，离海近，如鱼得水；离海远，尤其是逐鹿中原，只怕会成为“海大鱼”，一旦荡而失水，下为蝼蚁食矣。所以方国珍从未深入内地，而以沿海作为自己的“根据地”。

3.军士总数有限，仅10余万人。方国珍所部横行海上，打得官军没有办法，但是客观地看，他要率领这支“部队”去南征北战，逐鹿中原，力量偏于单薄。方国珍所部在全盛时期的军士总数虽无准确统计，但是在方国珍归顺明朝后则有一个统计数字，洪武四年(1371)十二月戊辰，诏吴王左相靖海侯吴祯籍方国珍所部温、台、庆元三府军士及兰秀山无田粮之民尝充船户者，凡111730人，隶各卫为军。(《大明太祖高皇帝实录》卷之二十五)可以推知方国珍所部人数算不上太强大，大致在10万人左右。以这样一支力量，在庆、台、温沿海地区守株自保，勉强可以维持；若以攻打内地，逐鹿中原，则恐怕有点不自量力，万一作战不胜，有全军覆没的危险。

五、保境观变、首鼠两端策略的基础是盐贩本色

方国珍自起事之日起到最终向朱元璋俯首称臣，在长达18年的地方割据中策略多变，到后期基本上采取“保境观望，首鼠两端”的态度，既与元朝政府保持联系，又与各路反元势力特别是朱元璋集团保持联系，颇似抗日战争时期山西阎锡山斡旋于日寇、中央军、八路军各路势力中间，采取“中的哲学”，力图保存实力，避免被吃掉。因而长期以来受到史学家的批评与抨击，也是当时被朱元璋视为“小智”的主要原因。基于本文第四部分的理由，我以为方国珍“保境观望，首鼠两端”态度大体上是面向现实，符合自身实际的一条明智之策。

(一)这是盐贩(小商贩)评估市场行情，不把鸡蛋放在一个篮子里面的务实举措

方国珍的基本态度是，在全国局势混沌不清，各方势力纠葛在一起，难解难分，难以判断谁准能获胜“坐龙廷”的情况下，尽量保持与各方的联系，以免“押错了宝”，落得鸡飞蛋打，一锤子买卖做砸了。所以既为元朝海运米粟，以解大都物资紧缺之急，欣然接受元朝的封官许愿，加官晋爵，以抬高自己的身价，提高自己的声望，获取更大的政治资本，又与周边群雄保持相对紧密的联系，特别是向实力雄厚、号令严明的“江左”集团(朱元璋)放低身段，愿意像五代时期吴越国钱弘俶与赵宋的关系一样，以示无意与朱元璋逐鹿天下，消除朱元璋的疑心；同时又与张士诚结为婚姻，与福建割据势力陈友定保持联系，等等。这样与各方维持一种相对平衡的局面，不搞一边倒，是最大限度地保持自身利益与安全的一种务实之策。

这是盐贩做生意的“基本方针”，也是方国珍的“看家本领”与立身处世的基本模式。虽然缺乏宏规远略，政治上显得只见树木不见森林，有些短视，也有些小家子气，但它是切合方国珍的思想实际的务实之策。因为更大的理想、更远的目标，他玩不转了，再好的蓝图、再好的大饼也毫无实际意义。

不仅方国珍观望局势，即使朱元璋也“未能免俗”，如在元朝察罕平定山东，江南震动之际，朱元璋也派遣千户王华挟三千金附方国珍海舟至京，向元朝通好，元朝廷为表示联络感情、宣示皇恩国威与侦察动静，派遣朝廷大员尚书张昶随船南归；及察罕不久被杀，元朝势力严重受损，朱元璋兵威日盛，就不认这个账了，方国珍也只得“诛昶”(一说令昶至闽陈友定处以避风，而后昶为朱元璋收罗幕下)以向朱元璋示好。这也是十分典型的观望局势，见风使舵的事例。

(二)方国珍斡旋的基本手段是送礼行贿

方国珍从起事拉队伍、啸聚海上开始，就时刻面临着“是生还是死”的严峻考验。为了生存，一方面拼死抵抗，反正“光脚的不怕穿鞋的”，大不了同归于尽，元朝官军都是“穿鞋的”，哪里有方国珍所部的气势？但是倚仗着人多势众，装备精良，也打得方部逃亡不及，几乎就擒。而官军不战自乱才让方国珍逃生，并且白捡了大便宜，俘虏了官军军官，就此走上了希望朝廷招安，与朝廷讨价还价的“买卖”之路。另一方面，方国珍采取“两条腿走路”的策略，派遣心腹到官府衙门甚至首都贿赂权要，双管齐下，为自己改变身份，从草寇到朝廷命官发挥重要作用。著名事例有浙东元帅也忒迷失及福建元帅黑的儿合兵围剿，方国珍“行金赂元执政甚勤”，结果朝廷“乃命江浙左丞帖里帖木儿，南台侍御史左答里失复招谕之，请授官”。而浙西行省都事刘基(伯温)对方国珍持严惩不贷之议，结果因“执政多受国珍贿，驳台议，谓基擅作威福”，反遭贬谪之罪。元朝授予方国珍徽州路治中，不久又不得已“以国珍为海道漕运万户，国璋为衢州路总管”。

除了元朝官员外，方国珍送礼行贿的主要对象还有朱元璋。从史料记载来看，大的送礼行贿是从朱元璋亲率师下婺州(今浙江金华)时开始的，这次送礼分量很重，“遣使举书币，尽以其地来献，令次子关为质”，为朱所婉拒，“寻复镂珠玉于马鞍来献”，亦为所拒。“复上书，愿守郡邑，如钱镠故事，岁贡白金给军费”，终于获得朱元璋首肯。如此一而再，再而三地向朱元璋送礼示好，力度之大，密度之高，态度之虔诚，是很少见的。后来当朱元璋派遣典签刘辰来慰问方兄国璋之丧时，方国珍又“故技重演”，“饰二姬贻之”。总之，方国珍以送礼行贿为手段，花样繁多，从送金钱，举书币，送质子，给军费，赠镂珠、玉饰、马鞍到送美女，成效显著。

(三)方国珍为反抗官府不公而起，又制造新的不公

当初因为官府大肆收受贿赂，致使公权私用、混淆是非、颠倒黑白，激起民愤，方国珍为反抗这种黑暗的现实，保住自家小命，杀死官府公人，走上反抗现实不公的道路。成为一支农军首领、割据一方草头王后，又自觉不自觉地采用这种本来令他深恶痛绝的手段，贿赂权要，为自己获得分外之利。因此，就其送礼行贿的性质而言，方国珍无疑是官场黑暗，贿赂公行现实的受害者，又是大肆行贿，为自己谋利，制造新的不公的施害者。

论方国珍对生存策略的选择

北京大学　王诗雨

元代末年，时危世乱，各地群雄纷起，浙东南地区局势错综复杂，作为首义反元者的台州方国珍，其生存与发展一直都面临着元朝廷势力和福建陈友定、吴中张士诚、淮西朱元璋等割据政权的威胁。

方国珍至正八年(1348)起义反元，其后屡次降元、叛元；与张士诚集团之间则由激烈征战到讲和，再到联合为元朝运粮同时又互相防备；朱元璋势力日益壮大并逼近浙东南地区之后，方氏在元朝廷和朱元璋势力之间首鼠两端，最终山穷水尽之下被迫投降朱元璋。这些过程固然表现出方国珍个性之反复与善变，但它根本上是由方国珍与元朝、张士诚、朱元璋几方势力的博弈决定的。

目前，对于方国珍割据势力的研究，尽管未成为学界关注的热点，但已有不少专题学术论文与专著。但从梳理方国珍部的发展过程以解读方国珍在元末复杂环境下所选择的生存策略，却较为罕见。本文拟根据对历史"抱同情之理解"的原则，以时间为顺序，逐一考察方国珍所做出的重大抉择，以期理解方国珍反复与善变的现象之下所蕴含的他对生存策略的选择。

一、第一次降元(至正八年)与叛元(至正十年)

至正八年(1348)十一月，台州黄岩民方国珍入海为乱，劫掠漕运粮，执海道千户。事闻，元朝廷诏江浙行省参政朵儿只班总舟师捕之，兵败被执。方国珍迫使朵儿只班上招降之状，元朝廷从之，方国珍兄弟皆授以官，但方国珍不肯赴，势益暴横。①

方国珍举事的原因，是方国珍家与其佃主陈氏有旧怨，而被陈氏地主家诬告通寇，以致被官府追捕。于是在至正八年(1348)十一月，方国珍怒杀告密

① (明)宋濂等撰:《元史》卷一四三《泰不华传》，北京:中华书局，1976年，第3423—3426页。

者，与家人逃亡入海，短时间内便“得数千人，劫掠漕粮，执海道千户”①，成为海寇。可以说，方国珍走上起兵造反的道路纯属迫不得已，他实际上开始并没有打定主意与整个元王朝相抗。即如方国珍于至正十九年(1359)送款降明时所言：“向者因怨家构诬，逃死海岛，遂有三郡，非敢称乱，迫于自救而已。”②由此，方国珍在对元军初战告捷的情况下，借战胜之机而请降，迫使元朝廷免去其杀人之罪，未尝不在情理之中。

况且，方国珍此战虽然可谓大获全胜，但却属侥幸。《元史·泰不华传》曰：“(朵儿只班)追至福州五虎门，国珍知事危，焚舟将遁，官军自相惊溃。”③又《明书》曰：“蹑福州五虎门。国珍势促，且焚舟去。忽官舟内自扰，国珍反蹙之。”④再加上元军多为“北方步骑，不习水战”⑤，方国珍这才能反败为胜。而实际上就真实兵力言之，方国珍部则远逊于元军。因此，方国珍借请降以免于元军反扑，当是明智之举，《元史·泰不华传》就载：“九年，诏泰不华察实以闻，既得其状，遂上招捕之策，不听。”⑥

而元朝廷接受方国珍之请降，则是出于海运漕粮的考虑，明叶子奇《草木子》即曰：“朝廷恐为海运之梗，招安之。”⑦(此点后文详述)

方国珍降元为权宜之计，而元朝廷所授方国珍之官位亦无实权可言。据《元史·归旸传》，方国珍遣人从朵儿只班走京师请降期间，时任参议枢密院事的归旸即上奏元顺帝曰：“国珍已败我王师，又拘我王臣，力屈而来，非真降也。必讨之以令四方。”但因当时元顺帝“方事姑息，卒从其请，后果屡叛，如旸言”⑧。可见，元朝廷业已洞悉方国珍假降之举，因此虽然接受方国珍之请降，却仅授方国珍“定海尉”⑨，而元朝县尉仅为微末小吏，几乎无实权。又一说为元朝廷此次授予国珍的是“海运假千户”(至正十二年，元朝才正式“授国珍千户”)⑩，“假”即暂时代理之意，或者只是一个空衔。可见元朝并不想正式授予

---

① (明)焦竑：《国朝献徵录》卷一一九《胜国群雄·张士诚传》，《中国史学丛书》本，台北：台湾学生书局，1965年，第5266—5268页。

② (明)谈迁：《国榷》卷一，北京：中华书局，1958年，第283页。

③ 《元史》卷一四三《泰不华传》，第3424页。

④ (清)傅维鳞：《明书》卷九〇《起兵诸国记二·方国珍》，《丛书集成初编》本，北京：中华书局，1985年，第1826—1832页。

⑤ 《元史》卷一八六《归旸传》，第4272页。

⑥ 《元史》卷一四三《泰不华传》，第3424页。

⑦ (明)叶子奇：《草木子》卷三上《克谨篇》，北京：中华书局，1959年，第49页。

⑧ 《元史》卷一八六《归旸传》，第4271页。

⑨ 据《国朝献徵录·方国珍传》《明史·方国珍传》《方谷真神道碑》。

⑩ (明)何乔远：《名山藏》卷四五《天驱记》，明崇祯刻本。

方国珍有职有权的官职，此次招降方国珍于元朝廷而言亦是缓兵之策。

方国珍与元朝双方皆虚与委蛇，互相猜疑，是以方国珍虽受官还故里，却无所任，兵聚不解，仍出没海上，而且其势益横，他不久即叛元并不意外。①

二、第二次降元（至正十一年）

元顺帝至正十年（1350），方国珍复入海，焚掠沿海州郡。十二月，方国珍攻温州。次年初，知城中守备严，退舟出港，掠温州城外而去。

又据《元史·泰不华传》，至正十一年（1351），元朝廷"诏孛罗帖木儿为江浙行省左丞，总兵至庆元；以泰不华谂知贼情状，迁浙东道宣慰使都元帅，分兵于温州"，夹击方国珍部。孛罗帖木儿兵败被执，"反为国珍饰辞上闻"。元朝廷遂"遣大司农达识帖木迩等至黄岩招之，国珍兄弟皆登岸罗拜，退止民间小楼"。②

继至正八年（1348）降元与至正十年（1350）叛元之后，方国珍于至正十一年（1351）复降元的直接原因，在于他又打了胜仗，并再次生擒了元将。此前方国珍屡次劫掠沿海州郡，并于至正十一年（1351）六月攻下台州黄岩等地，声势越来越大，已经成长为不容忽视的一方势力，有了更充足的本钱与元朝讨价还价，并通过与元朝政府的谈判来为自己的降元谋取利益的最大化。对于方国珍而言，胁迫江浙行省左丞孛罗帖木儿上请归诚，无疑使自己的降元更显体面。

但至于至正十一年（1351）方国珍降元的根本原因，还在于方国珍起义的三年内，其势力发展的态势尽管表面上看起来很好，实际上却存在不少致命的问题，迫使方国珍不得不降元。

其一，此时方国珍起义势力之性质，尚为海寇。尽管至正十一年（1351）六月，方国珍"复聚众攻黄岩，百户尹宗战死"③，并以黄岩作为陆上根据地，但他仅据有台州黄岩一地，距有较大固定地盘的地方割据势力还是相去甚远。方国珍虽然举事于台州，并攻打过温州，但一直未能获得台州、温州两地的主控权。因此，在缺乏地方税收等固定经济来源的情况下，方国珍部之生存并非易

---

① （清）查继佐：《罪惟录》列传卷之六："虽受官，无所任，兵聚不解，仍出没海上，攻温州，不克，焚掠而去。"《四部丛刊三编》影手稿本。《国朝献徵录》卷一一九《胜国群雄·方国珍传》："虽受官还故里，而兵聚不解，势益横。"第5272—5273页。

② 《元史》卷一四三《泰不华传》，第3423—3425页。

③ 《明书》卷九〇《起兵诸国记二·方国珍》，第1826—1832页。

事。这使得方国珍部需要不时劫掠海运漕粮或沿海州郡来维系生存,这显然不是长久之计。因此,在无法攻占州郡的情况下,降元以获得官职与生活来源迫在眉睫。

其二,就方国珍与元朝廷双方军事力量对比而言,两者相差悬殊。虽然元朝廷岌岌可危,但对比新兴崛起的方国珍部,尚是庞然大物。方国珍虽然战胜过前来围剿的小股元朝军队,可是元朝军队主力却非方国珍等海寇所能撼动。三年来,方国珍只攻克台州黄岩一地,对其他沿海州郡仅能劫掠而去便是力证。因此,在打败小股元军后,为了免于招致元朝大军前来镇压,降元亦是正常之举。《元史·泰不华传》曰:“是夕,中秋月明,泰不华欲命壮士袭杀之,达识帖木迩适夜过泰不华,密以事白之,达识帖木迩曰:‘我受诏招降耳,公欲擅命耶?’事乃止。”[①]从中足可窥见,降元后,元朝官方对方国珍加以维护,方国珍部免于遭到元军的攻击。

而对元朝而言,至正十一年(1351)五月,适逢韩山童、刘福通聚众三千人于颍州起义,以红巾为号,陷颍州。“是月,刘福通据朱皋,攻破罗山、真阳、确山,遂犯武阳、叶县等处。”[②]相比较只在东南沿海一带活动的方国珍海寇势力,出兵镇压已开始在中原腹地大举攻城略地的红巾军显然更为急迫。因此,当六月方国珍执江浙左丞孛罗帖木儿,并胁使上请归降时,对于一时难以力克的方国珍部,元朝廷选择了遣官前往诏谕,力求保证浙东南沿海暂时太平。

在方国珍降元后不久,局势则陡然一变。至正十一年(1351)八月以降,“徐寿辉等起蕲、黄,布王三、孟海马等起湘、汉,芝麻李起丰、沛,而郭子兴亦据濠应之。时皆谓之‘红军’,亦称‘香军’”[③]。可见,自五月红巾军起义爆发以来,全国各地农民起义纷起响应,起义之势一发而不可收,而元朝各块版图则纷纷陷落。

方国珍或许因信息不通,或许是无法料到,起义之初只有三千人之众的红巾军,发展会如此迅速。九月,刘福通“陷汝宁、光、息”之后,“众至十余万,元兵不能御”[④]。元朝廷不得不大举发兵征讨红巾军,而方国珍恐其波及自己,再次劫党入海。这样一来,方国珍至正十一年(1351)的降元,就完全成为一件多余之事,由于此次降元时间过于短暂,方国珍并未享受到降元所带来的切实利益。反而因为两次降元之举,使方国珍部作为首义反元的起义军,失去了在

---

① 《元史》卷一四三《泰不华传》,第 3425 页。

② 《元史》卷四二《顺帝本纪》,第 891 页。

③ (清)张廷玉等撰:《明史》卷一二二《韩林儿传》,《缩印百衲本二十四史》,北京:商务印书馆,1958 年。

④ 《明史》卷一二二《韩林儿传》。

道义上的制高点，形象和声誉都受到损害。

尽管从后来历史发展的情形来看，方国珍至正十一年(1351)六月降元之举并不明智，但后人亦不能苛责，因为方国珍对当时局势的发展无法未卜先知，而他战胜元兵之后，却必须在降元与准备抵抗有可能到来的更大规模的镇压之间迅速做出选择。

三、第二次叛元(至正十二年)

至正十一年(1351)八月，“李二号芝麻李，与其党亦以烧香聚众而反”，“萧县李二及老彭、赵君用攻陷徐州”[①]。徐州为军事重镇，非同小可。至正十二年(1352)三月，元军“征徐州，命江浙募舟师北守大江，国珍怀疑，复劫党入海”[②]。

方国珍此次叛元的直接原因非常清楚。方国珍降元后，他的队伍就成为元朝官方军队的一部分。他的队伍恰恰以舟师为主，是江浙一带元军舟师的主力。方国珍因此怀疑元朝廷会征召他的舟师去北守大江，这就存在着被红巾军消灭或被元朝控制的危险，于是抢先入海叛元。方国珍这一担心不无道理，元朝廷确实一直想通过招降方国珍以解除其武装力量，如明宋濂《方国珍神道碑铭》载元朝廷授方国珍庆元定海尉时就有“使散众各安其居”[③]之语。因此，方国珍很难不担心元朝廷是想借此良机一石二鸟，既打击了徐州芝麻李的起义军，又消耗了他的老本。

此外，此次方国珍叛元还有以下几个原因：

其一，此时方国珍在浙东南沿海三郡的影响力与控制力尚浅，暂时放弃并不稳固的陆上地盘而劫党入海，对方国珍而言损失并不大。

其二，虽然方国珍两次降元、叛元，未免有过于反复之嫌，但此次叛元却间接地使方国珍起义势力得以暂时游离于元朝廷与红巾军等农民起义军的双方恶战之外，避开了卷入江淮地区乱局的风险。后来的事实也证明，元朝重兵压境，九月徐州城破，全城惨遭屠杀。当初方国珍舟师若前去北守大江，面对元朝大军与背水一战的起义军，想毫发无损而归恐非易事。

其三，得以再次劫掠海运漕粮，且收获颇丰。清王昶嘉庆《直隶太仓州志》

① 《元史》卷四二《顺帝本纪》，第892页。

② (明)黄光昇：《昭代典则》卷一《太祖高皇帝》，第1—33页，《续修四库全书》第351册，史部·编年类，上海：上海古籍出版社，2002年。

③ (明)宋濂：《宋学士全集(十)》之《故资善大夫广西等处行中书省左丞方公神道碑铭》，《丛书集成初编》本，上海：上海商务印书馆，1939年，第620—624页。

记载道："十二年三月十三日，方国珍率岛寇入。时浙省参政樊执敬督海运，将发，宴犒海口，顷之贼艘麕至，烧舟粮无数。……重获乃去。按：国珍降元，复叛。是年，以小舸三百突海门，入洲港，复犯马鞍诸山。"[①]

其四，再度叛元，自然使方国珍与元朝廷交恶，但此时方国珍应该已经了解到，各地红巾军起义声势已越来越大，其他地方势力也蠢蠢欲动，元朝廷穷于应付，对于浙东南沿海地区暂时鞭长莫及，反而势必需要结好方国珍以牵制他方势力。是以至正十二年(1352)三月，时任台州路达鲁花赤的泰不华，尽管一直是主战派，在"以死报国，发兵扼守黄岩之澄江"之后，依旧不得不"遣义士王大用"前往诏谕方国珍。[②] 相对于方国珍至正十一年六月降元之举的昧于时机，这次方国珍的叛元之举可谓反应敏捷，是一个合理的选择。

四、第三次降元(至正十三年)与叛元(至正十四年)

至正十二年(1352)初，方国珍劫党入海而叛元，与台州路达鲁花赤泰不华交战，泰不华力战不敌而亡。八月，"方国珍率其众攻台州城，浙东元帅也忒迷失、福建元帅黑的儿击走之"；十一月，"命江浙行省右丞帖里帖木儿总兵讨方国珍"[③]。于是，方国珍"使人潜至京师，赂诸权贵，仍许降，授徽州路治中"，但"国珍不听命，陷台州，焚苏之太仓"。[④]

据此可知，方国珍此次降元的直接原因，是元朝廷将遣重兵来攻打他。即如明刘基《天妃庙碑》所言："中书参知政事帖里帖穆尔出为江浙行省左丞，领征讨事。贼闻之，因守帅吴世显纳款请降，奏上，有诏，命左丞与南台侍御史左答纳实理同往察，便宜以行招讨。二公至台州，遣使宣谕，方氏兄弟悉归所俘民，愿岁率其徒防漕粮至直沽以自效。于是，海上悉平。"[⑤]

又清陈鹤《明纪》曰："(至正十三年)方国珍请降于元，浙东行省都事刘基言国珍'首逆、数降、数叛，不诛无以惩后'。国珍惧，使人潜至京师，赂诸权贵。冬十月，元授国珍徽州路治中，责基擅威福，羁管绍兴，国珍愈横。"[⑥]《元史》

① (清)王昶：嘉庆《直隶太仓州志》卷二四《兵防下》，第385页，《续修四库全书》第697、698册，史部·地理类，上海：上海古籍出版社，1996年。

② 《元史》卷一四三《泰不华传》，第3425页。

③ 《元史》卷四二《顺帝本纪》，第890页。

④ 《明史》卷一二三《方国珍传》，第3697页。

⑤ (清)钱谦益：《国初群雄事略》卷九《台州方谷真》，北京：中华书局，1982年，第214页。

⑥ (清)陈鹤：《明纪》卷一，清同治十年江苏书局刻本。

云："十三年春正月……丙子，方国珍复降。"[①]尽管上述史料记载略有出入，但至正十三年(1353)方国珍有行贿与请求降元之举是可以确认的。而元朝廷也接受了方国珍的归降，并于同年三月，"命江浙行省左丞帖里帖木儿、江南行台侍御史左答纳失里抚谕方国珍"；十月，"授方国珍徽州路治中，国璋广德路治中，国瑛信州路治中"。[②]

至正十二年(1352)，元朝军队征讨方国珍，前所未有地取得了成功，并准备发动更大规模的进攻。在这种情况下，方国珍自知不敌，转而走贿赂朝官的路子请降，是可以理解的。问题是元朝在这种情况下为何会接受他的请降呢？有关官员接受了方国珍的贿赂，为他说话，固然是重要原因，但他们也得要有说得出的理由。根本原因还在于，继至正十一年(1351)红巾军起义后，各地起义蜂起，元朝顾此失彼，难以招架，招降方国珍显然比出兵讨伐要省时、省力、省钱。招抚方国珍后，元朝廷得以集中兵力镇压红巾军，同时也能保证海运漕粮之安全。如果继续征讨方国珍，他有可能故伎重演，下海劫掠海运漕粮。

但是方国珍却选择了再次立刻叛元。至正十四年(1354)，元军大举讨伐的危机暂时解除，朝廷又催促方国珍赴任，多疑、善变的方国珍再次因疑惧而不受命。《元史》曰："国珍已降，乞立巡防千户所，朝廷授以五品流官，令纳其船，散遣徒众，国珍不从，拥船一千三百余艘，仍据海道，阻绝粮运。"[③]可见元朝廷始终不放弃通过招抚瓦解方国珍实力的算盘，而方国珍也深知保存自身军事实力的重要性，一旦元朝廷有"纳其船散遣徒众"之意，方国珍定然会毫不犹豫地选择叛元。

随后，因为元朝忙于对付北方和中原的红巾军及其他势力，方国珍部在至正十四年(1354)、十五年(1355)两年间相继攻下台州、庆元、温州等处，真正有了自己的稳固地盘，从海寇成为一方霸主，实力大大增强。所谓方国珍"安处海隅，坐享三郡之富"[④]便是从此时开始，此后方国珍才有了和各方势力相抗衡的根基，真正成为元末明初各方政权都不容忽视的一大势力。从这个意义上来讲，此次方国珍叛元并扩张势力，是非常明智的。

---

① 《元史》卷四三《顺帝本纪》，第 907 页。

② 《国初群雄事略》卷九《台州方谷真》，第 214 页。

③ 《元史》卷四三《顺帝本纪》，第 914 页。

④ (明)胡广等撰：《明太祖实录》卷二四，台湾"中研院"历史语言研究所校印本，1962 年，第 351 页—352 页。

五、第四次降元(至正十六年)

至正十六年(1356)三月,方国珍再次降元,元朝廷授职海道运粮漕运万户,兼防卫海盗运粮万户。其兄国璋为衢州路总管,兼防卫海盗事。

此前方国珍因不愿卷入元军讨伐徐州起义军之事而叛元,但至正十六年(1356)方国珍降元后,次年八月即接受元朝廷的命令去攻打张士诚,这是因为,方国珍于至正十四年(1354)、十五年(1355)两年间攻下温州、台州、庆元三郡之后,已真正成为元末明初一大割据势力,他需要保护和拓展自己的势力范围。《方谷真神道碑》载:"自时厥后,汝、颍兵大起,海内鼎沸,齐国忠襄王李察罕保厘河、洛、晋、冀,李思齐、张思道号令关陕,陈友谅、明玉珍分有江、汉、荆、益,张士诚据淮、浙,公亦有庆元、台、温三郡之地。"此次方国珍降元的直接原因,是张士诚部对方国珍势力范围的进逼。

至正十三年(1353)五月,张士诚在泰州起兵。在接下来的几年里,张士诚部不断拓展自己的势力范围。至正十五年(1355)末,张士诚派遣其弟张士德渡江南下,其势力范围开始向江浙行省扩张。至正十六年(1356),张士诚政权版图急剧向南扩张。二月,张士德攻陷平江路(今苏州)[①],进而又陷松江府、常州路、湖州路等,直逼方国珍所割据的浙东南地区。方国珍至正十六年(1354)三月降元,乃是采取远交近攻的战略,欲与元朝廷交好,以遏制张士诚割据势力南下造成的急迫危险。其后,在至正十七年(1357)、十八年(1358)两年间,方国珍部与张士诚部频繁摩擦,两次在昆山开战。至正十八年(1358)十月,张士诚部与方国珍部就绍兴归属权发生冲突,张士诚进据绍兴路,与方国珍所辖庆元、台州二路相邻,对方国珍部造成巨大威胁,即可知方国珍此番降元,确实有危机意识与先见之明。

而就元朝而言,尽管方国珍屡降屡叛,声誉、名望皆不佳,但方国珍毕竟是首义反元者,如能招降方国珍,多少有一定的政治意义。并且,与前几次元朝招降方国珍的原因相同,元朝廷此时更加无暇分心于相对颇为鸡肋的浙东南沿海地区,是以招降方国珍为上策。

更重要的一点是,元朝廷想招降方国珍以恢复海运漕粮。元末起义军蜂起,中原腹地被各地起义军势力所割据,运河等陆路运输渠道阻塞,这给南粮北运带来了毁灭性的打击。《元史》曰:"及汝、颍倡乱,湖广、江右相继陷没,而

① 即明代的苏州府。平江路包括昆山、常熟、吴江、嘉定四州。

方国珍、张士诚窃据浙东西之地，虽縻以好爵，资为藩屏，而贡赋不供，剥民以自奉，于是海运之舟不至京师者积年矣。”[①]元朝廷曾想方设法解决粮食短缺这一致命问题，但是京师缺粮的现状却一直不曾好转。雪上加霜的是，这一时期元大都饥荒不断，又加之以疫病，死者不可计数。因此，恢复漕运以维系京师的生存便是元末朝廷的头等大事。当时坐拥江浙粮食高产之地、有能力输送粮食并海运北上的，当是“窃据浙东西之地”的方国珍与张士诚。所以，至正十六年方国珍复降，可以说是元朝廷迫切需要的。

在降元并负责海运漕粮后，方国珍获利良多。至正十六年(1356)他获授海道运粮漕运万户，兼防卫海盗运粮万户。十九年(1359)正式开始为元朝廷承运漕粮后，方国珍就迈向了通往省级高官与爵位的康庄大道，最终“官至太尉、江浙行省左丞相，赐爵衢国公”[②]。此外，元朝廷还“资国珍舟以通海运”[③]，间接地增加了方国珍舟师的实力，而方国珍还借送粮入贡之名义“以为觇伺”[④]刺探军情。当然，此次降元最重要的收获，是借元朝之力牵制了张士诚集团，阻止了张士诚集团进占自己的地盘，使温、台、庆地区获得了几年的相对安宁。这是方国珍集团在生存策略上所作的一次重要而成功的选择。

五、第一次降朱元璋(至正十九年)与修贡于朱元璋(至正二十四年)

至正十八年(1359)朱元璋攻下婺州(今浙江金华)之后，派遣主簿蔡元刚、儒士陈显道至庆元诏谕方国珍。国珍与其下谋曰：“今元运将终，豪杰并起，惟江左号令严明，所向无敌。今又下婺州，料不能与抗。况与我为敌者，西有张士诚，南有陈友定，莫若姑示顺从，借为声援，以观其变。”[⑤]众以为然。于是至正十九年(1359)方国珍遣使奉书，进黄金五十斤，白金百斤，金织文绮百匹。朱元璋复遣省督镇抚孙养浩报之，方国珍遂遣使请以温州、台州、庆元三郡献，且遣其次子关为质，朱元璋厚赐而遣还之。

---

① 《元史》卷九七《食货志五·海运》，第2482页。

② 《国朝献徵录》卷一一九《胜国群雄·方国珍传》，第5272—5273页。

③ 《明史》卷一二三《方国珍传》：“元既失江淮，资国珍舟以通海运，重以官爵羁縻之，而无以难也。”第3698页。

④ 《国朝献徵录》卷一一九《胜国群雄·方国珍传》：“方是时，元每岁遣官督国珍备海舟，至张士诚所，征漕米十万余石，渡海北输元都……自是，国珍兄弟子侄贪虐日甚，虽时遣人入贡，其实假此以为觇伺。”第5272页。

⑤ (明)高岱：《鸿猷录》卷四《平方谷珍》，《丛书集成初编》本，商务印书馆印行，第43—45页。

这是方国珍第一次降朱元璋。直接原因就是朱元璋攻下婺州路之后,即与方国珍所割据的台州路毗邻,形成了巨大威胁。朱元璋特意遣使前来招降,方国珍不得不投降。

当然,正如上述引文所言,方国珍降朱元璋只是"姑示顺从"。像此前方国珍屡次降元、叛元一样,此次方国珍降朱元璋也并非真心归顺。因此在其后朱元璋派遣博士夏煜前往授予方国珍福建等处行中书省平章政事官职时,方国珍诈称疾,仅受印。

明刘辰《国初事迹》曰:"方国珍既献三郡,不奉正朔,太祖累遣夏煜、李谦、孙养浩、杨宪、傅仲章、程明善往谕之,国珍答曰:'当初献三郡,为保百姓,谓发军马来守,交还城池。不至,遽奉正朔,实虑张士诚、陈友定来攻,援若不及,则危矣。……'……"[①]据此可知至正十九年(1359)及其后几年内,朱元璋屡次遣使诏谕方国珍以"奉正朔",但方国珍皆不听。与此同时,方国珍还于至正十九年(1359)接受元廷所授官职,任江浙行省平章政事。在其后四年间亦"岁岁治海舟,为元漕张士诚粟十余万石于京师"[②],因运粮而累官至"太尉、江浙行省左丞相,赐爵衢国公"[③]。

方国珍降朱元璋的主要目的,一是因为朱元璋势力强大,"所向无敌""不能与抗",他别无选择;二是为结好朱元璋,以"借为声援",钳制张士诚与陈友谅两方势力,尤其是张士诚。在至正二十五年(1365)朱元璋大举进攻张士诚之前,"士诚所据,南抵绍兴,北逾徐州,达于济南之金沟,西距汝、颍、濠、泗,东薄海,二千余里,带甲数十万"[④]。这于方国珍而言,显然是劲敌。《国初群雄事略·台州方谷真》中就有"至是,遣使奉献金币,愿合兵共灭张士诚"[⑤]之语,由此便可窥知一二。

此外,方国珍降朱元璋未尝不是试探之举,"以观其变",探究朱元璋之真实实力。即如朱元璋所言,方国珍"汝顾中怀叵测,欲觇我虚实则遣侍子,欲却我官爵则称老病"[⑥]。

而朱元璋主动遣使诏谕方国珍,则是因为此时朱元璋的主要对手,是东边的张士诚,西边的陈友谅,以及北边的元朝。他对方国珍示好与拉拢,是为了

---

① (明)刘辰:《国初事迹》,《丛书集成初编》本,北京:中华书局,1991年,第20页。

② 《明史》卷一二三《方国珍传》,第3698页。

③ 《国朝献徵录》卷一一九《胜国群雄·方国珍传》,第5272—5273页。

④ 《明史》卷一二三《张士诚传》,第3694页。

⑤ 《国初群雄事略》卷九《台州方谷真》,第219页。

⑥ 《明史》卷一二三《方国珍传》,第3698页。

避免腹背受敌，避免方国珍与张士诚、陈友谅或元朝廷等联合在一起，因此才对方国珍之反复诸多忍让，以期最后逐一剪灭、各个突破，统一全国。

六、最终降朱元璋（至正二十七年）

但朱元璋部与方国珍部的冲突终究不可避免。《明史·方国珍传》："（至正二十四年），国珍从子明善守温以兵争。参军胡深击败之，遂下瑞安，进兵温州。国珍恐，并请岁输白金三万两给军，俟杭州下，即纳土来归。太祖诏深班师。"[①]朱元璋见好就收的原因，是他刚刚经历与陈友谅部的大战，正在筹划与张士诚部的大战。

至正二十六年（1366），朱元璋军发动对张士诚集团的全面进攻，十一月，李文忠下杭州，国珍仍据境自如，遣间谍假贡献名觇胜负，又数通好于扩廓帖木儿及陈友定，图为犄角。

及至至正二十七年（1367）四月，朱元璋移书数国珍十二罪，并于七月遣使责贡粮，方国珍"不能决，惟日夜运珍宝，集巨舰，为泛海计"[②]。据此皆可知方国珍一直不曾有真正降朱元璋之念，在面对朱元璋步步紧逼的情况下，方国珍一是暗自与北方扩廓帖木儿、福建陈友定联络，以期共同抗击朱元璋；二是准备后路，打算逃亡入海行海寇之事。可惜事与愿违，先是扩廓帖木儿、陈友定皆不曾施与援手，然后逃亡入海又"以风不顺，不得已，归命"[③]。在朱元璋大军的碾压之下，方国珍损兵折将，势力范围不断缩小，所割据的台州、温州、庆元三郡相继于九月、十月、十一月被朱元璋军攻克，其部下徐元帅、李佥院等率所部诣汤和降。十二月，国珍见诸将皆叛，不得已，只好遣郎中陈广、员外郎陈永奉书于汤和乞降，又遣其子明完、明则，从子明巩等纳其省院及诸司银印、铜印二十六并银一万两、钱二千缗于和。

方国珍的投降，使浙东南三郡免于生灵涂炭，也保住了自己和族人的性命。而对于朱元璋而言，招降方国珍的利益要大于对方国珍用兵。《明实录》载曰："凡得其部卒九千二百人，水军一万四千三百人，官吏六百五十人，马一百九十匹，海舟四百二十艘，粮一十五万一千九百石。"[④]值得注意的是这一万

---

① 《明史》卷一二三《方国珍传》，第3699页。

② 《国初群雄事略》卷九《台州方谷真》，第225页。

③ （清）周昂：《元季伏莽志》卷七《盗臣传·方国珍》，《续修四库全书》第520册，史部·传记类，上海：上海古籍出版社，1996年，第119—126页。

④ 《国初群雄事略》卷九《台州方谷真》引《太祖实录》，第228页。

四千人之多的水军,增强了朱元璋军的海军实力。明初海运之运军大部分即凭借整编方国珍降部而来,这也为有明一代的海运奠定了基础。

综上所述,在元末动荡不安、犬牙交错的复杂历史环境下,方国珍选择了一种审时度势、灵活多变的实用主义的生存策略。不得不反时即反,面临生存危机或投降利大于弊时则降,形势好转或反叛利大于弊时则又叛。在降与叛的过程中,一求生存,二求发展。最后认清大势,降明以终。他的首义反元的历史功绩值得充分肯定,他最后的降明也是明智之举。在这一首一尾之间,他的几次降与叛,或属不得已,或属积极进取,基本上也都是可以理解的,可以说,他从来没有心甘情愿、死心塌地地对元朝和明朝投降过,他的投降都是权宜之计,都是为了生存和发展。他已经尽了最大努力,我们不必苛责于他。

萨都剌入方国珍幕府说辨析

浙江大学　周明初

萨都剌是元末著名诗人，回回人。有关他的生平事迹，尤其是他晚年的状况如何，至今仍存在许多谜团，萨都剌有没有入方国珍幕府就是其中的一个。

就目前所见的资料而言，萨都剌入方国珍幕府说的始创者应当是明末清初的钱谦益。其《列朝诗集小传》甲前集“刘左司仁本”条说：

> 方氏盛时，招延士大夫，折节好文，与中吴争胜。文人遗老如林彬、萨都剌辈，咸往依焉。至正庚子，仁本治师会稽之余姚州，作雩咏亭于龙泉左麓，仿佛兰亭景物，集名士赵俶、谢理、朱右、天台僧白云以下四十二人，修禊赋诗，仁本自为之叙。[①]

又同集“方参政行”条也说：

> 谷真窃据时，招延文士，萨天锡、朱右辈咸往依之。刘仁本、詹鼎则亲近用事。[②]

清人朱彝尊《静志居诗话》卷二十四“刘仁本”条、周昂《元季伏莽志》卷七《表忠传·刘仁本传》、戚学标《鹤泉文钞》卷上《论刘仁本》、陈衍《元诗纪事》“萨都剌条”等均采钱著“刘左司仁本”条，而朱彝尊《静志居诗话》卷二十四“方行”条、顾嗣立《元诗选》三集之“方参政行”条则采钱著“方参政行”条。可以说，清人有关萨都剌与方国珍关系的记载均来源于钱谦益。

至近人柯劭忞的《新元史》卷二百二十七《方国珍传》，则径言萨都剌入方国珍幕府：

> 先是，有周必达者，隐天台山。国珍造其居问之，必达曰：“当今四方

① (清)钱谦益：《列朝诗集小传》，上海：上海古籍出版社，1983年，第44页。

② 《列朝诗集小传》，第45页。

> 大乱,君能举义除盗,名正言顺,富贵可致。余非我所知。”国珍不听。及屡败,始悔,曰:“不意黄毛野人,能料事如此。”由是国珍颇敬礼文士,萨都剌等皆入其幕府。[①]

影响及于今,隋树森的《全元散曲》、章培恒与骆玉明的《中国文学史》在介绍萨都剌生平时,均采萨都剌入方国珍幕府说。

然而萨都剌入方国珍幕府说,实在缺少坚实的史料依据,其说颇为可疑。今试作辨析。

一

萨都剌是回回人,属于元代的社会阶层中的第二等色目人,而割据浙东的方国珍最忌色目人。

元末明初瞿佑所作的《归田诗话》卷下“梧竹轩”条说:

> 丁鹤年,回回人。至正末,方氏据浙东,深忌色目人。鹤年畏祸,迁避无常居。有句云:“行踪不异枭东徙,心事惟随雁北飞。”识者怜之。[②]

又《明史》卷二八五《文苑传·戴良传》附《丁鹤年传》也说:

> 时又有丁鹤年者,回回人。……避地四明。方国珍据浙东,最忌色目人,鹤年转徙逃匿,为童子师,或寄僧舍,卖浆自给。[③]

而元末明初时萨都剌的友人戴良的《九灵山房集》卷一九《高士传》记丁鹤年在四明(即宁波)时的状况称:

> 鹤年转徙无常,大抵皆明之境内。明当方氏之盛,幕府颇待士,士之至者踵接。鹤年独逡巡远避,门无一迹。[④]

“逡巡”是有所顾忌而不敢向前的意思。丁鹤年“逡巡远避”的原因,除了生性高洁,不欲依附于人外,更重要的原因应当是顾忌自己的色目人身份,生怕遭遇不测,因而远避深忌色目人的执政者方国珍。

杨光辉的《萨都剌生平及著作实证研究》引戴良文,认为“鹤年当年只是主

---

① 柯劭忞:《新元史》,北京:中国书店,1988年,第879页。

② (明)瞿佑:《归田诗话》,《续修四库全书》第1694册,上海:上海古籍出版社,2003年,第628页。

③ (清)张廷玉等撰:《明史》,北京:中华书局,1974年,第7313页。

④ (明)戴良:《九灵山房集》,《影印文渊阁四库全书》第1219册,台北:台湾商务印书馆,1986年,第467页。

动逃避,而并无受迫害之说。"[①]他大概没有注意到"逡巡"是什么意思,也不去探究为何在"士之至者踵接"的情况下,丁鹤年"独逡巡远辟"。

杨著又举方国珍之子(实际应当是侄)方行有诗《怀丁鹤年高士》及当时的色目诗人廼贤、金哈剌"都与方氏集团关系密切",来证明方国珍最忌色目人之说靠不住。丁鹤年不大可能受到方国珍迫害,从而证明萨都剌人方国珍幕府是可能的,[②]这同样是缺少说服力的。因为:

一、丁鹤年活至明成祖永乐二十二年(1424)九十岁时才逝世,方行在元末曾任江浙行省参知政事,随方国珍入明,后来徙之濠上。故方行与丁鹤年的交往在入明后、徙濠上之前的可能性不是没有,正如宋濂曾经为方行的《东轩集》作序是在入明后一样。即使方行此诗是在方国珍割据浙东期间所作,也不排除"善诗"的方行因仰慕丁鹤年的诗名[③],而单方面向丁鹤年示好的可能。所以用一首没法确定作于何时、又是在何种情况下所作的诗作例子,并不能说明问题。

二、关于廼贤与方氏集团的关系,杨著并没有具体展开,只是加注释说明来自陈高华先生的《元代诗人廼贤生平事迹考》。核查该文可知:廼贤,汉名马易之,葛逻禄人。因先世迁居庆元路治所在地鄞县(今浙江宁波),遂为鄞人。曾两次北游京师。第二次游历,自至正五年(1345)离开家乡,至正十三年(1353)返回。回来不久,即遇上方国珍浙东起事。方国珍在攻陷庆元后,于至正十八年(1358)开府于庆元。陈高华先生该文虽然也论述了廼贤与方氏集团中的幕僚刘仁本的交往,但主要意思还是在说廼贤因为方国珍深忌色目人而韬晦避祸。现引录有关原文如下:

> 关于廼贤回到庆元后的生活情况,据他的友人乌斯道说:"易之居城郭中,萧然一室不色忧,在位贵人恒造其门与谈笑,则言不谄而礼不倨。人有赂之以干贵人者,辄谢去。或贵人与之钱则受不辞,曰:'赂不可黩,周之可受也。'接朋友宾客,惟论古今典故,未尝道及官府事,此皆易之通事理适时宜而得以从容于斯世也。"另一位友人朱右说:"[易之]平居安贫自守,有道淑人,虽屡空乏,不以动于中。国家多故以来,处一室,教子弟习礼读书其家。朋友有急,则挺然为解纷无德色。达官贵人咸信重之。"从二人所述可知:(一)居于城中,以授徒并接受"贵人"的馈赠为生。(二)

① 杨光辉:《萨都剌生平及著作实证研究》,北京:高等教育出版社,2005年,第30页。

② 《萨都剌生平及著作实证研究》,第30—31页。

③ 《明史》卷一二三《方国珍传》:"(国珍)子礼,官广洋卫指挥佥事;关,虎贲卫千户所镇抚;关弟行,字明敏,善诗,承旨宋濂尝称之。"

生活困苦。(三)不言时事。按,廼贤平素"忧时气激烈,抚事歌慨慷"(见上引诗),至此为之一变。原因非他,"方氏据浙东,深忌色目人"。廼贤为保全自己,不得不深自韬晦,才"得以从容于斯世也"。(四)与当时的达官贵人有来往。其中可考者是刘仁本。仁本系元朝进士,入方国珍幕,任江浙行省左右司郎中。他与廼贤交往颇密,曾为《河朔访古记》作序,在生活上对廼贤颇多照顾。①

杨著将该文用作廼贤等色目人与方氏集团关系密切,从而证明方国珍深忌色目人之说靠不住,可以说是将陈高华先生的原意正好颠倒了。

三、关于金哈剌与方氏集团人物的关系。杨著引述了台湾学者萧启庆《元色目诗人金哈剌及其〈南游寓兴诗集〉》中的观点,现转引如下:

(金哈剌)长期活跃于方氏势力范围之台、温、庆元一带,与方氏之左右手刘仁本、张本仁、丘楠、郑永思等皆有唱酬关系。与方氏之左右手刘仁本交谊尤殷。②

为何金哈剌长期活跃于方氏势力范围之台、温、庆元一带,为何他又与方氏之幕僚们进行唱和?杨著则没有加以说明。其实萧启庆的原文中已经说得明明白白:元朝的税粮主要依靠江浙等南方地区,由于方国珍、张士诚起兵反元后,从江浙向元大都输送粮食的海运中断,北方的粮食补给出现严重问题。在元廷招降方、张后,为恢复海运,朝廷派金哈剌任海道防御都元帅于台州,协调方、张合作海运。杨著所引的这段文字其实还有上下文,如果完整引述,有助于理解当时金哈剌与方氏集团的关系:

哈剌之出任海道防御都元帅大约与方国珍出任防御海道运粮万户之时间相近。都元帅一职系"配虎符印章,锡万户职,监漕运,镇海邦",地位应与方氏所任运粮万户相当。两者之间有无上下统辖关系已难确证。由诗集可以看出,哈剌在东南期间,长期活跃于方氏势力范围之台、温、庆元一带,与方氏幕僚刘仁本、张本仁、丘楠、郑永思等皆有唱酬关系。与方氏之左右手刘仁本交谊尤殷。而仁本便是国珍主理海运业务者。哈剌担任海道防御都元帅之主要任务显然在于负责与方氏协助海运工作并加监督。其与方国珍之关系可能有如元朝一般机构中达鲁花赤(多由蒙古色

---

① 陈高华:《元代诗人廼贤生平事迹考》,《文史》第三十二辑(杨著误作三十三辑),北京:中华书局,1990年,第254页。

② 杨光辉:《萨都剌生平及著作实证研究》,第30—31页。

目人担任)与正官(多由汉人担任)之间的关系。[①]

金哈剌是元朝命官,方国珍在降元后命义上也是元朝命官,故金哈剌在方国珍割据的浙东地区活动可谓名正言顺,方国珍虽然深忌色目人,但也不能将他怎么样。他与方国珍的幕僚交好,进行唱酬活动,也是有这层关系在。方国珍的这些幕僚,都是文士,文士之间相互酬唱,本来就是人之常情。更何况,其中像刘仁本、丘楠这样的人,他们本来就是元朝的官员,之所以入方国珍幕府,是因为方国珍后来降元,奉元为正朔。他们在方国珍手下所任职务,其实也是元廷授予的。这里举与金哈剌关系最密切的刘仁本之例,《四库全书总目》卷一六八集部别集类二一刘仁本《羽庭集》六卷提要谓:

> 仁本,字德元(当作"玄",以避讳改),天台人。以进士乙科,历官温州路总管、江浙行省左右司郎中。时方国珍据有温、台,招延诸郡士大夫,仁本入其幕中,参预谋议。国珍岁治海舟,输江淮之粟于大都,仁本实司其事。其所署省郎官,盖即元所授,故集中诸作,大都咸慨阽危,眷怀王室。其从国珍,盖欲借其力以有为,徐图兴复,亦如罗隐之任吴越,实心不忘唐。……厥后国珍兵败,仁本就擒,抗节不挠,至鞭背溃烂而死。则仁本终始元人,未尝一日入明。[②]

刘仁本这样的文人,本来就心向朝廷,只是迫于情势,不得不委身于方国珍幕府中,像这样的人,遇到代表朝廷的命官前来,怎么会不倾心结交?所以用金哈剌的例子来说明方国珍不忌色目人,并没有说服力。

综上,生活在浙东地区庆元一带的色目文士丁鹤年、廼贤等人,处于方国珍的割据统治下,因为顾忌自己的色目人身份,要么"逡巡远避",要么"深自韬晦"。事实上,为方国珍所网罗的文士中,从现有的资料看,似乎并没有色目人。刘仁本入方国珍幕后,除为方国珍实际主持漕粮北运大都的工作外,还为方国珍治下兴儒学、修水利,负责招募人才。在至正二十年(1360)时他在余姚州龙泉山仿兰亭建雩咏亭,三月三日,邀浙东名士赵俶等四十二人,举办"续兰亭诗会",作《续兰亭诗序》,刻成诗集。元末明初陶宗仪所编《游志续编》下卷所收《续兰亭诗序》一文,文后列有参与盛会的42人的姓名,并无一人是色目人。[③]

---

① 萧启庆:《元色目文人金哈剌及其〈南游寓兴诗集〉》,《内北国而外中国:蒙元史研究》,北京:中华书局,2007年,第758—759页。按:据杨著所引版本为《元朝史新论》,台北允晨文化实业股份有限公司,1999年,第312页。

② 《四库全书总目》,北京:中华书局影印本,1965年,第1452页。

③ (明)陶宗仪编:《游志续编》,清嘉庆宛委别藏本,稿本。

萨都刺本来就并不生活在方国珍割据下的浙东地区，他却要前往“深忌色目人”的方国珍手下作幕府，按常理推测也是不大可能的。

二

从现存的萨都刺的《雁门集》中看不出他到过浙东方国珍的辖地，也没有任何诗文中涉及方国珍和曾入他幕府中的人物。

萨都刺的集子，现在通行的版本是清嘉庆十二年（1807）其后裔萨龙光编刻的《雁门集》十四卷本。这是他花费了一二十年时间，将当时他所能得到的有关萨都刺的集子版本相互参校从而编定的版本，是目前收录萨都刺诗词最全的一个版本，不过其中也羼杂了一些别人的作品，现有上海古籍出版社出版的殷孟伦、朱广祁的整理点校本。而国内现存的最早的两个版本是明成化二十年（1484）张习所刻的《雁门集》八卷本和明弘治十六年（1503）李举所刻的《萨天锡诗集》五卷本，前者藏国家图书馆，后者在民国年间已为商务印书馆影印入《四部丛刊》中。

萨都刺在登进士第后，先后任镇江路录事司达鲁花赤、江南行御史台掾史、燕南河北道肃政廉访司照磨、福建闽海道肃政廉访司知事、燕南河北道肃政廉访司经历等职，任职途中、所到之处，都留下了大量的涉及当地风物、与当地士人交游的诗歌。在他的集子里有许多写于两浙境内包括浙东的严州（今建德）、婺州（今金华）、衢州以及绍兴一带的诗歌，或与境内的景物有关，或与境内的人物有关，但看不出一首诗是涉及方国珍治下的浙东庆元（今宁波）、台州、温州地区的人或物的。如果他真的入过方国珍幕府，哪怕是并没有入过方国珍的幕府，仅仅是到过他治下的浙东庆、台、温三地区，也应当有涉及这些地方的人或物的诗歌。虽然现存的萨都刺诗词不是他的全部创作，他有不少作品应当已经亡佚了。但不管怎样，如果萨都刺真的到过方国珍辖地并且创作有诗词的话，不可能所写的这些涉及方国珍治下的浙东地区的人或物的作品恰好全部亡佚。

三

从入方国珍幕府的浙东文人的创作中，也看不出他们有与萨都刺交游的经历。

在方国珍割据浙东时，入于他的幕府为他效力的文人有刘仁本、张本仁、郑永思、詹鼎、丘楠等。除刘仁本外,其他几位很少有作品流传下来。刘仁本在至正二十年(1360)在余姚龙泉山仿兰亭建雩咏亭,三月三日,邀浙东名士赵俶等四十二人,举办"续兰亭会",作《续兰亭诗序》,刻成诗集。从收入陶宗仪所编《游志续编》卷下的刘仁本《续兰亭诗序》一文的文后所列参与盛会的42人的姓名来看,钱谦益两条有关萨都剌的史料中提及的赵俶、谢理、朱右等人俱列名其中,但不见有萨都剌之名。

又刘仁本有《羽庭集》六卷存于世,系清代官修《四库全书》时从《永乐大典》中辑出,收入《四库全书》中。在《羽庭集》中,收有他与朱右、赵俶、谢理等人交游的诗文,如与朱右(字伯贤,也作伯言)的交游,卷一有《为朱伯言题卷》、卷三有《宿止虞凤山长庆寺简朱伯贤》等;与赵俶、谢理的交游,卷三有《送赵彦林谢玉成奉表进呈》、卷五有《送谢玉成都事进表序》。赵俶,一般的传记资料中仅记他"字本初",称他于洪武初年征为国子监博士,查雷礼《国朝列卿记》卷一六一《国初国子监司业行实》有:"赵俶,字□□,浙江绍兴府山阴县人,洪武初荐举,四年任。"[①]可知他在洪武四年(1371)任国子监司业,又元末明初张以宁《翠屏集》卷三《张氏父子善行序》中称"以今闻于国子司业赵彦林言"[②],可知彦林正是赵俶的字或号;谢理字号久佚,《元诗选》在谢理的小传中字号即作空缺,《羽庭集》卷五文题称"谢玉成都事",而谢理在元朝时任"江浙行枢密院都事",且"理"的本义即为"治玉",故玉成当是谢理之字。

而从此诗集中,却看不出他与萨都剌有任何交集。按理说,作为方国珍最重要的幕僚,刘仁本为方国珍主持文教工作,为他引荐、招募了不少人才,如果萨都剌真的入方国珍幕府的话,应当与刘仁本有所交往的,不至于两人之间没有诗文往还。虽然,刘仁本的《羽庭集》六卷是从《永乐大典》中辑出的,并非完帙,如上文所提及的《续兰亭诗序》,即没有收入此集中,但总不至于萨都剌与刘仁本两人所交往的诗歌恰好都亡佚了,都没有被收入现存的各自的集子中吧,如果两人真的有所交往的话。

四

钱谦益关于萨都剌"往依方国珍"的史料存在较大的问题,不足为凭。

---

① (明)雷礼:《国朝列卿记》,《续修四库全书》第524册,上海:上海古籍出版社,2003年,第411页。

② (元)张以宁:《翠屏集》,《影印文渊阁四库全书》第1226册,台北:台湾商务印书馆,1986年,第597页。按:原文"司业"误作"司乐"。

一、关于萨都剌。先看上文已引“刘左司仁本”条中的文字。文中谓方国珍盛时，为与张士诚争胜，折节文士，林彬、萨都剌等文人遗老“往依”之，此文字接在至正庚子刘仁本在余姚龙泉左麓仿兰亭集会作修禊赋诗事之前。显然，钱谦益认为林彬、萨都剌“往依”方国珍是在至正二十年庚子(1360)之前。既然如此，刘仁本在至正二十年(1360)三月三日于余姚龙泉左麓修禊赋诗时，所列名的42人中为何并没有此两人呢？

其实至正二十年(1360)前后，萨都剌正任职江南行御史台宣使，不可能“往依”方国珍。杜春生所辑清道光年间所刻的《越中金石记》卷十收有朱镡《御史大夫康里公勉励学校记》碑，据碑文所署，此碑的立石时间为至正二十一年(1361)正月，此碑记康里公于至正十八年(1358)冬任江南行御史台后，在绍兴路兴学校育人才之事，记事至至正二十年(1360)正月后，碑中“并纪一时僚佐名氏于左”，在所列名的行御史台僚佐“宣使”栏中共22人，位列第十一名即是萨都剌。这说明在至正十八年(1358)至二十年(1360)期间，萨都剌正任江南行御史台宣使。杨光辉结合萨都剌《登两山亭》诗，考证出萨都剌任江南诸道行御史台宣使是在至正十九年(1359)春天后。[①]

按康里公即庆童，《元史》卷一四二有传。据该传：

> (至正)十八年，迁福建行省平章政事，未行，拜江南行台御史大夫，赐以御衣、上尊。时南行台治绍兴，所辖诸道皆阻绝不通。绍兴之东，明、台诸郡则制于方国珍；其西杭、苏诸郡则据于张士诚。宪台纲纪不复可振，徒存空名而已。二十年，召还朝。庆童乃由海道趋京师。拜中书平章政事。[②]

这与《御史大夫康里公勉励学校记》正可以互相参证。江南行台治所原在集庆(今南京)，于至正十六年(1356)移至绍兴，故萨都剌在至正十八年(1358)至二十年(1360)任南行台宣使正是在绍兴。核之《雁门集》，除《吴越两山亭》(亭在萧山北干山玉峰顶)外，《蜀山草堂》(草堂在山阴蜀山)、《江声草堂》(草堂在萧山西兴镇)、《航坞山》(山在萧山东四十里)、《东山》(山在上虞西南四十五里)、《洛思山》(山在萧山东北三十六里)、《石夫人诗》(萧山凤凰山石崖门有望夫石，阴雨时望之如妇人)这些写于绍兴路辖下山阴、萧山、上虞县的诗歌应当都是创作于这一时期。萨都剌的裔孙萨龙光编校的《雁门集》将这些诗歌系年于至正十三年(1353)，谓萨都剌避地过杭州赴绍兴，是缺乏依据的。

---

① 杨光辉：《萨都剌生平及著作实证研究》，第22—26页。

② 《元史》，第3399页。

大约在庆童离任之前后，萨都剌也离开了绍兴，来到杭州寓居。《雁门集》中《秋日寓钱塘》《九日遇雨》(写重阳节遇雨)可能就是他离开绍兴寓居杭州时期所作。关于他寓居杭州期间的情况，明徐象梅《两浙名贤录》卷五四《寓贤》“萨都剌天锡”条说：

> 萨都剌天锡，雁门人，寓居武林。博雅工诗文，风流俊逸，而性好游。每风日晴美，辄肩一杖，挂瓢笠，脚踏双不借，遍走两山间。凡深岩邃壑、人迹所不到者，无不穷其幽胜。至得意处，辄席草坐，徘徊终日不能去。兴至，则发为诗歌，以题品之。今两山多有遗墨，而《西湖十景词》尤脍炙人口。竟莫知其所终。①

他的晚年应当终老于杭州，虽然具体的卒年已经不可考了。

所引钱谦益有关方国珍事迹的两条史料中所提及的赵俶、谢理、朱右等人，从刘仁本的《羽庭集》中的交游诗作及《续兰亭诗序》所列的 42 人名中均可查到，他们“往依”方国珍，可谓于史有征。但“刘左司仁本”中所提到的林彬、萨都剌二人“往依”方国珍，从目前的情况看，没有任何早于钱谦益的史料可以得到查证。

二、关于林彬。查找各种史料，元明之际活动于浙东一带的，并无“林彬”其人。倒是有一个“林彬祖”，是元末人，与方国珍有交集。

林彬祖，字彦文，元处州路丽水县(今属浙江)人，至正五年(1345)乙酉科进士，曾任永嘉县丞，后任青田县尹。至正十九年(1359)，朱元璋的军队进攻处州，处州守将石抹宜孙拒明军，林彬祖任石抹宜孙参谋。此事《明史》卷一三三《胡深传》、《明史纪事本末》卷二、《皇明大政纪》卷一等均有载。而雷礼辑《皇明大政纪》所载尤详，谓兵败后林彬祖走温州，其书“(己亥)十一月壬寅克处州”条说：

> 上既定婺州，即命耿再成驻兵缙云之黄龙山，谋取处州。元处州守将石抹宜孙遣元帅叶琛屯桃花岭，参谋林彬祖屯葛渡，镇抚陈仲真、照磨陈安屯樊岭，元帅胡深守龙泉，以拒我师。……石抹宜孙战败弃城，与叶琛、章溢走建宁，遂克处州。林彬祖走温州，于是处州七邑皆下。②

当时的温州正处于方国珍的割据势力下，而名义上还属于元朝的管辖之内，由元朝任命的江浙行省都镇抚、方国珍之侄方明善分驻。林彬祖奔温州后，被元

---

① (明)徐象梅：《两浙名贤录》，《续修四库全书》第 544 册，上海：上海古籍出版社，2003 年，第 123 页。

② (明)雷礼：《皇明大政记》，《四库全书存目丛书》史部第 7 册，济南：齐鲁书社，1997 年，第 570 页。

朝任命为江浙行省枢密院都事，后改任福建行省检校官。至正二十五年(1365)，时任江浙行省右丞的方明善重修温州路谯楼，林彬祖为之作《重修温州路谯楼记》，署名即为“从仕郎福建行中书省检校官”，此碑记《(光绪)永嘉县志》卷二二《古迹二》有载，后收入《全元文》第五十六册中。

林彬祖是当时的江南名士，与迺贤等人齐名。吕不用《得月稿》卷七《先伯父晚翁行实》谓：

> 凡士大夫，若越之夏泰亨叔通、鄞之马迺贤易之、温之林温似温、处之林彬祖彦文、上饶徐容仲容、吴兴宇文子贞公亮诸公，号称江左名士，莫不与之论金石契。[①]

林彬祖是元朝进士，又是“江左名士”，在处州失守后逃至方国珍割据下的温州，正符合钱谦益在“刘左司仁本”条中所说的“文人遗老”“往依”方国珍的情状，因此钱谦益所说的“林彬”很可能是“林彬祖”之误。

综上，钱谦益《列朝诗集小传》中两条涉及萨都剌的史料，或于史无征，或将人名搞错，已经难以考知这两条记载的原始史料来源是什么。因为存在着较多的问题，并不足为凭。

四

总之，萨都剌入方国珍幕府说由于存在着这样四方面的问题：(一)方国珍最忌色目人，而萨都剌是色目人；(二)现存的萨都剌的创作中没有涉及方国珍及治下的人或事，也没有到过方国珍辖地的迹象；(三)现存的方国珍治下的文人创作中也没有涉及萨都剌有关的人或事；(四)最早的记载萨都剌与方国珍关系的两条史料本身存在着问题。因此，萨都剌入方国珍幕府说依据不足，可信度不高。

---

① (明)吕不用：《得月稿》，《四库全书存目丛书》集部第23册，济南：齐鲁书社，1997年，第663页。

元僧竺月华词事小考

浙江大学　叶晔

元末方国珍治下的文学人事，虽远不及朱元璋、张士诚集团那么多，但如刘仁本倡余姚续兰亭会等事，亦可备一观。笔者近日翻阅《方国珍史料集》，从中发现不少可资谈论的线索。其中如柳含春、竺月华之事，就很值得深入讨论。史料集编者将此事的相关文献放在“有关人物”一卷中，而非“笔记小说”一卷中，自然是视之为历史上的真实故事；其所征引的原始出处，如《殊域周咨录》《罪惟录》《尧山堂外纪》《黄岩县志》《留青日札》《古今词话》等，在古人著述中也都属于记载真人真事的传统文献。但笔者以为，此事真伪存在不少疑问，故事的生成年代亦有待细究，故借此机会抛砖引玉，希求专家批评指正。

一、因袭醉翁：文本和本事的双重借用

竺月华的两首词，系因袭欧阳修词而来，清人早已发覆。徐釚《词苑丛谈》有云：“《江南柳》，或以为即欧阳公《双调望江南》前半阕，未知孰是。”[①]褚人获《坚瓠集》中亦有“（醉翁）词前一段，乃与僧咏柳含春《回回偈》相似”[②]之语。唐圭璋编《全宋词》，在欧阳修《望江南》词末出小字案语：“此阕下半首或附会作元僧竺月华词，见《留青日札》卷二十一。”[③]为求严谨，我们还是列出原始文本，再作一对比。如唐先生所言，这则故事较早出现在明人田艺蘅的《留青日札》中：

> 含春，姓柳氏，国初明州女子也。年十六患病，祷于关王祠而愈，因绣旛往酬之。一少年僧，颇聪慧，窥柳氏之姿而悦之，因以其姓戏作咒语，诵之于神云：“江南柳，嫩绿未成阴。攀折尚怜枝叶小，黄鹂飞上力难禁。留

---

① (清)徐釚撰、赵万里笺：《词苑丛谈校笺》卷一二，北京：人民文学出版社，1988 年，第 652 页。

② (清)褚人获：《坚瓠集》卷四《词诬欧阳文忠》，《续修四库全书》本。

③ 唐圭璋编：《全宋词》，北京：中华书局，1965 年，第 158 页。

取待春深。"女亦甚慧，闻之不胜其怒，归告于父，父讼之于方国珍。时国珍据明州，捕僧至，问之曰："何姓?"对曰："姓竺，名月华。"国珍命以竹笼盛之，将沉之江。又曰："我亦取汝姓，当作一偈，送汝归东流。"因吟曰："江南竹，巧匠结成笼。好与吾师藏法体，碧波深处伴蛟龙。方知色是空。"其僧痛哭哀诉曰："死，吾分也。乞容一言。"国珍许之。僧曰："江南月，如镜亦如钩。明镜不临红粉面，曲钩不上画帘头。空自照东流。"国珍知其以名为答，大笑而释之。且令蓄发，以柳氏配为夫妇。[①]

而相关的欧阳修《望江南》词，出自《醉翁琴趣外编》卷六：

江南柳，花柳两相柔。花片落时黏酒盏，柳条低处拂人头。各自是风流。　江南月，如镜复如钩。似镜不侵红粉面，似钩不挂画帘头。长是照离愁。

江南柳，叶小未成阴。人为丝轻那忍折，莺嫌枝嫩不胜吟。留着待春深。　十四五，闲抱琵琶寻。阶上簸钱阶下走，恁时相见早留心。何况到如今。

不难发现，竺词前一首与醉翁词第二首的上阕，竺词后一首与醉翁词第一首的下阕，构成了明显的先后因袭关系。考虑到《醉翁琴趣外编》现有宋刻本存世，而竺月华故事的时代背景是在元代末年，那么，这两首作品的署名权归在欧阳修名下，应该没有什么问题。

我们知道，欧阳修这两首词的本事，词学界是有争议的。有人认为两首词是欧阳修为其甥女所作，且有言语淫亵之嫌，直指当时朝野间沸沸扬扬的盗甥一事，另一些学人则主张这是他人(如刘辉)托名欧阳修的作品，意在借此诋毁醉翁清誉。笔者无意争论此中是非，我们仅从考察竺月华词的角度来看，由于具有相同的调笑年轻女子之寓意，那么，竺月华故事的产生时间，应当在欧阳修词本事说出现之后，而现存记载《望江南》本事的最早文献，是宋人钱世昭的《钱氏私志》。从这个角度来讲，在元僧竺月华故事的形成过程中，包含了对宋人欧阳修作品及本事的双重借用，是极有可能的。

在竺月华故事中，出现了三次《望江南》，用来承载叙事情节的三个阶段。竺氏吟咏的第一、三首《望江南》引自欧阳修词，已无疑问，那么，方国珍吟咏的第二首作品又源自何方呢？我们可以在罗烨的《醉翁谈录》中发现一些踪迹：

镇江僧名法聪，犯童尼。诉之判云，词名《望江南》："江南竹，巧匠织

① (明)田艺蘅：《留青日札》卷二一，上海：上海古籍出版社，1985年，第697—699页。

成笼。赠与吾师藏法体，碧波深处伴蛟龙。色即是成空。”①

《醉翁谈录》的编纂年代，至今尚无定论。有人认为是元代后期，因为书中记载的吴伯固女、吴仁叔妻等皆是元人；也有人认为这些段落属后人植入，此书的主体部分应撰写于宋代末年。不管是哪一种情况，这首词的流传都早于方国珍的时代。而这首词的创作背景，特别是和尚调戏女子被诉诸官府这一叙事主线，被竺月华故事一概承袭了下来，可谓彻底的拿来主义做法。至此，我们可以断定，竺月华故事中的三首词都是借用了前人作品。这就出现了一个问题：一个以文学作品为主干的历史故事，如果作品不是原创的，除非我们可以证明竺月华、方国珍二人对宋人诗词的确烂熟于胸以致能在突发场景中巧妙应对，否则，这个故事本身的真实性也令人怀疑。

二、依事撰名：故事的情节先构与人物后设

尽管《留青日札》对后世笔记的影响很大，但却不是这个故事的最早版本，比田艺蘅早半个世纪的黄溥，在他的《闲中今古录摘抄》一书中已有提及：

> 方谷珍一女，年十八，患痘，祷延庆寺关王神。既愈，躬往奉油谢之。寺僧作偈，用梵语诵于神前，名曰《回回偈》云：“江南柳，嫩绿未成阴。枝小未堪攀折取，黄鹂飞上力难禁。留与待春深。”僧料女之莫喻，而女甚聪明，闻之恚，归以语父知。谷珍怒，捕僧将戮之。其戮人用竹笼，状若猪篰，笼之，投之浮桥急流中。僧既至，谷珍曰：“我亦作一偈送汝。”曰：“江南竹，巧匠作为笼。留与吾师藏法体，碧波深处伴蛟龙。方知色是空。”僧又诉曰：“死即死，再容一言。”谷珍领之，僧曰：“江南月，如鉴亦如钩。如鉴不临红粉面，如钩不上画帘头。空白惹场愁。”谷珍笑而宥之曰：“饶你弄聪明的小和尚。”可见谷珍虽不读书，而此词亦可美，又且容人如此。②

我们对比两个版本可以发现，前后存在几处明显的不同。首先，在人物设定上，田书以竺月华为主人公，而黄书的主角则是方国珍（竺、柳二人尚无姓名）；田书中柳含春是百姓儿女，而黄书中的女子却是方国珍的女儿。也就是说，方国珍在故事中的定位，从早期作为父亲兼地方领袖的男主角，演化为后期一个象征公正的地方大员的普通角色。黄溥《闲中今古录摘抄》卷一所摘录

① (元)罗烨：《醉翁谈录》庚集卷二“判僧奸情”，《续修四库全书》本。

② (明)黄溥：《闲中今古录摘抄》卷一，《丛书集成初编》本。

的，都是元末明初的重要政治人事，可见作者的叙述焦点在方国珍一人而已，且文末还有对方国珍“虽不读书而词美，又且容人”的正面评价，而这些带有明显倾向性的语句，在后来的故事版本中皆被删去。如果我们认为黄溥的描写比较接近故事原型的话，那么，此故事最有可能的生成时代当在明代早期。因为明初方国珍归降后，受太祖礼遇而晚年得竟终，他在浙东一带的影响力尚存，黄溥是浙江鄞县人，明初儒者黄润玉之孙，其家乡长期处在方国珍治下，这则故事正是方国珍口碑遗存的一个很好证明。

其次，黄书中将《望江南》词调称作《回回偈》，之前无论《钱氏私志》还是《醉翁谈录》，都只是以《望江南》相称。而所谓的“回回偈”，实“回回曲”（又称“达达曲”，伊斯兰音乐）与“佛偈”（佛经唱词）在民间交融后的虚妄产物。有关“回回曲”，陶宗仪在《南村辍耕录》中有较详细的介绍，而陶宗仪是浙江黄岩人，长期旅居松江，他的相关知识很可能来源于伊斯兰教在东南沿海的流布。另外，在黄溥所述故事中，寺僧用“梵语诵于神前”，而方氏女“闻之恚”，一个豪强少女居然能听懂梵音，这在情理上也很难作出圆满的解释。所有这些看似不合理的要素，却都从一个侧面反映了故事初撰时的文化背景，即一个多民族融合的时代，一个伊斯兰教在东南沿海广泛传播的时代，以元末明初的可能性最大。

与《闲中今古录摘抄》所录故事相比，后来的《留青日札》除了对方国珍作边缘化的处理，将一个明主故事改编为一个爱情故事外，还有一个很重要的突破，即和尚、少女二人有了自己的名字——“竺月华”和“柳含春”，这是人物形象日趋丰满的一种表现。根据田艺蘅的叙述，三首《望江南》分别是取他们的姓名“柳”“竺”“月”来创作的，而实际上这三首词在方国珍时代之前早已载诸典籍，那么，我们大可反向推断，“竺月华”和“柳含春”这两个名字是后人虚构的，只是为了增强故事情节的趣味性和人物形象的饱满性而作出的一次艺术手法上的修润而已，历史上根本没有这两个人物。

由上可知，竺月华故事的生成和演变，是一个根据文学材料搭建故事情节、根据故事情节完善人物设定的过程。前一个阶段大致发生在明代初期（洪武年间或稍后），一些浙东文人根据广泛流传的欧阳修词及其本事，以及一些民间判僧奸情的诗词故事，虚构出一条以塑造方国珍正面形象为目的的文学轶事。后一个阶段大致发生在明代中期（弘治至嘉靖年间），随着国家政治形势的变化和社会文化的发展，故事性质发生了转变，从明主主题转向爱情主题，主人公也从方国珍转为两位年轻人。其中最典型的细节就是两位年轻人借原有词作，获取了自己的名字，进一步强化了故事的历史真实感，竺月华词事至此定型。

三、作诗免罪:从文学母题看作品生成年代

如果说以上采用的是传统的文献考源和文本细勘的研究方法,那么,接下来笔者有意尝试从故事类型学的角度切入,用另一种观察视角来探究竺月华词事的生成年代。这就涉及中国古代叙事文学中很常见的一个文学母题,即“作诗免罪”故事。

“作诗免罪”的文学传统非常久远,我们有必要把它和中国文学中的另一个传统“敏捷应对”区分开来。如《世说新语》所载曹植七步成诗,《隋唐嘉话》所载李百药捷对杨素,都已经包含了“捷对”和“免罪”两个情节要素,那么,他们和明清小说中“作诗免罪”的最大不同,在于作诗者身份的差异。曹植、李百药皆中古时代人物,隶属特权阶层,他们是接受过优等教育的贵族精英,故事主要凸显的是他们的“捷”而不是“才”;明清小说中的作诗者都是民间底层人物,按理来说没有从事文学创作的能力,故事想要凸显的是他们的“才”而不是“捷”。王立对明清两代的“作诗免罪”母题有过一个概括:“下层男女过失犯罪,以具有贵族般才华作诗得蒙宽宥,诗作要按命题要求,具有双关性,往往有适度的自辩自嘲和诙谐意味。”[①]与魏晋隋唐时期的故事相比,最本质的差别为作诗者是贵族还是平民,即中古和近世两个大时代的区别。而竺月华词事一则,已经有了近世“作诗免罪”故事的所有要素,包括中古故事中没有的“下层男女”和“适度自嘲”两个环节。

我们可以从故事中三个人物的身份转化和叙述焦点转移来分析这一母题的变化。黄溥所述故事中,主人公方国珍及其女儿都是上层人物,下层的无名寺僧在无意中冒犯了这一特权阶层,而方国珍用贵族般的文学嗅觉和气度化解了这场纠纷(尽管他不读书,却有与生俱来的贵族气质和文学创造力);田艺蘅所述故事中,主人公竺月华和柳含春都是下层人物,方国珍不再是被冒犯者,而是一位置身事外的官员(局外人),竺月华用小人物的文学机智和聪慧化解了一场危机。不难看出,前一则尚有中古精英文学故事的痕迹,而后一则已是近世民间文学故事的桥段了。

虽然田艺蘅所述故事是由黄溥所述故事演变而来的,但对后来的文人来说,这两个故事已经是不同的版本系统了。接下来的故事流传,也因此分化为

---

① 王立、陈康泓:《明清“作诗免罪”母题与诗歌艺术的生产消费》,《福建师范大学学报(哲学社会科学版)》2011年第6期,第82页。

两条泾渭分明的路线。比较严谨的历史著述如严从简《殊域周咨录》、查继佐《罪惟录》等，皆征引《闲中今古录摘抄》中的方国珍故事；而较私人化的笔记类著述如《尧山堂外纪》，词话类著述如《古今词话》《历代词话》《词苑丛谈》，文言小说类著述如《靳史》《僧尼孽海》等，征引的都是《留青日札》中的另一版故事。从这个角度讲，竺月华故事（而非方国珍故事）的成型，应发生在明中叶文人笔记之风开始盛行以后。

根据对现存明清小说的大致考察，底层人物“作诗免罪”的民间故事类型，较早出现在明代中期的文人笔记中，如李诩《戒庵老人漫笔》中的“奸盗皆以诗免”条。至明代后期形成一时风气，并逐渐向白话小说渗透。如王同轨《耳谈》中的“斯文盗贼”，冯梦龙《情史》中的“逾墙搂处子”，《鼓掌绝尘》第二十一回中文荆卿、李若兰以蛛网、珠帘为题赋诗免罪并被赐婚等。笔者以为，文学母题的产生有其客观规律，与社会文化的发展密切相关，既然竺月华故事中有下层僧人“作诗免罪”的情节，那么，此故事完整版的出现最可能在明代中期，至早不过明代前期。此年代判定，与之前文献考源和文本细勘的结论是基本一致的。有多重证据内外相互论证，想来这个结论离事实不会相差太远。

综上所述，所谓的元僧竺月华词事，其实是一个虚构的故事。其中所引诗词皆来源于宋人作品；故事的最初形成，或与明初浙东文人对方国珍的正面评价有一定的关系；故事的最终定型，则在明代中叶，其中诸多故事细节的转化，正是明代中期市民文学、通俗文学的发展繁荣在此个案中的一次投射。

钱镠与方国珍

浙江大学　方建新　徐　栋

唐末五代至宋初，与元末明初，皆是中国历史上朝代更替、风云变幻的时代，亦是各地群雄乘时崛起，纷纷割据一方的时代。而在这样两个有着很多相同点的特殊时代，浙江分别出现了两位割据一方的草莽英雄，其一是五代时占据两浙十三州的临安人钱镠，另一位则是，元末明初割据浙东庆元、台州、温州三郡的黄岩人方国珍。他们的事迹不但载之史籍，且至今为当地百姓广泛传颂。

仔细考察钱镠与方国珍两人，可以发现，他们两人生活的社会环境、家庭背景、个人经历及其起事后割据一方期间实施的政策措施以至最后个人结局，对历史与社会影响都十分类似。同时，通过对钱镠、方国珍同时代的同类人物的对比考察，可进一步证明这样的一条历史定律：任何一个历史人物，只要顺应历史潮流，为一方百姓做过好事，历史与人民是一定会记住他们的。

钱镠与方国珍的家庭出身与生平经历

钱镠(852—932)，字具美，一作巨美，杭州临安人。是五代吴越国创建者。钱镠家本贫寒，少曾贩私盐为业，有拳勇，后投奔於潜镇将董昌为部校。因镇压黄巢起义有功，擢为杭州刺史、镇海军节度。后又诛灭了浙东观察史刘汉宏、威胜军节度使董昌，实力大增，先后被封为镇海、镇东两军节度使，越王，吴王，梁开平元年(907)封吴越王，梁龙德三年(923)封吴越国王，据有两浙十三州一军之地(今浙江全部、江苏苏州、福建福州一带)，唐长兴三年(932)卒，谥武肃，享年八十一。

方国珍(1319—1374)，又名谷珍、谷真，元明间浙江台州黄岩人。出身农家，兼以浮海贩盐为业。元至正八年(1348)，因仇家诬构与盗通，遭官府通缉，遂于是年亡命入海、聚众反元，此后屡败元军，据有庆元(今宁波)、台州、温州三郡。而元廷因四方多故，被迫对其招安，且以官爵羁縻之，先后授以定海尉

（未赴）、千户、海道运粮漕运万户、江浙行省参知政事、江浙行省左丞、江浙行省平章政事、江浙行省左丞相等职。至正二十七年（1367）十一月，方国珍纳土投降朱元璋，授广西行省左丞，食禄不赴任。明洪武七年（1374）卒于南京钟山故里之私第，享年五十六。

比较两人的生平经历，有很多相似的地方。其一，两二人皆出身农家，钱镠“家世田渔为事”[①]，方国珍之父亦“佃大姓陈氏田”。[②] 其二，两人早年都有过贩盐经历，如《新五代史》称钱镠，“无赖，不喜事生业，以贩盐为盗”。[③] 而方国珍亦曾“贩盐浮海为业”[④]。按，两浙历来是产盐之地，而盐政历来又是官府所垄断的行业，是严禁私自贩卖的。但为利驱使，两浙沿海仍都有从事者，为了对抗官府，盐贩们往往拉帮结伙，有的甚至组织成私人武装。如钱镠队伍中的骨干不少是昔日贩盐伙伴，而方国珍逃亡海上，能在旬月间得数千人。其三，二人都身仕两朝。钱镠一贯遵行奉事中朝政策，唐朝未亡时，贡奉唐朝，并接受唐朝官职，唐被朱温篡后，又尊奉以朱温为首的后梁，接受其赐予的吴越国王封号。而方国珍虽以反元起家，但屡受元廷任命，事实上也曾为元廷服务过，如为其运粮等。元灭后，方氏归顺朱元璋所建立的明朝，接受其授予的广西行省左丞之职。其四，二人都割据一方。钱氏占有两浙十三州一军之地，方氏则占有浙东庆元、台州、温州三郡，相较钱氏，地盘要小得多。

二、钱镠与方国珍保境安民的方针政策

钱、方二人在割据一方后，并没有像其他军阀那样采取进一步攻城略地，兼并他人，扩张地盘及建号称帝的做法，而是确立保境安民的基本方针。

钱镠在建立吴越国之前，即有保境安民的思想，早在他任镇海军节度使时，即反对其前上司董昌称帝，并写信规劝道：“与其闭门作天子，与九族百姓俱陷涂炭，岂若开门作节度使，终身富贵。”[⑤]而且，在不少割据一方的军阀如南汉刘鋹（942—980）、前蜀王建（847—918）、闽国王审知（862—925）纷纷建号称王称帝，并劝钱镠也这么做的时候，钱镠皆断然拒绝，一针见血地指出：“此

---

① （宋）薛居正等撰：《旧五代史》卷一三三《钱镠传》，北京：中华书局，1976年，第1768页。

② （清）周昂：《元季伏莽志》卷七《盗臣传》，《续修四库全书》本。

③ （宋）欧阳修：《新五代史》卷六七《吴越世家》，北京：中华书局，1974年，第835页。

④ （清）张廷玉等撰：《明史》卷一二三《方国珍传》，北京：中华书局，1974年，第3697页。

⑤ （清）吴任臣：《十国春秋》卷七七《吴越·武肃王世家》，北京：中华书局，2010年，第1056页。

儿辈自坐炉炭之中,以据吾于上耶。”[1]又,当谋士罗隐向他建议讨伐篡唐的朱温:“王唐臣,义当称戈北向,纵无成功,犹可退保杭、越,自为东帝。”[2]钱镠虽知其出于忠心,但亦未接受其建议,并说“吾若外讨,彼必乘虚滋扰,百姓必遭荼毒,吾以有土有民为主,故不忍兴兵杀戮耳”[3]。可见钱氏以有土有民为主,不忍百姓遭荼毒,正是其保境安民思想的体现。

方国珍在据有台、温、庆元三郡六州十一县后,已是“拥船千艘,据海道绝粮运,旁海诸郡皆借国珍粟”。可以说这种优势已具备了取威定霸的资本。故郡人章子善说以霸业云:“夷人无百年之运,元数将极,不待智者可知也,今豪杰并起,分裂天下,足下奋袂一呼,千百之舟、数十万之众,可立而待,溯江而上,则南北中绝,擅锁运之粟,驰四出之师,青徐、辽海、闽广、瓯越传檄可定,审能行此,则人心所属,而霸业可成也。”然如同钱镠回应罗隐的规劝,方国珍则明确提出“保境安民”的思想予以拒绝,谓:“公言良是,然智谋之士,不为祸始,不为福先,朝廷虽无道,犹可以延岁月,豪杰并起,智均力敌,天下事未可知,且莫若保境安民,以俟真人之出,吾志也,愿公勿复言。”[4]对此,后来方国珍向朱元璋上表亦谓“臣本庸才,处乎季世,保境安民,非有黄屋左纛之念”。细加分析,这是方国珍对时局的正确分析,也是对自己的角色的正确定位。而这也说明,他的起兵,先是出于对元统治者压迫的反抗,而在取得一定势力后,主要是保境安民。

分析钱、方二人能采取“保境安民”方针,最主要的是他们对当时的客观形势有一清醒而正确的认识。从上引资料可较清楚地看到,他们都能认识到,自己是因乱世起家,能拥有一方已属不易,若公然建号称王,在道义上要冒很大的风险,会给强邻提供进攻的口实,弄不好可能会落得如董昌那样“九族百姓俱陷涂炭”的下场。从后来局势发展来看,无论是与钱镠同时代的后蜀孟昶、南汉刘鋹、南唐李煜,还是元末与方国珍一样起事反元的张士诚、陈友定、陈友谅等,那些急于建号称王的,都落得了国破家亡的下场。故在局势混乱之际,保境安民以待时机,是一明智而正确的选择。再者,保境安民可使百姓免遭荼毒,毕竟民心思定,在国家统一一时无法实现之前,局部的统一是符合人民的根本利益的。此外,采取保境安民方针也是由当时的客观形势决定的。当时群雄并起,割据一方,而钱、方二人,不过其中之一,各方在实力上并没有

① 《十国春秋》卷七八《吴越·武肃王世家》,第1114—1115页。
② 《十国春秋》卷八四《吴越·罗隐传》,第1219页。
③ 钱文选:《武肃王年表》,民国抄本,载《北京图书馆藏珍本年谱丛刊》第12册。
④ 以上引文均见(明)尹守衡《皇明史窃》卷三〇,《续修四库全书》本。

相差悬殊。用方国珍的话说是"豪杰并起,智均力敌",而且二人所占区,皆面临强敌环伺的局面。如钱镠吴越国的北面及西面有吴国,南面有闽国,一旦发动战争,免不了要三面受敌。故钱镠父亲对钱镠曾郑重提醒"吾家世田渔为事,未尝有贵达如此,尔今为十三州主,三面受敌"①云云。而方国珍所据浙东之地,濒于海隅,亦是三面受敌,其西和北有张士诚,其南有陈友定。另,迅速崛起的朱元璋亦是虎视眈眈。虽说方国珍具有据"海道绝粮运"的优势,但是这种优势并非方氏独占,割据苏州及浙西的张士诚亦擅此地利,如元廷为运粮大都,不得极力协调,促成二人合作方才成功,即说明了这一点。而且除了要应付国内的割据势力之外,方氏还面临着来自海面上倭寇的侵扰。据元末乌斯道所作《送陈仲宽都事从元帅捕倭寇序》记载云:

> 太尉丞相方公(国珍)以至正十有七年,受天子命,控制东藩,有梗化者讨之,自是东方以宁。倭为东海枭夷,处化外。比岁,候舶趠风至寇海中,凡水中行,而北者病焉。今年夏,丞相曰:"天子方以中土未尽平,弗暇理东海事,吾为天子弭盗职耳,恶得不选吾爪牙,俘至麾下。"于是诹日饬将士曰:"汝往必克,毋利其货,以逭其死,毋毒我土民。"时天台陈君仲宽以都事职在元帅钱公幕下,因佐其行。②

可见从二人所面临的客观形势来说,亦是不宜拓边扩土,而宜于保境安民。故综合钱、方二人所处时代的各方面因素来看,钱、方割据政权所确立的保境安民的方针,当不失为明智之举。

三、钱、方保境安民政绩与历史贡献

在保境安民的思想指导下,钱、方二人皆致力于辖区内生产建设,也取得了一定政绩,如在筑城、水利、文教等方面,皆有建树。

(一)修筑城池

钱镠在起事与统一两浙过程中,以杭州为根据地,为了加强城防,对杭州城进行了三次大规模扩建。第一次是在唐唐昭宗大顺元年(890)钱任杭州刺史兼防御史时,是年闰九月"命筑新夹城,环包家山,洎秦望山而回,凡五十余里"。为鼓舞士气,钱氏"尝亲劳役徒,因自运一甓,由是骖从者争运之,役徒莫

---

① 《旧五代史》卷一三三《钱镠传》,第1768页。

② (元)乌斯道:《春草斋集》卷八,明崇祯二年萧基刻本。

不毕力”[1]，故进展很快，当年即告竣。第二次是在景福二年(893)七月钱氏被唐昭宗拜为镇海军节度使、润州刺史时。此次钱氏动员了十三都兵，征集了二十万民工，筑建新罗城，规模较新夹城范围更大，“新筑罗城，自秦望山由夹城东亘江干，洎钱塘湖、霍山、范浦，凡七十里”[2]。所建城门有十：“曰朝天门，曰龙山门，曰竹车门，曰新门，曰南土门，曰北土门，曰盐桥门，曰西关门，亦名涵水门，曰北关门，曰宝德门。”[3]城形“南北展而东西缩”，形如腰鼓，故称“腰鼓城”。此城易守难攻，颇利于防御。当时的祖肩和尚见此城即感慨道：“此腰鼓城也，击之终不可得。”[4]第三次，吴越国建国后，扩建凤凰山麓隋唐州治故址，“大修台馆，筑子城，南曰通越门，北为只门。钱塘富庶由是盛于东南”[5]。因子城圈围凤凰山，故又称凤凰城。此外，钱氏也注重城中生活设施的建设，如在城中广凿水井，据载，在新扩展的城北新区内就有“钱王所凿九十九眼井”[6]。

方国珍在据有浙东三郡后，出于城防的目的，同样加强了城防的建设，最重要、著名的是对余姚、上虞及庆元三城的修筑。

余姚州境，襟江枕海，南边嵺嵘，北据钱塘，为吴越要冲之地。元高明《余姚州筑城记》记云：

> 至正十有八年，天子赐印绶节钺，命江浙平章荣禄方公(国珍)分省东藩。明年巡行至余姚，瞻视形势，顾谓僚属曰：“是州控扼吴、越，不宿重兵以镇之，可乎？顿兵储粮，无郭以居之又可乎？”乃议筑余姚城，而属役于军士。于是姚民咸愿输财效力，公因民情从之，且曰：“余姚为宁郡外屏，吾其召鄞县、慈溪、奉化之民分筑之，以纾尔力，其四门用力尤重，吾其给镃庀材，令军士自营之。”民再拜感激，遂界基址、辨土方、揣高卑、仞沟洫、虑财用、书糇粮、峙桢干、称畚梮，公乃躬自为表直。视工，黎明至城所，夕犹不息。工先毕者，犒以金帛；既毕而或隤圮者，以出钱令军士缮修之。公之贵介弟佥枢密亚中公，能竭力劝相，以赞公志。以至正十九年九月戊午始，十月甲申毕工。[7]

① (宋)钱俨：《吴越备史》卷一《武肃王》，《五代史书汇编》第10册，杭州：杭州出版社，6180页。
② 《吴越备史》卷一《武肃王》，《五代史书汇编》第10册，6181页。
③ 《十国春秋》卷七七《吴越·武肃王世家》，第1054页。
④ 《吴越备史》卷一《武肃王》，《五代史书汇编》第10册，6188页。
⑤ 《十国春秋》卷七八《吴越·武肃王世家》，第1087页。
⑥ (明)田汝成：《西湖游览志》卷二一《佛刹》，上海：上海古籍出版社，1998年，第230页。
⑦ (元)高明：《高则诚集》卷二《余姚州筑城记》，杭州：浙江古籍出版社，1992年，第19页。

因方氏的亲自督率，及合余姚、鄞县、慈溪、奉化四县民力，余姚城修建为时仅一月即竣工。“城为址广二丈，其上之广杀其址二尺，其高如上之数，郛口之高又六尺焉。四面之门有五：南门齐政，北门武胜、候青，东门通德，西门龙泉；其东南北又各立水门，以通舟楫。”①余姚城的筑建，深得余姚百姓和当地地方官的拥护与称赞：“州之官属与其耆老相与言曰：‘吾州庶其安乎！往时寇盗窥吾境，欲肆搏噬，赖平章公威武，足以慑之，彼虽桐疑恇怯不敢进，然吾民尝惴惴不安。譬居而无藩垣门户，欲高枕而卧，得乎？今斯城既作，崇墉重关，设险守厄，树旌聚柝，昼徼夜掫，虽有外侮，亦将阻不敢犯。公之保捍我民者，其惠庸有既乎？’乃相与伐石，愿纪而属明为书其实云。”②

方国珍修筑上虞城，是在至正二十四年(1364)十月，元汪文璟《修上虞城记》记其事云：

> 至正二十四年，太尉方公与其宾佐僚属议曰：“上虞实要害地，城池不设，何以奠民居、固士志？”即与贵介弟知行枢密院事国珉率宾佐、僚属、将帅偕来，诹故实，相地宜，虑财用，以令役于近地之州县，曰余姚、奉化、昌国、鄞、慈溪、象山、定海，并上虞为八邑。其役之赢缩，则视田赋所入为之差。惟上虞当六之一焉。其筑之之法，斩木为杙，夹而列之。杙长二丈有四尺，陷其五之一于地中，其四出地上，因以崇土，土与杙等，则辇致巨石，纵横叠置，以护其外。至其面，则治使平正，以石帖之。于是规制既定，民庶子来，宵营昼作，鼛鼓弗胜。陆运川输，材用山积。公与知县及其宾佐、僚属日周行城上，察工役勤惰而劝惩之。凡为城十三里，其址之厚二丈有五尺，五分其厚之四以为城身之高，十分其高之九以为城面之广。其上则每二十步架楼橹，以宿巡警之卒；其下则于四隅列营房，以宅屯驻之士。垒甓为陴，树木为栅，堑以深濠，悬以飞渠，守御之具，无一不备。陆门五，水门三，皆环石为洞。下辟重扉，上屹层阁，锢以金铁，绚以丹雘，严严翼翼，既固既饬，而山川形胜，为之一新矣。经始于是年之十月，逾月而告成。③

上虞城修筑亦不过月余即告完工。至于庆元城的修筑，在至正二十七年(1367)夏五月，此城工期较前两次为长，共历时二月。据元乌斯道《赠行省理问仲刚君治城序》云：

---

① 《高则诚集》卷二《余姚州筑城记》，第19页。

② 《高则诚集》卷二《余姚州筑城记》，第20页。

③ 《全元文》第52册，南京：凤凰出版社，2004年，第362页。

太尉丞相方公(国珍)以斧钺讨暴乱,至正二十七年夏五月,城庆元,曰:"吾所以用民,盖所以保民,吾不得已焉耳。"谨选四大官及百执事,皆用命不敢怠。江浙行省理问仲刚君在选分治北城,虽禀度于大官,而指授区别各有条理,土坚石缜,民忘其劳,未尝以棰楚为威,信足以服众,未尝以壶浆为惠,德足以饱人。越四旬,城成,视他吏凭陵怒气,厉民以炫己功,功返不逮焉。[①]

此城修筑颇为坚固,不仅在当时,即便在后世在抵御外侮方面也发挥了很大作用。清全祖望称"吾乡藩篱之固,则亦其(方国珍)父子实启之,不可谓无功。其吾乡府城因元初隳天下城池而坏者,虽筑于纳麟之手,而亦至方氏始完。不然,嘉靖以后,王直、徐海之乱荼毒更有不可言者矣。"[②]

此外,方氏也注重民用设施的修建,如在黄岩建有四衙桥、三衙桥[③],在鄞县重修灵桥,尤以对灵桥修建规模最大,竣工后,并设立桥局公廨管理桥务。其事详载元刘仁本《平章方公重建桥记略》[④]。

(二)兴修水利

两浙一带,不但多江河湖泊,又临东海,有杭州湾,水害潮患由来已久,尤其是举世闻名的浙江潮,"滔天浊浪排空来,翻江倒海山为摧"[⑤],给农业生产及人民的生命财产带来很大威胁。故兴修水利,治理水害潮患,是历代两浙地方官面临的最为紧迫的事情,也是检验两浙地方官是否关心民瘼,政绩有否建树的重要方面。

以此来检验钱、王二人,可以看到,在他们割据一方之时,在保境安民方针政策指导下,都比较注意包括修筑海塘在内的兴修水利等工程。其中钱镠修筑海塘,以抵御钱塘江与杭州湾江潮的事迹最著名,为宋代以后历代史籍记载与传颂。据较早记载此事的五代宋初人钱俨(937—1003)《吴越备史》卷二记载:"江涛昼夜冲激沙岸,板筑不能就,王(钱镠)命强弩五百以射涛头","乃命运巨石盛以竹笼,植巨材捍之,城基始定。"这就是著名的"钱王射潮捍海塘"的故事。钱氏所修海塘,又称"钱氏石塘",史载"筑塘以石,自吴越始"[⑥]。该塘自开平四年(910)八月开工,同年十月完工,费时两月左右。塘在候潮门、通江

① 《春草斋集》卷六,明崇祯二年萧基刻本。

② (清)全祖望:《鲒埼亭集外编》卷一八,《续修四库全书》本。

③ 《路桥志略》卷一,民国二十五(1936)年杨绍翰排印本。

④ 《鄞县志》卷二,《续修四库全书》本。

⑤ (宋)叶颙:《樵云独唱》卷二《浙江潮》,《影印文渊阁四库全书》本。

⑥ 《浙江通志》卷五六。

门外，自六和塔至艮山门。全长三十三万八千五百九十三丈，币帑十万九千四百四十缗[①]。“钱氏捍海塘”的修筑在很长时间解除了杭州海潮之患，百姓感激钱氏之德，“两浙里俗咸曰‘海龙王’”[②]。

钱氏除修筑海塘外，还在境内搞了疏浚河道、筑堤、建塘等水利工程。如在鉴湖周围三百五十里筑塘，溉田九千余顷；在鄞县东钱湖周围八十里筑塘，溉田五十万亩；在余杭，修复惠民堰、千秋堰、乌龙堰。在萧山，开浚西兴塘。在武义筑长安堰，溉田万余亩。在嘉兴、桐乡等地则采取开支流、小泾密设池塘、横浦等措施。[③]又在太湖一带兴建圩田，以利旱涝保收。又为阻拦江湖入河冲地，而广置堰闸，如“自松江而东至于海，又导海而北至于扬子江，沿江而西至于江阴界，一河一浦，大者皆有闸，小才皆有堰”[④]。对此，明徐光启评价道：“钱氏有国……七里为一纵浦，十里为一横塘，田边阡陌，位位相承，悉为膏腴之产。”[⑤]

较之钱氏，方氏虽然在水利建设的规模、范围、力度等方面皆有所逊色。但也搞了不少有益保护百姓生命财产，有利于发展农业生产的水利工程。如至正二十三年(1363)一月，对上虞海堤的修建，就是一项造福当地百姓的善举。对此，光绪《上虞县志》有详细记载：

> 越上虞之有海堤也，其来旧矣。西首枕江，北面大海，患夫垫溺，则垒土为岸，以堤防之……(至正)二十二年(1362)秋，海飓大作，怒涛掀簸，土堤冲啮殆尽，卫以石者亦为震掉。民不堪命，又群诉之县。会府檄断事官经历王侯以督制兼尹，遂与乡之人帅阃架库徐昭文建议，请于府。府下令为所请，俾就综若事，大约谓海之溢害于湖，湖之害伤于稼。度受溉之田，亩出升米，工农助力，共资畚筑材具之费，相维筑石堤二千二百二十尺以障之，制视旧规稍密。以帅阃吏王权、儒士俞苏、潘翔分董其役，夏扬庭司其出纳，钱敬主其籍禄，侯则日月一至。吏不得扰，民忘其劳。继补葺旧石之倾沕者一万九千二百四十二尺，而修筑土堤、江堤之寻尺不与焉。又筑复堤二千三百尺，为鹊子村之备，而疏河治湖之工役不与焉。直新堤之费，因米为钱总估三万九千四百四十缗，而凡为疏补修治者用，悉非在算计内也。”[⑥]

据此，此次工程不只是修长上虞海堤，还兼顾着疏河治湖之工役，故耗时颇长，

---

① 钱文选：《钱氏家乘》卷八《遗文》。

② 《旧五代史》卷一三三《钱镠传》，第1771页。

③ 《浙江通志》卷五六、五九《水利》。

④ (明)徐光启：《农政全书》卷一四，《影印文渊阁四库全书》本。

⑤ 《农政全书》卷一三。

⑥ 《上虞县志校续》卷二五，光绪二十四年(1898)刻本。

至同年十月方完工。另，至正二十八年(1368)，方国珍之弟方国珉又总余姚、上虞军士，“命治堤防，通沟洫，以备水旱”，终“成丰年，于是民大欢洽”。[①]

另据台州地区有关地方志记载，在方国珍割据期间，由于重视兴修水利，因此民间流传有这样一首称颂方国珍的诗：

洋屿青青出海精，挥锄带领掘元坟。
王林洋畔不华死，五虎门前只班擒。
保境三州兴水利，修文东海续兰亭。
方家岘上英雄出，留待乡亲话到今。

（三）网罗人才、重视文教

钱、方二人都是武夫出身，自身文化水平不高，但都能认识到人才、文教对其统治的重要作用，故二人皆能做到网罗人才、重视文教。

如钱镠名其居曰“握发殿”，表示要效法周公，礼贤下士。为网罗人才，钱氏特地组建了“鸾手校尉”，即选派画工数十人，住在淞江，对从北方流徙到南方，画其容貌，择取清俊者，加以任用[②]。由是钱氏集团人才济济，聚集了诸如罗隐、林鼎、沈崧、皮光业等一批优秀人士。在文教方面钱氏更是以身作则，如时命子孙讽诵诗赋，或制诗赋以赐丞相及将吏以下，亦能书写画墨竹，然不以呫哔废正务。[③] 在对子女教育上，钱氏不仅重视文艺素质培养，还注重儒家伦理道德的教育，如撰《钱氏家训》告诫子孙要和睦相处，事实证明其对子女的教育是颇为成功的。据《吴越备史·文穆王》记载：“及武肃寝疾，一日，命出玉带五赐王兄弟，命王先择之。乃取其狭小者。武肃王大悦，谓王曰：‘吾有汝，瞑日无恨矣。’”[④]这几乎是东汉孔融让梨故事的翻版。

方国珍在人才网罗、文教建设方面，同样是十分重视的。并且，由于在传统士人心目中，方国珍是匪、是盗，多避匿不愿就之，故在人才网罗上颇费周折，他曾两次造访天台隐士周必达而不得[⑤]。闻詹鼎有才，用计获之，“鼎为所获，无奈，因为之尽力，为其府都事，有廉名”[⑥]。正是这种礼贤下士的诚意，方国珍确也罗致了一批贤能之士，如萨都剌、赵俶、朱右、刘仁本、詹鼎、丘楠等。他们建言献策，为方国珍用，如刘仁本“在庆元，凡兴学建桥及修上虞石塘诸善

① 《上虞县志校续》卷三七。
② 《十国春秋》卷七八《吴越·武肃王世家》，第1115页。
③ (清)王士禛：《五代诗话》卷一《吴越王钱镠》，北京：人民文学出版社，1989年，第29页。
④ 《吴越备史》卷一《武肃王》，《五代史书汇编》第10册，第6224页。
⑤ 柯绍忞：《新元史》卷二二七，北京：中国书店，1988年。
⑥ (明)方孝孺：《逊志斋集》卷二一《詹鼎传》，《四部丛刊初编》本。

政,国珍皆用其言。……论者谓仁本于方氏,犹罗隐之仕吴越”[①]。同样,方国珍也比较重视文化教育,兴建书院、学宫。如至正二十三年(1363),为余姚州重修学宫[②];在岱山,为名士陈文昭建岱山书院[③];在黄岩羽山,建文献书院[④];在上虞“大修孔子庙,复忠恕堂,聘名师,广弟子员,日与讲论忠君亲上之道,县人化焉”[⑤]。方氏大兴文教之举,颇得时论好评,如李继本称其:“一门昆季,虽致身显荣,而知尚学术,岂古所谓说礼乐而敦诗书者欤?”[⑥]史载,由于方氏重视文教建设,不仅“其子侄虽生长兵间,类彬彬风雅”[⑦];而且当地百姓亦深受感化。全祖望云:“明初群雄割裂,只国珍以令终,既内附,有女适沐黔公子。在滇中,凡鄞人仕滇如应布政履平辈,女敦乡里之谊,还往若亲戚然。则方氏之窃据也,所谓盗亦有道者耶?”[⑧]全氏虽以正统观念目方氏为盗,但仍肯定其教化有功。

四、余　论

钱镠与方国珍,作为乱世造就的英雄,在其崛起割据一方时,都能奉行保境安民方针,实施了一些有利于百姓、发展生产的政策措施,也都取得了一定的成就,最后分别归顺宋朝与明朝(钱氏向宋纳土是由其孙钱俶完成),顺应了历史潮流。尤其是钱氏纳土归宋,向为时人与后人称颂。如宋苏轼云:“吴越地方千里,带甲十万,铸山煮海,象犀珠玉之富,甲于天下,然终不失臣节,贡献相望于道。”[⑨]欧阳修云:“独钱塘自五代时,知尊中国,效臣顺,及其亡也,顿首请命,不烦干戈,今其民幸富玩安乐。”[⑩]明刘基亦称钱镠之崛起,“社稷因以巩固,黎庶赖以安全”[⑪]。皆是表彰其不失臣节,知尊中国的大义的。

对于方国珍而言,由于多次反元降元,且最后的归顺明朝,是大势所趋,被迫所为。故明高岱云:“方国珍虽托名元臣,其实元贼。盖不能自举义声讨,故

---

① 光绪《黄岩县志》卷二〇《人物》,《中国地方志集成》本。
② (元)刘仁本:《余姚州重修学记》,《全元文》第60册,第362页。
③ (明)戴良:《九灵山房集》卷二三《元中顺大夫秘书监丞陈君墓志铭并序》,《四部丛刊》本。
④ 光绪《黄岩县志》卷三九《杂志·国珍知书》,《中国地方志集成》本。
⑤ (元)贡师泰:《玩斋集》卷七,《四库全书》本。
⑥ (元)李继本:《一山文集》卷四,《四库全书》本。
⑦ 光绪《黄岩县志》卷三九《杂志·国珍知书》,《中国地方志集成》本。
⑧ (清)全祖望:《鲒埼亭集外编》卷一八,《续修四库全书》本。
⑨ (宋)苏轼:《苏轼文集》卷一七《表忠观碑》,北京:中华书局,1986年,第499页。
⑩ (宋)欧阳修:《欧阳文忠公文集》卷四〇《有美堂记》,《四部丛刊》本。
⑪ 《钱氏家乘》卷七《武肃王传》。

假元名号，力以纠众耳。非所谓豪杰之士也。”又云：“观其所营为，盖反复狙诈人耳。”[①]谈迁曰：“方氏举事最早，割温、台、庆元而限之，叛服不常，狃元之德，移色于金陵，鼯技易穷，狙诈取败，彼乱世之祸首也。”[②]

以上时人、后人对方国珍的评论，可以说不无道理，特别是从古代文人正统观点看，方氏不仅是“反贼”，其政治品质更是反复无常。但是用今天的唯物史观分析，方国珍是元末最早起事反元的“豪杰”，对元末民众的反元起义起到了极大的鼓动作用。而他的不断反元、降元，既是其政治品质的表现，也有着为保存自己的斗争策略成分。事实上，在历史上，在当今社会，这种反复无常、投机取巧的政客何其多尔。所以，方国珍作为乱世冒出的草莽英雄，今天我们在指出并批判他的政治品质的同时，似也不能多加苛责。对此，连多次吃过方国珍反复无常亏的朱元璋，也对方国珍说：“草昧之时，英雄角逐，人孰不欲有为，亦谁能识帝王之有真者？其为去就，安能无所龃龉，尔之所为，亦何足责？”[③]

最主要的是，根据上文所述，方国珍在割据浙东庆元、台州、温州三郡时，与钱氏家族一样，实行保境安民，为百姓做了不少好事，更是值得肯定。而直到现在，在浙东地区广泛流传着的肯定、赞颂方国珍的故事、传说，就是最有力的证据。所以从方国珍身上，可进一步证明这样的一条历史定律：任何一个历史人物，只要为一方百姓做过好事，历史与人民是一定会记住他们的。

---

① (明)高岱：《鸿猷录》卷四，《四库全书存目丛书》本。

② (清)查继佐：《罪惟录》卷六，《四部丛刊三编》本。

③ (明)范景文：《昭代武功编》卷二，《续修四库全书》本。

方国珍与刘基

南京大学　周　群

刘基的好友宋濂为方国珍作了神道碑铭(《故资善大夫广西等处行中书省左丞方公神道碑铭》),但刘基则是元末力主剿灭方国珍的主要代表人物之一。对方国珍的态度对刘基的人生产生了重大影响。

一、对方国珍的态度是刘基人生发生重大转变的契机

对方国珍,刘基力主剿灭。至正十二年(1352),正当方国珍掳掠沿海郡县,朝廷无法应对之时,江浙行省又起用刘基为浙东元帅府都事。刘基接檄即赴浙东,参与对方国珍的兵戎之事,并且与元帅纳邻哈剌计划筑庆元等城,使方国珍的侵扰得到了一些扼制。这期间刘基先南下永嘉,至正十三年(1353)年初,又北上杭州。这时的杭州城曾被徐寿辉率领的红巾军攻入,其后又被元军收复。昔日繁华的杭城,经过数次兵火已是市人荷戈,客尽戎装,满城一片兵荒马乱的景象,刘基看到这些情景悲从中来,写下了《悲杭城》等多篇格调凄凉的诗篇。这年三月,朝廷以江浙行省左丞帖里帖木儿招抚方国珍,刘基也被改任为江浙行省都事。刘基与朝廷在对待方国珍问题上的分歧,使其在仕元之途上遭受了最为沉重的打击。朝廷对方国珍时抚时剿,至正十二年(1352)三月,方国珍诱杀了台州路达鲁花赤泰不华,重新入海反元之后,朝廷主张剿灭方氏,刘基则一直认为方国珍为首乱,不诛杀无法戒惩后人,而对方氏余党胁从者则宜招安。当时的行省左丞帖里帖木儿也力主剿捕,两人不谋而合,于是刘基起草了议剿奏书,由帖里帖木儿派其兄径送朝廷。但由于方国珍以重金贿赂朝中权要,朝廷同意招安,并授予方国珍徽州路治中,而主张剿捕方国珍的帖里帖木儿和刘基则被朝廷斥责为"擅作威福,伤朝廷好生之仁",罢免了帖里贴木儿行省左丞一职,刘基则被羁管于绍兴。这一忠而见弃的沉痛打击,使刘基几无生望,发愤恸哭,呕血数升,乃至欲自杀,仅因门人以孝道温言相劝

才打消了轻生的念头。

当刘基羁管期间，方国珍疑惧逡巡，并未接受朝廷之招赴任，而是继续在海上阻绝粮运，奄有温、台、庆元三郡。朝廷虽发兵征讨，但都被方氏所破。随着朝廷对方国珍剿抚政策的改变，刘基等人的命运也随之发生了变化。至正十六年(1356)，刘基再被起用为行省都事。第二年，又改任枢密院经历，与行省院判石抹宜孙同守处州。这时，处州的青田、丽水、松阳、遂昌、缙云等地都爆发了农民起义，元军对红巾军与方国珍已难以应付，对这些蜂起的起义军更是无暇顾及，而是通过官员自募军队进行剿除。这次被起用，刘基在招安吴成七的过程中，省宪就允准其可以自募义兵，可以捕杀拒招不从的起义军，从此刘基建立起了一支自己掌握的地方武装。

任职处州，虽然与同道之间志趣相投，且有唱和赠答之欢，但是，黑暗的官场还是给刘基带来了新的苦痛。至正十八年(1358)年底，经略史李国凤巡抚江南时，将守臣的功绩上奏朝廷，因为刘基为剿灭起义军驰驱效力，李国凤奏请朝廷升刘基为行省郎中，但朝廷以及行省中得到方国珍贿赂的官员都偏佑方国珍，于是对主张剿灭方氏的刘基的军功置而不录，仍然以儒学副提举的资格被授为处州路总管府判，且不与兵事。由于刘基已对元王朝有了更深刻的认识，他的思想已发生了根本的变化，再一次忠而见弃，使刘基对元王朝彻底失望了，于是愤然弃官而去，回归故里。刘基归里后即再没有出仕元朝，直到朱元璋派孙炎来邀，赴金陵，开始辅佐朱元璋一统天下的大业。对于这一段经历，《诚意伯刘公行状》中有详细记载：

> 方谷珍反海上，省宪复举公为浙东元帅府都事，公即与元帅纳邻哈剌谋筑庆元等城，贼不敢犯。及帖里帖木耳左丞招谕方寇，复辟公为行省都事，议收复。公建议招捕，以为方氏首乱，掠平民，杀官吏，是兄弟宜捕而斩之；余党胁从诖误，宜从招安议。方氏兄弟闻之，惧，请重赂公，公悉却不受，执前议益坚。帖里帖木耳左丞使其兄省都镇抚以公所议请于朝，方氏乃悉其贿，使人浮海至燕京。省院台俱纳之，准招安，授谷珍以官。乃驳公所议，以为伤朝廷好生之仁，且擅作威福。罢帖里帖木耳左丞辈，羁管公于绍兴。公发愤恸哭，呕血数升，欲自杀。家人叶性等人力沮之，门人密理沙曰：“今是非混淆，岂公自经于沟渎之时耶？且太夫人在堂，将何依呼？”遂抱持公，得不死。因有痰气疾。是后，方氏遂横，莫能制，山越皆从乱如归。(引自成化本《诚意伯刘先生文集》)

可见，对方国珍的态度是刘基人生经历发生重大变化的契点。

二、刘基主剿方国珍的原因

刘基对朱元璋与对方国珍的态度虽然有所不同,但还有一隐然存在的关系。刘基的正统思想十分强烈,对于佐明,实乃不得已而为之。他对张士诚其实也是同样的看法。当隐居南田之时,《诚意伯刘公行状》有这样的记载:

> 客或说公曰:"今天下扰扰,以公才略,据括苍,并金华,明越可折简而定,方氏将浮海避公矣。因画江守之,此勾践之业也。舍此不为,欲悠悠安之乎?"公笑曰:"吾平生忿方谷珍、张士诚辈所为,今用子计,与彼何殊耶?且天命将有归,子姑待之。"

显然,刘基对方国珍的态度与对张士诚并无区别。而对于朱元璋,并非如黄伯生《行状》中所说的"会上下金华,定括苍,公乃大置酒,指乾象谓所亲曰:此天也,岂人力能之耶?""决计趋金陵"。而更为近实的可能是如《明史・孙炎传》的记载:

> (孙炎)克处州,授总制,太祖命招刘基、章溢、叶琛等,基不出。炎使再往,基遗以宝剑。炎作诗,以为剑当献天子,斩不顺命者,人臣不敢私,封还之。遗基书数千言,基始就见,送之建康。

刘基逡巡未见,原因固然与石抹宜孙兵败被杀有关,同时,更重要的在于刘基忠臣不事二主的观念。他在投奔朱元璋之际,曾作《上山采蘼芜》一诗:

> 上山采蘼芜,山峻路迢递。下山逢故夫,悲风生罗袂。忆昔结发时,愿得终百年。变故不可期,中道相弃捐。莲实生水中,石榴生路侧。未尝挂齿牙,中心岂能识?上山采蘼芜,罗袖生芳菲。因君赠新人,莫遣秋霜霏。落叶辞故枝,不寄别条上。白日无回光,谁能不惆怅?(《诚意伯文集》卷十)

所谓"落叶辞故枝,不寄别条上。白日无回光,谁能不惆怅",尽显其对元王朝的忠诚。因此,对于方国珍的态度,是以对元王朝的忠诚为基础的。刘基遭逢羁管,是因为对方国珍的剿抚方略有别,刘基事实上成了元王朝与方国珍博弈的一个牺牲品。

三、方国珍起事的性质

学界对于方国珍的出身说法不一,以往多以此作为评价方氏起事性质的依凭,其实,不一定需要过多稽考方国珍是佃户还是土豪,主要看其是否以推翻元王朝的统治为目标。在这个方面，方国珍确实与红巾军稍有不同。红巾军虽然带有浓厚的宗教色彩，但是明确以“虎贲三千，直捣幽燕之地；龙飞九五，重开大宋之天”（陆深《平胡录》，《胜朝遗事初编》本）为目标，而方国珍起事的原因则简单得多。据《明史·方国珍传》记载：

元至正八年，有蔡乱头者，行剽海上，有司发兵捕之。国珍怨家告其通寇。国珍杀怨家，遂与兄国璋、弟国瑛、国珉亡入海，聚众数千人，劫运艘，梗海道。

对于方氏兄弟来说，“若束手就毙，一家枉作泉下鬼，下若入海为得计”（钱谦益《国初群雄事略》卷之九《台州方谷真》）。起事的目的前期是全身避祸，后期则是以据三郡、占海道向朝廷要求封官晋爵。由于方氏并不是以灭元为直接目的，而认为“朝廷虽无道，犹可以延岁月”（《国初群雄事略》卷之九《台州方谷真》）。因此，他可能与朝廷交易，乃至联合。朝廷为了镇压其他起义军队，与方氏也时战时和、飘忽不定。

对方国珍的态度历来贬远多于褒。如谈迁在《国榷》中谓其“乱世之祸首也”（《国榷》卷二）。高岱在《鸿猷录》中说：“元末诸雄唯谷珍举事最早，其所就业最微。观其所营为，盖的复狙诈人耳，非有长驾远驭之才，取威定霸之略，特元人失御，酿成其恶至此也。”（《鸿猷录·平方国珍》）但方国珍起事客观上起到了元末农民大起义的先导作用。对此，傅维鳞谓其“非有乘衅伺隙之便，辄诛仇结众，凌风卷雾于江海之陬，不可谓非云雷之壮烈焉。叱咤数年始多控弦勒骑之举，是亡元者国珍也”（《明书·方国珍记》）。方国珍起事于元至正八年(1348)，虽然至正三年(1343)有朱光卿起义，至正四年(1344)有李致甫起义，至正六年(1346)有罗天伦、陈积万起义，但影响及规模都不及方国珍。而韩山童、刘福通在颍州发动起义则是在1351年，因此，傅维鳞等人的说法又不无道理。当然，方国珍的反元与红巾军的反元有明显的区别，这就决定了他起事之后，或叛或降，反复无常。因为其目的是保全实力与性命，而并无更多的政治理想。因此，与其说方国珍性情反复无常，不如说是因为起事的目的使然。

由此可见，刘基对方国珍的主剿，完全是忠元的立场使然。方国珍或降或叛，反复无常，亦有其必然的原因在。

方国珍与何真历史际遇的悬殊及其启示

周松芳

元末群雄逐鹿，最后归于朱元璋一家。这其中，有的被朱元璋剪灭，有的归顺朱元璋。归顺者，朱元璋因人施遇，浙东的方国珍、岭南的何真，受优待的程度相去不多，但历史际遇却颇悬殊。

在元末群雄中，方国珍是率先发难者；逐鹿到最后，也是三家之一，远较何真地位高。归顺朱元璋后，朱元璋待之并不算丰厚，封了一个“食禄不之官”的广西行省左丞。

何真与方国珍都算是割据一方，方国珍割据浙东三郡，何真割据岭南。廖永忠下岭南，何真在孙蕡等文士的劝导下，兵不血刃归顺朱元璋。朱元璋对此甚为满意，赐诏褒奖：“朕惟古之豪杰，保境安民，以待有德。若窦融、李勣之属，拥兵据险，角立群雄间，非真主不屈。此汉、唐名臣，于今未见。尔真连数郡之众，乃不烦一兵，保境来归，虽窦、李奚让焉。”[①]并擢任其为江西行省参政，转任山东行省参政。间中洪武四年(1371)还命其还广东收集旧卒。洪武九年(1376)致仕后，在大军征云南时，又命其复出偕子从征，后迁山西、浙江、湖广布政使，“未闻微谴加焉”。洪武二十年(1387)复致仕，卒封东莞伯，禄一千五百石，予世券。生前任以封疆，死后封伯予世券，可见朱元璋对何的倚重与信任。正如时人所说，在明初朱元璋雄猜好杀，大肆屠戮功臣的背景下，“其生荣死哀，诚非一时诸臣所可几而及也”[②]。当然也是元末三雄之一的方国珍所难及的。

朱元璋在其首次接见何真的面谕里，表示了他对当时各路豪杰的看法：“天下分争，所谓豪杰有三：易乱为治者，上也；保民达变，知所归者，次也；负固偷安，身死不悔，斯其下矣。卿输诚纳土，不逆颜行，可谓识时务者。”以此而

① 《明史》卷一三〇《何真传》，《四库全书》本。

② 杨宝霖校点：《崇祯东莞县志》卷五《何真传》，东莞：东莞市政府，1994年。

论，上焉者为他老朱，方国珍与何真均属其次，陈友谅、张士诚等大体可属第三类。然何真是否够得上豪杰，尚需商量。而问题恰恰在于，不仅当世已经高看何真，后世更是加以推崇。如黄佐说："方是时，操斛扬舲之夫，甫统乌合之众，即称帝称王，盖不特张、陈而已。使其为尉佗之业，夫谁能禁之？"①《明史·何真传》也说："时中原大乱，岭表隔绝，有劝真效尉佗故事者。"黄佐的这种推崇，来源于乡人对其所带来的和平与发展的感念。亦如黄佐所言："元末大乱，豪杰云起，锋镝连海峤，血肉渥草莽，独我南海，赖何真保障，得以奠枕无虞，其功伟矣。"今人刘志伟教授的研究表明，其意义更在于从客观上促成了岭南地区长期由地方豪强向士绅治理的历史转折，为岭南文化的可持续发展提供了重要保障②。而刘志伟教授的研究本身也表明，岭南人对何真的感念真是不绝如缕。

相对而言，方国珍无论在朝在野，当时后世，均没有享受到应有的较高的评价，这是不公正也不公平的。

首先是正史《明史》的评价奠定了不良的基调。《明史》虽是清修，但其所据多从《明实录》，《太祖实录》可是朱元璋时期所修，后来虽有改篡，毕竟是个别的，而且不至于发生在方国珍身上。而从《明实录》到《明史》，也体现了官方一贯不利于方国珍的评价。历来以方国珍在元朝与朱元璋之间"阴持两端"而对其不齿，其实方国珍在詹鼎为其拟就的给朱元璋最后的降表中所言，是谦卑而诚实的："臣本庸才，遭时多故，起身海岛，非有父兄相借之力，又非有帝制自为之心。方主上霆击电掣，至于婺州，臣愚即遣子入侍，固已知主上有今日矣，将以依日月之末光，望雨露之余润。而主上推诚布公，俾守乡郡，如故吴越事。臣遵奉条约，不敢妄生节目。子姓不戒，潜构衅端，猥劳问罪之师，私心战兢，用是俾守者出迎。然而未免浮海，何也？孝子之于亲，小杖则受，大杖则走，臣之情事适与此类。即欲面缚待罪阙廷，复恐婴斧钺之诛，使天下后世不知臣得罪之深，将谓主上不能容臣，岂不累天地大德哉。"方国珍既无"帝制自为之心"，所谓"阴持两端"，不过待价而沽，能"如故吴越事"，乃是其最高理想了。其间虽有"子姓不戒（托词），潜构衅端"，终未启大衅；早先其于元室，亦是且战且抚，对于一些士人，亦以首鼠两端视之，其于百姓安宁，未尝不是福音。容后叙。

官修一级史书如此，其他史籍便难以例外。如谷应泰的《明史纪事本末》

---

① 《崇祯东莞县志》卷五《何真传》。

② 刘志伟：《从乡豪历史到士人记忆——由黄佐〈自叙先世行状〉看明代地方势力的转变》，《历史研究》2006年第6期。

卷五说："方国珍以黄岩黔赤，首弄潢池，揭竿倡乱。西据括苍，南兼瓯越，元兵屡讨，卒不能平。以致五年之内，太祖(指朱元璋)起濠城，士诚起高邮，友谅起蕲黄，莫不南面称雄，坐拥剧郡。则国珍者虽圣王之驱除，亦群雄之首祸也。"又说"国珍者市井之徒，斗筲之器，宜其无定见也"，"智昏择木，心怀首鼠"。谈迁《国榷》、傅维鳞《明书》等，大抵作如是观[①]。地方史志更不敢例外，甚至变本加厉，如光绪《黄岩县志》(卷三十六)说："方氏海上民也，迹其抗师拒命，焚毁官亭民舍，维时邑民受其荼毒者，何异绿林黄巾之惨。"

这种不实之评，今人虽已开始从农民起义角度纠偏，但仍然脱不开正史的桎梏。众所周知，在阶级斗争、农民起义的主流话语中，朱元璋的地位远高于方国珍，吴晗当年几番修改《朱元璋传》，就最能说明问题。所以史学家吕振羽著《简明中国通史》，首先将方国珍的身份地位进行了拔高，认为他这种贩私盐的出身，实属地方豪杰，不同于普通农民；其为元漕运粮食，亦属"为虎作伥"[②]。在 20 世纪 90 年代以前，学术界几乎不以农民起义来看待方国珍。1990 年，章采烈在《上海大学学报》第 4 期发表《论方国珍的功与过》，尽管仍延续了此前的论调，毕竟是第一次讨论方国珍的功。文章认为，方国珍割据浙东期间，自始至终坚持修城固防以保境安民，筑堤、疏河、治湖以备水旱，实田均赋以息纷争，大兴学宫以敦诗书，均是无法抹杀的善政。

然而方国珍形象的定格，这些善政被遮蔽，既受制于正史书写，亦受制于民间书写。众所周知，朱元璋对士人极为严苛，连号称开国文臣之首的宋濂，都横加折辱。大兴文字狱，许多人死于非命；又有许多士人受牵连，狱死于三大党案。其实最初的打击，乃是针对张士诚、方国珍两大集团内的士人[③]。当时士人，多有徙赴濠梁，方国珍幕下士也未幸免。刘仁本是方国珍属下最为忠荩之士，"国珍海运输元，实仁本司其事。朱亮祖之下温州也，获仁本，太祖数其罪，鞭背溃烂死"。"余官属从国珍降者，皆徙滁州，独赦邱楠以为韶州知府。"为方国珍起草降辞的詹鼎，由于转效之诚："既至京，未见用，草封事万言，候驾出献之，帝为立马受读，命丞相官鼎。"尽管如此，仍"奉例徙居梁"，又徙陕

① (清)谈迁《国榷》卷二："方氏举事最早，割温、台、庆元而限之，叛服不常。狃元之德，移色于金陵。鼯技易穷，狙诈取败，彼乱世之祸首也。"傅维鳞《明书・方国珍记》："非有乘衅诛仇结众，凌风卷雾于江海之陬，不可谓非云雷之壮烈焉。叱咤数年始多控弦勒骑之举，是亡元者国珍也。"高岱《鸿猷录・平方国珍》："元末诸雄惟谷珍举事最早，其所就业最微。观其所营为，盖反复狙诈人耳，非有长驾远驭之才，取威定霸之略，特元人失御，酿成其恶至此也。"

② 吕振羽：《简明中国通史》，北京：人民出版社，1955 年，第十四章第四节。

③ (清)钱谦益《列朝诗集》："国珍招延士大夫，折节好文，与中吴争胜，文人遗老如林彬、萨都剌辈咸往依焉。"当下两家门下聚士颇不少。

七年，始获见用，“除留守司经历，迁刑部郎中”，仍不免“坐累死”。[1]

在这种情形下，谁还敢为方国珍张目说好话？方孝孺为詹鼎作传，也还得先贬抑方国珍：“是时知向背者以为国珍盗也，不可辅，皆匿不出。”詹鼎为方国珍用，不是投奔，而是被迫：“国珍闻鼎有才，以计获之，鼎为所获，无奈，因为之尽力。”[2]而有意思的是，对方国珍首作客观好评的，恰恰是这“被迫”的詹鼎。方国珍死后，宋濂奉命为其作《神道碑铭》，有言：“公以豪杰之姿，庇安三路、六州、十一县人民。天兵压境，避而去之，曾无一夫被乎血刃，其有功于生民甚大。”宋濂作碑的材料，正是由詹鼎提供。其实，宋濂与方国珍同属浙东，对方国珍颇有了解，其采信詹鼎之言并作如此之书，与朱元璋的授意应当是有些出入的。

再说一点，关于刘基与方国珍的关系，史书上几乎众口一词，那就是在方国珍初起时，作为江浙行省都事的刘基力排众议，力主对方氏这一首逆严加征剿的，而今人有研究认为，刘基是乐见招抚的[3]。后人对此颇为忌讳，在刊行刘基文集时，反映刘基这种心态的两篇文章——《台州路新修城濠碑》和《台州路重修天妃庙碑》——在嘉靖本和隆庆本中都被拿掉。这也从另一个侧面反映了方国珍被“压制”的状态。另一则反映刘基与方国珍关系的材料是，《明实录》刘基本传说他至正十七年(1357)“改行枢密院经历，与石抹宜孙守处州，以拒国珍”。钱谦益的《太祖实录辨证》明确指出，“所拒者，非国珍也。国史纡其词耳”；“所拒”的，正是朱元璋[4]。

从刘基与方国珍的关系，也引出了另一话题，即元末群雄与士人关系的问题；理清了这一头绪，才可能更准确理解一而再再而三的“国史纡其词”现象。“群雄虽无不心敬群士，而群士则多轻鄙之。”[5]许多人入幕，是如胡翰所言，是“苟升斗之禄以自活鬻釜间”。[6] 以张士诚为例，孙作说：“张士诚开阃姑苏，数郡之士毕至。”[7]名士如杨基、余尧臣等，或为记室或为客。张士诚弟张士德尤为敬重文士，连杨维桢、高启辈及王逢、陈基、张羽、饶介等都乐与往还，影响到

---

① 《明史》卷一二三《方国珍传》附传。

② (明)方孝孺：《逊志斋集》卷二一《詹鼎传》，《四库全书》本。

③ 杨讷：《刘基事迹七考》，台湾清华大学编：《蒙元的历史与文化——蒙元史国际学术研讨会论文集》，台北：学生书局，1999年。

④ 《牧斋初学集》卷一〇二《太祖实录辨证二》，上海：上海古籍出版社，1985年，第2109页。

⑤ 钱穆：《读明初开国诸臣诗文集》，包遵朋主编：《明史论丛·明代政治》，台北：学生书局，1968年。

⑥ 《胡仲子集》卷四《缶鸣集序》，《四库全书》本。

⑦ 孙作：《沧螺集》，陈田《明诗纪事》“陶宗仪”条引；又《明诗纪事》“高启”条引文征仲言：“伪周据吴日，开宾贤馆以致天下豪杰，故海内文章技能之士悉萃于吴。”

整个张士诚集团上上下下都好文士。然而，乱世更需要的是经济之士，而张氏集团的用士，却有声色之好的嫌疑，因为未闻有良能之士被重用。例如，与张士诚一道起事的江湖兄弟出外作战，常常携文人、妓女到战场解闷，即使打了败仗，张士诚也不责备他们[①]。陪臣潘元绍十分暴戾，“娶美娼凡数十，内一为苏氏，才色兼美，醉后寻其罪，杀之，以金盘荐其首于客宴，绝类北齐主事”[②]。不过，尽管如此，吴中文人还是感念张氏的。例如，张氏政权将亡时，潘元绍所娶的七位良家子出身的美丽小妾，均以自缢相殉。吴中文人为此感伤不已，张羽作《七姬权厝志》，宋克书、卢熊篆，“皆极天下之选”，连高启也为之作《吊七姬冢》诗。这一点，让作为理学正宗嫡传、主张经世致用、以宋濂为首的婺州文人以及处州的刘基等颇不以为然[③]。方国珍虽在浙东，然婺处文人并未为其所用。

朱元璋的高明之处在于，竭力罗致婺处文人。明朝建立后，高张理学大旗，其所依赖，正是婺处文人。所以，在后世的历史抒写当中，婺处文人的一支笔便掌握了抑扬之权。婺处文人如刘基、宋濂均遭朱元璋猜忌，但历史补偿——史籍中的揄扬——未尝不厚。有时为了扬此，就不惜抑彼。以刘基与方国珍的关系为例，前述《明实录・刘基传》将“乐见招抚”改写为“首逆必惩”，将协助石抹宜孙“拒朱元璋”改写为“拒国珍”，并不能简单归结为“国史纡其词”，因为国史所据，乃是黄伯生的《行状》。而黄伯生撰行状，系出于刘基后人所请，并据所提供的材料[④]。更有意思的是，方国珍的碑记由宋濂撰写，其幕下最得力之士詹鼎的传记也出自宋濂门生方孝孺之手。再回过头来看宋濂为方国珍所作的碑铭与朱元璋的态度以及正史评价的差距，我们已可推知方国珍是受到了历史遮蔽的。

相对而言，何真既受官方的揄扬，民间更予礼遇。这也同样与士人态度密切相关。当时何真割据岭南，远离内地是非，与朱元璋没有“历史”纠葛。何真本人又“尤喜儒术，读书缀文”。稍有势力时，即开府辟士，与文人、儒士交往，明初岭南诗派的五大家孙蕡、王佐、赵介、李德、黄哲皆受礼遇。而这些文人、

---

① 吴晗：《朱元璋传》，北京：人民出版社，1985年，第108页。

② （元）杨维桢：《金盘美人》歌序，《杨维桢诗集・铁崖逸编》卷二，杭州：浙江古籍出版社，1994年，第318页。

③ 如刘基在辅佐朱元璋击败张士诚后所作的《过苏州九首》就曾对张士诚幕下以陈基为代表的吴中文人加以讥嘲。而多年以后，李流芳又作《读金元诸公遗集各赋一章》反嘲：“南冠憔悴老钟仪，大府人传草檄时。书剑旧参横海幕，铙歌新咏渡淮师。伯才共惜陈琳老，京国空怀庾信悲。奏罢谈洋尝药后，刘基何事笑陈基。”

④ 杨讷：《刘基事迹七考》。

儒士,从文学与文化发展以及儒家的民本立场出发,是反对战争、主张和平的。他审时度势归顺朱元璋,就颇受这些士人的影响。据《明史·孙蕡传》,其归顺朱元璋的降表,"曲尽诚款",即孙蕡所拟。前此明人黄佐在《广州人物传》中对此大加赞扬:"(廖)永忠不戮一人而南海帖然者,蕡之力也。"[①]

以孙蕡为首的这批岭南知识分子,也并没有卷入当朝的纷争;即使无辜卷入,也并未因此心生怨悱[②],而是间接有助于何真的历史叙述。再者,孙蕡入朝后,师事宋濂,宋濂也对其青眼有加[③]。因为这层关系,何真也赢得了当朝主文之士的认同,如宋濂曾为其作《何氏义田遗训记》[④]。尽管如此,宋濂对何真的评价,还不如对李质高。李质当年是与何真并峙的岭南两大豪杰——何真占据岭东,李质占据岭西,只不过在归顺朱元璋的过程中,让何真出头,后世不察,让何真占尽了便宜。其实李质更受朱元璋的重用,后来官至刑部尚书。"又未几,上御外朝,亲擢为浙江行中书参知政事,中外莫不慕艳之。"宋濂对此给予了极高评价:"夫以公之贤,能遭四海雍熙之世,上简万乘之知,入司喉舌,翔翱法从,出镇行垣,仪刑州牧,银章艾绶,蔚乎其光华,画省长棘,俨乎其雄肆,足以行所志,而不负其学矣。大丈夫之际遇有如此者,可不谓之荣乎?"[⑤]

宋濂的学生、一代名儒方孝孺,则更倾向于何真。从应其子何奉先之请所作的《丰湖书室序》[⑥]可以了解到,方孝孺初识何真于山东。当时,方孝孺的父亲方克勤任山东济宁知府,而何真适由江西调任山东行省参政,是方克勤的顶头上司。方克勤是明朝著名的循吏,事迹载于《明史·循吏传》。方孝孺与何真,辈分不同,地位也相去悬殊,但从序文看,二人相得甚欢;方孝孺甚至"获侍几杖者数月",愿为方氏幕僚或曰私人秘书。这一不浅的情谊,一直维持着:何真致仕京居,方孝孺父亲遭冤杀,居丧满期回京,即往拜访,与其父亲相论历代治乱之道,情志十分契合。以方孝孺的地位,其取向于历史叙述必然产生影响。

从何真与李质的历史际遇,我们再一次看到历史叙述的影响力量。比较

① 黄佐:《广州人物传》卷一一,广州:广东高等教育出版社,1991年。

② 据《明史》本传,孙蕡为"平原主簿。坐累逮系,俾筑京师望都门城垣。蕡讴唫为粤声,主者以奏。召见,命诵所歌诗,语皆忠爱,乃释之"。后又牵涉蓝玉党案,以"蕡尝为玉题画,遂论死。临刑,作诗长讴而逝"。关于这首绝命诗,据钱谦益《列朝诗集》所录为:"鼍鼓三声急,西山日又斜。黄泉无客店,今夜宿谁家。"并说朱元璋得知之后,竟以"何不早奏"杀指挥。

③ 参见拙作《岭南文学与江南文学的渊源》,《昆明学院学报》2012年第2期。

④ 《广东通志》卷六〇《艺文》,《四库全书》本。在《宋濂全集·朝京稿》卷一中题《惠州何氏先祠碑》,文字略有出入,杭州:浙江古籍出版社,1999年,第1639页。

⑤ 《峦坡后集》卷七《送刑部尚书李公新除浙江行省参知政事序》,《宋濂全集》,第710页。

⑥ 《逊志斋集》卷一三;亦载于康熙《东莞县志》卷一三《艺文》,文字略有出入。

而言，方国珍更是历史的亏欠。其实不仅当代人中，方国珍的地位不输何真、李质，就后代而言，方氏也更胜一筹。李质后裔湮没无闻，何真之子身败名裂。而方国珍之子方明谦，“旧尝在金陵为质子，建言当筑城于沿海以防倭，太祖诏下信公施行。于是始筑定海等处十一城”①。另一子方行，据顾嗣立《元诗选》“方参政行”条：“潜溪（宋濂）盛称明敏（行字）襟度潇洒，善谈名理，于书无所不读，则明敏于国初居然胜流，未可以杨山遗种而诮之也。”其女出嫁沐英之子，定居云南，“凡鄞人仕滇如应布政履平辈，女敦乡里之谊，还往若亲戚”。这些个教养礼数，岂是首逆之贼所能出？在名儒全祖望看来都难以理解：“然则方氏之窃据也，所谓盗亦有道耶？”②其实并非盗变有道，而是正史定格了其为“盗”，后世长期不敢翻或翻不了而已。故顾嗣立又说：“庆元之父子，淮张之兄弟，右文好士，皆有可书，志胜国群雄者无抑没焉。”再则，如此有功劳、有文德的方明谦与方明敏，降明后并没有享受“统战”待遇，“例安置濠”，“洪武戊午，国珍已没，明谦受剥肤之刑，举族累祸，则明敏或于此时得以从轻典戍滇”。

就像吴人反抗明初暴政，怀念宁死不屈的张士诚一样，台州人民也曾深切怀念结局凄怆的方国珍父子。上焉者如康熙《黄岩县志・变异》载：“时元纲已坠，方氏首逞臂力，然能保全三郡，归命真人，桑梓不罹血刃，则其勋庸讵可泯乎。”下焉者如康熙《黄岩县志・风俗》载：“中秋，俗作十六，询之宁、处，二郡亦然，以是日为方国珍生辰，相沿成习。”只是这样的怀念，难以敌过正统意识形态的潜压，更敌不过以阶级斗争为纲的意识形态的重压。然而，到了今天，该是祛除历史对方国珍的遮蔽的时候了，尤其是给予惨遭迫害的方明谦、方明敏以历史补偿的时候了。

① 《明史》卷一二三《方国珍传》。

② （清）全祖望：《鲒埼亭集外编》卷一八，《全祖望集汇校集注》，上海：上海古籍出版社，2000年，第1097页。

方国珍与元末滨海豪民

南京大学　陈　波

方国珍作为元末群雄之一，元明以来的史籍记载很多，当代通史著作也多不能回避，相关学术论文也不少。就中国大陆学界的相关研究而言，主要集中于改革开放之前，且过多地纠结于阶级矛盾和民族矛盾何者为主、战争性质问题、宗教的组织作用等议题[①]。20 世纪 80 年代以来，或出于对阶级斗争史观的反思，并且经历文革期间的社会动荡，人心思定的社会氛围无疑也影响到史学界，长期以来农民战争史几至无人问津的地步，理论方法更新的缺失更使得这种状况雪上加霜。反而是西方和日本学者另辟蹊径，从区域社会或地方生态的观察角度，使得相关研究有了进一步推进的可能。就方国珍的相关研究而言，日本学者檀上宽所撰《方国珍海上勢力と元末明初の江浙沿海地域社会》[②]一文汲取了奥崎裕司、寺地遵、藤田明良等人的研究成果[③]，系统概述了方国珍政权崛起所依托的特殊地理生态及该政权的内部构造，以及方国珍海上势力的消灭与明初海防体制建立的过程。笔者试图在前人研究基础上，从元末及明初海运的延续性角度，探讨方国珍与元末滨海豪民的关系。

---

① 改革开放之前，农民战争史研究的兴盛促使当时学者非常注意搜罗农民战争史料，其贡献无疑也是不可磨灭的。关于元代农民战争代表性的成果有杨讷等编《元代农民战争史料汇编》四册（北京：中华书局，1985 年），对于相关史料的搜集十分齐全。

② 收入《東アジア海洋域圏の史的研究》（《东亚海域圈的历史性研究》），《京都女子大学研究丛刊》第 39 辑，2003 年。

③ ［日］奥崎裕司：《元末方国珍の乱を支えた戴氏》（《支持元末方国珍之乱的戴氏》），《中国古代史研究》1989 年第 6 期；［日］寺地遵：《方国珍政権の性格——宋元期台州黄岩県事情素描》，《史学研究》1999 年第 223 期；［日］藤田明良：《蘭秀山の乱と東アジア海域世界——14 世紀舟山群島と高麗・日本》（《兰秀山之乱与东亚海域世界——14 世纪舟山群岛与高丽、日本》），《历史学研究》1997 年第 698 期。

一、方国珍的崛起与元末滨海豪民

方国珍至正八年(1348)入海叛乱之前,黄岩已有李大翁、蔡乱头等人啸聚海岛,劫掠漕运舟,方国珍"慕赏功官爵,募众至数千人"[①],本是打算为朝廷收捕蔡乱头,却不料为仇家诬告,遂入海为乱。浙东之地海寇大炽,时人有"今日浙东之患,莫甚于海寇"[②]的感叹。海寇相对于陆地活动的盗贼,更加行踪莫测,活动也更为迅捷,如至正八年(1348)前后出现在沙门岛的海贼,极有可能与江浙地区的海寇有某种关联,时任海道都漕运万户府达鲁花赤的买述丁亲率所部出刘家港捕盗,后者"潜入北洋诸岛,漕舟有遇贼夺其粮者"[③],可为佐证。

入海为乱的人群也形形色色,蔡乱头等人是鱿盐负贩之徒,连承运海漕的船户也迫于生计,不惜铤而走险,"拒敌巡哨军船,杀害军官人等,岁岁有之"[④]。实际上入海为寇的人群当然不仅仅限于船户。如至正四年(1344)夏,贡师泰出任绍兴总管府推官时,发现"县长官鞫系董连二十三人,持军器谋泛海为盗。公廉问得实,所谓军器大半皆农具,且他无为盗显迹"[⑤]。尽管贡师泰纠正了该县长官株连太过的做法,但无疑也说明在当时迫于饥馑、徭役的农夫,也有入海为盗的可能。而官府面对海寇蜂起的局面,风声鹤唳,动辄处置过当,在方国珍入海为乱之后,州县官"妄械平民以为国珍党"[⑥],受命平乱的江浙行省参政朵儿只班甚至扬言"将尽屠边海之民"[⑦],这无疑迫使本就易于生乱的边海之民更加从乱如归,加速了方国珍势力的膨胀。

方国珍之所以迅速壮大,走投无路的贫民、盐徒等群体大批加入无疑是重要原因,但地主豪族的支持则是方国珍得以在浙东三路立足的主要因素。中国学者很早注意到这一点,如陈赓平指出方国珍出身于反抗地主恶霸的佃农,在元末起义中有首义之功,后期被刘仁本等地主分子所利用[⑧]。施一揆则指出,"从各方面看方国珍不能称为农民革命的领袖"[⑨]。韩志远在此基础上甚

---

① (明)叶子奇:《草木子》卷三《克谨篇》。

② (明)王袆:《王忠文公集》卷三《送汤子诚序》。

③ 朱德润:《存复斋续集》(不分卷)之《资善大夫海道都漕运万户府达鲁花赤买公惠政之碑并铭》。

④ 洪金富:《元代宪台文书汇编》,台湾"中研院"历史语言研究所,2003 年, 第 180 页。

⑤ 《王忠文公集》卷八《绍兴谳狱记》。

⑥ 嘉靖《宁波府志》卷二〇《遗事》。

⑦ (明)徐象梅:《两浙名贤录》卷四三《风节・潘伯修省中》。

⑧ 陈赓平:《方国珍起义事迹的探讨》,《光明日报》1961 年 9 月 27 日。

⑨ 施一揆:《对〈关于方国珍起义事迹的探讨〉的商榷》,《光明日报》1962 年 5 月 9 日。

至指出方国珍出身富家大户,绝非下层人民的代表[①]。这种以方国珍的出身来分析方国珍政权的属性无疑也存在很多问题[②],租佃制下地主佃农的关系很复杂,前者对于后者的支配程度因地域不同而有很大差别,如果再考虑宗族、血缘等因素,就更趋复杂,这里不拟赘述。但方国珍通过地主豪族的支持最终实现了对浙东三路的支配,基本上是可以成立的论断。檀上宽认为方国珍政权的统治基础之一是所谓"海上土豪",这种海上土豪是居住于大陆沿岸或者岛屿,地主的土地所有加之以海上活动,对于周边包括农民渔民在内的民众有一定支配力的地主[③]。宋人包恢曾向福建官方提议利用所谓"海澳土豪"来防备海贼:

> 擒捕此贼,本只海澳土豪隅总等之所能办也。盖此贼虽在海中,而日用饮食之物,无非取之海岸之上,苟海上之人若能同心协力,处处严行禁止,痛加拒绝,使不得上海岸,则非饥死亦渴死矣,将欲何为哉?唯海上之民,多有所取,利其珍宝,动千万计,则富者为之停藏,贫者为之役使,甚至多起酒楼,多设妓馆以诱之,惟恐其不来。其小小鱼船以捕鱼为名者,又多为贼之耳目向导,是贼徒猖獗凶横,皆吾民之通同而至此也。今须于各海澳去处,团结保伍,统以澳长,如有一家停藏贼徒,引接赃者,保伍并加连坐。遇有贼船者,保伍民兵澳长为将深防固守,使不得近岸,近则聚众擒捕,随以官军击之,彼将有送死而已。[④]

海澳土豪无疑是指居住于海滨的有力家族,包恢建议利用他们对于当地民众的支配关系来"团结保伍"以对抗海贼,但这一措施能否成功显然也决定于这种土豪能够多大程度上不与利益攸关的海贼往来,而甘受官府节制。并且,此种土豪不仅存在于滨海地区,沿海各岛屿无疑也广泛存在,宋神宗熙宁五年(1072)日本僧人成寻赴宋求法途经舟山外岛时,这样描述所见的情形:"一浦有十一家,此中二宇瓦葺大家,余皆萱葺。"[⑤]"瓦葺大家"居中而"余皆萱葺"的聚落形态也形象地暗示了岛民之中有豪族存在的事实。学界所熟知的明初"兰

① 韩志远:《方国珍出身考》,《历史知识》1984年第2期。

② 例如朱元璋多被认为是地主阶级的总代表,背叛了农民起义的立场,但是朱本人是贫苦农民出身,这说明最高统治者的出身并不能决定政权性质。另一方面,明朝建立之后对于地主的弹压可谓无所不用其极,如果将明初政权简单定位为地主阶级的利益代表,则很难解释这种政权属性与所施行政策之间的背离。

③ "海上土豪"一词,见于《明太祖实录》卷二三"吴元年四月己未"条:"上以国珍反复,以书数其十二过曰……。尔乃诱我海上土豪作乱,近已平定,匿其首恶,此岂良谋?而其十二过也。"

④ (宋)包恢:《敝帚稿略》卷一《防海寇申省状》,民国《宋人集》丙编,第10—11页。

⑤ 成寻著,王丽萍点校:《新校参天台五台山记》卷一"延久四年(1072)三月二十七日",上海:上海古籍出版社,2009年,第11页。

秀山之乱"就是聚居舟山外岛的叶、陈两家土豪为首发动的,这在下文中还要论及。

方国珍在浙东三路的统治主要依赖亲族血缘关系来维持,以兄弟子侄分据枢要,自己坐镇庆元,以弟国瑋据台州,侄明善守温州。其政权组织的涣散情形,如万历《温州府志》卷十八《杂志·窃据》这样形容:"其内外戚皆属私命,分据乡都。一时省榜所称剿捕海寇义士,及山林啸聚之徒,尽隶麾下。士有愿仕者,往谒而赞誉之,即捧檄呼喝于道。"[①]其中内外亲族构成统治的骨干,海寇、义士及山林啸聚之徒则倚为爪牙,并援饰以功名心切的无节文人。当然,由于方国珍名分上接受元朝授予的江浙行省参政等官职,也获得浙东地区出身的部分士人官僚的支持,如黄岩出身的乡贡进士刘仁本加入方国珍的庆元幕府,并极力襄助方国珍与张士诚合作向大都海运漕粮。但是此种高自标榜的士人出仕于方国珍政权毋宁说更多的是出于对元朝的忠义之举,未必真正与方国珍同心同德[②]。与定鼎金陵的朱元璋政权相比,方国珍政权自组织之初就缺乏公共政权的属性,充其量不过是拥兵自雄的土豪联合体。就其地方统治而言,也并不是非常牢固,其所据浙东三路,据寺地遵的研究,大致可以分为"成功纠集在地有力阶层的庆元路,成功、失败参半的台州路,基本没有整合成功的温州路"[③],事实也的确如此,如温州路的平阳州一直为豪族周氏所把持,直到方国珍降于朱元璋之前,周氏仍拥众与方明善争战不休。

而方国珍在攻掠浙东三路过程中所倚重的武力主要是水军,除其中一部分是追随其入海反元的"元从",如标榜自南塘戴氏一族的元帅戴廷芳外,大部分应该只是先后加入麾下的大大小小的海民集团,他们与方国珍的关系大概只是松散的从属关系。檀山宽认为归附方国珍的"海上土豪"保持了原有的所谓"自律性",仅仅是出动时临时召集,没有进入严格的命令系统和指令系统,可谓一针见血。海上土豪为骨干的水军组织松散的特征,无疑与浙东岛屿特有的地域生态密切相关,如昌国州"坐落海心,所辖四乡一十九都,除富都乡九都与本州岛连陆外,其余三乡十都并各散在海洋"[④],"人家颇居篁竹、芦苇间,或散在沙墺,非舟不相往来"[⑤]。这种支离破碎的地理形态与居民分布格局,

---

① 嘉靖《宁波府志》卷二〇《遗事》也有大致类似的描述:"士有誉功德以媚之者,辄跻显贵。溪山啸聚之徒,荷戈来从,授以州县佐者甚众。"

② [日]檀上宽:《元末の海運と劉仁本:元朝滅亡前夜の江浙沿海事情》,《史窗》2001 年第 58 号。

③ [日]寺地遵:《方国珍政権の性格——宋元期台州黄岩県事情素描》。

④ 大德《昌国州图志》卷三《叙赋·食盐》。

⑤ (元)吴莱:《渊颖集》卷七《甬东山水古迹记》。

也决定了岛屿地区难以形成有如大陆居民那样等级分明的生存秩序。隶属于方国珍的海上势力之中，屡屡见于明初史籍的兰秀山[①]海民集团十分活跃。方国珍在至正十一年(1351)初率众攻打昌国时，昌国州达鲁花赤帖木儿不花招募“悍勇善斗击、习海事”的“兰、秀二山居民”与之海战，第一天战成平局，次日方部益兵来攻，方才击败兰秀山的民兵，并杀州侯帖木儿不花[②]。至正十二年(1352)春，方国珍率海岛贫民千余艘突入太仓大肆焚掠，其中有无归附的兰秀山海民不得而知。但史籍明载至正十四年(1354)二月，方国珍“复率兰秀山贼来寇，水军副万户董抟霄御之于刘家河及半泾，斩首数百级，贼遂遁去”[③]。也就是说至迟在至正十三年(1353)年底，兰秀山海民已经追随方国珍攻掠沿海诸地，俨然已成为后者倚重的水军主力之一。兰秀山的海民在很短的时间内即从支持元朝的立场转为支持方国珍，其中的关键因素大概是方国珍许诺以攻掠太仓之后的利益瓜分。值得注意的是，兰秀山海民中原本就有海运船户存在，《经世大典·元漕运二》明确记载至顺元年(1330)所需 1800 海船中，“奉化、揭崎、昌国、秀山等忝一带二十三只”[④]，考虑到元末以来承运海漕对于大部分漕民而言已成无利可图之举，奔窜兰秀山等昌国外岛的船户当不在少数，在“太仓红腐漕民饥”的情势下，方国珍攻略太仓的计划无疑对于他们有无可抗拒的诱惑力，但这种仅仅以利益诱导而达成的从属关系无疑是非常脆弱的。吴元年(1367)十一月吴军攻陷庆元之际，擅长海战的兰秀山海民并没有赴援，而直到次年才大举蜂起，种种迹象表明兰秀山海民虽然名义上已归附方国珍政权，但仍然保留了海上势力放恣松散、难于约束的一贯特质。毋庸置疑，这种脱逸于国家体制的海民集团，在元末就曾攻击太仓、遮断海运，无疑也是危及明初海运安全的最大隐患。明朝平定兰秀山之乱与重开海运之间的关系，这在下文还将述及。

二、方国珍发迹与浙东滨海豪民在元末海运体制中的崛起

浙西和苏南等环太湖地区有发达的经济腹地及便利的水文条件，漕府下辖 7 个千户所有 5 个驻地都位于该新月形地带，海运世家也大多占籍浙西和

---

① 元代文献习惯分别称为兰山、秀山，兰秀山是明代文献的称呼，以下为叙述方便，未加分别，下文中将详细考述。

② 《王忠文公集》卷二四《赵君墓志铭》;(元)王逢:《梧溪集》卷二《帖侯歌》。

③ 万历《嘉定县志》卷一五《兵防考上·海寇》。

④ 《永乐大典》卷一五九五〇，北京:中华书局，1986 年，第 6979 页。

苏南。如朱、张二氏都世居崇明，后迁嘉定，费氏占籍松江府上海县，曹氏世居常熟，杨氏聚族嘉兴海盐而居。到元代末年，由于方国珍政权据有温、台、庆元三路并开府庆元之后，才有浙东富民任海道运粮漕运万户之职。相关例证，据目前笔者所见至少有 3 个。一个是宋代以来世居鄞县后迁居庆元定海的吴氏家族，根据《九灵山房集》卷二十三《鄞游稿·元赠亚中大夫台州路总管追封延陵郡侯吴君墓志铭》记载，其家系如下：

元末庆元吴氏一族世系

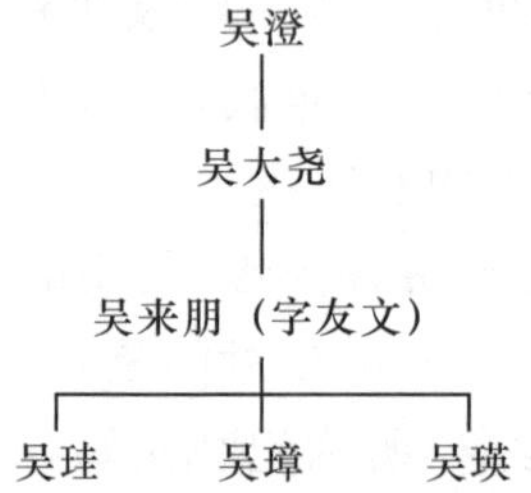

吴氏家族在宋代是一个科第世家，入元以后并无显宦，而致力于在地方发展，是一个比较典型的士人家族。墓主吴来朋(1295—1357)，字友文，以方氏子入赘，虽然是一介布衣，但在当地威望极高，以致“一乡之内不惧于有司，而惧府君之一言”。元末红巾军渐呈燎原之势，吴来朋已年近五十，“不复有志于当时，卜鄞县桃源之凤栖山以居，日从逸人达士盘旋山水间，穷深极密，若将终身(焉)于是”，俨然逍遥物外的隐士派态。但元朝大厦将倾之际，这位隐士一反素态，激励三子“宜及时自厉，出为国家致分寸力”。这种看似矛盾之举表面上是实践士人家族急于国难的理想，实际更多的或是出于维护家族利益的目的。其次子吴璋“乃奉命北游帝都，起家巡防百户，督运中原，蹈红巾中，抗节弗屈四载，朝议嘉之，擢海道运粮千户，其后海运有功，制升海道都漕运万户，紫衣金符，侪秩三品”。吴璋何时就任海道都漕运万户不详，最迟不晚于至正乙巳(1365)年，这一年其弟吴瑛见到“问舟于四明”的戴良，而应不早于刘福通起事的至正十一年(1351)之前。吴来朋死于至正十七年(1357)，当时四明已被方国珍控制。方国珍在至正十六年(1356)已被元廷任命为海道运粮漕运万户，兼防御海道运粮万户，十七年率舟师五万进击张士诚于昆山州[1]。吴璋何时就任海道都漕运万户，是宣力于方国珍的庆元幕府，还是直接听命于元廷，目前尚不明了。

---

① 嘉庆《直隶太仓州志》卷二四《兵防下》。

另一个是世居庆元路定海县的韩氏家族，具体记载见于郑真[①]《荥阳外史集》卷四十五《元故赠中宪大夫海道都漕运运粮副万户上骑都尉追封高阳郡伯韩公墓碑》[②]，其家系如下：

元末庆元韩氏一族世系

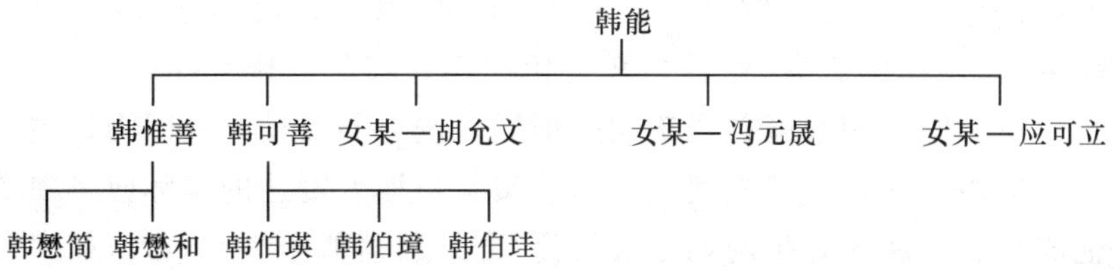

韩氏家族与吴氏相比，祖上并无仕宦经历，应该只是靠经营发家的白身地主。墓主韩能，字君扆，号妙心居士，是一个热衷佛教的慈善家，“凡佛舍之增葺，金像之庄严，治道涂驾桥梁，倾囊发廪，一无所靳”。其长子韩常，字惟善，号贞一居士，惟善次子韩懋和受荐于江浙行省丞相（从上下文看，很有可能是方国珍），得积官至海道都漕运正万户，这时已是方国珍专制浙西的时期。从方国珍庆元幕府的重要幕僚刘仁本[③]（即墓碑中提到的“天台羽庭刘公”）为韩能撰写墓铭来看，韩氏家族应该与方国珍关系密切。但韩氏家族似乎又与方国珍保持若即若离的关系，据记载韩惟善事迹的《贞一居士传》，韩惟善长子“懋简尝两以庆元幕长荐，不就”，韩懋简不愿供职于方国珍的庆元幕府，说明韩氏家族与方国珍并不完全合作。韩懋和应在至正二十七年(1367)之前已经就任海道万户之职，元廷援例封其父祖二代，在大厦将倾的情势下，也显然不乏极力拉拢的意味。有趣的是，韩氏为顾及身家，甫入明即效忠新朝，《贞一居士传》明确记载韩氏“今内附有司，以户赋之重，推为粮长。每岁旅朝于京，拜伏奉天殿下，面闻圣谕，尚局珍馔饱饫宴赐，归语乡党，以为千载荣遇”。所谓粮长，是明初征收赋役的制度[④]。显然韩氏在明朝大军的威势之下，为保全家族而甘输重赋。曾任元海道万户的韩懋和“以故官谪汴，尝召至吏部，将用之，

---

① 《荥阳外史集》著者郑真，《四库全书总目提要》卷一六九集部二十二述其生平：“真字千之，鄞县人。成化《四明郡志》称其研穷六籍，尤长于春秋，吴澄尝策以治道十二事，皆经史之隽永，真答之无凝滞。洪武四年乡试第一，授临淮县教谕，升广信府教授，与兄驹弟凤并以文学擅名。真尤以古文著，初与金华宋濂声价相埒，尝与濂共作《裴中著存堂记》，真文先成，濂为之阁笔。后濂致位通显，黼黻庙廊，真偃蹇卑栖，以学官没世。故声华阒寂，传述者稀，今观所作，虽不能与濂并骛词坛，而义有根柢，词有轨度，与濂实可肩随未可以名位之升沈定文章之优劣也。”明言郑真是元末明初鄞县出身的著名文士，与宋濂曾比肩一时。

② 韩氏家族的史料，可参见同书卷八《树德堂记》及卷四七《贞一居士传》。

③ 出身黄岩的乡贡进士刘仁本是促使方国珍参与元末海运的关键决策人物，参见[日]檀上寛《元末の海運と劉仁本：元朝滅亡前夜の江浙沿海事情》。

④ 关于粮长制度，迄今为止代表性的研究是梁方仲的《明代粮长制度》，上海：上海人民出版社，1957年。

以疾辞,今留居京师”。之所以得以令终,无疑是由于韩惟善与长子懋简充粮长输重赋于明朝的手段起到了作用①。

与韩、吴二氏相比,聚族居于庆元北郭的倪氏一族,是元代浙东承运海漕的重要航海家族,参与元末方国珍与张士诚合作进行的海运,尤其值得关注。据《春草斋集》卷十《处士倪君仲权墓表》记载,倪氏家族中有名倪可与(字仲权)者,生前与《春草斋集》作者乌斯道相友善。其父名倪天泽(1277－1334),其家自曾祖父倪文伟起就徙居庆元路郡城。倪可与自幼时起因为资质“秀嶷”见宠于其父倪天泽,“不使稍离左右”,从父亲与地方贤达的交际应酬中增长见识。他成年后,“从乡先生游如程公畏斋,方外硕宿如噩梦堂,名宦如太常柳公传、户部尚书贡公太甫、应奉邢公吉甫、状元陈公子山,益得以砥砺学业,奖掖风节”,在元末明初的庆元颇著声誉,成为浙东文人俱乐部的重要成员。方国珍入据庆元之后,其兄弟诸人皆“因而受元爵贵显”,只有倪可与刻意与方国珍政权保持距离。方国珍命倪可与为其死去的越国夫人主持葬礼,他为求自庇“强起而考侯邦小君之制”,严格以礼行事,轰动一时。事毕方欲授以官职,“并以白金彩段为赠”,他坚拒不就。当时除方国珍外,总戎中原的扩廓帖木儿和江浙行省左丞相达失帖睦迩的权势炙手可热,且各自招贤纳士,奔竞之辈“争往惟恐后”。有人邀倪可与一起前往投靠,他称“阔阔公自设官拟朝廷,达失公玩兵而自弱其势”,予以拒绝。平时他“惟与故人之邃于学者游衍吟适园池中……积书盈斋室,手校雠不倦,书修倪氏谱系,续胡贯夫《庙学典礼》,补《朱子家礼》”。当时兵凶战危,士人多为保全性命而丧失名节,而倪可与“以风节自励”,颇为当时名士称许。元末著名色目士人丁鹤年所撰《挽倪仲权处士》一诗云:

> 维鄞有高士,乃居城北门。伯叔列茅土,弟昆罗搢绅。先生视富贵,蔑若行空云。萧然坐一室,诗书日讨论。忠信化闾里,孝友敦亲姻。用兹以殁世,人亡道弥尊。我昔客东海,托交见天真。荦荦金石义,霭霭骨肉恩。岂意隔生死,相思劳梦魂。尚怜灵凤毛,符彩备五珍。每过话畴昔,相对泪沾巾。我辈匪儿女,所感在斯文。②

---

① 郑真:《荥阳外史集》卷八《树德堂记》:“圣运肇兴,懋和以闲良谪居汴梁,郡侯与长子懋简力贡赋以奉有司,尝奉命旅朝京师,拜伏奉天殿下,面闻圣谕,赐酒食以归,恩意醲渥,夙兴夜寐,用图报其万一,噫!非树德之极其至是乎?”由此也可见朱元璋对于浙地大地主的高压态势。朱元璋即位之后曾大规模迁徙吴地及浙地富民以实京师,澉浦杨氏、太仓虞氏等皆在其列。

② (元)丁鹤年:《海巢集》卷一,清光绪《琳琅秘室丛书》本。

此诗不仅交代倪氏一族聚居于庆元北门一带(严格而言是西北),又能印证倪氏兄弟中有人出仕方国珍政权,即所谓“伯叔列茅土,弟昆罗搢绅”。除丁鹤年之外,倪可与和刘仁本、戴良、乌斯道兄弟、葛逻禄氏迺贤(马易之)、张仲深、程端礼、贡师泰、禅僧噩梦堂[①]等一时名流都有往来。尤其是刘仁本、乌斯道、迺贤等人经常造访倪家的居宅亭园,雅集游宴,联句赋诗,品题书画,流连忘返[②]。其书斋“履斋”拥有万卷藏书。某种程度上可以说,倪可与位于庆元北郭的居宅亭园及书斋“履斋”,在元末东南扰攘的时势下,与昆山富豪顾瑛的玉山草堂一样,具有文艺沙龙的功能,为浙东文士提供了休憩身心和经济庇护的场所。例如丁鹤年这样元末以来流离失所、迁避无常的色目文人,居然在“深忌色目人”的方国珍辖境内流连不去[③],居留长达廿余年,先后寓居昌国、鄞县、慈溪、定海、奉化,并在定海泱口筑有“海巢”,一方面可能是难以舍弃这里“多族士人圈”中浓厚的文化氛围[④],二是由于有倪仲权这样殷实礼士的朋友经常予以生活接济。

但是,倪可与与文人骚客交接往来的经济来源何在呢?倪氏家族到底是一个什么样的家族?实际上,《春草斋集》同书紧接《处士倪君仲权墓表》之后是《转运使掾倪君太亨行状》,记载了倪仲权伯父倪滥(字太亨)的生平。据行状记载,倪太亨仅略通文墨,“读书务通大意,脱略俗儒句读之习”,但是他极具商业头脑,“尝使人贾泉南得米,盈巨舰,米商因君而至者六十余艘。时价腾踊,群商且得志,君故损其直,商瞪目恨君。君曰:‘以千人之饥为一己利,可乎?’凡故旧有遗孤以贫乏告,即厚赠之,不以存没易其心”。毫无疑问,他在这笔买卖中既获得了商业利益,也赢得了乡党时誉。倪太亨“性明敏刚介,遇事

① 乾隆《鄞县志》卷二〇《仙释》曰:“昙噩,字无梦,号梦堂,姓王氏,住慈溪。至元五年居鄞之宝庆寺,洪武初应诏至京,以年老放还。”噩梦堂是元末明初声名卓著的禅僧,史籍多有记载,有诗传世,兹不赘述。

② (元)丁鹤年:《海巢集》卷一《挽倪仲权居士》、卷四《题四明倪仲权处士小像》;(元)戴良:《九灵山房集》卷二二《倪仲权索予书所作诗文题其后》;(元)刘仁本:《羽庭集》卷一《适意为倪仲权作》《六月四日宴倪仲权荷亭》、卷二《过鄞城北郭倪仲权居宅》、卷三《秋日过倪仲权不值见其西席乌性善》(乌性善乃乌斯道之兄)、卷六《履斋记》;(元)迺贤:《金台集》卷一《题罗小川青山白云图为四明倪仲权赋》;(元)张仲深《子渊诗集》卷一有诗序曰:“倪仲权宅城北隅,凿池植莲,环以翠竹,友人乌继善颜其斋曰花香竹影,盖取慈湖杨氏之言,曰花香竹影,无非道妙,因赋十韵”,其诗无题;(元)乌斯道:《春草斋集》卷一一《书倪仲权所藏南轩先生墨迹后》《题花香竹影图》。

③ (明)瞿佑《归田诗话》:“丁鹤年,回回人。至正末,方氏据浙东,深忌色目人。鹤年畏祸,迁避无常居。”

④ 萧启庆:《元朝多族士人圈的形成初探》,收于《内北国而外中国:蒙元史研究》下册,北京:中华书局,2007年。萧启庆通过分析大量实例,提出元代“各族士人之群体意识已凌驾于族群意识之上”的观点,尽管他没有明确指出这种多族士人圈在何时形成,通过所举实例可知应在元代中后期。关于丁鹤年避居四明的行迹,可参见王颋《鹤零旧里——西域诗人丁鹤年传记考辨》,载《西域南海史地考论》,上海:上海人民出版社,2008年。

果断无凝滞，任气节，不肯屈人下”，具有旺盛的进取心，在贸米泉南成功之后，就尝试由吏入仕，“初试吏部之狱典”，既“升府史”，又“转市舶吏目”，复“升江淮财赋府曹”，其吏程终结于“两浙福建运司掾”，尽管他终其一身并未得任正官，但先后历仕之市舶吏目、江淮财赋府曹、两浙福建运司掾都属于财政、物流等部门的关键职位，无疑为倪氏家族积累了相当的财富，奠定了倪氏作为元末航海巨族的基础。结合该行状，可知倪氏一族的世系是：一辈倪居正，二辈倪文伟，三辈倪敬聪，倪敬聪生子三人，倪滥（一说倪溢，字太亨）居长，次为倪天泽，还有一个弟弟，倪太亨无子，“以仲氏天泽之子可观为后”，也就是说，倪可与（字仲权）、倪可观是兄弟，倪可观过继给伯父为后[①]。

倪可与之父倪天泽又是怎样一个人呢？据乌斯道《处士倪君仲权墓表》可知，倪天泽与四明出身的著名儒士程端礼（1271—1345）相友善。实际上，程端礼在其文集《畏斋集》中，四次提到这位挚友，倪天泽去世后，墓志是程端礼所撰[②]。又乌斯道《春草斋集》卷七《倪隐君传》也记载了倪天泽的事迹。综合程端礼和乌斯道所记，可知倪天泽字济亨，生有七子，依次是可明、可伯、可与、可观、可行、可元、可端，过继给长兄倪太亨为后的是第四子倪可观，七子之中尤以倪可与最为知名。又据程端礼之弟程端学《积斋集》卷四《灵济庙事迹记》记载，“皇庆元年，海运千户范忠暨漕户倪天泽等，复建后殿廊庑斋宿所，造祭器”[③]，元代捐资兴役之类的公益事业一般都是由官府出面张罗，地方士绅襄助其事，而灵济庙主祀的又是宋元时代滨海民众普遍信仰的航海神灵“天妃”，因此程端礼所提到的“漕户倪天泽”，无疑是出自庆元倪氏一族，与程端礼相友善的倪天泽是同一个人。也就是说，倪天泽一家实际上是海运船户。综合程端礼、乌斯道、刘仁本等人的记载，可知倪天泽家境优裕，受父兄影响，喜欢交接文人、学士，他在庆元北郭购地“浚池筑室，手植花竹，靓深郁茂，鱼鸟翔泳如在林壑，居成延高人胜士，讲诵觞咏，日以为常”[④]。其书斋“取《易》泽下乾上之繇”，号为履斋，藏书达万卷之巨，“延士乐宾，衣冠俎豆无虚日，凡朋偶之往

① （元）程端礼《畏斋集》卷六《元故处士倪君墓志铭》中所记载的倪氏世系与乌斯道所记稍有出入，依次是倪居正、倪文珣、倪敬之，倪溢、倪天泽兄弟。而据乌斯道记载，倪天泽长兄名倪滥，父名倪敬聪，祖名倪文伟。《春草斋集》的作者乌斯道与倪可与相友善，比倪天泽、程端礼低一辈，他所记倪氏家族的世系可能不及程端礼可靠，乌斯道自己在所撰行状中也提到：“晚未尝与君（指倪天泽之兄）接，殷勤而敢以论列君之行事者，亦得说于君之所交耳，惟立言君子采摭而铭之可也。”本文所列倪氏世系以程端礼说为依据。

② 依次是《畏斋集》卷二《挽倪济亨》《燕倪济亨新居》、卷四《宴倪氏园池诗序》、卷六《元故处士倪君墓志铭》。

③ （元）王元恭至正《四明续志》卷九《祠祀》、（清）钱大昕乾隆《鄞县志》卷七《坛庙》都引用了程端礼文。

④ 《畏斋集》卷六《元故处士倪君墓志铭》。

来，亲戚之情话，骚人墨客，吟咏相接，诗赋辞章，动盈签轴”[①]。倪天泽终身未仕，是庆元颇有声望的士绅，其为人行止给予其第三子倪可与以极大影响。

据《元故处士倪君墓志铭》及《倪隐君传》，可知倪天泽还有一个弟弟。关于此人事迹，分别见于嘉靖《宁波府志》卷三十五以及《万姓统谱》卷十四记载，而以后者较为详尽，兹引如下：

> 倪天渊，字震亨，鄞人。修髯广颡，气和行朴，与人交终始一致，家饶而性尚俭素，一冠十年不易。事亲竭力，乐施予穷乏者，假贷无吝色，有负逋者，即焚券不责其偿。时江南岁漕白粲，经海达畿，天渊籍占漕役，躬自蹈海，有舟十艘，每运数万石，操舟之卒千人，一束以纪律。至元戊寅，漕舟多没于风，天渊舟漂高滩上，众欲舍舟，天渊不从，拜且祈，俄而神炬见桅端，先辉烛人，风回获济。积四十余年，中台御史袁赛音布哈按行海道，嘉其尽力王事，且年高行笃，状闻于朝，旌之曰“高年耆德”之门，后子可辅仕江浙行省参政。

由此小传可知，倪天渊字震亨，籍占漕役，服劳长达四十余年，拥有漕舟十艘，每运达数万石，雇佣梢水人等多达千人，可见其家势非同一般。他在至元戊寅年（至元四年，1338）的海运中避免了漕舟漂溺的事故。因其种种劳绩，倪氏家族被元廷嘉为“‘高年耆德’之门”。倪天渊应该就是倪天泽的弟弟，与其兄倪天泽颇具人文修养相比，倪天渊是善于经营的实干家，大概是兄弟三人之中为家族发展贡献最大的人。其子倪可辅，官至江浙行省参政。

而乌斯道所撰《处士倪君仲权墓表》又提到“天台方公拥兵入城，奋威武累官至丞相，凡出其麾下者，皆得奏请于朝，致显官，君伯仲亦因而受元爵贵显”，也就是说方国珍割据浙东三路之际，倪可与同辈兄弟中至少有两人出仕方国珍政权，其中之一，应该就是倪天渊之子倪可辅。嘉靖《宁波府志》记载府治北有所谓“倪家花园”，为“倪万户建”，乾隆《鄞县志》卷二十四《古迹》“倪家花园”条下加按语曰：“倪可辅，官浙东宣慰司都元帅兼海道漕运万户，见忠祐庙碑。”同书卷二十三《金石》曰：“加封忠佑庙神之碑，至正二十四年六月翰林国史院检阅官袁士元撰，浙东道宣慰司都元帅兼海道都漕运万户倪可辅书并篆额，上有蒙古字十行，又正书宣命二字，在北郭庙，文载坛庙门。”关于“加封忠祐庙神之碑”，全称《皇元加封忠祐庙神之碑》，今全文保留于《两浙金石志》卷十八，其中提到“至正二十三年稛载之舰至鸡鸣山，连日飓风，氛雾晦冥莫知向，方漕

① （元）刘仁本：《羽庭集》卷六《履斋记》。

臣棹夫同心叩祷，神人遍现，若自天降，豁然开霁，如夜斯晓。既达于京，具辞上闻，加封昌城刘侯武烈公沙使协佑侯，庙额如故”。综合上述记载可知倪可辅最迟在至正二十三年(1363)已经担任海道都漕运万户，这一年的海运是方国珍和张士诚最后一次合作向大都海运漕粮。又据乾隆《鄞县志》卷七《坛庙·灵应庙》转引明初名臣胡濙[1]所撰庙记曰：“元武宗至大三年六月，诏重建祠宇以妥神灵。顺帝至正二十年，中原梗塞，海道漕运万户倪可久奏言籍王阴庇，扶护粮艘，风波不兴，舟人无恐，竟抵沽以济国用，请加褒封。”其中提到的海道漕运万户倪可久应该就是倪氏家族中出仕方国珍政权的另一人，与倪可辅同辈，至正二十年(1360)的海运是方国珍与张士诚合作进行的第一次海运。至正《四明续志》中提到在至正元年(1341)，郡守王元恭(即至正《四明续志》著者)因郡民之请修筑农业水利工程“茅洲碶”，“嘱郡人倪可久等出备工料，拆移填塞旧闸”，无疑与胡濙所记奏言重建灵应庙者是同一人物[2]。据程端礼《元故处士倪君墓志铭》和乌斯道《转运使掾倪君太亨行状》，可知倪天泽七子之中并无倪可久，说明倪可久应该是倪天渊之子，与倪可辅是亲兄弟。因乃父服劳漕事颇具成绩，倪可久、倪可辅二人方得出仕方国珍并贵为海道万户。元廷按照三品高官得封赠二代的惯例，对倪可久亲族父祖二代都有所封赠，甚至其二伯父倪天泽也被授予“敦武校尉、台州路黄岩州判官”的赠官。

元末庆元倪氏一族世系

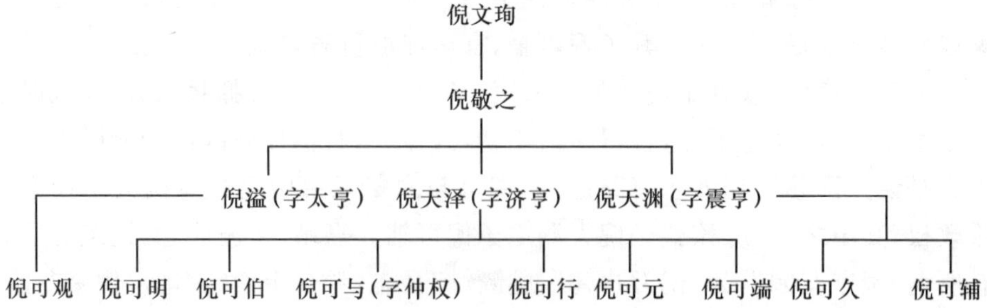

不难看出，元代海道都漕运万户府下辖庆元绍兴、温台等二处千户所辖境内的滨海富民，与浙西、苏南等地的富民相比，远离海运权力中枢海道都漕运

① 事迹见《明史》卷一六九《胡濙传》，北京：中华书局，1974，第4534—4537页。
② 至正《四明续志》卷四《茅洲碶》。

万户府所在地平江，往海运装粮地太仓也水程窎远①，在海运体制的利益及权力角逐中，长期以来处于弱势地位，海道万户多由浙西、苏南等滨海大族担任。方国珍出生地黄岩位于温台等处海运千户所境内，更是海运体制的边际地带，截至目前，笔者尚未发现这一千户所内的富民膺任海道万户等高级职位。但是方国珍崛起海滨并最终接受元廷招抚开府庆元，无形中改变了海运体制的地域权力机构，使得浙东富民在海运体制中的地位上升，韩氏、倪氏家族尤为其中代表。而下文所要提及的方国珍姻亲戴氏家族，也与元末海运密切相关。

三、方国珍姻亲戴氏家族述略

日本学者奥崎裕司曾撰文，专门论及滨海地区支持方国珍起兵的“南塘戴氏”，并指出“南塘戴氏”与方国珍是姻亲关系②。但是，遍检奥崎裕司所据史料，几乎全部出自明代中后期的方志，其中明确提到南塘戴氏与方国珍缔姻的一条史料出自嘉靖《太平县志》卷八《外志・方寇始末》：

> 一日侵晨，诣南塘戴氏借大桅木造船，将入海货鱼盐。戴世宦，屋有厅事。时主人尚卧未起，梦厅事廊柱有黑龙蟠绕，屋为震撼，惊寤视之，乃谷珍，遂以女妻其子。

据笔者所知，南塘戴氏与方国珍系缔姻之事最早见于嘉靖《太平县志》，除此之外，该志还记有戴氏的许多轶事③。这则记载无非是要说明戴氏预感方国珍将在元末的乱世中成就一番事业，因此借其桅木，并与之缔姻，以利于家族的保全与发展。所谓“黑龙蟠绕”云云，当然不足信凭。元末继贡师泰任户部尚书的李士瞻出督海漕往福建途中，因“船主戴廷芳、廷玉”二人执意挽留，“系舟

---

① 如至大四年(1311)，温台两路运粮船在回帆途中遭风，加上直沽交卸时所欠官粮，最后只好出卖五十六只共二万六千料的船只以赔官债(《经世大典・漕运一》，《永乐大典》卷一五九四九)。鉴于此，元廷曾有限度地提高脚价，但似乎收效甚微，到顺帝后至元四年前后，“浙东岁歉，无粮拨温台庆运户，驾空船往浙西刘家港安泊”，而有司竟然以“空船至浙西为易事，止依浙西脚价减除每石五钱”，等于是在依照皇庆二年十一两五钱的标准再减五钱，导致船户多有“罄家产不足以供费者”，经过庆绍等处海运千户朱奉直力争，才得以恢复旧有标准(《畏斋集》卷五《庆元绍兴等处海运千户朱奉直去思碑》)。

② [日]奥崎裕司：《元末方国珍を支えた戴氏》，《中国古代史研究》6，东京：研文出版，1989 年。

③ 如嘉靖《太平县志》卷八《杂志》另有“戴氏始基祖”“塘下童谣”等条叙及戴氏发迹及其在明初被抄没诸事。后世方志如万历《黄岩县志》、康熙《临海县志》、光绪《黄岩县志》、民国《台州府志》关于戴氏的记载都沿袭了嘉靖《太平县志》，基本雷同。

楚门湾，一住十余日”[①]，檀上宽认为此兄弟二人属于南塘戴氏[②]的分支，并将楚门之地比定在菰田戴氏所在的永嘉一带。他的根据是李士瞻的《赠戴氏诗》[③]以及《抵楚门》诗二首：

楚门山色散烟霞，人到江南识永嘉。半陇石田都种麦，一冬园树尚开花。海天日暖鱼堪钓，潮浦船回酒可赊。傍水人家无十室，九凭舟楫作生涯。

船泊江湖是异乡，戴郎家住楚门傍。寄来青柿犹存蒂，摘得黄柑尽带霜。竹坞人家茅屋小，石矶渔艇钓丝长。可怜扰扰风尘际，谁识桃源有洞房。[④]

古人提及郡望时，多喜欢标榜祖先原籍所在，如南朝时期流寓江左的王氏动以太原王氏自命。永嘉菰田戴氏以及南塘戴氏自宋代以来是诗礼传家、名宦辈出的士人家族[⑤]。但从这两首诗所描绘的情形看，尽管不能排除楚门戴氏一族出自永嘉菰田戴氏或南塘戴氏的可能性，但笔者倾向于认为他们只是兼营渔业、林业及农业的滨海土豪。方国珍派遣其侄进入温州地区，据寺地遵的研究，是因为永嘉东北部的山獠蜂起，当地豪族纷纷组织自卫武装，在御乱过程中自卫武装分成两派，以菰田戴氏为核心的一派在派系倾轧中处于下风，遂向南塘戴氏的姻亲方国珍请求援助，后者随即派其侄方明善以平乱为名进入温州[⑥]。朱元璋派征南将军汤和攻陷庆元之际，曾俘获追随方国珍下海逃亡的“元帅戴廷芳”[⑦]，檀上宽认为他有可能就是曾经招待李士瞻的“船主戴廷芳”。

实际上关于戴氏一族最为详细的资料，全文见存于《经济文集》卷五《赠戴氏序》(《民国湖北先正遗书》本)，但因为檀上宽所用的版本可能是《四库全书》本，不收此序，所以没有提及，从而导致他的论述很多只是推测，奥崎裕司所撰《元末方国珍を支えた戴氏》一文也没有利用这条资料。兹引《赠戴氏序》全文如下：

① (元)李士瞻:《经济文集》卷六《楚门述怀·抵楚门》。

② 吴茂云《戴复古家世考》(《成都大学学报》[社科版]1987年第4期)考证出南塘戴氏主要聚居于今台州市温岭县新河区塘下乡，现温岭市新河镇境内，此地元代辖于黄岩州。

③ 诗曰:“永嘉名郡多名族，孝义忠贞戴氏家。曾向辕门干上将，甘从虎穴试磨牙。兰孙比玉香凝砌，棣萼联辉树有华。意气每逢天上使，年年来此憩星槎。”

④ 二诗俱见《经济文集》卷六，《影印文渊阁四库全书》本。

⑤ 参见吴茂云前揭文。

⑥ [日]寺地遵:《方国珍政権の性格——宋元期台州黄岩県事情素描》。

⑦ 《明太祖实录》“吴元年十一月辛巳”条:“征南将军汤和克庆元。先是，……方国珍驱部下乘海舟遁去，和率兵追之，国珍以众逆战，我师击败之，斩首及溺死者甚众，擒其伪副元帅方惟益、元帅戴廷芳等，获海舟二十五艘、马四十一匹。”

浙水东七州，而永嘉最为浙之名郡。其属县乐清有所谓戴氏者，又为是郡之名族也。戴氏昆季三人，长某不幸早逝，次国荣，近以功授千牛官，次国宾①，尝为海道千户，其侄廷芳及其季廷玉各以军功擢官有差。其先世由赵宋氏以来同堂而食共财而处者，历世最为绵远，迩岁以兵燹扰乱，海滨戒严，兄弟若子姓佥谋拆爨而处，由楚门而竹冈凡三徙焉，或谓善谋矣。一门孝友，天至忠厚之性，无所造饰。太夫人垂老在堂，年迩八旬，其家无少长，非禀命莫敢辄行。嫂夫人方氏，是为廷芳昆季之母，廷芳虽贵为元帅，其妇之事姑，不啻若新妇之姑来时，孀居积年，诸叔仲非有大故，勿敢辄见闺门之间，諠杂之声，终日未尝一接于耳目，中外斩然也。轻财乐施，延敬宾客，每每一至必鳞次而进，遍延于家，比美相尚，了无难色。求之王门之中，伯仲一律，以故朝之名公巨卿、藩屏之达官文武，凡往来于此者，无不百方邀致，穷珍腴达昼夜，期厌饫而后罢。去必问所欲费，欢然相祖送，左右取适惟恐或后。至正十四年先太师丞相下高邮时，国彬君尝沥肝胆，率子弟，携义旅，不惮海运，从事金革，舳舻之供、鞬橐之需，皆所自给。属太师罢兵解严，志遂弗竞。今海岛之间，当时尝与公颉颃者，怒目之忿犹不肯瞑，公之昆季独能含垢忍污，深自悔匿，宁割己财以啖左右之用事者，中心若无所于芥蒂，虽怀怏怏之心，曾不见一毫形之眉睫，非善于用世者，孰能是哉？噫！扬子云："古之君子不得志则龙蛇。"吾于戴氏见之矣。至(正)二十一年秋九月余以天子命奉使闽越，其舟即戴氏舟也，同舟主人则元帅之弟廷玉别驾也。以其年十月二十一日来泊，用十一月朔日乃发，舣舟于海滨者凡十日，为主人之所延致者，又经两信宿而退，其情其乐其饮馔之丰厚，无一不如前所述，真好礼而慕义者也。经略使伯颜不花公、景仪季公皆科第中第一流人也，既以义旌其门，予也忝后斯文，居吴越而睹邹鲁，安得不留诗留文以播其名于好事君子？从余游者某某、中书户部尚书李某喜为之记。

此序可能是李士瞻所作《赠戴氏诗》的诗序，内容是叙述《赠戴氏诗》的写作缘由。根据该序，戴氏一族的世系如下：

① 后文作"彬"，未知孰是。

元末永嘉戴氏一族世系

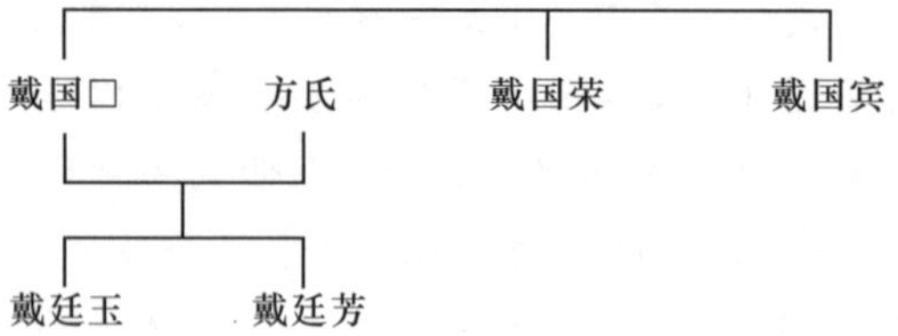

序中明述戴氏一族自宋代以来聚族居于永嘉属县乐清，但为在元末战乱中保全宗族，“拆爨而处，由楚门而竹冈凡三徙焉”，也就是说，到元末戴氏家族已经分居于乐清、楚门、竹冈等地。就方位而言，戴氏原居地在乐清何处不得而知，楚门（湾）应位于温台边界与乐清的北燕（雁）荡山之间①，竹冈则是位于北雁荡山东麓的村落②。元代台州路黄岩州东南界有名为“楚门”的海港，与温州玉环岛隔海相望，明代在此地设立楚门千户所，属松门卫③，即今天浙江温岭市的楚门镇所在地。李士瞻泊船十余日的楚门湾应该就是此地，而不是檀上宽所言永嘉一带。另外，序中对于戴氏家系也记载得很清楚。戴氏族长应该是戴国彬，他曾任海道千户，可见戴氏实际上是承运漕粮的船户出身④。至正十四年（1354）丞相脱脱攻打盘踞高邮的张士诚时，戴国彬“率子弟，携义旅，不惮海运，从事金革，舳舻之供、鞬橐之需，皆所自给”，十分卖力。但因脱

① （元）李士瞻《五更述事》诗叙述了抵达楚门湾之前的情形：“北风撼船头，终夜苦难寐。暂寐遽惊觉，何如不成睡。凌晨欲交睛，喧哗复惊悸。问之见山来，谓是温州际。楚门舟人家，樯帆与心系。谁无遄归念，况乃此辈类。我心重贤劳，所思在王事。造物岂偏顾，悉愿委以遂。寒暑尚有差，神明苦难是。”诗中明言楚门在温州之际，由于舟人（主要是戴氏一族）临近家乡，皆有归家之念，李士瞻只得从众人之意逗留楚门。但他显然无久留之意，在《楚门述怀》诗中提到：“虽沐主家顾，志愿良未舒。情虽公私牵，轻重亦异趋。君家素忠义，所望同吾徒。王程已愆期，日夜畏简书。苟重君父忧，内省还何如。愿君竟兹意，早发勿趦趄。”因此在十一月初二日自楚门湾匆然发船，有诗云：“朝辞戴氏子，暮见燕荡山。此山接天台，一见开我颜。”（诗题为《十一月初二日发楚门》）也就是说，楚门湾应位于温、台边界与乐清的北燕荡山之间，据此其具体位置虽不能断定，但显然是处于南塘戴氏所居温岭与菰田戴氏聚居地永嘉的结合部。以上诸诗俱见《经济文集》卷六，《影印文渊阁四库全书》本。

② 此诗无名，序云：“走也衔命而来，舣舟永嘉之楚门，盖居人戴氏里也。一日邀致于所居之村曰竹冈，杯酒留连，伯仲联侍。居周匝佳山水环绕于其间，间尝游目登眺，一时清远之思，崭然眉睫，昔谢太傅好游东山，未为无谓也。顾余何人，拟迹宰相，不能不愧耳。幸以诗人常谈见恕，是所望也。”诗曰：“雁荡山东是竹冈，林泉清赏胜沧浪。人家散处通潮浦，鸡犬成村自雁行。无数小舟湾柳外，映山红树绕溪傍。主人惠我游山屐，谢傅情浓乐未央。”

③ （明）郑若曾：《筹海图编》卷五《浙江兵防官考·沿海卫所》。

④ “海道千户”的全称是海道运粮千户，元代海运的承运机构海道都漕运万户府下辖若干千户所，千户之职多以占籍漕役的富民充任，相关研究可参见陈高华《元代的航海世家澉浦杨氏——兼说元代其他航海家族》（《海交史研究》1995 年第 1 期）、[日]植松正《元代の海運万戸府と海運世家》（《京都女子大学大学院文学研究科研究纪要》2004 年史学编第 3 号）。

脱阵前去职，使得他的义举化为泡影。事后为慰劳随其前往高邮的海岛群豪，甚至“宁割己财以啖左右之用事者”。戴国彬之兄戴国荣“近以功授千牛官”，千牛是保卫皇帝或者诸侯人身安全的近侍武职，从戴氏与方国珍有姻亲关系看，他在方国珍庆元幕府担任此职的可能性比较大。戴国彬之长兄早亡，寡嫂为方氏，笔者认为她是出自方国珍一族，但方氏与方国珍的辈分关系不甚明了。根据序文，方氏“是为廷芳昆季之母”，也即戴廷芳、戴廷玉兄弟二人的母亲。考虑到方国珍在浙东三路的统治主要依赖亲族血缘关系来维持，以兄弟子侄分据枢要，自己坐镇庆元，以弟国瑋据台州，侄明善守温州。正因为亲缘关系，戴廷芳才得以在方国珍麾下担任元帅，戴廷玉则为“别驾”，应是庆元幕府的侧近文职官员[①]，李士瞻奉使闽越，他作为船主随行。大概也因方氏是出自方国珍一族，所以尽管其夫早亡，但仍然在家族中备受尊崇，不惟“诸叔仲非有大故，勿敢辄见闺门之间”，戴廷玉之妻对这位婆婆（宋元之际儿媳称婆婆为“姑”）[②]也侍奉得十分周到。根据该序，也可以明确汤和攻打庆元所擒“元帅戴廷芳”就是李士瞻所记的“船主戴廷芳”。从戴氏兄弟热衷于交接达官贵人以邀取名爵的行止看，确如檀上宽所言，乃是元末典型的“海上土豪”，楚门戴氏一族离南塘戴氏聚居之地并不远，但似乎称不上是诗礼传家的士人家族，并且方国珍这种崛起滨海的鱿盐负贩之徒，也不大可能与作为士人家族的南塘戴氏的正脉缔结姻缘，李士瞻因受到戴氏兄弟的热情招待，所记自然颇多溢美之词，但他也没有提戴氏与南塘戴氏有何关联。当然，也不能完全排除楚门戴氏一族与南塘戴氏同出一脉的可能性。有趣的是，至正十四年(1354)夏四月，方国珍对于奉旨招谕的江浙行省左丞左答纳失里所提出的“授以五品流官，令纳其船，散遣其徒”的要求置若罔闻，“拥船一千三百余艘，仍据海道，阻绝粮运”[③]，而同年十一月戴国彬却亲率子弟参与高邮之战。从中可以看出戴氏因曾任海道千户，与元朝关系较为密切，对待元朝的态度与方国珍有微妙差别。方国珍后来终于归附元朝并得任海道运粮漕运万户兼防御海道运粮万户，大概与戴氏任职海道千户期间所积累的深厚人脉关系有莫大关联。方国珍之侄方明善守温州期间，“每岁航米及货物至燕交通权贵”[④]，航海家族出身的戴廷

① 邱树森:《中国历代职官辞典》(南昌:江西教育出版社,1991年)“别驾”条:“官名。汉代始置,为州刺史佐吏。因随州刺史出巡时另乘传车,故称别驾,亦称别驾从事史。魏晋南北朝沿置。隋唐曾一度改为长史,后又复原称。宋以后改置诸州通判,因职守相同,故通判亦别称别驾。”

② (宋)赵彦卫《云麓漫钞》卷五:“妇谓夫之父曰舅,夫之母曰姑。”

③ (明)宋濂等撰:《元史》卷四三《顺帝本纪》,北京:中华书局,1976年,第914页。

④ 万历《温州府志》卷一八《杂志·窃据》。

芳、廷玉兄弟二人无疑也在此种接济元廷的海运活动中起到了重大作用，楚门湾也因此成为名公巨卿海上往来的中转站。

截至目前，可以肯定戴氏家族与方国珍有姻亲关系。只是元明之际居住温、台交接地带的戴氏并非只有一支，不能断定都与作为士人家族的南塘戴氏同出一脉。就文献学的角度而言，《经济文集》的作者李士瞻与方国珍及戴氏是同时代的人，所记较之明中后期方志，显然更为可信。自嘉靖《太平县志》以来关于戴氏的记载，都不能坐实戴氏的居地、谱系，以及在方国珍政权中发挥的作用。至于其中包含的诸如"黑龙绕柱"之类的传说，更是不能采信。但这并不意味着这些记载就毫无价值，或许，为何嘉靖《太平县志》的编纂者要将戴氏家族与南塘戴氏挂钩，这种攀扯又何以在后出文献中被不加怀疑地采信，方国珍作为一代枭雄，在国家和地域层面的历史叙事中究竟有怎样的形象落差，仍然值得继续深入探讨。

四、方国珍与秀山陈氏

明初实行海运，开始即是为北伐的明军运送粮草。洪武元年(1368)明朝大军北伐，汤和受命"造舟明州，运粮输直沽；海多飓风，输镇江而还"[①]。这是明代第一次海运，但仅仅是一次不成功的尝试。值得注意的是，当时东海海氛不宁，尤其是张士诚及方国珍残部仍然有一定实力。汤和在吴元年(1367)十一月陷庆元之后，旋即进军福建讨灭陈友定，洪武元年(1368)正月还师途中驻昌国，为兰秀山海寇所袭，"失二指挥"，拉开了所谓"兰秀山之乱"的序幕，汤和因此"不得封公"[②]。关于兰秀山之乱的整个过程，汉文资料多有涉及，但最为详细的还是见于朝鲜外交文书集《吏文》卷二的一则文书(文书一)，兹全文引用如下：

文书一

中书省据刑部呈：

见钦奉圣旨，为分拣审决兰秀山逆贼事。除钦依审决外，为是林宝一等所供，情未尽实。再行问责得林宝一状供：

系昌国县富七保住民，洪武元年正月二十四日，本保里长卢子中，租赁莽张百户艚船一只，雇募宝一等充梢水，装运官盐赴京。于斜浦装船完

① 《明史》卷一二六《汤和传》，第3753页。

② 《明史》卷一二六《汤和传》，第3754页。

备，忽有莽张百户到来对说："兰山叶演三、长涂王元帅、秀山陈元帅等船，都下海了，教我快赶船来，同打明州。"令伊男张子安，与宝一等，行船赶到招宝山，接见陈元帅。莽张百户船败阵前来，就拨宝一等船只，于定海港守把，至三月初七日，有首贼陈魁四，提船等候，拦截大军。至四月十八日，到于崎头，迎见吴都督军船，对敌败退，夏山躲避。后于六月初八日开洋，至十二日到于耽罗。宝一收买海菜，自乘本处洪万户船，到高丽遇见陈魁五等，将布五匹雇倩，肩驼绵布，到于古阜，就留伊家使唤。洪武三年五月二十四日，有朝廷差丁百户等官到来，先将陈魁五等捉获，各贼家小俱各逃避，陈魁八与宝一，前去　山藏避，于邻人高伯一家，做饭吃食。将苏木等物与讫本人。至二十八日，宝一思忖得，陈魁八必是逃走，又见本贼身畔，藏带金银等物，贪图取要，窥伺陈魁八睡着，用大石块于本人胸堂上，打讫二下身死。将伊身畔金银物件，尽行收要入己。

是实。及责得高伯一供：

系高丽人氏，见于全罗道住坐。洪武二年[①]五月二十八日，有陈魁五、林宝一到家，将锅做饭，与讫苏木、白矾并衣带八条。后见林宝一，不见陈魁八。问得林宝一，说称："陈魁八往镇浦去了。"后又与讫玉色纱裙一条，白苎布衣二件。除外别不知谋逆事件。

是实。得此。洪武三年九月二十八日，奏奉圣旨："林宝一既曾从逆拒敌官军，教处重了。高伯一发回高丽去。钦此。"

除钦依，将林宝一移付都官部处重外，据发回高丽一名高伯一具呈，照验施行。

得此。除将高伯一，就令高丽国差来左使姜师赞等，收领前去外，都省合行移咨，照验施行。

须至咨者，右咨高丽国王。

洪武三年十月初九日。[②]

日本学者藤田明良利用这则文书结合相关史料，汲取日本学者末松保和及中国台湾学者曹永和的研究成果[③]，撰写的《蘭秀山の乱と東アジア海域世

① 根据上文林宝一的供词以及后文判断，此处"洪武二年"似应为"洪武三年"之误。

② [日]末松保和编([日]前间恭作遗稿)：《训读吏文》卷二《兰秀山海贼干连人等高丽高伯一审决发回事》，东京，国书刊行会，1975年，第3—6页。

③ [日]末松保和：《麗末鮮初に於ける対明関係》，《史学论丛》1941年第2号；曹永和：《试论明太祖的海洋交通政策》，载《中国海洋发展史论文集》第1辑，台湾"中研院"中山人文社会科学所，1984年。

界——14世紀舟山群島と高麗・日本》[①]一文是截至目前关于“兰秀山之乱”最有分量的论文。但到目前为止有关研究都聚焦于兰秀山之乱的过程及其与明代海禁政策的关联，基本没有提及明代海运的展开与这次动乱之间的因果逻辑关系。特别需要提及的是，明初海运初洪武元年(1368)有记载，但真正有连续记载是从洪武五年开始[②]。笔者不揣浅陋，试图对兰秀山之乱与明初海运之间的关系予以揭示。以下依据藤田明良的研究并结合相关资料，简述兰秀山之乱的动因及过程。

“兰秀山”作为地理名词，主要见于明代文献，是“兰山”和“秀山”的合称，元代文献《经世大典・漕运二》中曾提到至顺元年(1330)海运所需1800海船中，“奉化、揭崎、昌国、秀山等岙一带二十三只”[③]，而据民国《定海县志》卷一《舆地志・列岛》，兰秀山“本称秀山，与西南兰山相连，故称兰秀山”，也就是说秀山与兰山位于同一岛屿的东北面与西南面，该岛位于今天舟山市马岱镇与岱山县(县治位于岱山岛西南)之间，设秀山乡，行政上隶属于岱山县。上引文书中的“兰山叶演三”及“秀山陈元帅”，无疑分属聚居于同一岛屿东北秀山山麓与西南兰山山麓的叶、陈二姓土豪，而“长涂王元帅”应该是居住于岱山岛以东长涂山岛(今岱山县长涂镇)的王姓土豪，又据民国《定海县志》卷十五《故实志》：

> 先是，洪武元年二月，征闽师还，次昌国，岛民叶陈二姓聚劫兰秀山，汤和为所袭，失二指挥。初兰秀山贼叶希戴、王子贤等相忿斗，既而合力拒官军。三月希戴等驾船二百余艘，突入府港攻城。驸马都尉王恭力战获其巨魁，贼溃走昌国，副使吴祯剿平之。[④]

可知王元帅很可能就是王子贤。另“叶希戴”与文书一中的“叶演三”虽尚难断定是同一人，但至少应为同族。兰山叶姓与长涂山王姓初积不相能，然而在明军驻扎昌国之际，叶、陈等姓豪族突然合流与明军对抗。起兵原因据《明实录》记载，是由于上年方国珍在被汤和部攻打之际“遁入海岛，亡其所受行枢密院印，兰秀山民得之”[⑤]。方国珍是否有意亡其“行枢密院印”，现已无从证实，这不过是说叶、陈二姓聚劫兰秀山的行动至少间接得到了方国珍的指令。但方国珍在吴元年(1367)十一月已经投降吴军，昌国州达鲁花赤阔里吉思也于十

---

① 载《历史学研究》1997年第698期。

② 参见陈波《明初海运与海防的关系》，《郑和研究》2007年第4期。

③ 《永乐大典》卷一五九五〇，第6979页。

④ 《中国地方志集成》浙江省辑第38册，上海：上海书店，1993年，第555页。

⑤ 《明太祖实录》卷三二“洪武元年五月庚午”条，台湾“中研院”历史语言研究所1962年校印本，第559页。

二月以海船482艘归附[①]，在方部主力已经归顺的情况下，兰秀山海民才主动进攻明军，从军事角度无异于螳臂当车，他们若果有意赴援其主，应该在两个月前汤和兵临庆元之际出动，也就是说《明实录》所说的行枢密院印的起事理由是不充分的。曹永和认为兰秀山之乱是经历了无有拘束的元末时代以及方国珍统治时期自由放任主义政策的兰秀山海民，反抗明初严厉海禁政策的行动，日本学者藤田明良亦持同样的见解。至于动乱的导火索，是汤和攻陷庆元之后明朝政府的战后处理措施。据成化《宁波郡志》卷一《沿革考》：

> 洪武元年，谷珍入朝，改庆元路为明州府，罢在城录事司入鄞县，又立明州卫指挥使司以镇之。[②]

首任明州卫指挥使，即是上文所提到的驸马王恭。又据《敬止录》卷二十二《武卫考上》："皇明洪武元年，立明州卫指挥使，命驸马王恭镇守，辖五千户所。二年，指挥陆龄收集方氏亡卒，及并金华、衢州等处官兵，增为十所。"[③]明初卫所制的建立沿袭了元代的军户制度，一旦被签发为军户，世世代代都不能免除兵役，一般民户都视从军为畏途。元末群雄的旧部是明初卫所士兵的重要来源之一，对于兰秀山海民而言，明朝政府在明州收集方氏亡卒设立卫所的事态，可能使得他们感受到无形的压力，意识到明朝严厉的国家统制迟早要危及自身跨海域生存的固有生活状态，因此铤而走险、主动发难。

据文书一，林宝一是昌国富七保的居民，富七保是昌国州所属富都乡[④]所属九都之一。他受雇于保长卢子中，后者租赁了"莽张百户"的艚船一只，装运官盐赴京(应天府)。在斜浦装船将发之际，莽张百户突然前来说："兰山叶演三、长涂王元帅、秀山陈元帅等船，都下海了，教我快赶船来，同打明州。"这句白话无疑是莽张百户传达陈元帅等头目的军令，由此可见虽然浙东岛屿居民名义上随着旧主方国珍的降伏已经成为明朝子民，但方国珍时代所遗留的军事动员体制对于他们依然具有号召力，卢子中等人在该体制中受莽张百户节制。于是林宝一随同"伊男张子安"(莽张百户之子)前往招宝山与陈元帅汇合，招宝山峙立于甬江入海口，大概是兰秀山海民攻打明州城的前沿基地。参与攻打宁波的莽张百户等人即败阵回还，令林保一等船溯甬江而上，至定海港守把，定海(今镇海)位于甬江下流，"守把"意味着兰秀山海民虽败于驸马王

---

① 《明太祖实录》卷二八上"吴元年十二月辛亥"条，第428页。

② 《北京图书馆古籍珍本丛刊》第28册，北京：书目文献出版社，1998年，第5页。

③ 《北京图书馆古籍珍本丛刊》第28册，第477页。

④ 大德《昌国州图志》卷一《叙州·境土》，《宋元方志丛刊》第6册，北京：中华书局，1990年，第6064页。

恭,但仍未放弃封锁明州从而最终夺占的意图。三月突入府港兵临明州城下的叶希戴所部多达二百余艘,似并不包括设立水上封锁线的林宝一等船在内。并且叶、陈二姓袭击驻扎昌国的汤和部约在二月,也就是说至少还有一部分海民负责迎击征闽还师的明朝水军,可见参与此次行动的海民数目非常惊人,并且做了“围城打援”的周密部署。三月七日,“首贼陈魁四”率领水军拦截赴援的明军,林宝一似乎参与其中,四月十八日陈魁四所部到达崎头洋面,“迎见吴都督军船,对敌败退”,吴都督就是名将吴祯,崎头洋①位于今舟山市东南洋面,是明军赴援明州的必经水道,洋面宽阔,适于大规模海战。从海战发生的时间看,离汤和部还次昌国已经有一段时间,可能吴祯所部明军还师要后于汤和部。

崎头洋海战中兰秀山海民遭到决定性的失败,参与战事的林宝一在夏山(今地不详)躲避近两个月后,于六月八日开洋,十二日到达耽罗(即今韩国济州岛),干起“收买海菜”的营生,这里所谓“海菜”是济州岛的特产之一,汉语又称裙带菜。他乘坐“洪万户船”,到高丽与陈魁五不期而遇,陈魁五此人来历不详,但依其名看,应与参加崎头洋海战的陈魁四是兄弟。陈魁五以“布五匹”的价格将林宝一雇作劳力,随其驼棉布到古阜(属全罗道),与其家小一起生活。但是好景不长,洪武三年(1370)五月二十四日,明朝派遣丁百户等人到高丽追拿兰秀山余众,陈魁五被捉拿,其家小各自逃算。林宝一与陈魁八藏匿于高丽人高伯一家,并因贪图陈魁八的财物将其杀害。关于明朝派人前往高丽捉拿兰秀山余众之事,《高丽史》卷四十二《恭愍王五》十九年(洪武三年,1370)六月辛巳条记曰:

> 中书省遣百户丁志、孙昌甫等,来究兰秀山叛贼陈君祥等。咨曰:君祥等积年在海上作耗。大军克平浙东之后,本贼既降,复叛劫杀将官。已尝调兵征讨,其贼畏罪逋逃。今有明州人鲍进保自高丽来告,君祥等挈其党,见于王京、古阜,匿罪潜居王国,必所未知,抚以为民。其贼诡计偷生,奸心实在,若使久居王国,将见染惑善良,为患匪轻,忽然复归其穴,则往来既无少阻。请将贼徒解来,明正其罪,庶绝奸恶。王命并其妻子及财产以送,凡百余人。②

《高丽史节要》卷二十九“恭愍王十九年(1370)六月辛巳”条对此事也有记载,

---

① 今年(2013)一月十一日笔者借参加由浙江工商大学举办的“舟山普陀与东亚海域的文化交流”国际学术研讨会之际,随同日本学者一起前往六横岛(明代称双屿)考察途中,曾经过崎头洋,藤田明良先生曾提醒笔者出舱观看该洋面的地理情形。

② 《四库全书存目丛书》史部第160册,济南:齐鲁书社,1996年,第97页。

内容稍有出入：

又遣百户丁志、孙玉来，执兰秀山叛贼陈君祥、陈魁一等以归。先是，君祥等居江南，诈降于明，杀官吏，率徒百余人航海而来，居于古阜。[①]

综合文书一、《高丽史》及《高丽史节要》的记载，陈君祥、陈魁一、陈魁四、陈魁五、陈魁八等人显系同族，藤田明良认为后四人是兄弟，且从《高丽史节要》将陈君祥之名置于陈魁一之前推断陈君祥应是后四人的父辈，或许就是文书一中的“秀山陈元帅”。笔者基本同意藤田明良先生的看法。也就是说，截止到洪武三年(1370)五月二十八日，参与兰秀山叛乱的秀山陈氏一族，陈君祥、陈魁一、陈魁五被明朝捕获，陈魁四下落不明，陈魁八被参与叛乱的梢水林宝一杀害。

但是，以秀山陈氏一族为首的百余人被高丽恭愍王遣送明朝之后，明朝究竟如何处置这些人，由文书一不得而知，藤田明良也没有说明。实际上，《吏文》卷二《在逃粮船梢工陈均祥起取发来事》透露了相关信息(文书二)，兹将该文书全文引用如下：

文书二

定辽卫都指挥使司据令史罗南山呈：

洪武五年七月初五日，抄蒙总兵官征虏副将军荣禄大夫吴相府左相靖海侯案验：

该为粮储事。着据金州戍御官定辽卫都指挥佥事王才，起取横海卫千户刘文、百户汪名，到官问责得各人状供：

乘驾顺字四号海船，装载官粮一千九百九十硕，根随本卫指挥杨沂等，攒运北平粮储。洪武五年四月初二日，太仓开洋行使。至当月二十日，失离船宗。因值飓风，有梢工林转五等，故将粮船使开，飘至高丽王京地面山岛湾泊。当有梢工陈均祥、张顺保、军人林得九、余成五、林进，登岸取讨柴水在逃。随令百户汪名，将引小旗计成、军人陈宝七、金真一根寻，被本处马军三十余骑带四角笠子，将计成等捉拿前去。当有梢工林转五，将船开使，至五月二十日，到金州马胸岛，于石礁上打碎船只，所装官粮俱各飘流，淹死军人二名。

得此。除将梢工林转五取问明正典刑外，据在逃梢工军人陈均祥等五名，被捉旗军计成等三名，必合勾取。为此。仰令定辽卫令史抄案呈卫，行移高丽国，即便根勾在逃梢工陈均祥等到官，差人牢固管押。并被

① 首尔大学藏奎章阁本(图书编号“贵3556”)第29册，第5页。

捉旗军计成等，一同伴送赴定辽军前，听调施行。

奉此。呈乞施行。

得此。今差奏差程忠前去，合行咨呈，伏请照验。烦为根勾在逃军梢陈均祥等到官，差人牢固管押发来。转解施行。

须至咨呈者。

右、咨呈高丽国王。

洪武五年七月初九日。[①]

无人提及这则文书与兰秀山之乱有何关系，其实该文书开头提到的“吴相府左相靖海侯”，就是明初从太祖朱元璋起兵的开国元戎吴良之弟吴祯，也即是文书一中所提到的吴都督。吴祯在镇压整个兰秀山之乱的全过程中功勋最著。综合《明实录》及《明史》的记载，可知吴祯于洪武四年(1371)底基本平息兰秀山之乱，自洪武五年(1372)至十一年(1378)间总督海运[②]。吴祯在崎头洋击败兰秀山海民之后，其余众除以秀山陈氏一族为首的一干人等奔窜高丽外，另有一股溃入象山县掀起动乱，时间是在当年五月：

昌国州兰秀山盗入象山县作乱，县民蒋公直等集乡兵击破之。初，方国珍遁入海岛，亡其所受行枢密院印，兰秀山民得之，因聚众为盗。至是入象山县，执县官，劫掠居民。公直与王刚甫率县民数百人欲击之。[③]

象山县民蒋公直及王刚甫率乡兵成功击破这股兰秀山余众，似乎是在洪武二年(1369)，据乾隆《象山县志》(乾隆二十四年刻本)卷十《人物三·王刚甫传》记载：

明洪武二年，兰秀山贼据县，欲劫令丞入海，刚甫与其友蒋公直谋曰：“狂竖据县治执上官，罪应死，然事闻于朝，大兵至，邑民多受害矣。盍先格杀之?”乃募众掩击，歼其渠二十余人，释其众喻之曰：“若曹良民，第胁于贼。”众皆叩头散去。初京师遣军二万讨贼，将尽歼之，抵钱塘，闻贼授首，乃撤回。乡人泣曰：“微王君，吾邑生灵尽矣。”令孔立欲上其功，却之，遂让之公直。

值得注意的是，兰秀山海民进入象山县并占据县治，显然有很多县民与之呼应，从明朝政府派遣两万军队前来镇压的激烈反应，以及乡人事后对于平息事态的王刚甫的感激之情不难看出，似乎明朝将此事视为兰秀山海盗为首、整个

① 《训读吏文》卷二《在逃粮船梢工陈均祥起取发来事》，第13—15页。

② 参见拙作《明初海运与海防的关系》，《郑和研究》2007年第4期。

③ 《明太祖实录》卷三二“洪武元年五月庚午”条，第559页。

象山县县民都参与其中的叛乱，也就是说，明朝政府对于方国珍旧部军民缺乏基本的信任感。洪武三年(1370)，明朝政府根据明州商人鲍进宝提供的情报，派遣百户丁志等人前往高丽，要求高丽遣送陈君祥等一百余叛乱分子回国，这并不意味着对于兰秀山海民的处置结束，据《明太祖实录》洪武四年十二月丙戌(十二月七日，公元 1372 年 1 月 13 日)条：

> 诏吴王左相靖海侯吴祯籍方国珍所部温、台、庆元三府军士，及兰秀山无田粮之民，尝充船户者，凡十一万一千七百三十人，隶各卫为军。仍禁濒海民不得私出海。[①]

这似乎表明明朝政府试图对于所有方国珍旧部军民，施以严格的国家统制，将其编入卫所，实行个别的人身支配无疑是最佳的选择。曹永和认为所谓“仍禁滨海民不得私出海”，表明明朝此前就已颁布海禁令，洪武四年(1371)不过重申旧禁而已。而在笔者看来，这条史料还揭示出，方国珍所部军民在元代以来多为船户，素习舟楫，明军在镇压兰秀山之乱后，仍试图利用他们这种能力，为海防服务。进一步说，明初海运方国珍旧部应该也发挥了重要作用。这种假设是否成立呢？据文书二可知洪武五年(1372)四月在海运途中趁飓风发生之际逃亡高丽的艄公陈均祥，其名字与前文所提到的“陈君祥”仅有一字之隔，此二人很可能是同一人。嘉靖《江阴县志》卷十六《名宦》对于吴祯有如下记载：

> 洪武元年正月进攻延平，禽友定，闽海平，公(吴祯)还次昌国。会海盗叶松坡、陈均祥据兰秀山作叛，公调兵悉剿之。三年论功行赏，授开国辅运推诚宣力武臣荣禄大夫柱国靖海侯，食禄一千五百石，赐铁券，子孙世袭。五年壬子，诏发兵东戍定辽，公总舟师数万，由登州转饷以给海运，大济。[②]

据该史料，兰秀山海盗的头目名“陈均祥”，与艄公“陈均祥”正好同名，就史料本质而言，嘉靖《江阴县志》和《在逃粮船梢工陈均祥起取发来事》的记载都出自明朝一方，所记相同大概并非巧合。“陈君祥”有兰秀山作乱前科，又在海运中途逃脱，名为“君祥”[③]，当然颇为明朝政府所忌，因此在发给高丽国王的咨文中将其名改为“均祥”。而《高丽史》及《高丽史节要》作为域外史籍记载外邦

---

① 《明太祖实录》卷七〇“洪武四年十二月丙戌”条，第 1300 页。

② 《天一阁藏明代方志选刊》第 13 册，上海：上海古籍书店，1981 年，第 20 页。

③ 宋代偶有禁人名寓意僭窃之例，无非是“天君玉帝上圣皇龙”等字，不得取为人名，寓王霸之意。明初讳字虽不详，但以朱元璋猜忍的个性和肃杀的政治氛围，极有可能沿用。参见林德春《历代避讳特点浅议》，《松辽学刊》1994 年第 2 期。

之人的名讳,讳法自不及明朝谨严,所记"陈君祥"反而更可能是其本名。

并且,文书一所记参加兰秀山之乱的陈魁五、林宝一、张百户等人名,如果与文书二中在逃艄公陈均祥、林转五、张顺保及军人林得九、林进等人名相对照,不难发现林、张、陈等姓氏相同,而兰秀山之乱,在笔者看来,就是包括林、张、陈等江浙沿海豪族为首发动的针对朱明政权的反抗斗争。即使不能认定"陈君祥"即是"陈均祥",但可以断定文书一中所提到的兰秀山乱民,与文书二中的海运旗军及艄工同为方国珍旧部。也就是说,明朝在镇压兰秀山之乱后,将方国珍旧部贯熟舟楫之军民编入卫所,并利用他们来从事海运。文书二中的艄公陈均祥、林转五、张顺保及军人林得九、林进之所以在海运途中逃亡高丽,无非反映了他们作为元末以来盘踞东海的海上豪强,不甘于编隶行伍,被海运体制所严格束缚的放恣不羁的一贯性格而已。又如前所述,元末以来方国珍政权与高丽方面有密切的政治经济联系,高丽王京之地,由于与江浙地域频繁通商的缘故,利益关系盘根错节,陈君祥等一百余人逃至高丽王京古阜之地,竟能安然居住,如无当地居民的容忍乃至官宪的默许,是不可能实现的。实际上据《高丽史》记载,兰秀山余众逃至高丽后,甚至与高丽官员打交道,事闻于朝,令朱元璋大为光火[①]。同样,文书二中的陈均祥等一干人等若非方国珍的旧部,与高丽王京的当地居民有密切联系,也不可能在海运中途不顾干犯明朝严厉刑宪之后果,而贸然逃往高丽。且该文书径以"在逃粮船梢工陈均祥起取发来事"为题,陈均祥似为这些逃军的主首,而究其逃亡过程,先是艄公林转五"故将粮船使开",然后陈均祥等趁机"登岸取讨材水"逃亡,明显是声东击西密切配合的有预谋的行动。总之,"陈均祥"即"陈君祥",是完全可以成立的判断。

综合文书二、《高丽史》《高丽史节要》以及嘉靖《江阴县志》的记载,陈君祥的经历大致如下:吴祯在洪武元年(1368)平定陈君祥(即陈均祥)为首发起的兰秀山叛乱,陈君祥兵败不敌降于吴祯,但不久"复叛劫杀将官",并逃亡高丽,洪武三年(1370)明朝派百户丁志、孙昌甫将其缉拿回国,并编入吴祯所部,于洪武五年(1372)四月出海运粮,但他可能不甘劳役之苦,中途再度逃亡。而作为总督海运的总兵官以及镇压兰秀山叛乱的指挥者,吴祯对于此事自然有无可推卸的责任,因此发咨文给高丽国王,要求"根勾在逃军梢陈均祥"回国。陈

---

① 《高丽史》卷四三《恭愍王六》(《四库全书存目丛书》史部第160册,第97页):"(恭愍王二十一年五月)甲戌,……政堂文学韩仲礼买兰秀山贼船。帝闻之曰:'宰相不当买贼船,宜速推还。'船已坏。六月丁丑,下仲礼于巡军狱,督令修之。"

君祥等人最终可能都无法摆脱编隶行伍的命运，其遭遇是当时参与兰秀山之乱的岛屿居民最终命运的一个缩影。

明初秀山陈氏一族世系

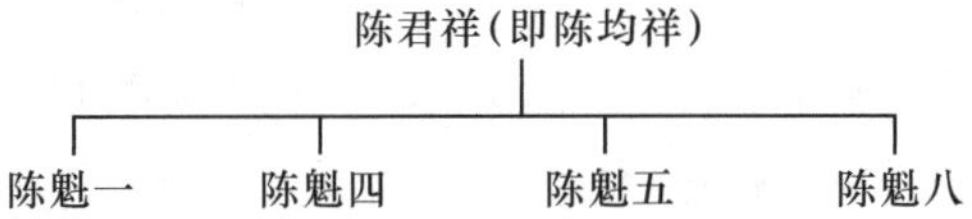

至于为何陈君祥等为代表的兰秀山海民在其旧主降伏之后，仍不断反抗。郑若曾《郑开阳杂著》卷九《海运图说》颇能说明问题：

> 自至元以迄天历六十余年间，海运不废，总其所失米数曾不能以十一，盖彼时向意海运，召募两浙富户素习海涛之人，而以沙民朱清张瑄为之使，且又禁网疏阔，能与民间同其利。至国初迁都北平，议行海运，编定里甲，递年轮差，夹带私盐者没入之，更审以法。且造船多不如式，督运多不得人。故乡民数逢其害，咸以为不便。诚如元时故制，召募沿海巨室，自备人船海运，每运米万石，给与耗米、行粮四千石，许载私货，回盐以酬其劳。连年有功者，量授以官人，谁不乐效用乎？但当自雇番客、灶丁、渔人、盐徒惯习海涛者，听其所欲，不可强定腹里军民不习水性之人，以败乃事。[①]

郑若曾通过比较元明海运，指出元代禁网疏阔，通过给予耗米、行粮，“许载私货，回盐以酬其劳”，“连年有功者，量授以官人”的利益激励机制，民间能共享利益，从而连海盗出身的朱清、张瑄也甘效驱驰。而方国珍其实与宋元之际的朱、张之流有相同性格，明朝建立后，编定里甲，严行海禁，方国珍旧部中元代船户众多，骤失暴利，当然蜂起反抗。换言之，元、明政权海上政策的不同取向是江浙地区滨海民众对于元明海运持不同态度的重要原因。当然，元代宽纵放任的海运体制实际上有利于滨海有力之家而不利于一般船户，可以说是催生元末滨海社会两极分化阶级格局的重要诱因之一，最终使得海运体制趋于崩溃。而明代过于严切的海上政策，则最大程度上压缩了滨海民众的获利空间，使得他们对于海运普遍持消极态度，最终使得海运难以为继。

五、余　论

岳飞后裔岳珂在其笔记《桯史》中记载了南宋海盗郑广的故事：

---

① 《影印文渊阁四库全书》第584册，第631页。

> 海寇郑广，陆梁莆福间，帆驶兵犀，云合亡命，无不一当百，官军莫能制，自号"滚海蛟"。有诏勿捕，命以官，使主福之延祥兵，以徼南溟。延祥隶帅阃，广旦望趋府，群僚以其故所为，遍宾次无与立谭者，广郁郁弗言。一日晨入未衙，群僚偶语风檐，或及诗句，广矍然起于坐曰："郑广粗人，欲有拙诗白之诸官，可乎?"众属耳，乃长吟曰："郑广有诗上众官，文武看来总一般。众官做官却做贼，郑广做贼却做官。"满坐惭噱，章以初好诵此诗，每曰："今天下士大夫愧郑广者多矣，吾侪可不知自警乎?"①

这个故事传播很广，在南宋似乎很有名，可以说是宋代特别是南宋奇妙政治生态的反映。宋室为金人所迫，南下成偏安之局，作为一个流寓政权，立国之初就不得不面对由于失去政治管控而遍地蜂起、趁火打劫的盗贼，而北边金朝及伪齐政权的军队虎视眈眈，军事力量有限的南宋朝廷遂将招安崛起草泽的"强贼"，作为一种稳定地方的常用手段，时人有"仕途捷径无过贼，上将奇谋只是招"②之讥。草莽英雄往往也乐得以杀人放火为骤登朝堂的终南捷径。此等崛起草泽之强豪，往往粗鄙无文，一旦登仕朝堂，与彬彬诸吏共事，难免为彼等所不容。当然反过来，前者亦未必与后者相侔，于是相互倾轧在所难免。郑广的故事在宋代以来的文献中屡屡出现，被作为一个规劝士大夫洁身自好的反面教材。之所以如此，一方面是因为招安在后世曾经常被统治者用来作为一种军事手段之外绥靖强梁的政治策略，另一方面，这个故事也反映了前近代社会力量参与政权进入国家体制的一种特殊方式。从长时段的中国海上势力发展来看，郑广在宋代以来有无数的翻版，元末的方国珍与元初首创海运的朱清、张瑄以及明末清初的郑氏某种程度上具有同质性③。

如果俯瞰宋代以来中国海上势力的发展，会发现国家与地域构成矛盾的两级，具体体现为国家权力与滨海地域生成的海上势力之间的博弈与制衡。国家权力在自身政治疆域范围内总是试图达成一种无远弗届、牢笼天下的笼罩性秩序，而海上势力却往往倾向于跨越国界自由往来于环东海周边地域以追求利益的最大化，在这一点上无论中国、日本、朝鲜均不例外。在前近代中国，国家权力与海上势力往往相互争衡，此消彼长。在王朝末期国家统制力松弛的情势下，滨海地域生成的海上势力往往坐大而成尾大不掉之势，而一旦王

---

① （宋）岳珂：《桯史》卷四《郑广文武诗》。

② （宋）庄绰：《鸡肋编》卷中。

③ 关于朱清、张瑄的相关事迹，不拟过多涉及，可参见夏定域《元朱清张瑄事迹录》，《浙江大学文学院集刊》第三集，民国三十二年(1943)8月。

朝鼎革，新王朝却总是依靠新生政权的蓬勃活力和严密组织，剪除地方势力，树立中央权威，重整东亚秩序，重塑政治边界，此种情势使得滨海地域生成的海上势力也往往难逃溃灭的命运。宋元之际以朱清、张瑄为首的海民集团，元明之际的方国珍政权，明末清初的郑氏海商集团，其命运都殊途同归，体现了海上势力发展的一般轨迹。

但是这并不是说，中国自宋代以来，海上势力只是时而脱逸于国家束缚，时而进入国家体制系列，在王朝鼎革的往复循环中反复进出体制而原地踏步。宋元之际以朱清、张瑄为首的海民集团，在元王朝建立之后与国家权力达成妥协，并通过承运海漕和市舶贸易等事业蛰伏于国家体制内部，其行止则无非"占刈官芦"、"贩盐行劫"、交通诸番、跋扈海上，是为一种有活力而无理想的海上势力；而元明之际以方国珍为首的海上势力，以沿海私贩和海外贸易为经济支柱，成为制霸东海、跨越国界活动的强大政治实体，在反元斗争中起到重要作用，但因无法与内陆诸割据势力相颉颃而首鼠两端，如方国珍虽据浙东三路，仍不免"朝送款于西，暮送款于北"[①]以求自全，最终沦为拥兵自雄、剥民自奉的军阀割据势力；而明末清初的郑氏海商集团，在经济上依托国际贸易壮大自身，政治上就抚于明王朝镇绥海疆，与西方海上殖民势力逐鹿于东亚海域。明朝灭亡之后仍支撑南明政权与清廷抗衡，甚至在南明灭亡之后驱逐荷兰殖民者雄踞台湾，显然已脱离纯粹逐利的海商本色，而有了独立的政治诉求与政治品格。总而言之，从宋末元初的朱清、张瑄集团，经历元明之际的方国珍政权到明末清初的郑氏海商集团，中国东南滨海民众结集生成的海上势力呈现曲折前进的发展轨迹，并跨越王朝国家的更替，透过国家权力空间边界的夹缝，在东亚海域交流中扮演了极为重要的角色。其中方国珍政权在中国民间海上势力的发展史中，无疑占据承前启后的重要历史地位。

① 《明太祖实录》卷二三"吴元年四月乙未"条，第 333 页。

元末方国珍治下色目人的境遇与心态*

新疆大学　段海蓉

元末回回诗人丁鹤年为躲避兵乱，迁居浙东，过着“逃匿海岛”“转徙无常”的生活。其原因瞿佑说是“至正末，方氏据浙东，深忌色目人。鹤年畏祸，迁避无常居”②。这个说法被《明史》丁鹤年本传和钱谦益《列朝诗集小传》中的《丁高士鹤年》所引用，对后世影响很大。但这个说法遭到当代研究者的反驳。③丁鹤年究竟因为什么在浙东四处逃避，方国珍治下色目人的境遇与心态是什么样的？迄今为止，还没有文章专门探讨这一问题。我们对这一问题进行探讨，是为上述争论寻找答案，更主要是把这一问题作为研究元末明初改朝换代之际色目人命运的组成部分，是对元末色目人生态环境重现的一种尝试。

一、方国珍对待色目人心态探析

方国珍(1319—1374)，名珍，一名谷珍，以字行，台州黄岩人(今台州黄岩)，世以贩盐浮海为业。元顺帝至正八年(1348)，方国珍起事于海上，浙东地区陷入动荡不安。自至正八年至至正十六年(1348—1356)，他屡降屡叛，而朝廷“命再下而官益加”④。为了借方国珍之力往大都运粮，至正十六年(1356)三月，朝廷封方国珍为“海道运粮漕运万户，监防御海道运粮万户”⑤。同年张士诚攻下杭州，朝廷又欲借方国珍收张士诚，至正十七年(1357)八月任命“方

* 本论文是国家社会科学基金一般项目“元代流寓江南的西域少数民族作家及其作品研究”(11BZW130)；新疆普通高校人文社科重点研究基地——新疆民族文献研究基地一般项目“元代西域少数民族诗人文献整理与研究”(XJEDU010514C02)阶段成果。

② (明)瞿佑：《归田诗话》卷下《梧竹轩》，周维德集校：《全明诗话》，济南：齐鲁书社，2005年，第50页。

③ 杨光辉：《萨都剌生平及著作实证研究》，北京：高等教育出版社，2005年，第30页。

④ (明)王祎：《王忠文公文集》卷六《送汤子诚序》，《北京图书馆古籍珍本丛刊》影印，北京：书目文献出版社，1989年，第111页。

⑤ (明)宋濂等撰：《元史》卷四四《顺帝本纪》，北京：中华书局，1976年，第931页。

国珍为江浙行省参知政事，海道运粮万户如故”[①]，令其将兵讨士诚。方国珍率兄弟诸侄等以舟师五万进攻张士诚占领的昆山，大捷，正遇上张士诚向元请降，方国珍罢兵。至正十八年(1358)方国珍开府于庆元(今宁波)，兼有温州(今温州)、台州(今台州)地区，割据统治三郡近十年。至正二十七年(1367)十一月，朱元璋的军队占领庆元，方国珍降，明太祖授以广西行省左丞，年五十六卒。从方国珍起事到至正十六年(1356)，许多色目将领奉命与方国珍作战，至正十六年(1356)后，方国珍降元再未反叛，他治下的色目人与他的关系也从敌对冲突转为合作、受治关系。元朝统治者建立的四等人制度，是将人按民族和归附时间的先后划分为蒙古、色目、汉人、南人。色目人主要由来自西域的诸色人种及唐兀、吐蕃等构成。方国珍是四等南人，色目人是二等人，他们政治立场不同，生活习俗上也有隔阂。以前有元蒙统治集团的支持，色目人是以少治多，方国珍割据统治后，除了像金哈剌这样极少数的重要官员被召回大都，元朝廷对大部分地方色目官吏已无力顾及，色目人在当地实际成了失去退路的特殊异族移民，他们的境遇与方国珍对他们的态度密切相关。

方国珍对待色目人心态，首先从方国珍的成长环境分析。方国珍祖辈这一支方氏，分自莆田(今福建莆田)，再迁台之仙居(今台州仙居)，三迁于黄岩(今台州黄岩)，[②]其家世以贩盐浮海为业，方国珍应为一土生土长的浙东人。元朝占领江浙以后，当地士人对进驻的蒙古、色目人曾比较反感，以后由于一些蒙古、色目官员注意尊重当地士人及礼俗，这种敌对情绪慢慢消融了。但已经习惯了当地礼俗的江南人，对以占领者身份迁入的，与他们文化背景、礼俗差异很大的色目人有没有排斥心理呢？看三条笔记。周密《癸辛杂识·社公珠》：

> 近时社公多为回回所买。或言其胸中有珠，过二十以后则在膝，必凿之。过三十以往，则无之矣。此妄传也。纵有之，回客焉敢杀人而取珠乎？[③]

陶宗仪《南村辍耕录·嘲回回》记载了居住在杭州八间楼的一位回回人的婚礼。因看热闹的人太多，踩踏了楼屋，宾主婿妇皆死。郡人王梅骨戏作诗一首：

> 宾主满堂欢，闾里盈门看。洞房忽崩摧，喜乐成祸患。压落瓦碎兮，倒落沙泥；别都钉折兮，木屑飞扬。玉山摧坦腹之郎，金谷坠落花之相。难以

---

① (明)宋濂等撰：《元史》卷四五《顺帝本纪》，北京：中华书局，1976年，第938页。

② (明)宋濂：《宋濂全集·翰苑别集》卷十《故资善大夫广西等处行中书省左丞方公神道碑铭》，杭州：浙江古籍出版社，1999年，第1148页。

③ (宋)周密：《癸辛杂识》别集上，《宋元笔记小说大观》第六册，上海：上海古籍出版社，2001年，第5863页。

乘龙兮，魄散魂消；不能跨凤兮，筋断骨折。毯丝脱兮尘土昏，头袖碎兮珠翠黯。压倒象鼻塌，不见猫睛亮。呜呼！守白头未及一朝，赏黄花却在半晌。移厨聚景园中，歇马飞来峰上。阿剌一声绝无闻，哀哉树倒猢狲散。[①]

孔齐《至正直记·萨都剌》记载：

京口萨都剌，字天锡，本朱氏子，冒为西域回回人。[②]

周密(1232—1308)，字公瑾，号草窗，又号萧斋。祖籍济南(今山东济南)，其祖随宋室南渡居吴兴，晚年居杭州之癸辛街，《癸辛杂识》似应作于此时。陶宗仪，字九成，号南村，黄岩人(今台州路桥)，因妻费氏为松江(今属上海)人，中年时隐居松江南，因以南村为号，《南村辍耕录》就作于元末隐居松江时。孔齐，字行素，号静斋，山东曲阜(今山东曲阜)人。孔齐随父迁居溧阳(今江苏溧阳)，元末江南兵乱，孔齐又避居庆元(今宁波)，《至正直记》就是他在庆元所作。上引三条笔记的作者，都居住在两浙，他们记录两浙民间关于回回见闻，应是比较可信的。第一条和第三条，记录的是关于回回的传闻。回回人善做买卖，多富商，于是浙人传说回回人是靠取社公身体中的珠子而富，周密予以驳斥。萨都剌是元代著名诗人，有比较充分的资料可以证明他是西域色目人，答失蛮在元代指信奉伊斯兰教或有伊斯兰教家庭背景的人。浙人却传说他是汉人朱氏之子，陈垣先生驳斥说："'朱氏子'云云，实因回回教人不食豕肉，讳言猪，猪与朱音同，谓其为朱氏子者，诬之也。"[③]第二条笔记记录的是见闻。回回婚礼发生意外，本是令人悲哀之事，但王梅骨的诗中却有幸灾乐祸之感。这三条笔记颇能反映江浙民间对色目人的看法，方国珍就成长在这样的环境里，他对色目人的看法似应或多或少会受到当地普遍看法的影响。

其次，从方国珍的政治立场分析。至正八年(1348)，方国珍起义造反，起兵的直接原因虽因仇家陈氏诬告他通寇引起，但起义军的性质都是反对统治阶级的。色目人作为元朝的第二等人，在南人眼中就是统治阶级。例如元朝征调征讨方国珍军队的主要将领都是蒙古或色目人。又如自至正十九年至至正二十三年(1359—1363)，在大都最急需粮食的时候，往江浙传达元蒙统治者催粮旨意的官员也基本是蒙古或色目人。《庚申外史》卷上记载，面对农民起义蜂拥而起的局面，丞相脱脱"凡议军事，每回避汉人、南人。时方入内奏事，

① (明)陶宗仪：《南村辍耕录》卷二八，《宋元笔记小说大观》第六册，上海：上海古籍出版社，2001年，第6495页。

② (明)孔齐：《至正直记》卷一，《宋元笔记小说大观》第六册，上海：上海古籍出版社，2001年，第6575页。

③ 陈垣：《元西域人华化考》，上海：上海古籍出版社，2000年，第69—70页。

回顾中书韩伯高、韩大雅随后来，遽令门者勿入”①。方国珍手下招用了不少士人，如刘仁本、张本仁、郑永思、丘楠等，但在他的近臣中未见一位色目士人。元代的社会等级是按民族划分的四等人制度，二等色目人与起义的南人方国珍在政治立场上是对立的，他们互相防备，是合于常理的结论。方国珍降元后虽在表面上与色目官吏保持合作，但骨子里色目人多支持元朝，而方国珍主要是为自己的割据政权服务，他们的根本利益并不一致。如上所述，元蒙统治者不信任南人，南人方国珍“忌色目人”，都是有依据的说法。

二、方国珍治下色目人心态探析

方国珍手下刘仁本《羽庭集》，有与色目文人和诗近 30 首，与色目文人相关的文章近 10 篇，与他交往的色目文人主要有：金哈剌、盛熙明、迺贤、吉雅谟丁等。此外方国珍侄子方行作有《怀丁鹤年高士》。方行与丁鹤年是方国珍的亲信，因此从这些诗文看，方国珍集团与色目人相处关系是颇为友好的。但分析上述色目人在方国珍治下的心态，结论并非如此。以金哈剌为例，其《遣兴》诗颇能概括他在浙东任职时的心态。

> 出郭愁仍散，看山兴转嘉。绿杨烟外树，红杏雨中花。
> 举罾柬渔艇，垂帘认酒家。殊方春色好，传喜报京华。

金哈剌，原名哈剌，字元素，祖上因功赐姓金，号葵阳老人，茀林人②。天历三年(1330)进士，任钟离县达鲁花赤，至正四年(1344)任刑部主事，继拜中台御史，出任淮东宪贰。调任东南海道防御都元帅，至正十九年(1359)，兼任福建行省参知政事，不足一年，卸去兼职。大约在至正二十三年(1363)，金哈剌北还③。至正二十八年(1368)，哈剌以中政院使或佥枢密院事身份，随元帝

---

① (元)权衡：《庚申外史》，周光培编《元代笔记小说》第 3 册，石家庄：河北教育出版社，1994 年，第 529 页。

② 刘仁本《南游寓兴诗集·序》说金哈剌是雍古人，赵由正序说是茀林人，杨镰《元代蒙古色目双语诗人新探》(《民族文学研究》2004 年第 2 期)中考定他是茀林人，今从其说。《西域地名》解释说：“《岛夷志略》曰佛朗，《西使记》及《元史·郭侃传》作富浪，《顺帝本纪》作佛郎。”以波斯语 Farang“以名东罗马帝国及西亚地中海沿岸诸地”。详见冯承钧原编，陆峻岭增订：《西域地名》北京：中华书局，1980 年，第 27 页。

③ 萧启庆《元色目文人金哈剌及其〈南游寓兴诗集〉》提出，金哈剌“北返不会早于至正廿二年(1362)。至正廿三年九月起，因粮源断绝，海运不通，哈剌可能于此时被调北返”。高丽士人权近《阳村集》的记载，可为萧先生此说补充一条证据。田禄生“修聘浙东”在元至正二十三年，其副使金中显在浙东见到金哈剌，则金哈剌的北返时间似应在至正廿三年。该论文载于南京大学元史研究室编：《内陆亚洲历史文化研究》，南京：南京大学出版社，1996 年。

北亡[①]。金哈剌的《南游寓兴集》存诗358首，主要作于至正十六年至至正二十三年(1356—1363)他在浙东任职时。从诗歌内容分析，他在述怀和写给官吏的赠诗中多以为国家建功立业相勉，尤其在写给方国珍手下刘仁本、张本仁、郑永思、丘楠等的诗中，这类内容格外醒目。至正十六年(1356)方国珍降元后被授以海道运粮漕运万户兼防御海道运粮万户之职，同年金哈剌任海道防御都元帅[②]。江南是元大都的主要粮仓，粮食北运主要靠海运。元末由于方国珍、张士诚先后起兵，占据浙东、浙西，海运中断，大都的粮食供给成了大问题，元朝招降方国珍主要意图就是想尽快恢复海运。从这个背景分析，元朝派出金哈剌的主要目的可能就是监督方国珍运粮，此事由方国珍手下刘仁本主持。《南游寓兴集》存哈剌写给刘仁本的诗至少12首，今存刘仁本与哈剌父子的唱和诗只有4首。从数量分析，哈剌交往的态度更加主动积极，从两人交往的诗歌内容上看，哈剌也更热情。哈剌还写有多首与当地文化士人交往的诗歌，这似应是他交流思想、学习文化的手段，也是他融入当地社会与文化圈子的途径。哈剌的官职高于刘仁本，从交友态度看，在浙东他希望与方国珍集团保持密切的关系，但最终与他们无法兼容，主要原因之一就是他是色目人，在族群和政治立场上与方氏集团不同。他在给方国珍属下和地方官吏的诗中，不断强调为国建功立业，似有勉励之意，但分析当时的背景，这也似是一种委婉强调元朝地位的做法。与刘仁本和地方士人积极主动的交往，则似有比较明显的为完成任务的因素。结合方国珍对元朝屡叛屡降的背景，再分析哈剌的交友态度和诗歌内容，似能看出哈剌在方国珍治下虽能生活安闲，但欲获得方氏集团重要人物的支持、履行职责却很困难。借游览地方山水、希望报喜京华来排遣愁绪，显示了哈剌的乐观，但也有无奈。再观吉雅谟丁。

半生辛苦独天知，十载乡关入梦思。作郡正逢多事日，挥毫不及少年时。

青衫有泪多如雨，白发无情乱若丝。今日一樽诸老共，临风不醉复何辞。

这是吉雅谟丁的《假日燕集呈席诸老》。吉雅谟丁，回回人，汉名马元德，至正十七年(1357)进士。与金哈剌相比，他在报国的热忱中多了因国家多事的忧虑，在与友人的聚会中增加了人生艰难的伤感，吉雅谟丁在庆元的心态比金哈剌沉重了许多。吉雅谟丁另作有《寄迈里古思院判》，诗中以“沙漠苏卿多

---

① 金哈剌的生平仕履参考了萧启庆《元色目文人金哈剌及其〈南游寓兴诗集〉》的研究成果。

② 参看萧启庆《元色目文人金哈剌及其〈南游寓兴诗集〉》。

感慨，鉴湖贺老自清狂”比拟自己和迈里古思。迈里古思是西夏人，与吉雅谟丁同年，又同属色目，因此在这首诗中能看到吉雅谟丁比较真实的心态。吉雅谟丁至正十七年(1357)登进士第，任江南御史台掾史，[①]至正十九年(1359)授定海县尹。[②] 迈里古思至正十八年(1358)被拜住杀害，这首诗似应作于至正十七年(1357)至十八年(1358)迈里古思被害之前。苏卿即汉代出使匈奴被扣留十九年的苏武，贺老是指唐代著名诗人贺知章，他字季真，历任太常博士、礼部侍郎兼集贤院学士、太子侍读等职，晚年性情尤诞放，自号“四明狂客”。江南御史台迁至绍兴后，迈里古思率“果毅军”守卫，“日与常所往来者，击鲜饫醼，酣咏叫啸，以为娱乐”。[③] 任诞作风颇似贺知章，贺知章也是绍兴人，故此句似应以“贺老”比迈里古思，沙漠苏卿似应是自比。吉雅谟丁忧国忠君情绪较浓，他忠节自守的精神与苏武比较相似。刘仁本《羽庭集》有四篇文章记叙了他任职定海与奉化期间的事迹。[④] 不仅如此，至正十九年(1359)，吉雅谟丁任定海县令，方国珍的士卒骄横无礼，剽掠村落，吉雅谟丁杀了一名首领，其余士卒不敢再为非作歹。[⑤] 在国家多事的时期，吉雅谟丁“半生辛苦”的命运也与苏武可比。在庆元他任职于定海、奉化和昌国，虽然都是地方长官，但正如刘仁本所说：“于今为难治者，在县惟定海而州则奉化是也。”[⑥]昌国州四围临海，每年秋潮，常有海堤决口，也是贫瘠难治之地。吉雅谟丁的任职地，地理环境不好，又逢元末乱世，他的“辛苦”之叹不似“为赋新诗强说愁”。这里吉雅谟丁以被扣留在匈奴的苏武自比，抒发“半生辛苦”、乡土之思的感叹，似可推断在方国珍、张士诚起兵后的两浙，他似有难言的艰难。吉雅谟丁官位品秩在从五品之下，从他的心态推断，忠于元朝的色目基层官吏，在方国珍治下处境是比较艰难的。

“安贫自守”[⑦]，“接朋友宾客，惟论古今典故，未尝道及官府事”。[⑧] 这是闲

---

① (元)刘仁本：《羽庭集》卷五《送马侯元德任奉化州序》，《影印文渊阁四库全书》第 1216 册，第 87 页。

② 《羽庭集》卷五《饯定海县尹汪以敬诗序》，第 84 页。

③ (元)陶宗仪：《南村辍耕录》卷一〇《越民考》，《宋元笔记大观》第六册，上海：上海古籍出版社，2001 年，第 6263 页。

④ 这四篇文章是《羽庭集》卷五《饯定海县尹汪以敬诗序》《送马侯元德任奉化州序》，《羽庭集》卷六《奉化州儒学重修尊经阁记》《定海县兴修儒学记》。

⑤ 嘉靖《定海县志》卷一一《名宦》，《天一阁藏明代方志选刊续编》，上海：上海书店，1990 年，第 891 页。

⑥ 《羽庭集》卷六《送马侯元德任奉化州序》，第 87 页。

⑦ (明)朱右：《白云稿》卷二《送葛逻禄易之赴国史编修官序》，李修生主编：《全元文》第 50 册，南京：凤凰出版社，2004 年，第 523 页。

⑧ (元)乌斯道：《春草斋集》卷八《送易之编修北上序》，扬州：广陵书社，2006 年，第 5659 页。

居庆元的廼贤在被元朝任命为翰林国史院编修之前的生活状态。[①] 廼贤(1309—1368),字易之,号河朔外史,西域葛逻禄氏(Karluk,元代一般作哈剌鲁、合鲁)[②]。汉姓马,以字行,名马易之,又被称为葛逻禄易之、合鲁易之。廼贤常常自称南阳廼贤,河南南阳为其祖先入居中原之地。廼贤在浙东鄞县长大,至正二十二年(1362),荐授翰林国史院编修,至正二十三年(1363)赴京,至正二十四年(1364),奉命代祀海岳。复命于京后,以编修保充从事官随桑哥失里军至蓟州(今天津蓟县),桑哥失里奉命移军直沽(今天津),廼贤病于军中,因误诊卒。有《金台集》二卷,《河朔访古记》二卷传世。刘仁本《羽庭集》中保存有与廼贤唱和诗歌14首,绝大多数是廼贤被任命后所作。金哈剌《南游寓兴集》有与廼贤交往诗歌2首。由于农民起义阻断了北上大都的陆路交通,廼贤在接受任命后的第二年——至正二十三年(1363)赴京。赴京前他接受了刘仁本的邀请,担任东湖书院山长之职。刘仁本的意图是让廼贤"冀得升禄以为养",但"易之既领事,所入一不归诸已,尽以修治庙宇,建先贤先师祠"[③]。谨慎避祸是廼贤在方国珍治下的心态。《羽庭集》存有与另一位色目人盛熙明唱和诗歌11首,他的心态似与廼贤相似。盛熙明,号玄一山人,曲先(或作曲鲜,即龟兹,今新疆库车)人,居豫章(今江西南昌)。备宿卫,辟奎章阁书史,备职艺文生[④]。盛熙明是"功名早遂身先退",迁居于庆元,虽与刘仁本交往较密,但他归隐于佛教、道教,不参与政治。从刘仁本唱和诗歌内容分析,两人的交流主要是谈玄、赠诗,共论养生之道,未涉及时事。

> 高秋多病客,古寺寄黄昏。野迥常疑虎,天寒早闭门。
> 离愁灯下影,乡泪枕边痕。赖有诸禅侣,情亲似弟昆。

这是丁鹤年的《逃禅室卧病柬诸禅侣》,诗中表现的疑惧畏祸的情绪似为他在方国珍治下的心态。丁鹤年(1335—1424),回回人,年十七通诗、书、礼三经。至正十二年(1352)鹤年奉母避兵徙镇江,母去世,至正十八年(1358)鹤年为避兵乱往浙东依从兄吉雅谟丁。至正十九年(1359)至至正二十二年

---

① 参看陈高华:《元代诗人廼贤生平事迹考》,《元史研究新论》,上海:上海社会科学院出版社,2005年,第275—276页。

② 葛逻禄"其国在北庭西北金山(今阿尔泰山——引者)之西",《金台集》危素序,《元人十种诗》,北京:中国书店,1990年,第345页。

③ (元)朱右:《白云稿》卷二《送葛逻禄易之赴国史编修官序》,李修生主编:《全元文》第50册,第523页。

④ 记载盛熙明在大都任职的主要文献有:(元)虞集《法书考原序》,(明)汪砢玉《元贤翰札疏》(《珊瑚网》卷一二),(元)盛熙明《图画考自序》。陈高华先生《曲先学者盛熙明》一文,对盛熙明生平有较为详细的考述,见《陈高华文集》,上海:上海辞书出版社,2005年。

(1362),吉雅谟丁任职于庆元的定海、奉化州和昌国州,鹤年又徙四明。至正二十四年(1364)吉雅谟丁殉职,鹤年转徙于四明之境,或旅食海乡,或为童子师,或寄居僧舍,卖药以自给。明洪武十二年(1379)还武昌为父母迁葬。迁葬后又返回四明[①],晚年寓居杭州,年九十卒。[②] 有《丁鹤年诗集》三卷本和四卷本传世。如上所述,丁鹤年在庆元,四处逃避,曾卜居于定海,“其所居在浃口,所称‘海巢’者也”[③],也曾逃居于禅室。丁鹤年在方国珍统治区生活得如此狼狈,直接原因似应与方国珍有关。从上述例证分析,方国珍对待西域人的态度与西域人的地位关系较密切,金哈剌、吉雅谟丁、迺贤的例子均可为证。对待不入仕的西域人,则似比较看重他们与方氏集团的关系,迺贤与盛熙明的例子可以为证。丁鹤年与上述西域人不同,他是一位真正的布衣西域文人(迺贤和盛熙明都曾入仕)。他拒绝入仕元朝,即使他前去投靠的吉雅谟丁劝他入仕,他也会不辞而别。他也不与方氏集团合作,从《南游寓兴集》《羽庭集》和他自己的诗集看,他与方氏集团核心人物没有交往。对一个不仕于元朝,也不愿与自己合作的西域人,方国珍是什么态度?因未见这方面文献记载,姑且参照方国珍对汉族士人的态度探析。居住于庆元的汉族士人,身份是南人,与没有元朝官位庇护的丁鹤年有相似之处。“国珍与兄弟俱不知书”[④],身边近臣主要是他的亲戚,但他颇注意延揽士人,以为己用。苏伯衡《故元温州路同知平阳州事孔公墓志铭》的一段话颇能概括方国珍对士人的态度。他说:“至正末,方国珍据台、庆、温,用名士以收人心,凡士居其地者,不为所用,则为所祸。”[⑤]方国珍统治区域汉族士人的命运大多可印证此话。有不少士人因不愿与方国珍合作,招致杀身之祸。永嘉县丞达海与乡进士赵惟恒,“不与方氏,国珍恶之,并沉之于江”。[⑥] 台州丁梦松,通书史,性耿直,“方国珍强为伪官,饮药卒”[⑦];有不少士人因方国珍所逼,被迫为他所用。詹鼎,台州宁海人,“国珍闻鼎有

① 丁生俊编注:《丁鹤年诗辑注》补遗卷《迁葬后还四明途中寄武昌亲友》,天津:天津古籍出版社,1987年,第252页。

② 丁鹤年生平文献主要有:(元)戴良《高士传》《题马元德伯仲诗后》,《九灵山房集》卷一九、二二。(元)乌斯道《丁孝子传》,《春草斋集》卷七,该集中另有其他与丁鹤年相关诗歌。参考了陈垣《西域人华化考》卷三之《回回教世家由儒入佛》“丁鹤年”,卷四之《回回教世家之中国诗人》“丁鹤年”。

③ (清)全祖望著,朱铸禹汇校集注:《全祖望集汇校集注·鲒埼亭集外编》卷一八《海巢记》,上海:上海古籍出版社,2001年,第1095页。

④ 《明太祖实录》卷八八《方国珍传》,转引自杨讷、陈高华、朱国照、刘炎编:《元代农民战争史料汇编》中编,北京:中华书局,1985年,第565页。

⑤ (元)苏伯衡:《苏平仲文集》卷一三《故元温州路同知平阳州事孔公墓志铭》,《四部丛刊初编》本。

⑥ (明)张时彻等纂修:嘉靖《宁波府志》卷二〇《遗事》,台北:成文出版社,1983年,第1606页。

⑦ 《天台山方外志》卷一〇《隐士》,《中国佛寺志汇刊》第9册,台北:丹青图书公司,1985年,第398页。

才，以计获之。鼎为所获，无奈，因为之尽力，为其府都事，有廉名”。[①] 倪可与，四明人。方国珍妻子越国夫人卒，听说他深于礼文，方命他考礼行事。倪辞谢，方不许。为了避祸，倪被迫为方“考侯邦小君之制，凡从葬明器、绋披、柳翣等物，率有品式，与执事者七百人。郡人皆未之前睹。丞相大悦。事毕，欲授以官，并以白金、彩段为赠，不受”。[②] 还有一些士人，为保全名节，或凭借敢死的勇气，或凭机智，拒绝与方国珍合作。如蒋大德，名不传，大德是他的字。方国珍占有温、庆、台三地后，征召大德，大德厚待使者，让他为自己善言。并对使者说：“否者，吾惟有死而已。”借此得以幸免。[③] 可见，方国珍对汉族士人的态度与士人对他的态度密切相关。方国珍集团也延揽色目文人，以丁鹤年的才学和名气，他应在方国珍招用的士人范围之内，方国珍侄子方行写给丁鹤年的诗歌可以为证。但以丁鹤年的志向和个性，他不与方国珍合作是确定的，未见他与方国珍、刘仁本等人交往的记载可为旁证。色目二等人的身份，在有元朝庇护的情况下，是一种保护，在失去庇护时，则有可能成为民族排斥心理形成积怨的发泄处。丁鹤年似就处于这样一种境遇。他若想避免被方国珍“所祸”，像一些汉族士人一样以逃匿来保全自己，可以说是比较好的办法了。戴良是丁鹤年交往较密的好友，他对丁鹤年四处逃匿的解释是，“已而海上多盗，鹤年转徙无常，大抵皆明之境内”。这里的“海上多盗”，应是指方国珍的活动，丁鹤年不是积极参与抗击海盗的人士，他也不是财产和地位易引起海盗注意的人家，照常理推断，他无须为躲避海盗四处迁徙。故戴良“海上多盗”的解释，与他解释丁鹤年不肯入仕是因为“禄不逮养”的理由一样，似应只是一种含蓄的说法。值得注意的是，丁鹤年的避祸与汉族士人又有不同，汉族士人避开方国珍的征召就可安定的生活，丁鹤年却“转徙无常”，四处逃匿，这其中可能有因生活穷困不得不四处谋生的因素，但畏避方国珍集团的祸害似应是丁鹤年长期逃匿的主要原因。而方国珍“忌色目人”，尤其是失去元朝庇护，不与他合作的回回士人，是丁鹤年怕遭祸的主要原因。

方氏是否深忌色目人还关系到另一位回回诗人萨都剌是否入仕方国珍集团的问题。钱谦益在《列朝诗集小传》（甲前集）“刘左司仁本”条载：“方氏盛时，招延士大夫，折节好文，与中吴争胜。文人遗老如林彬、萨都剌辈咸往依

---

① （明）方孝孺：《逊志斋集》卷二一《詹鼎传》，《四部丛刊初编》本。

② 《春草斋集》卷一〇《处士倪仲权墓表》，第5683—5684页。

③ 康熙《临海县志》卷九《人物》，杨讷、陈高华、朱国照、刘炎编：《元代农民战争史料汇编》中编，第660页。

焉。”同集“方参政行”条又载：“谷真窃据时，招延文士，萨天锡、朱右辈咸往依之。”[①]钱谦益此说未注依据。萨龙光反对此说，认为萨都剌晚年结庐安庆司空山而终。在《雁门集》(卷十四)《绣鞋》后他又加按语说：“《明史・文苑传》：丁鹤年，回回人，至正五年避地四明。方国珍据浙东，最忌色目人。鹤年转徙逃匿，为童子师，或寄僧舍，卖浆自给。”“瞿宗吉《归田诗话》：丁鹤年，回回人。至正末方氏据浙东，最忌色目人，鹤年畏祸，迁避无常居。”“此诗当是与丁鹤年避方国珍之祸，辞浙东而赴安庆也。”[②]萨龙光说萨都剌晚年终于司空山，因所依据的文献晚出无征，故不能使人信服[③]。其说《绣鞋》一诗是暗喻“畏祸转徙之意”，也未见依据。他引用《明史》和《归田诗话》的记载，证明萨都剌未曾入仕方氏集团，则有一定道理。如上所述，丁鹤年四处逃匿的确是为了避免方国珍祸害，其主要原因即他是布衣回回文人，又不肯与方氏集团合作。萨龙光仅以方氏“最忌色目人”为依据，说萨都剌未曾投靠方国珍，虽有一定的依据，但依据不足。张旭光《萨都剌生平仕履考辨》[④]以《元诗纪事》卷二十八引刘仁本于至正庚子(1360)，大会文士，举行续兰亭修褉时所作序文提及与会者 42 人，其中没有萨都剌。杨瑀、孔齐、戴良这三位作者在元末都寓居两浙，在《山居新话》《至正直记》《九灵山房集》都提及萨都剌，但未提萨都剌寄寓浙东之事为依据，认为萨都剌晚年未曾寓居浙东。萨都剌在绍兴、衢州、婺州等地作有诗歌约 20 首，在这些诗歌具体的写作时间确定前，还不能说萨都剌晚年未曾寓居浙东。从所见文献分析，萨都剌曾游历浙东，在浙东似与他寓居杭州时一样，主要过的是徜徉于山林的生活。他在浙东时的生活状态、未见他参与方国珍集团活动的记载以及方国珍忌色目人的心理，都可证明萨都剌晚年未曾投靠方国珍。

综上所述，方国珍投降元朝，统治庆、温、台三地后，当地政治形势发生了重大改变。方国珍由元朝的敌人，变成了浙东色目人的上司，在方氏广泛延揽

---

① (清)钱谦益:《列朝诗集小传》,北京:古典文学出版社,1957 年,第 44—45 页。

② (清)萨龙光编注,殷孟伦、朱广祁点校:《雁门集》,上海:上海古籍出版社,1982 年,第 392 页。

③ 萨龙光的主要依据有二。其一,《雁门集》(卷一四)“顺帝至正十五年乙未”编年下列《次韵张仲举题皖山金氏秀野亭》,萨龙光举李孝光《五峰集》中“次潘仲举韵”为旁证,指出萨诗与李诗诗韵相同,可知萨的确作有此诗。李孝光诗的诗题为“为古淡藏主题安庆金君美秀野亭次潘仲举韵”。其二,《雁门集》“附录二跋”所引《江南通志・徽州府流寓》载“公登司空山太白台,叹曰:此老真山水精也。遂结庐其下终焉”。关于第一条依据,杨光辉在《萨都剌生平及著作实证研究》认为,萨都剌这首诗与李孝光此诗同为唱和张翥诗所作,而李孝光卒于 1350 年,所以此诗不可能作于 1355 年,故萨龙光对此诗编年有误。第二条依据,我们清查了修于明天顺六年(1462)的《直隶安庆郡志》,嘉靖、正德《安庆府志》,都未见关于萨都剌流寓安庆的记载,可见康熙《安庆府志》关于萨都剌流寓的记载是补录的,补录这条记载所依据的文献不详。

④ 《中华文史论丛》1979 年第 2 期。

人才又排除异己的环境中，色目人因为政治地位的改变，处境变得比较艰难。从方国珍的生长环境、政治立场和其治下色目人心态三个方面分析，瞿佑的方国珍"最忌色目人"的说法是有一定依据的，但失之简单化。方国珍对待色目人的态度，首先取决于色目人在元朝的地位，其次受他们对方氏集团态度的影响。在方国珍割据势力控制的地区，汉民族对少数民族移民的排斥行为开始出现，但从总体形势分析，方国珍不想夺取天下，只想割据一方的思想，使他至元亡一直保持着与元朝表面的从属关系，这种政治利益需要在较大的程度上遏制了民族矛盾的激化。

附语：本文在写作过程中，蒙陈高华先生指正，谨致谢意！

杨维祯有关方国珍诗文笺注

上海大学　孙小力

近日看到应再泉、徐永明、何斌超、赵世文等同志编纂的《方国珍史料集》，非常高兴。元末义军武装政权的兴衰变化、社会影响、历史意义等，后人研究不够，知之甚少，首先就是因为相关史料整理比较欠缺，这个资料集填补了这方面的空白，因此有了一个很好的开头。受此启发，笔者搜辑杨维祯有关方国珍的数首诗文，加以笺注，希望对于方国珍的研究多少有些助益。

元末义军之中，杨维祯与张士诚、朱元璋属下交往较多，与陈友谅、方国珍阵营联系较少。在杨维祯名下有一篇诗歌《东海鲸》(汲古阁刊《铁崖先生古乐府补》卷五《大明铙歌鼓吹曲十三篇》之七)，是对方国珍政权兴衰毁灭过程的直接描摹。但是《大明铙歌鼓吹曲十三篇》，其实并非出自杨维祯之手，而是冒名之作。笔者目前所辑杨维祯的这几篇诗文，均非方国珍其人其事的直接展现，而是对方国珍周围人事的描述，其中有方国珍的对手，有方国珍的属下，也有因剿灭方国珍而牵连遭殃的烈女。以下大致按照写作时间先后，稍作介绍。

《髯将军》称颂水军都万户府副万户董抟霄。为了防御方国珍对于海运，对于昆山、太仓等地的骚扰，元至正十三年(1353)岁末，朝廷下诏在昆山设置水军都万户府。董抟霄名为副万户，实际上总揽大权，主持所有军务。上任伊始，董抟霄就启用昆山著名文人顾瑛佐理水军。二人关系融洽，董抟霄在昆山仅仅半年，而顾瑛所撰与董抟霄有关的诗歌，至少存有十三首。作为顾瑛的挚友，杨维祯《髯将军》对于董抟霄的称许，与顾瑛相仿。

《元故朝请大夫温州路总管陈公墓志铭》是为昆山人陈志学所撰。昆山设立水军都万户府之后，至正十四、十五年间，作为当地名人，陈志学与顾瑛一起，曾协力招募水军，为保卫地方平安出力。与后来选择隐逸的顾瑛不同，陈志学先是抵御方国珍，后来却成为方国珍的温州路总管，连同他的儿子，都加入了方国珍的阵营。当然，这也与方国珍接受了朝廷招安有关。

《故忠勇西夏侯迈公墓铭》《盲老公》《送松江帅黄公入吴序》《和黄彦美元

帅忧字韵诗赋思邈明府》四篇诗文，都与绍兴路录事司达鲁花赤迈里古思遭暗杀一事有关。迈里古思力主剿灭方国珍，遭到“盲老公”御史大夫拜住哥暗害，迈里古思部下黄彦美为主帅复仇，此后又与杨维祯结为诗友。杨维祯的描述和褒贬，补充并完善了陶宗仪《南村辍耕录》的有关记载。

《陶氏三节传》是对三位烈女的哀悼。“三节”是指天台名人陶宗仪的弟媳和两个妹妹，皆死于至正二十七年(1367)十月初，即朱元璋军攻入台州，方国珍政权覆灭之际。此文对已遭败亡的方国珍颇加指斥，或与杨维祯寓居之地松江当时已入朱元璋版图有关。文中某些描述模棱两可，似是而非，值得玩味。例如，“方氏据沿海郡十年所……台陷日，忿兵肆戬”，似乎是指斥方氏部下作鸟兽散时趁火打劫。康熙《临海县志·列女传》曰“九月壬寅日，明师入城，火焰烛天。宗媛……为乱兵所执”。所谓“乱兵”，似亦指方国珍士卒。然而细究杨维祯此文所述，多少能够探得一些真相。其一，威逼良家妇女“妻我”，并非败兵溃卒所能施行，却似战胜者的口吻。其二，九月壬寅，城破；“十月乙巳日”，陶宗仪弟媳王淑、小妹宗婉不堪凌辱而投井自尽。陶宗婉、王淑投井之日，距离朱元璋军占领台州已有四天。因此，将当时胡作非为的军卒说成是方国珍的乱兵，很难令人信服，“乱兵”很可能隶属于朱元璋部下朱亮祖。杨维祯文中不便明说，称之为“游军”，实在是有所暗示的。

一、髯将军[一]①

美功将董参政抟霄也②。

髯将军，将之武，相之文。文武长才不世出，将军兼之今绝伦。阵法本天地，兵机侔鬼神。八门遁丁甲③，六花散风云④。楼船旌旆龙矫矫，云关金鼓雷礮礮。水犀枝战悍鲸岵，陆兕出柙妖狐奔。风尘澒洞翳日月，紫髯一拂开朝昏。上马谈兵被裘带，下马降礼陈壶尊。于乎，昔人恨随、陆无武，绛、灌无文⑤。将军之武平祸难，将军之文焕经纶。髯将军，受斧钺，承华勋。净除国妖雪国耻，制礼作乐归相天王尊。

【校勘记】

[一]本诗录自汲古阁刊《铁崖先生古乐府补》卷六。

【笺注】

①据《元史·董抟霄传》《元史·顺帝本纪》以及《玉山璞稿》卷上《铙歌十章并小序送董参政》等，元至正十二年(1352)七月，红巾军徐寿辉部一度攻陷杭州，济宁路总管董抟霄率军协助收复，江浙行省“假抟霄为参知政事”，遂讨

平徽州。至正十三年(1353)十月,诏命董抟霄为水军都万户府副万户。(按:顾瑛《铙歌十章并小序送董参政》则谓“十四年春,诏开水军都府于娄上,公领帅事,平海寇也”。)十四年(1354)夏,转任枢密院判官。本诗既称董氏“参政”,诗中又曰“楼船旌旆龙娇娇”“水犀枝战悍鲸帖”,故当撰于至正十四年(1354)春夏之间,其时铁崖在杭州任税务官。

②董抟霄(?—1358),字孟起,磁州(今河北磁县一带)人。早年为儒生,历任四川道肃政廉访司知事、泾阳县尹、户部主事、佥辽东肃政廉访司事、浙东宣慰副使、济宁路总管等职。至正十三年(1353)十月,为抵御方国珍,诏立水军都万户府于昆山州,浙东宣慰使董抟霄为副万户。次年夏,授枢密院判官。此后历任江淮行枢密院副使、山东宣慰使等职,官至河南行省右丞。所至有称。至正十八年(1358)战死。追封魏国公,谥忠定。按:董抟霄乃文武全才,在昆山水军都万户府任职时,曾起用顾瑛佐治军务,顾瑛有诗赞之曰“笔端草檄千钧力,马上开弓一石弯”。生平参见《元史》《新元史》本传,以及《玉山璞稿》卷上《董孟起参政领水军副都万户开水军府事二月廿三日以瑛佐治军务留海上索诗口占奉呈》《铙歌十章并小序送董参政》等。

③八门:盖指八阵法。相传为诸葛亮所创,变化上古兵法而成。参见《丽则遗音》卷三《八阵图》。

④六花阵法,唐太宗属下大将李靖所创,源自诸葛亮八阵法。参见明杨时伟编《诸葛忠武书》卷九《遗事》、《宋史·兵志九》。

⑤“昔人恨随、陆无武,绛、灌无文”两句:“昔人”指刘元海(刘渊)。《晋书·刘元海载记》:“刘元海,新兴匈奴人,冒顿之后也。……尝谓同门生朱纪、范隆曰:‘吾每观书传,常鄙随陆无武,绛灌无文。道由人弘,一物之不知者,固君子之所耻也。二生遇高皇而不能建封侯之业,两公属太宗而不能开庠序之美,惜哉!’”随、陆:指汉高祖谋臣随何、陆贾。绛、灌:指西汉绛侯周勃、太仆灌夫。

二、元故朝请大夫温州路总管陈公墓志[一]铭①

陈氏出舜后胡公满,以国为氏②。公之来裔,莫详谱牒,世居昆山者③。祖讳信,亚中大夫、同知浙东道宣慰司事、轻车都尉,追封颍川郡侯。父讳允恭,嘉议大夫、平江路总管、上轻车都尉,追封颍川郡侯。皆公推恩所覃也。

公仪表魁垒,遇事沉密而果决。其开诚下士,则洞见肝胆。平居好古,健游览,尝不远千里登泰山日观④,南上武当绝顶观铜柱⑤,东航海谒补[二]陀大士像⑥,皆若有所遇。至正五年间,诏下输粟于边者授官,公以粟授於潜县税使[7]。迁晋江[8]，升牛田司丞[9]。十五年，淮兵南下[10]，幸仕者相鸣而起，皆臾诟亡赖[11]。公独逃祸民伍[12]。越三年，间走京都，挟粟数万斛济国馕[13]，大臣梯之见天子，天子旌其义，授宣武将军、同知韶州路总管府事[14]。未行，明年荐授朝请大夫、温州路总管兼劝农防御事。又明年，到郡。

郡[三]方以民力捍城，饥死者相枕藉城下。公下令发廪及私帑，计丁雇[四]役，民趋者如市，城堑不日而成。前政督秋税，以家量收，病民甚。公亟易之，阅三月，政平颂作。秋九月，遽以疾终。二十二年夏五月，孙男经奉函骨航海归[15]，是年八月十二日，葬于马鞍山先茔之左[16]。

公讳志学[17]，字浚[五]卿。娶顾氏、蒋氏，并封颍川郡夫人。子男三人：长逢祥[18]，江阴州申港巡检；次逢吉，江浙行枢院都事；逢原[19]，水军都府万户。孙男九人，孙女七人，俱在稚。

逢祥衷衰来拜予门，曰："士附青云，属之王公大人，而身没[六]声光着白不朽，则必托于代之巨公[七]手笔。先子幸附青云，有禄位，不幸卒于海邦数千里外，不能如礼葬，乃子孙罪[八]。又不得巨手笔如先生寿吾存没，非重不幸欤！幸哀而赐之铭。"予与公为同[九]甲庚友者二十年，辞不可，遂为铭曰：

贵与富，不两完，窖金匮玉褐冠盖[十]。仁人富，不以私，补吾[十一]国漕、赈我以岁饥。腰银艾，佩铜虎，尔兵尔农子听父。堡障立，梁柱倾，天不假以三年成。孙茕茕，齿未丁，护丧航海海[十二]砥平。玉之龙，气葱葱[十三]，白鹤归来语长松[20]。城郭徙，井邑改，杨子作铭铭有在。赐进士出身、奉训大夫、前江西等处儒学提举杨维祯撰，卢熊书[十四][21]。

【校勘记】

[一]本文录自明叶恭焕辑《吴下冢墓遗文续》（台湾学生书局影印龙池山房钞本，1969年），校以《文渊阁四库全书》本《名迹录》（以下简称"《名迹录》本"）卷三所录此文。志：《名迹录》本作"碣"。

[二]补：《名迹录》本作"普"。

[三]郡：原本脱，据《名迹录》本补。

[四]雇：原本作"顾"，据《名迹录》本改。

[五]浚：《名迹录》本作"俊"。

[六]没：《名迹录》本作"后"。

[七]托于代之巨公：《名迹录》本作"托一代之巨"。

[八]罪：原本作"自幸"，盖误将"辠"字抄成两字。据《名迹录》本改。

[九]同：《名迹录》本无。

[十]冠盖：《名迹录》本作"盖棺"。

[十一]吾:原本无,据《名迹录》本补。

[十二]护丧航海海:原本作"护□航海",据《名迹录》本补。

[十三]葱葱:原本作"忽忽",据《名迹录》本改。

[十四]"赐进士出身、奉训大夫、前江西等处儒学提举杨维祯撰,卢熊书"凡二十五字:原本无,据《名迹录》本补。

【笺注】

①本文当撰于至正二十二年(1362)八月十二日墓主下葬之前,其时铁崖寓居松江。

②按:胡满为舜帝后裔,封于陈,其后以陈为氏。详见《史记·陈杞世家》。

③昆山:即昆山州,今江苏昆山市。

④日观:山峰名,位于泰山东隅。

⑤武当:即武当山,位于今湖北十堰市。万历《襄阳府志》卷六《山川·均州》:"天柱峰,居(武当)七十二峰之上。高凌霄汉,俯视众山皆卑小。"又,同书卷三十二《寺观·均州》:"太岳太和宫,在太和山天柱峰,铜殿金饰。"按:元大德年间,于武当山主峰天柱峰顶建金殿,实为铜柱仿木结构。

⑥补陀大士像:指普陀山(今属浙江)观世音菩萨。

⑦按《元史·地理志》,於潜县隶属于杭州路(今属浙江)。

⑧按《元史·地理志》,晋江县隶属于泉州路(今属福建)。

⑨牛田:盐场名,位于福建。盐场设"司丞一员,从八品"。参见《元史·百官志》七。

⑩淮兵:指元末刘福通、朱元璋等江淮义军。

⑪贾谊《陈政事疏》:"彼将官徒自为也,顽顿无耻,奊诟亡节。"

⑫按:本文所谓"公独逃祸民伍",未必完全符合实情。至正十五年(1355)十二月末,陈志学与顾瑛曾共同挑选并率领数百水军,剿灭来犯盗寇。顾瑛于此有长歌记述,参见《玉山璞稿》卷下《安别驾杀贼纪实歌》。

⑬"间走京都,挟粟数万斛济国馕"二句:当指陈志学率海漕船进贡于京城。

⑭按《元史·地理志》,韶州路隶属于江西行省。

⑮孙男经:盖为墓主陈志学长孙。按:陈经"奉函胥航海归",当已成年。然后文又曰"孙男九人,孙女七人,俱在稚",似自相矛盾。

⑯马鞍山:玉山别名,位于今江苏昆山。

⑰陈志学(1296—1360):字浚卿。昆山(今属江苏)人。元末官至温州路总管,病逝于任上。铁崖与陈志学相交"二十年",盖初识于至正初年铁崖游寓

顾瑛玉山草堂之际。按:乾隆刊民国补刻《温州府志》卷十八《名宦传》载陈志学事迹,实摘自本文。又,本文曰“予与公为同甲庚友”,可知陈志学与铁崖为同龄人。陈氏生年当为元贞二年(1269),卒于至正二十年(1360),享年六十五。

⑱按:陈志学长子陈逢祥于至正二十二年(1362)撰有《温州路总管陈志学圹志》,在昆山。参见《续通志》卷一百七十《金石略》。

⑲据弘治《温州府志》卷十七《窃据》,昆山陈逢原、陈逢吉等,元季皆在方国珍帐下任“同佥、阃帅、万户之职”。疑本文所谓陈逢吉之“都事”、陈逢原之“万户”,即方国珍所授。

⑳白鹤归来语长松:用丁令威化鹤后返乡故事。详见《搜神后记》卷一。

㉑《水东日记》卷四《卢公武兄弟》:“昆山卢熊字公武,洪武初名儒,大通篆籀之学。尝为兖州知州,既视篆,即具奏,以印文‘兖’字误类‘衮’字,上不怡,曰:‘秀才无礼,便道我兖哩。’几被祸。弟熙字公暨,睢州同知……公武后卒坐累死。今其家尚存中书舍人告身,高皇圣制也。”按:或谓卢熊于洪武初年因元季曾任教谕迫遣赴京,不久以善书擢中书舍人,迁兖州知州。其生平详见高逊志撰《大明故奉训大夫知兖州事卢君墓志铭》,文载明都穆编《吴下冢墓遗文》卷三。

三、故忠勇西夏侯迈公墓铭①

君讳迈里古思②,字善卿,西夏人也。曾祖月忽难,祖也失迷,俱不仕。父别古思宦于杭,生君。自幼有奇气,善击搏技,既而自悔,曰:“伎勇有敌,圣贤之学无敌也。”遂从师,通《诗》《易》二经。以《诗》登进士第,官绍兴录事③。

长枪氏市马绍兴④,挟苗兵为佐,白取余食。市间不问苗真伪,咸拘囚之,传其爰上省李官。时苗长虐令如火,莫孰何。又有省府千夫长,与郡摄帅[一]者根株为奸利,抱苗长文告,钳结束[二]徒大姓家,且纵苗白日什伍钞民[三]。君下约民曰:“人怖狼,狼亦怖人。狼勿杀,食人尔。录长无玉帛狗马,身及赤口四耳,誓以家徇杀根株钞民者。”民皆俯地雷应,曰:“惟录长君命。”夜交乙,君躬率民兵杀苗,不遗一噍。盗起婺牧溪洞⑤,君以大夫命领所部抵洞,贼问官军姓,曰“迈某也”,皆倒戈请[四]罪。君牧抚之,不血一刃。府命据萧邑⑥。私聚民粮,黩民货,夺民土田,闻君到邑,怖而匿去。又明年,西寇犯浦江⑦,君率兵至诸暨,寇望风遁。领台命守诸暨。台借粮于民,下令会府,民无受令者。君班师郡城,谕以文告,民输粮者襁属不绝。攻[五]无坚敌,字民如子,令无不行。被旨经历江东宪府事,濒行,民哭泣拥马首,不得行。

时海寇势横甚，虎踞娥江⑧，君奋不顾身，为士卒先，追迫其人于数百里外。大卿在南端⑨，覆右海势，佯浮宴君，阴畜健儿户下，袖金孛罗击死之⑩。尸瘗戒珠僧院⑪。民皆麻衣跣恸，从以万计。赠官中大夫、佥江浙枢密院事，谥忠勇，封西夏侯。

君尝谓[六]曰："吾死，使君子题其冢曰'义烈'，墓文必赖直笔者传，传无出会稽抱遗先生也。若识之。今不幸陷死地，先生尝以其人入铁史编，收吾名足矣。"予为之泫然涓涕，曰："天将灭乎狂丑也，使长城君也生；天未灭乎狂丑也，长城君溘先其死，死又非地也。天之生才，其有以乎？无以乎？吾无从而叩也，悲哉！"铭曰：

吁嗟乎善卿，生也者，吾不知胡为而生；死也者，吾不知胡为而死。生不卌年，仕不四年，而名长万纪[七]。呜呼，獬豸折角兮麒麟踣趾，豕突西岳兮鲸翻东海。已乎善卿，尔果胡为而生，又果胡为而死！

【校勘记】

[一]本文录自万历刊《东维子文集》卷二十四，校以《四部丛刊》影印鸣野山房抄本、《文渊阁四库全书》本。郡：原本作"群"；帅：原本作"师"，据《文渊阁四库全书》本改。

[二]束：原本作"东"，据《四部丛刊》本改。

[三]民：原本作"氏"，据《四部丛刊》本、《文渊阁四库全书》本改。

[四]请：原本为墨丁，《文渊阁四库全书》本作"伏"，据《四部丛刊》本补。

[五]攻：原本作"功"，据《文渊阁四库全书》本改。

[六]谓：原本作"诣"，《文渊阁四库全书》本作"语"，据《四部丛刊》本改。

[七]纪：原本作"记"，据《文渊阁四库全书本》改。

【笺注】

①迈里古思于至正十八年(1358)十月二十三日被御史大夫拜住哥杀害，本文当撰于事后不久。参见陈善学刊《古乐府》卷六《盲老公》。

②迈里古思(1320？—1358)：字善卿，西夏人，侨居松江。或曰其汉姓为"吴"，籍贯武威(今属甘肃)。至正十四年甲午进士，授绍兴路录事司达鲁花赤，擢为行枢密院判官。至正十八年冬，遭暗杀身亡。参见戴良《九灵山房集》卷十三《迈院判哀诗序》、陶宗仪《南村辍耕录》卷十《越民考》。又，本文曰迈里古思"生不卌年"，则其生年不早于延祐七年(1320)。

③官绍兴录事：指任绍兴路录事司达鲁花赤。《元史·百官志七》："录事司，秩正八品。凡路、府所治置一司，以掌城中户民之事。……至元二十年，置达鲁花赤一员。"

④长枪氏：即长枪军，元末起事，首领为张鉴(或作张明鉴)。《明史·缪大亨传》："(张)明鉴聚众淮西，以青布为号，称'青军'；又以善长枪，称'长枪军'。由含山转掠扬州，元镇南王孛罗普化招降之，以为濠、泗义兵元帅。逾年，食尽，谋拥王作乱。王走，死淮安，明鉴遂据城，屠居民以食。"

⑤按：迈里古思讨平婺州之乱，详见《南村辍耕录》卷十《越民考》、宋濂撰《赠行军镇抚迈里古思平寇诗序》(载《宋濂全集·潜溪先生集辑补》)。

⑥按：下文曰"明年……君率兵至诸暨"，可见"萧邑"距离诸暨不远，疑"萧邑"指萧山县。据《元史·地理志》，萧山县与诸暨州皆隶属于绍兴路。

⑦据《元史·地理志》，浦江县隶属婺州路。今属浙江金华市。

⑧娥江：指曹娥江。《大明一统志》卷四十五《绍兴府》："曹娥江在府城东南七十里，即汉曹娥求父尸不得，投江而死之处。"

⑨按：所谓"大卿"，指江南行御史台御史大夫拜住哥。"南端"，指江南诸道行御史台。按：江南行御史台原先设于集庆(今江苏南京)，至正十六年(1356)，诏移至绍兴(今属浙江)。参见《元史·纳璘传》。

⑩《南村辍耕录》卷十《越民考》："浙省丞相塔失帖木儿便宜除行枢密院判官……时御史大夫拜住哥任情祸吏为爪牙，又自统军三千，曰台军。纪律不严，民横被扰害。有诉于君，君辄抑之，众军皆怨怒。然拜委琐龌龊，惟以钩距致财为务。君不礼之，或以谏，君曰：'吾知上有君、下有民耳，安问其他？'拜颇闻，衔之。遂与台军元帅列占、永安张某、万户阎塔思不花、王哈剌帖木儿等谋杀之，未得间。戊戌十月廿二日，首事出兵，逾曹娥江，与平章方国珍部下万户冯某斗。既不利，驻军东关，单骑驰归。拜意决矣，廿三日迟明，召君私第议事。入至中门，左右以铁椎挝杀之。"

⑪戒珠僧院：指戒珠寺。《大明一统志》卷四十五《绍兴府》："戒珠寺在府治东北六里，晋王羲之故宅，后建为寺。"

四、盲老公[①]

刺拜住哥台长[②]。戊戌十月二十三日，党海寇，用壮士椎杀迈里古思[一][③]。迈里古思[二]将黄中禽拜住[④]，尽戮其家[⑤]。

盲老公，侍御史，崇台半面呼天子。白米红盐十万家，凤箫[三]龙管三千指。门前养客皆天骄，一客解拯[四]千黄苗。太阿之枋[五]忽倒掷，椎杀义鹘招群枭。一客死，百客辱。万夫怒，一夫独。生缚老盲来作俘[⑥]，百口贱良一日戮。独遣小娥年十五，腰金买身潜出户[⑦]。腰金买身潜出户，驮作娼家马郎妇[六]。

【校勘记】

[一]本诗录自万历陈善学辑刊《古乐府》卷六,校以汲古阁刊《铁崖先生古乐府补》本、楼卜瀍辑注《铁崖逸编注》本、《文渊阁四库全书》本《铁崖古乐府补》。椎:汲古阁刊本作"槌"。原本"杀"之下有"之"字,据楼氏本删。

[二]迈里古思:原本无,盖承前而脱,径补。

[三]箫:楼氏本作"笙"。

[四]拯:原本作"散",汲古阁刊本作"极",据《文渊阁四库全书》本改。

[五]枋:汲古阁刊本作"柄"。

[六]"腰金买身潜出户,驮作娼家马郎妇"两句十四字,原本作"驮作倡家马"五字一句,据汲古阁刊本增补。

【笺注】

①本诗叙述迈里古思被拜住哥暗害,及其部下复仇事。当作于至正十八年(1358)冬,或稍后。

②拜住哥:或作"拜珠格",即本诗所谓"盲老公",元季任江南诸道行御史台御史大夫。按:江南诸道行御史台于至正十六年(1356)由金陵迁至绍兴。

③至正十八年(1358)戊戌十月二十三日拜住哥槌杀迈里古思事,参见《东维子文集》卷二十四《故忠勇西夏侯迈公墓铭》。

④黄中:字彦美,迈里古思部下,任浙东佥元帅。至正十八年(1358)冬,迈里古思遭暗杀,黄中为之血仇报恩,称颂一时。后曾为张士诚所用,任松江帅,元末托病隐居松江。工诗,曾与铁崖、郯韶等唱和。其生平事迹参见《南村辍耕录》卷十《越民考》、《东维子文集》卷一《送松江帅黄公入吴序》、《铁崖杨先生诗集》卷上《和黄彦美元帅忧字韵诗赋思邈明府》。

⑤《续资治通鉴》卷二百一十四《元纪》三十二"顺帝至正十八年":"黄中率其众复仇,尽杀拜珠格家人及台府官员、掾史,独留拜珠格不杀,以告于张士诚,士诚乃遣其将吕珍以兵守绍兴。拜珠格寻迁行宣政院使,监察御史真图劾拜珠格阴害帅臣,几致激变,宜置诸严刑。诏削其官,安置湖州而已。"按:"湖州",《元史·迈里古思传》作"潮州"。

⑥《元季伏莽志》卷七《方国珍》:"十八年,珍遣兵侵据绍兴属县,枢密院判官迈里古思……欲率兵往问罪,先遣部将黄中取上虞……。十月二十二日,迈里自出兵,与珍部下冯万户斗,不利,驻军东关,单骑驰归。斯时朝廷方倚重国珍,资其舟以运粮,而御史大夫拜住哥与珍素通贿赂,愤迈里擅举兵,且恐生事。二十三日,召迈里至私第与计事,及中门,命左右以铁锤挝杀之,断其头,掷厕溷中。黄中乃率众复仇,入拜家……尽杀拜家人,及台府官员掾史,独留

拜住哥不杀，以告张士诚，士诚即遣兵守绍兴。”又，《南村辍耕录》卷十《越民考》：“拜（住哥）与二子匿梵宇幽隐处，民搜见之，齐唾其面……不自杀，执以归中，冀中杀之。中解其缚，率诸军罗拜之曰：‘总督官忠肝义胆，照映天地，人神所共知。公信任憸邪，使国之柱石陨于无辜。我之复仇，明大义也。杀我主将者既已斩之，公幸毋罪。’拜执中以泣曰：‘我之罪尚何言，尚何言！’”

⑦《南村辍耕录》卷十《越民考》：“（黄）中卧病，方饮药，得少汗，尚昏溃困顿。左右扶翼，擐甲上马，遇台军于江桥，斗十数合，破阵陷坚，身当矢石。郡民老幼皆号泣曰：‘杀我总督官，我尚何生为？’壮者助中军殊死战，台军一败涂地。屠其二营，入拜家，姬侍奴隶，死者相枕藉。一女为队官陈某所掠。”

五、送松江帅[一]黄公入吴序①

松帅黄公彦美以疾谢职于淮吴大府②，手不执兵，战不卫户，金鼓不振，马不驾，凡百日。大府以诈疑，力疾而往辞，始获允。未几，大府复以养疾吴门召，幸其疾瘳大用之。寮将而下及淞郡官，市老野叟、方外之民，无不抃手交庆，以为贤杰用大则惠益大矣。各执壶浆牲具，张于西门外，以伸颂祷。

老客卿会稽杨公就举爵，以规不以颂，曰：“黄公之报所事于西夏侯③，义亦至矣。台平（去声）不曰④，几死谗谪[二]。幸公论反平，丹书雪，志又伸矣。丈夫事毕矣，他复奚望哉！”公闻规，起，作长跪礼，复爵维祯曰：“先生言议入肺肝，凛若沃冰雪。所不解甲服绖居庐西夏侯墓者，有如皎日！”予曰：“韪矣哉！”遂行。

【校勘记】

[一]本文录自万历刊《东维子文集》卷一，校以《四部丛刊》影印鸣野山房抄本、《文渊阁四库全书》本。帅：原本作“师”，据《铁崖杨先生诗集》卷上《和黄彦美元帅忧字韵诗赋思邈明府》改。下同。

[二]谪：原本作“镝”，据《四部丛刊》本改。

【笺注】

①本文约撰于元至正十九年(1359)岁末或稍后，铁崖晚年退隐松江不久。系年依据有二：其一，文中曰“幸公论反平，丹书雪”，黄彦美欲解甲归田，为西夏侯迈里古思守墓，可见距离迈里古思事件发生不久，而迈里古思死于至正十八年(1358)十月二十三日。其二，铁崖于至正十九年(1359)十月携家退隐松江，故文中自称“老客卿”，其时与黄彦美以及松江地方官多有诗文酬唱。参见《铁崖杨先生诗集》卷上《和黄彦美元帅忧字韵诗赋思邈明府》。

②黄彦美：名中。参见陈善学刊《古乐府》卷六《盲老公》、《铁崖杨先生诗

集》卷上《和黄彦美元帅忧字韵诗赋思邈明府》。又，郑韶亦有诗赠黄彦美，题为《送黄彦美还会稽彦美尝从故侯买里古思以兵(守)越后为血仇报恩一时称颂》，盖作于同时或稍后。(按：郑韶诗载《宋金元诗永》卷二十，然又见于《刘彦昺集》卷七。作者究竟为郑韶，抑或刘炳，尚难断言。)淮吴大府：指张士诚王府。张士诚之淮南行省始建于至正十七年(1357)秋，其时为张士诚接受朝廷招安之初，省治在平江(今江苏苏州)。

③西夏侯：指迈里古思，或作买里古思。其生平参见《东维子文集》卷二十四《故忠勇西夏侯迈公墓铭》。

④台平：即台评，此指监察御史真童就迈里古思遇害一事弹劾拜住哥。《元史·迈里古思传》："(黄中)独留拜住哥不杀，以告于张士诚，士诚乃遣其将以兵守绍兴。拜住哥寻迁行宣政院使，监察御史真童纠言：'拜住哥阴害帅臣，几至激变，不法不忠，莫斯为甚。宜稽诸彝典，置于严刑。'于是诏削拜住哥官职，安置潮州，而迈里古思之冤始白。"

六、和黄彦美元帅忧字韵诗赋思邈明府[一]①

龙飞凤舞九山秋②，不掩诸公富贵羞。三窟已营何足喜③，一城自坏正堪忧④。楚骚有恨穷天问⑤，晋易何人识鬼幽⑥。卧治未宜轻汲直⑦，淮南闻已寝奸谋⑧。

【校】

[一]本诗录自清钞本《铁崖杨先生诗集》卷上。

【笺注】

①按：黄彦美元帅率军为主将迈里古思复仇之后，一度为张士诚所用，其时托病隐居松江。参见《东维子文集》卷一《送松江帅黄公入吴序》。思邈明府：指松江同知顾逖。本诗乃铁崖与黄中唱和之作，诗末称颂黄氏，寓有举荐之意。本诗题既称"思邈明府"，知顾逖其时尚任职松江。本诗当撰于铁崖退隐松江之后，顾逖调离松江之前，即至正二十年(1360)至二十三年(1363)秋之间。

正德《松江府志》卷二十三《宦迹》上："顾逖，字思邈，昭阳人。至正兵后来同知府事。时祸难甫解，群情未固。逖至，固捍守，申化条，劳来抚循。未几，俗更殷阜，四境宁谧。论者谓张全义之尹河南，郭禹之治荆，韩建之刺华，能化瘠为腴，转嗟为歌，以逖方之，可以无愧。又谓其学明经，知大义，故为政有本末。以积劳迁嘉兴路同知，士民追送，舳舻不绝者数十里。"又按嘉庆《松江府志》卷四十《名宦传》，谓顾逖"至正十七年为松江同知"。又，嘉庆《松江府志》卷三十六《职官表》著录曰：至正二十三年，松江同知刘福。高启《凫藻集》卷三《送刘侯序》亦曰:“至正二十三年秋,太尉承制,以市舶提举吴陵刘君同知松江府事。”可见刘福为顾逖后任,顾逖当于至正二十三年(1363)秋转官嘉兴路同知。

②九山:指松江九峰。

③三窟已营:即狡兔三窟,源于战国时孟尝君门客冯谖策谋。详见《战国策·齐策四》。

④一城自坏:当指元军自相残杀,即黄彦美上司迈里古思遭拜住哥暗害一事。详见《东维子文集》卷二十四《故忠勇西夏侯迈公墓铭》。

⑤《天问》:屈原撰。

⑥《三国志·魏书·管辂传》注:“《辂别传》曰:辂为何晏所请,果共论易九事,九事皆明。……舅夏大夫问辂:‘前见何(晏)、邓(扬)之日,为已有凶气未也?’辂言:‘与祸人共会,然后知神明交错;与吉人相近,又知圣贤求精之妙。夫邓之行步,则筋不束骨,脉不制肉,起立倾倚,若无手足,谓之鬼躁。何之视候,则魂不守宅,血不华色,精爽烟浮,容若槁木,谓之鬼幽。故鬼躁者为风所收,鬼幽者为火所烧。’”

⑦汲:指西汉汲黯。汲黯耿直性倨,不能容人之过,因而著称于世,《史记》有传。按:汲黯借指黄彦美。

⑧《史记·汲黯列传》:“淮南王谋反,惮黯,曰:‘好直谏,守节死义,难惑以非。至如说丞相弘,如发蒙振落耳。’天子既数征匈奴有功,黯之言益不用。始黯列为九卿,而公孙弘、张汤为小吏。及弘、汤稍益贵,与黯同位,黯又非毁弘、汤等。……黯居郡如故治,淮阳政清。后张汤果败。”按:此以淮南王喻指江南行台御史大夫拜住哥。拜住哥杀害迈里古思不久,遭弹劾而革职查办。参见陈善学辑刊《古乐府》卷六《盲老公》、《东维子文集》卷一《送松江帅黄公入吴序》。

七、陶氏三节传①

三节者,天台陶明元[一]氏之子妇王氏淑②、孟女宗媛、季女宗婉也③。

淑从夫宗儒爵④,封[二]宜人。吴元丁未秋⑤,兵入台⑥,淑属子于傅姆曰:“汝以归其父,吾誓不兵辱。”即赴井死,年二十八。

宗媛适里中杜思纲⑦,思纲中流矢[三]卒。时姑丧在浅土,夫又未克葬,忍死护两柩[四],为游军所执。媛不受迫辱,兵加刃胁之,大骂曰:“我若畏杀,吾已去久矣,请速杀我!”遂遇害,年四十。

宗婉适里中周本⑧,归未一月,兵至,持一婢走池浒,阽溺,一卒突至,引其裾曰:“妻我,免死。”念无以自脱,指其婢曰:“可先妾之。”俟卒拥婢不为备,婉即投池死，年二十二。

铁史曰：方氏据沿海郡十年所，阳浮受明命⑨，阴禁民毋送任。台陷日，纵兵肆戬[五]⑩。大姓女妇，辱而驱之若狗豕。三节乃独聚于陶氏，一门贞白，一志从容。白刃之下，丈夫士有不能焉。吾闻明元氏尝官有元闽检校，衣冠奕世，以忠孝廉直为家行。配之贤[六]，又[七]出宋宗女赵氏也，宜其教渐于窈窕诸淑者若此。余传之，使采东国之风者得之，足以光彤简云。

【校勘记】

[一]本文录自万历刊《东维子文集》卷二十八，校以《四部丛刊》影印鸣野山房抄本、《文渊阁四库全书》本。天台陶明元：原本漫漶，据《四部丛刊》本、《文渊阁四库全书》本补。

[二]爵封：原本漫漶，据《四部丛刊》本、《文渊阁四库全书》本补。

[三]矢：原本作"天"，据《四部丛刊》本、《文渊阁四库全书》本改。

[四]柩：《四部丛刊》本作"棺"。

[五]戬：《文渊阁四库全书》本作"戮"。

[六]贤：《四部丛刊》本作"元"。

[七]又：原本作"人"，据《文渊阁四库全书》本改。

【笺注】

①元至正二十七年，即吴元年(1367)九月末，朱元璋属将朱亮祖占领台州，陶氏三节皆死于城破之际。本文当作于此后不久，其时铁崖寓居松江。按：松江早在至正二十七年初，就已纳入朱元璋版图。

②康熙《临海县志》卷十《人物志四・列女》："王淑(1340—1367)，陶宗谊之妻，宗媛、宗婉兄嫂也。同日闻变，抱其子名长已，属姆口：'持以归其父。长已存，吾不死矣。'乃披发乱走。明日事定，求之不得。其妾梦见淑曰：'吾义不辱，身赴南邻杜氏井死矣。所怀簪珥，亦投其中。可闻汉生知之。'汉生，宗谊字也。……时至正二十七年十月乙巳日也。"

③陶明元：或作明远，讳煜。陶宗仪父。生平详见《东维子文集》卷二十四《白云漫士陶君墓碣铭》。按：陶氏三节妇事，明初修《元史》时地方官上于朝，朱元璋亲加删定，收入《元史・列女传》中。详见康熙《临海县志》卷十《人物四・列女》。

④康熙《临海县志》卷九《人物三・文苑传》："陶宗儒，一名宗谊，字汉生。宗仪之弟。洪武时官礼部员外郎，与会稽陶肃、上虞谢肃等一十九人以诗名于时，号称皇明雅颂。"

⑤吴元丁未：即元至正二十七年(1367)。

⑥兵入台：据《国榷》卷二，元至正二十七(1367)年九月，朱元璋命参政朱

亮祖攻方国珍于台州，方氏旋即纳降。按：朱元璋军入城，在九月二十九壬寅日。参见以下注释。

⑦杜思絅："絅"或作"纲"。康熙《临海县志》卷十《人物志四·列女》："陶宗媛(1328—1367)，儒士杜思纲妻，秘书丞陶宗谊之姐也。先是思纲娶沈氏，生一子名勤，而沈氏亡。继娶宗媛，生一女。居四载而思纲亡，宗媛坚志守节。……至正二十七年丁未，方谷瑛遁。九月壬寅日，明师入城，火焰烛天。宗媛居姑丧，忍死护其柩，不忍他适，为乱兵所执，迫胁之。宗媛曰：'我若畏死，岂留此焉？任汝杀我，以从姑于地下耳！'兵怒，剸刃于胫，深入二寸余，不见血而死。"

⑧康熙《临海县志》卷十《人物志四·列女》："陶宗婉(1346—1367)，周本之妻，宗媛妹也。亦同日与嫂王氏赴水而死。"

⑨阳浮受明命：方国珍于至正十一年(1351)接受朝廷招安，十二年(1352)叛，十三年(1353)正月复降，朝廷授之官，又疑惧不受命。至正十六年(1356)复降。详见《国初群雄事略》卷九《台州方谷真》。

⑩"台陷日，忿兵肆戬"二句：似指方国珍部下于城破之际大肆杀戮。按《明太祖实录》卷二十五："吴元年九月甲戌朔……命参政朱亮祖帅浙江衢州、金华等卫马步舟师讨方国珍。上曰：'方国珍鱼盐负贩，呰窳偷生，观望从违，志怀首鼠。今出师讨之，势当必克。彼无长策，惟有泛海遁耳。三州之民，疲困已甚，城下之日，毋杀一人。'"似乎当时朱元璋军号令严明。然颇有可疑。本文所述城破之后军卒行径，非败兵所能为；朱元璋"毋杀一人"之训诫，或非真正贯彻执行。又据上引康熙《临海县志·列女传》，"九月壬寅日，明师入城，火焰烛天"；"十月乙巳日"，王淑、陶宗婉不堪凌辱而自尽，此时朱元璋军占领台州已四天。由此看来，铁崖所谓"忿兵肆戬"之"游军"，盖非方国珍军卒，而是朱元璋军朱亮祖部下。

《水浒传》可能暗藏方国珍的真正死因

——初论方国珍起义与《水浒传》的关系

官锦华　管彦达

关于方国珍之死，史料上记载大多语焉不详。最权威的应该是宋濂《方公神道碑铭》记载："一日侍上燕，坐不能兴，舆至第，则成末疾矣。"在朱元璋加封其二子后，派使者慰问，"公指使者中坐，良久曰：臣荷陛下厚恩，无尺寸之功，而子孙庸鲁，绝不知人间事。臣所忧者，独此耳，幸陛下以臣故，曲加保全，则感恩九泉，为犬马报陛下矣。言毕而逝，寿五十有六"。

我们从上面的记载可以看出，方国珍死得蹊跷，在陪皇上时突然发病，回到家就一病不起。碑铭中提到"末疾"，按中医说法，应该是中风偏瘫之症，但以方国珍强壮过人的体格，五十六岁还不算太年老体衰，其突然发疾不得不令人生疑，而且严重中风者死前还能手指使者，思路清晰，说出一大段遗言，也让人疑惑。从方国珍沉默良久才说的遗言可以看出，方国珍对自己的儿孙前途是最担忧的，他说："幸陛下……曲加保全，则感恩九泉。"这里面似乎更是话中有话。

方国珍到底是怎么死的？在他陪皇上的过程中发生了什么？为什么会扯上《水浒传》？其实方国珍的真正死因可能根本无法考证，我们之所以提出这个问题，只是一个由头，是想引出另一个话题，方国珍起义跟《水浒传》之间的关系。

我们都知道，《水浒传》是中国历史上最早用白话文写成的章回体小说，成书于元末明初，也就是方国珍等群雄所处的年代，其留下了很多谜团。首先，学术界对作者到底是谁，至今仍存在很大争议。一般公认的，是施耐庵底本，罗贯中编次。

施耐庵是何许人，史学界还没有定论，很多研究者认为，施耐庵是浙江杭州人，也有说是江苏兴化人，曾做过张士诚的幕僚，而罗贯中是他的学生。在《水浒传》的创作中，张士诚起义军是重要的原型之一。甚至有人认为，《水浒传》是施耐庵或罗贯中写给张士诚的劝谏之作。

其主要理由有五：1.施耐庵与张士诚关系较近；2.宋江与张士诚的性格形象相近，都是仗义疏财之人；3.张士诚起义的时间长度与小说中相近，而历史上的宋江起义时间很短;4. 张士诚起义的最初地得胜湖与梁山泊环境相近;5. 张手下的几员大将与梁山好汉有相似经历。

我们并不想反驳以上的论点,作为虚构类文学作品,不太可能指定某一个人为确切的原型,就像鲁迅先生说的那样,“往往嘴在浙江,脸在上海,衣服在山西”,是个拼凑起来的角色。特别像《水浒传》这样的累积性作品,在成书之前,已经有大量的民间话本、杂剧、故事在流传。

然而,不可否认的是,对施耐庵和罗贯中两位作者来说,发生在身边的轰轰烈烈的农民起义是取之不尽、用之不竭的创作源泉,也是最生动、最重要的素材。

我们认为,方国珍起义也是《水浒传》的重要原型之一,甚至在重要程度上要超过张士诚起义。

一、从主题上来看

《水浒传》原名为《忠义水浒传》,以盗出身而显忠义,在历史上还没有几个农民起义军首领能称得上。要不做皇帝,要不被剿灭。比如历史上的宋江是被擒获处死,而张士诚则是被朱元璋俘虏后自缢身亡的,与小说中的宋江相去甚远。大部分义军首领,如张士诚,不顾部下劝谏,早早称王,做起皇帝梦,更与梁山泊“替天行道”的主旨背道而驰。而反观方国珍,一生主张“保境安民,静待真人”,强烈驳斥部下劝其得天下的主意,这跟《水浒传》中的宋江何等相似。比如第五十九回《公孙胜芒砀山降魔 晁天王曾头市中箭》中,众人推宋江为梁山之主,宋江推辞,黑旋风李逵在侧边叫道:“哥哥休说做梁山泊主,便做个大宋皇帝你也肯!”宋江大怒道:“这黑厮又来胡说! 再若如此乱言,先割了你这厮舌头!”李逵道:“我又不教哥哥不做,说请哥哥做皇帝,倒要先割我舌头!”第六十六回《宋江赏马步三军 关胜降水火二将》,李逵又叫道:“若是哥哥做皇帝,卢员外做个丞相,我们今日都住在金殿里,也值得这般鸟乱;无过只是水泊子里做个强盗,不如仍旧了罢!”宋江气得话说不出。

国珍死后,“上闻,哀悯之,亲御翰墨为文,命官致祭”。朝廷给予隆重葬礼,并命宋濂写碑铭,“以宣朗国家之鸿烈,而及公保民之伟绩”。宋江死后,“上皇具宿太尉所奏,亲书圣旨,敕封宋江为忠烈义济灵应侯……敕赐殿宇牌额,御笔亲书‘靖忠之庙’”。而且民间百姓都立庙祭祀,颇有灵验,宋江与方国珍的结局形成了一种内证。

二、从起义动机看

方国珍跟大部分梁山好汉一样，都是被“逼上梁山”的。李大翁和蔡乱头啸乱海上，“中书参知政事朵儿只班发郡县讨兵蔡寇。公之怨家诬构与其通，逮系至急。公大恐，屡倾资贿吏，寻捕如初”(《国初群雄事略》)。《明太祖实录·方国珍传》更是记载：“国珍冤家陈氏诬构国珍与寇通，国珍怒杀陈氏，陈之属诉于官，官发兵捕之急。”这跟宋江怒杀阎婆惜，直至被迫落草梁山的情节何等相似。有人可能说，《宋江怒杀阎婆惜》的故事早在《水浒传》成书以前就已经存在了，现在可考的只有两处来源。一是元杂剧宋江的自述：“因带酒杀了阎婆惜，一脚踢翻烛台，延烧了官房。”可以看出，在元杂剧中，他杀阎婆惜的原因只是醉酒。二是在《大宋宣和遗事》中，宋江杀阎婆惜，是因为发现阎婆惜红杏出墙。大家可以很明白地看出，这两种故事情节都游离于逼上梁山的主题之外，直接简单，跟《水浒传》中的艺术手法相去甚远。我们相信，作者很可能以新鲜的方国珍起义前的故事为原型，糅合进了宋江怒杀阎婆惜的故事，从而写出了《水浒传》中这段具有强烈推动力的经典桥段。

三、从屡次招安看

方国珍起义后，一直主动要求招安。“行省参政朵儿只班讨之，兵败，为所执，胁使请于朝，授定海尉。”(《明史·方国珍传》)而张士诚等人都是被打败了才投降的。

《水浒传》里多次提到宋江等人的招安心态，“某等众兄弟也只待圣主宽恩，赦宥重罪，忘生保国，万死不辞！”“见宋江暂居水泊，专待朝廷招安，尽忠竭力报国，非感贪财好杀，行不仁不义之事，万望观察怜此真情，一同替天行道”，“盖为朝廷不明，纵容奸臣当道，谗专权，设除滥官污吏，陷害天下百姓。宋江等替天行道，并无异心”，“他时归顺朝廷，建功立业，官爵升迁，能使兄弟们尽生光彩”。方国珍的思想也有所类似，“朝廷失政，统兵者玩寇，区区小丑不能平，天下乱自此始。今酷吏借之为奸，媒孽及良民。吾若束手就毙，一家枉作泉下鬼，不若入海为得计耳！”“保境安民，以俟真人之出，斯吾志也”，“臣本庸才，处于季世，保境安民，非有黄屋左纛之念”，等等。

方国珍还“使人潜入京师，赂诸权贵”。而《水浒传》里的宋江，也是一个贿赂高手，其为了招安的所作所为，跟方国珍如出一辙。

《水浒传》第七十九回，高俅战败后商量取梁山泊的计策，徐京向他建议去东京请闻焕章作军师。正在此时，宋江领兵攻打济州城，韩存保被活捉，宋江设筵招待韩存保，并放回了韩存保、党世雄二人，经韩存保上奏，皇帝派闻焕章和天使前去招安。这与方国珍放了孛罗帖木儿及郝万户，让其说好话招安简直一模一样。《新元史·方国珍传》记载："孛罗帖木儿及郝万户皆被执，二人乃为饰词，以国珍求招安上闻。"

更有意思的是，"郝故出奇皇后位下，请托得行，遂议立巡防千户所，设长贰等官，授其兄弟及党与数十人"(《新元史·方国珍传》)。这跟《水浒传》里宋江暗中通过李师师以求通达圣听的情节有异曲同工之妙。

方国珍每次都在军事胜利的情况下寻求招安，数次都是捉了敌军主将，再请求招安，但又屡次"心存疑惧"，深知朝廷会借机解除他的武装，所以屡招屡叛，直至最终归顺明朝。这与宋江等人不厌其烦地屡次招安过程也是极为相似的。这种情况是张士诚等人甚至历史上的任何其他起义军所没有的。

四、从军事谋略看

首都师范大学的侯会教授在《百家讲坛》讲《水浒传的成书之谜》时，提到了《水浒传》里有一个疑问没有解决。"就是我们说这个'水浒'，'浒'是什么意思？'浒'是水涯的意思、水边的意思，水浒是发生在水边上的英雄造反的故事。那么顾名思义这个故事应该发生在水边，水在这个小说当中应该扮演主角。如果没有水的话，连这个书名都失去意义了。但是历史上的宋江并不曾在水边安营扎寨，甚至于早期某派故事里头只提太行山，不提梁山泊，好像宋江不是'水寇'，而是'山贼'，所以我就想探讨这个问题，《水浒传》里的水是从何而来的？那有人就说了，说梁山泊那儿不是有水嘛，梁山泊有没有农民起义呀？如果有农民起义的话，被小说家吸收来，梁山泊确实有一些民间武装在那儿活动过。但是总的来讲，从历史上考察，都是一些小部队、小规模、小打小闹，没有那样大规模安营扎寨的，没有这样的历史记录。"

侯会教授因此提出了南宋发生在洞庭湖的钟相、杨幺起义，可能是《水浒传》重要原型的观点。因为他找不到宋代历史上跟《水浒传》宋江起义规模相当的强大的水军起义军。可是，钟杨起义不到两个月就被岳飞镇压了，与水泊梁山不可同日而语。侯教授忽视了发生在《水浒传》成书同时代的历史上最强大的一支水军起义——方国珍起义。

方国珍起义初时聚众数千人，以海岛为据点，动运艘、梗海道、劫皇粮，这跟水泊梁山的战略是相似的。到后来的发展，更是雄踞一方，拥有战船千余艘，成为朝廷心腹大患。

方国珍部队擅长水战，有许多经典战例，跟梁山泊水战很相似。方国珍善用欲擒故纵，引敌深入，再以众多小船行突袭之法，“事闻，诏江浙行省参知政事朵儿只班总舟师捕之，追至福州五虎门，珍知事危，焚舟将遁。官军自相惊溃，朵儿只班遂被执”，“泰不华即纵火筏焚之，珍遁去”，“孛罗期不华大闾洋会战国珍，谍知之，夜率健卒突鼓噪，官兵不战溃，赴海死者过半。执孛罗及赫万户囚舟中，使招安”，“率海岛贫民千余艘从海道突入刘家河，烧海运船无算”，“国珍拘大用不遣，以小舸二百突入海门，入州港，犯马鞍诸山”，等等。

《水浒传》中，第七十八回《十节度议取梁山泊 宋公明一败高太尉》：高俅的水军在芦苇荡遭到埋伏，“正行之间，只听得山坡上一声炮响，四面八方小船齐出，那官船上军士，先有五分惧怯。看了这等芦苇深处，尽皆慌了。怎禁得芦苇里面埋伏着小船齐出，冲断大队官船，前后不相救应。大半官军，弃船而走。梁山泊好汉看见官军阵脚乱了，一齐鸣鼓摇船，直冲上来”。

第七十九回《刘唐放火烧战船 宋江两败高太尉》：高俅将水军用木板、铁环连在一起，而刘唐依吴用的计谋，在小船里装上火药，驶进高俅的水军中，放起火来。“只见芦苇丛中，藕花深处，小港狭汊，都棹出小船来，钻入大船队里。鼓声响处，一齐点着火把……霎时间大火竟起，烈焰飞天，四分五落，都穿在大船内。前后官船，一齐烧着。”高俅的水军惨败，他逃回济州，吓得魂不附体。

方国珍还善于用人和使计谋，《台州府志》载：“国珍攻台州久不下，有渔者九人，常夜从水关入城，渔毕则出，乃就国珍献计。一夕，国珍兵至西门，渔者使数人于西门大噪放火，官军尽趋救之。又数人密从东门斩关出，纳外兵，遂陷台州。”这段史实与《水浒传》第一百十五回《张顺魂捉方天定 宋江智取宁海军》宋江智取杭州的情节如出一辙：“却把船上梢公人等，都只留在船上杂用，却把梢公衣服脱来，与王英、孙新、张青穿了，装扮做梢公。扈三娘、顾大嫂、孙二娘三人女将，扮做梢婆，小校人等都做摇船水手。军器众将都埋藏在船舱里。把那船一齐都放到江岸边。此时各门围哨的宋军，也都不远。袁评事上岸，解珍、解宝和那数个梢公跟着，直到城下叫门。城上得知，问了备细来情，报入太子宫中。方天定便差吴值开城门，直来江边，点了船只，回到城中，奏知方天定。方天定差下六员将，引一万军出城，拦住东北角上，着袁评事搬运粮米，入城交纳。此时众将人等，都杂在梢公水手人内，混同搬粮运米入城，三个女将也随入城里去了。五千粮食，须臾之间，都搬运已了。六员首将却统引军入城中。宋兵分投而来，复围住城郭，离城三二里，列着阵势。当夜二更时分，凌振取出九箱子母等炮，直去吴山顶上放将起来。众将各取火把，到处点着。城中不一时鼎沸起来。正不知多少宋军在城里。方天定在宫中听了大惊，急急披挂上马时，各门城上军士已都逃命去了。宋兵大振，各自争功夺城。”

在《南村辍耕录》里，还记载着一场有趣的军前斗法：“传云贼中有人呼风唤雨，必能破其法者，乃可擒讨。”于是官兵寻得一异人起赴军前，但其术一无所验，自后全军一败涂地。这跟《水浒传》中关于入云龙公孙胜的几次军前斗法相映成趣。

在《水浒传》中，《三打祝家庄》的故事脍炙人口，被后人当成农民起义军与地方地主武装斗争的典型案例，在现实中的方国珍起义中，有没有对应的呢？有，至正十年（1350）十月，地主武装陈恢、毛德贞、应允中、陈宣等率乡兵围剿方国珍。陈恢、毛德贞与方国珍战于白枫河，陈恢战死，陈氏族人被杀 80 余人，毛德贞逃往他乡；应允中与义军战于半野桥，应允中堕水而死。明代谢铎作《白枫河》诗：“白枫河，河水满地流红波。波声入海争盈摩，蛟螭夜泣愁鼋鼍。於乎壮士可奈何，白骨两岸高峨峨。君不见，河之水，深不极，至今下有衔冤石。”说明了这场战斗的惨烈。

还有晁盖是在曾头市中流矢而亡，而方国珍的大哥方国璋也是中矢而亡；方国珍受招安后受命攻打其他起义军，并获大胜；诸如此类内证细节，比比皆是。

《续资治通鉴》卷第二百十六载，宁海布衣叶兑，献书朱元璋，分析了各起义军的优劣，有一段总结了方国珍的军事战略：“然彼以水为命，一闻兵至，挈家航海，中原步骑，无如之何，彼则寇掠东西，捕之不得，招之不可。”如果把这段话安到对《水浒传》梁山的评价中，也是很贴切的。

五、从作者生平来看

前面说过，《水浒传》的第一作者施耐庵，史上并无可靠资料记录其生平，大部分学者认为他是钱塘人，也就是杭州人，长期生活在江浙地区。不管他有没有做过张士诚的幕僚，对于亲眼见证元末轰轰烈烈的农民起义的文人来说，江浙一带的义军一定引起他极大的关注度。而方国珍的起义地点恰恰是江浙地区，关于方国珍起义军的故事在江浙流传很广，施耐庵、罗贯中在写作过程中不可能忽略这支“以水为命”的义军。

有一个观点，说《水浒传》前七十回主要出自施耐庵之手，后五十回出自罗贯中之手（金圣叹）。现在有人研究，施耐庵写完前七十回，抄本传到朱元璋手中。朱元璋因多次邀请施耐庵出山不从，看了《江湖豪客传》（《水浒》曾用名）

后很生气，当即批示："此倡乱之书也。是人胸中定有逆谋，不除之贻患"，把施耐庵打入大牢。施耐庵后经刘基营救才出狱，但从此心力交瘁。他的弟子罗贯中修改并续写了《水浒传》。在这个观点上，我们再作合理的推测：既然朱元璋对《水浒》作了"倡乱之书"的定论，续写的罗贯中不可能再敢"犯上"，因此他必须选择一个"安全"的原型。而在元末的起义军领袖中，惟有方国珍是最靠得住的，他的最终归顺是受朝廷认可并嘉奖的。正因为有了如此改编，变造反为招安，变叛逆为忠义，《水浒传》才得以在文字狱盛行的明朝幸存并流传。

桀骜不驯的金圣叹曾对《水浒传》的后半部大为不满，腰斩了《水浒传》，表达了对罗贯中强烈的抗议。

六、从历史评价来看

对《水浒传》里反映的"官逼民反，民不得不反"的思想，历代学者们基本没有什么争议，都是持肯定态度的。最受人诟病的，就是宋江受招安的情节。特别是 20 世纪 70 年代，毛泽东对《水浒传》的价值观作了评论："《水浒》只反贪官，不反皇帝，又屏晁盖于一百〇八人之外。宋江投降，搞修正主义，把晁的聚义厅改为忠义堂，让人招安了。宋江同高俅的斗争，是地主阶级内部这一派反对那一派的斗争。宋江投降了，就去打方腊。"又说："《水浒》这部书，好就好在投降。做反面教材，使人民都知道投降派。"之后，全国掀起了一股评《水浒》的风潮，宋江也一下子成了投降派的代表人物，被大加批判。对应到真实历史人物身上，方国珍首当其冲，被人批为"彻头彻尾的投降派""叛徒集团"，甚至把他剔出了"农民起义军领袖"的队伍，而归为"海盗"。其实在历代史学家的评价中，方国珍都是个响当当的人物，《明书》作者傅维麟甚至称赞方国珍："是亡元者，国珍也。"正因为受到"文革"时评《水浒传》的牵连，从而造成方国珍在当代很长一段时间，历史评价不高的后遗症，但也从另一个方面印证，《水浒传》与方国珍的关系不一般。

两人都有"强盗"的名声，都是朝廷心腹大患，都善于水战，都主动寻求招安，又都被敌方认为"反复狡狯"，还善于用贿赂等手段疏通人际关系。受招安直至死后，又都得到皇家的高度评价。这在中国历史上，恐怕还真找不到第三者。

当然，宋江在外形上跟方国珍相去甚远，然而巧合的是，两人竟形成鲜明对比：宋江人称"黑三郎"，面黑身矮，而方国珍同样排行老三，却"状貌魁梧，身白如瓠"；宋江手无缚鸡之力，方国珍能力勒奔马，武功卓绝；宋江是一文吏，方国珍乃一盐贩。两人"一黑一白""一文一武""一官吏一平民"，相映成趣。因为这种外形上的反差，似乎谁也想不到把他们两人放到一块去，但很难说，聪明的作者是否有意为之。

回到开头的疑问上来，如果我们认同宋江的原型很大一部分是来自方国珍，那么，罗贯中会不会在宋江之死里暗示着什么？大家都知道，朱元璋在登基后，曾大肆杀戮功臣，对自己人尚如此，没有理由放过一个以前的强大敌手，而且还是个屡降屡叛的刺头，这不合情理。而且，我们可以想见，方国珍在朝堂之上，也会和宋江那样，受人嫉恨，如蔡京等人所言："这宋江、卢俊义皆是我等仇人，今日倒吃他做了有功大臣，受朝廷这等恩赐，却教他上马管军，下马管民。我等省院官僚，如何不惹人耻笑！"朝廷内必有人想置其于死地。

我们可以作一个大胆的推测：正如宋江之死那般，"再差天使却赐御酒与宋江吃，酒里也与他下了慢药，只消半月之间，以定没救"。因此，方国珍有可能不是死于中风，而是死于朱元璋的毒酒。

方国珍有否建国称王?

丁　伋

600多年前的方国珍抗元起义,究竟是一场官逼民反的社会斗争,还是反对民族压迫的政治斗争,抑或两者兼而有之,至今尚无恰当的结论。这同方国珍有否建国称王这一历史疑问迄未澄清有关。由于史料的缺乏,过去的史家差不多都不知道有这个问题存在,因此较容易地得出官逼民反的结论;我的倾向是两者兼有,主要依据就是方国珍确曾建国称王。以下是对这个问题的探索。

一、从望天台的故事说起

临海民间有“筑起望天台,先死秦鸣雷”的顺口溜,最早见于记载的是嘉庆间宋世荦的《台郡识小录》。所说的望天台在临海城西北角的龙顾山上,原为一石峰,经过人工增筑而成,这是临海城的最高点。今天从磊落岩至台州卫校,尚称望天台路,就是因此起名的。秦鸣雷则是嘉靖二十三年(1544)的状元,临海人。台和人都是实有,但把它们联结在一起,说筑台造成鸣雷的死,却是虚构的。这里面有一个“江西人谋风水”的传说。大意是:江西人刘启元来任台州府通判,他同权奸严嵩是同乡,严、秦对立,严嵩失败,刘即移恨于秦,其时秦有拜相之望,刘乃借风水之说,诱秦鸣雷云龙顾山欠高,若能增筑一台,便可上接星辰,即能拜相,不料台刚完工,秦即一命呜呼了。故事充满迷信和附会,但亦有所寓意,传说出现却是清朝的事了,这里不赘。现在的问题是:既然传说是假,那么这个台又从何而来呢?

二、望天台原来是方国珍祭天之处

明代嘉、万年间,临海有一位诗人陈公纶,他的年辈比秦鸣雷稍晚,但还有机会陪秦杖履优游。陈曾多次游览望天台，在所著《白云楼摘稿》中都有诗记载，但都仅名其为“天台”，没有“望”字，可见“望”字为后人所加。与秦同时的王宗沐于其下建别墅畸园，他在《春日龙阳（龙顾山之阳）山中》诗注中更指出此为方国珍起事祭天之所，这就道出了真相。祭天之所，即是天坛，坛、台双声，声转即为“天台”。

中国古代帝王登位，不论正统僭伪，都有祭天、告庙的仪式，因为这是表明接受“天命”的大礼。祭天是告诉神祇，告庙是告诉祖宗，这种大礼仪式，其他人是无权举行的。方国珍举行了，这就说明他曾建国称王。

不过这还是孤证，王宗沐又距方国珍将近二百年，毕竟证据还不够有力，还需要再探索。关于这方面，虽然方国珍史料在他失败后大部分已毁灭殆尽，但还有蛛丝马迹可寻。

上面我们提到帝王登位必须祭天告庙，祭天有天坛，告庙则有祖庙（太庙）。方国珍在临海是建了祖庙的。这见于仙居杨府《杨氏宗谱》，谱中记：郡城巾山东北有江村精舍，方氏据台时，改建为方氏宗祠，为杨氏官总管者所建（因谱不全，未查到杨氏总管之名）。方国珍先世是仙居人，到他祖父时迁居黄岩，若按常例，绝不能在临海建祠，可见此祠之为祖庙性质，毫无可疑。这是又一个证明。

此外，临海还长期流传着此处为方国珍京城的口碑和实际残存的建筑遗迹。京城之说，今天上了年纪而土生土长的人大多能道，其中包括方建金殿、午门等。据云金殿为府城隍庙改建，午门则建于今文化路与北山路交口，金殿之前。此门在20世纪50年代尚存，人称“红牌门”，因为它的梁柱全用红色花岗岩建造。我们见到时，上部已残毁，下面尚存四柱二枋，较高的一柱上端尚有榫孔，孔内还见炭化木质榫头，估计原来应是木石混构建筑。从它残存的形状看，与临海习见的石牌坊差不多，但较朴素。临海的石坊都是明清建筑，梁枋上都有半浮雕或镂空雕的祥禽瑞兽，装修富丽，反映其时石建工艺的水平。相比起来，红牌门的建筑工艺是低下的，这表明其时代也较早。所以即凭建筑的特色，把它定在战乱频仍的元末，也无不妥。还有一个有趣的事实，《临海县志·古迹·坊表》记录临海历代石坊66座（都是功名坊，包括前代已毁的；节孝坊不计），唯独不记红牌门，可见它原本不是牌坊，但也不记入其他类古迹，则不是迷失了历史，就是有所忌讳的缘故。而它是有口碑的，那就不是历史的迷失，应是朱元璋胜利后忌讳的结果。

三、方国珍建国号为“宋”

事实上，方国珍建国称王，在明人所著的杂史中还是有所透露的。如皇甫录在《皇明纪略》中引解缙恭维明太祖的话，说明太祖削平了四个伪国：“陈友谅为伪汉，张九四（士诚）为伪吴，明婴（指明昇，昇生于1357年，1366年继其父明玉珍为大夏皇帝，时仅十岁）为伪夏，方国珍为伪宋”，就明说方国珍所建的国号为“宋”。解缙（1369—1415）与方国珍（1319—1374）年代相接，且永乐时任职内庭，见闻极博，其所说是可信的。

综上所证，方国珍建国称王一事是可以肯定的。他定国号为“宋”，是以继赵宋之统自居，并以复宋为号召。以后形势改变，他采取了降元政策，但仍不放弃巩固、扩大自己势力范围的活动，只是由于朱元璋的崛起，才最终归于失败。

方国珍建国称王再证

丁　伋

关于方国珍有否建国称王的问题，我曾发表一篇小文，结论是肯定的，且获得不少人的首肯。但是一个历史问题的解决，论证愈充分，结论就愈稳固，这一问题是正确评定方国珍起义之历史地位的关键，因此我再就新见的两条材料作一补证。

第一条材料是王士性的《尺牍·与里中所亲》书（见《王士性地理书三种》，上海古籍出版社，1993年）。王士性即是指明"天台"是方国珍祭天之处的王宗沐的族侄。信中所述，是万历八年（1580）左右，王氏购买山宫一地，营造养老之所（即后来的白鸥庄），不料有"所亲"出而强占"数十步地"，王氏告诉他：地可以不争，但这种行为是愚蠢的。他说：自古以来，山川与宇宙同峙，而经营者已换了数十百主，不知其后更属于谁！接着指出："其间如於越勾践之所提封，吴越王（钱）镠之所雄踞，伪汉方氏之所攘窃。"其始无不"快意千古"，到头则"骨毛爪齿"皆化为灰尘，同归于无何有之乡。这里，王氏附带地提出了方国珍建国这一段历史，以证明自己的论点。问题虽不是正面提出，但意思是明白的。

不过王氏把方国珍的国号称为"汉"，这同我前文所考的"宋"有矛盾，还须辨析。我以为元末群雄所建国号，各有其历史的因袭，如张士诚的"吴"，陈友谅的"汉"，明玉珍的"夏"，他们都是以此表示汉统，用以号召反对元朝的，这是古代的一种民族主义表现。除此之外，还有一个立国的地域因素，如张士诚的"吴"，同三国时孙权的吴、五代十国杨行密的吴都处在同一区域；陈友谅的"汉"，同五代十国刘龑的汉，地域也大略相近；明玉珍的"夏"则直接三代的夏，明立国四川，但古代认为三代都是由西东渐的，所以亦不无地域因素的凭借。故以此反观，说方国珍以"汉"为号，与上述的通例是相悖的，且方国珍的起义早于其他人，方如以汉为号，陈友谅就不可能再用此号，这是简单的道理（韩林儿也建号为"宋"，情况不同，他父亲韩山童自称为宋徽宗八世孙，可见他继的是北宋,朱元璋曾称“吴国王”则是封号)。因此我仍维护前文提出的“方国珍建国号为宋”的论点。这里除了南宋建都临安(杭州),方国珍举义既是直接继承,且复地域相同的条件下,还有有关方国珍国号为宋的文字记录也早于王士性的理由。台州是到了嘉、万期间,禁网渐开,才有人重新议论方氏,这时,某些具体史实自然有所舛失,在此情况下,要以后非前,恐也不足为训,因此,我认为这条材料仅是方国珍确曾建国称王的又一证据,而对其国号为汉说则予以辩证地否定。

第二条材料是陈三槐的《登龙顾山城隍庙》诗。陈三槐是明亡自杀的民族英雄陈函辉的父亲,也是嘉、万间人,曾纂《台岭人文志》10卷,可见对台州地方史很熟悉。这首诗首见于冯甦的《台考》,诗云:

龙称北顾雉南来,汉殿高真百尺台。
春近蓬瀛移地轴,曙分纬阙接天台。
仙坛姓字忠臣裔,道笈源流太守才。
闲步城头瞻紫气,列星重障共昭回。

诗很难读,粗粗看去,以为是记游诗,但写得很有气势;又觉得诗中的许多字眼用得很不一般,不知道为什么要这样写。这问题在我研究方国珍时,联系到传说中城隍庙曾是方国珍的“金殿”时,才豁然而通,原来这是一首咏史诗,咏的正是方国珍在此建国称王的事。

解这首诗的关键是“雉南来”三个字。它的典故出在汉代的军中之乐铙歌,铙歌的内容大体上都是歌颂汉皇功业的,其中有一首叫《雉子班》,中有句云:“知得雉子高飞止,黄鹄飞之以千里。”就是喻指刘邦从平民越登高位,这里雉与农民起义的领袖合一了。陈三槐把方国珍也看成这样的雉,由于方是台州南边的黄岩来的,故称“雉南来”。他把方国珍称王与北顾山历史上有龙顾山之称相联系,龙是帝王的象征,从谶纬学的观点,两者是有因果关系的,“北顾”又即“南来”,于是就有了“龙称北顾雉南来”之句。接着用“汉殿高真百尺台”来进一步点明方在此建了宫殿。“汉殿”二字不是简单的杰阁崇楼的形容词,与上句照应,分明是指巍峨的王宫;“真”,果然;“高真百尺台”,则满含赞叹之意。接下第二、三联是说:天人相应,地轴转移了,物象变化了,天上的星辰也更接近、更明亮了,一片兴王气象。但是,历史转了弯,这里变成了台州府城隍庙,奉上了孙权时的忠臣屈晃的儿子屈坦做城隍神,这不知是哪一位聪明的太守,从道书中找出这一个凭依,使方国珍的宫殿得以变相保存!末联回转自己游览时看到的山川形势,称赞它确是一处兴王之地,并用传统的历史循环论的观点，认为历史将会在这里重演。看来，作者是满怀尊重历史、尊重历史人物的感情，来肯定方国珍抗元起义的功绩的。

但这里还有一点要说明，从嘉定《赤城志》的记载及所附《罗城图》看，唐以来的台州府城隍庙原即建在北顾山上的城根，或者方国珍是利用它改建，方国珍失败后又改回来。但从陈氏的诗，却只能解为城隍庙系就方氏故宫改建。不过这问题不很重要，我们只要明白在明代嘉、万年间，当时人都知道这里原是方氏的宫殿就好了。这又证明方国珍确曾建国称王。

［附记］陈懋森《临海县志稿》卷十一《建置》“玄帝庙”条记有方国珍在此建监狱的传说，文云：“玄帝庙，相传为方国珍时建禁狱，废后有祟，因立铜柱镇之，累砖柱外为台，奉玄武像其上。”按庙原在天灯巷的北端，西为米筛巷，东为板巷，形成一“丁”字形，庙即在其中心，现已拆除，贯通南北称赤城路。考《赤城志》罗城图，宋时此路直通北面的教场（即清之道司），中间并无任何建筑物阻隔，则此传说亦有可信之处。天灯巷也是禁狱改为玄帝庙后，因庙前树一天灯得名，其前为何名不知。此亦可视为方国珍建台州城为都城的措置之一。

方国珍籍贯解说及辨误

台州市路桥区方志办　管彦达

方国珍是中国历史上的风云人物之一，他揭开了元末农民大起义的序幕，《明史》载有《方国珍传》①；白寿彝主编的《中国通史》有《方国珍》专节②。

方国珍有三大历史功绩：（一）他是元末第一个有影响的起义军领袖，朱元璋说他"当尔起事之初，元尚承平，天下谁敢称乱？惟尔倡兵海隅"③。《明史·方国珍传》说："先是，天下承平，国珍兄弟始倡乱海上。"（二）保境安民，使浙东人民免受战争苦难。由明翰林学士承旨宋濂撰写的御制《故资善大夫广西等行中书省左丞方公神道碑铭》，即《方国珍碑铭》说他"公以豪杰之姿，庇安三路六州十一县之民"④。（三）顺应历史进程，归降朱元璋。《方国珍碑铭》又说"公至京师，上（朱元璋）且喜且嚷曰：'若来何晚也？'""天兵压境，避而去之，曾无一夫被乎血刃，其有功于生民甚大"。

对于这样一位历史人物，他的籍贯自然引起人们的注意。虽然台州的大多数史学工作者认为他是洋屿（原属黄岩县，现属路桥区）人，但也有一些学者认为他是温岭人，或宁海人。因此，有必要对他的籍贯作一个全面的梳理和辨析。

一、历史记载

《明史·方国珍传》载："方国珍，黄岩人。"那么方国珍是黄岩哪里人？

方国珍的二哥方国璋死于元至正二十二年（1362）二月二十一日，葬于至正二十三年（1363）十月二十一日，由其幕僚萧德吉提供行状，由元翰林学士张翥撰的《大元赠银青禄大夫江浙等处行中书省平章政事上柱国追封越国公谥荣

① （清）张廷玉等撰：《明史》卷一二三《方国珍传》，北京：中华书局，1974年。

② 白寿彝：《中国通史》第八卷（下）《方国珍》，上海：上海人民出版社，1999年。

③ 《明太祖实录》卷八八《方国珍传》。

④ （明）宋濂著，罗月霞主编：《宋濂全集》，杭州：浙江古籍出版社，1999年，第1147页。

愍方公神道碑铭》，即《方国璋神道碑铭》载“惟方氏其先家台之仙居，后徙黄岩灵山乡塘下里”[①]。《方国珍碑铭》载：“其系分自莆田，再迁台之仙居，三迁于黄岩，遂占籍焉。”这是方国璋、方国珍兄弟籍贯最明确、详细的记载。唯一需要了解的是灵山乡塘下里在什么地方？宋嘉定《赤城志》载：“灵山乡在县南三十里，管里二：贵丰、塘下。”[②]灵山乡即今路桥区。那么方国珍家在塘下什么地方？

万历《黄岩县志》载：“方谷珍（即国珍，降朱元璋后避讳改），世居洋屿。”[③]

嘉庆《太平县志》也载：“方国珍，世居黄邑之洋屿。洋屿者，近海童山也。”[④]

民国时期的《台州府志》载：“国珍，黄岩人，世居洋屿。”[⑤]

《台州地区志》说：“方国珍，黄岩县新桥乡洋屿村人。”[⑥]此时洋屿属新桥区（大乡）。

新编的《黄岩志》载：“方国珍，洋屿人。”[⑦]

二、“宁海说”的错误

与方国珍同时代的叶子奇（约1327—1390前后）《草木子》载“方国珍，台之宁海人，其居有山在中，曰杨屿”[⑧]。叶子奇是龙泉人，他是根据当时传言记录的。

明郎瑛（1487—1566）《方国珍始末略》说“方国珍，台州宁海人，力能走及马，其居有山，在中曰杨氏”[⑨]。

明吴国伦（1524—1593）《方国珍本末略》亦说“方国珍，台州宁海人，力能走及奔马，其居有山，在中曰杨氏”[⑩]。

看来，郎瑛受叶子奇的影响，吴国伦照抄郎瑛。只要对照方国珍兄《方国璋神道碑铭》，大家都会明白，说方国珍是宁海人是错误的。

---

① （元）张翥：《大元赠银青禄大夫江浙等处行中书省平章政事上柱国追封越国公谥荣愍方公神道碑》，临海市博物馆藏。

② （宋）陈耆卿：嘉定《赤城志》卷二《黄岩》，北京：中国文史出版社，2004年，第10页。

③ （明）袁应祺：万历《黄岩县志》，北京：中国文史出版社，2012年，第263页。

④ （清）戚学标：《太平县古志三种·嘉庆太平县志》，北京：中华书局，1997年第565页。

⑤ 喻长霖、柯骅威：《台州府志》卷一三三；《大事略》（二、三），上海游民习勤所承印，临海博物馆藏。

⑥ 方山、池招福：《台州地区志》，杭州：浙江人民出版社，1995年，第1161页。

⑦ 严振非：《黄岩志》，北京：中华书局，2002年，第613页。

⑧ （明）叶子奇：《草木子》，《文渊阁四库全书》卷三〇七。

⑨ （明）郎瑛：《七修类稿》卷八《国事类》，上海：上海书店出版社，2009年。

⑩ （明）吴国伦：《方国珍本末略》，《四库全书存目丛书》（史部）第162册。

三、认为是温岭人的依据及错误

元代的黄岩州境包括今黄岩、路桥、温岭和椒江大部分。明成化五年(1469)，析黄岩南方岩、太平、繁昌三乡置太平县。灵山乡辖二里九都，其中塘下里的五十都南塘也划为太平，灵山乡九存其八，因此也有人认为方国珍是太平塘下(南塘)人。原来宋元时灵山乡塘下里包括南塘、下塘(即下梁原称)、洋屿、长浦等沿海地，有人认为塘下里即塘下(南塘)，这是不对的。嘉靖《太平县志》、万历《黄岩县志》除了载方国珍洋屿人外，又说“一日侵晨，诣南塘戴氏借大桅木造舡，将入海货鱼盐”，如果方国珍是南塘人，就不会说“一日诣南塘”这样的话，可见方国珍不居住在南塘(塘下)。

有人从“洋屿者，近海童山也”，研究出方国珍是温岭“王府基”人。该作者了解到“范岙附近有的老人称神童门山为童山”，又了解到王府基原先叫双洋屿，结论是，王府基靠近神童山这个事实，正与《太平县志》“洋屿者，近‘海童山’也”合。我们仅从“洋屿者，近海童山也”这句话，把它理解成洋屿在海童山附近，就有点可笑。“洋屿者，近海童山也”，说的是：洋屿是近海的小山(童山)啊！不是说：洋屿靠近海童山啊。这是论者不知道方氏兄弟《碑铭》又不理解古文的结果。

四、认为方国珍在玉环起义同样错误

有人看到“灵山”“洋屿”，联想到玉环有“灵山”“灵山塘”和“洋屿”，认为方国珍兄弟是玉环洋屿(今新洋乡)人，或在玉环洋屿起义。殊不知玉环当时是乡，元末明初还属乐清县，明代改属太平县，与黄岩县灵山乡的洋屿毫不相关。

五、石曲方氏宗谱的记载

虽然正史只记载方国珍为黄岩人，几乎台州所有地方志均记载方国珍为(黄岩)洋屿人，其必有根据。我们找到《石曲方氏宗谱》，其方国珍七世孙宗盛等所作的“乾隆始修石曲方氏宗谱”中说：“我方氏祖籍台州，侨居黄岩，世居洋屿，后迁石曲。”其《石曲方氏四修宗谱・序》曰：“是以国珍公前代世居洋屿者，为远祖列外纪，以国珍公后裔转迁石曲者，为近祖列内纪。”由此可见，方国珍确实是洋屿人，洋屿今属台州市路桥区。

六、方国珍是方家垷人的解说

清末民初路桥人杨晨在所编的《路桥志略·叙山》中说:“横街山北有洋屿,元末方国珍据此。古谣云‘洋山青,出海精’者也(原注:山顶不生草,元仁宗延祐六年,忽草木郁然,是岁国珍生)。”卷四《人物》又载“方国珍其先仙居人,迁黄岩灵山乡塘下里,即今方家垷,遂著籍焉”[①]。《路桥志略》前后行文有些抵牾。

《石曲方氏宗谱》记载得比较清楚,其《方氏源流原序》曰:“方氏祖籍台州,自大宋年间侨寓黄岩,世居洋屿,后迁石曲,历传至元,有太祖考、祖妣墓葬在方家垷下汇头,又传数世及元武宗时,出兄弟五人,长国馨,次国璋,三国珍,四国瑛,五国珉。”宗谱里明确说明方家垷下汇头是方国珍祖坟所在。

《明史·方国珍传》载:“方国珍,世以贩盐浮海为业。”万历《黄岩县志》载:“方谷珍,世居洋屿,昆弟五人,国馨、国璋、谷珍、国瑛、国珉,咸有膂力,以渔盐为业。谷珍与蔡乱头以盗牢盆相仇……”牢盆为煮盐工具。

明黄溥《闲中今古录摘抄》(嘉靖《宁波府志》同)载:“谷珍(即国珍)父为佃户,过于恭主,谷珍兄弟既长,谷珍谓父曰:‘田主亦人尔,何恭如此?’父曰:‘我养赡汝等由田主之田也,何可不恭?’谷珍不悦。”《明书·方国珍记》:“父,伯奇,农。”

“世以贩盐浮海为业”,方国珍祖辈煮盐贩盐,应住在洋屿盐场附近;但方国珍父亲种田,应住在离农田较近的方家垷。方家垷离洋屿只有两公里路,宋元时代的“洋屿”范围较大,东至海边的洋屿山,西把方家垷亦包括在内,这与方国珍是洋屿人没有矛盾。

七、结论

综上所述,方国珍的籍贯不在现今温岭或宁海,而在原黄岩东南的洋屿。

1994年8月22日,国务院同意撤销台州地区和县级黄岩市、椒江市,设立地级台州市。台州市新设椒江、黄岩、路桥三个区。路桥区辖原黄岩市的路桥、桐屿、峰江、新桥、横街、下梁、金清、蓬街8个镇和螺洋、黄琅2个乡。

现在洋屿属于路桥区横街镇,而方家垷属于路桥区路南街道,两地毗邻,不管是洋屿或方家垷,方国珍的籍贯都是台州市路桥区。而现今标准的注法是:方国珍,台州市路桥区洋屿人(不再注路南街道或横街镇)。

① 杨晨:《路桥志略》,北京:线装书局,2009年,第66页。

方国珍对开发海洋的贡献

浙江师范大学　龚剑锋　符蕾蕾

方国珍(1319—1374),元江浙行省台州路黄岩县洋屿(今属浙江省台州市路桥区)人。因避朱元璋字国瑞讳,改名方谷珍、方珍。又因避朱元璋父亲、明仁祖朱世珍讳,改名方谷真、方谷贞、方真。元至正八年(1348)十月,他与兄弟五人逃亡入海,揭竿起义,从此拉开了元末农民起义的序幕。方国珍在率领义军同元军的数次海战中,利用地理优势和群众支持,屡屡取胜。方国珍先后攻下台州、温州、庆元三路,后于1367年被明太祖朱元璋所招降,最后终于京师(今江苏省南京市)。因为起义前以海上制贩盐为生,方国珍与其他农民起义军领袖相比,更加熟悉大海,更能深切体会到开发海洋、开拓海上贸易对发展经济的重要作用。方国珍此后割据台州、温州、庆元(今浙江省宁波市)三路长达十余载,保境安民,开发海岛,发展海上贸易,对浙东沿海地区的渔盐业以及船舶修造业的发展也有较大的促进作用。近年来,国家"向海洋进军"的战略实行,浙江省作为海洋大省的地位更加突出,方国珍作为海洋开发的先驱,很值得我们研究和重视。

一、开发海岛

经过宋元两个朝代的航海热潮,在中国东南沿海形成了一条繁荣的海上丝绸之路,中国的海上贸易也因此曾一度领先于世界。元末,方国珍出生于浙东台州,台州地处浙东沿海,周边岛屿众多,此处为天然的盐场和渔场。《新元史·方国珍传》载:"初与兄国馨、国璋、弟瑛,皆以贩盐海上为业。"常年的海上作业使得方国珍对海洋十分熟悉,拥有着丰富的海运经历,为其日后入海起义并获得成功奠定了坚实的基础。

元朝末年,纪法不立,地主豪强的剥削与水旱灾荒的频繁使得社会矛盾激化达到了极点,民怨沸腾。元至正八年(1348),方国珍因杀仇家被迫逃亡入海,率先起义。由于沿海群众的支持,起义队伍迅速壮大,“民亡国珍所者,旬日而得数千”,[1]方国珍义军一时拥众百万,他们劫夺漕运的粮食,屡次击败元军。

方国珍由海上起义,出入海岛,劫掠漕运,抵抗元军,但关于方国珍起义之始究竟是在哪座岛屿上,众说纷纭,最常见的说法是松门岛和大陈岛。至正十一年(1351),方国珍击败元兵于松门附近的大闾洋,生擒孛罗贴木儿和郝万户,元兵死者过半。此役过后,方国珍驻军台州松门岛(今属台州市温岭市松门镇)。松门岛实质是冲积岛,因陆地的河流夹带泥沙搬运到海里,沉积下来形成的海上陆地,今已成为半岛。松门岛长期以来是一座荒岛,至唐朝的时候才被纳入行政体系。在南宋绍兴年间设为市舶务,专司口岸管理。元代承袭南宋在松门设市舶务,但也并不是十分繁荣。松门岛水旱灾害连年爆发,直到方国珍割据后,于至正十四年(1354)修了松门萧万户塘,兴修水利,情况才得以改善。方国珍率众常出没海岛,擅鱼盐之利,松门岛的社会经济水平亦因此大幅提升。除此之外,方国珍日夜操练兵士,以图再举,松门岛上的军事防御体系得到升级。即使方国珍降明后,其对于松门的治理也没有松懈,一直把海岛作为最后的落脚之处,方国珍“保境安民”,受到了松门岛百姓的爱戴。

除松门岛外,台州大陈岛也是方国珍的重要根据地。大陈岛雄踞台州湾中,可控三门湾、台州湾、乐清湾、温州湾及大陆近海南北交通航线,地理地位十分重要,历来为兵家必争之地。方国珍起义后,拦截元朝过往海运粮船,地理位置优越的大陈岛遂成其据点,此后大陈岛成为方国珍与日本、高丽、大陆贸易的中转站。在方国珍的带动下,台州及周边地区的人民移居大陈岛,不断开发大陈岛。

方国珍先后攻占台州、温州、庆元三路沿海的多数岛屿,这其中最具战略地位的便是现今成为中国第四大岛的舟山岛。方国珍一向把舟山作为重镇,亲自镇守,反之却派亲信驻守台州、温州、庆元路,可见舟山在方国珍心目中的地位。方国珍在舟山实行“保境安民”政策,鼓励百姓发展生产。朱元璋部将朱亮祖曾言:“方氏出没海岛,擅鱼盐之利,富甲天下。”(《西湖二集》)促进了当时沿海地区的经济发展。方国珍义军驻舟山长达十二年之久,在这期间,舟山渔盐业有较大发展,船舶修造业更加兴旺。元至正二十七年(1367)冬,朱元璋率军攻打庆元路,方国珍于舟山部署抗战,但双方兵力相差悬殊,面对朱元璋的强势攻击,方国珍不忍百姓遭战争之苦,不得不向朱元璋呈降表投诚。在舟山地区还留有“八月十六过中秋节”的传统,相传这是因为方国珍忙着守城,竟

[1] (明)尹守衡:《皇明史窃》卷三〇《方国珍》,上海:上海古籍出版社,1995年。

然忘了过中秋节,家人等到次日才一起过节,后来舟山百姓听闻这事,感念方国珍的大恩大德,此后每年便以八月十六作为中秋节。时至今日,这一传统在浙江温、台、甬等地仍然相传。除此之外,方国珍降明后,舟山人民为纪念这位英雄,将方国珍家门口的一口方井称之为"留方井",可见方国珍深受海岛人民的爱戴。

方国珍据岛开发,同当地居民一起垦荒种田,擅鱼盐之利,发展海上交通贸易,使海岛经济成为中国古代海洋经济的重要组成部分,对浙东沿海的工商业兴起及至明末清初的东南沿海地区社会经济的转型起了一定的催化作用。

二、海洋运输

元朝以前,渤海至广东的沿海交通运输已经开展。此后,贯通南北沿海的交通渐趋频繁。

元代的海运与河运,尤其是海运,是元朝政府应对南北经济差异,保证大都(今北京)用粮的一项重要举措。由于中原战乱,江南地区便成为最重要的粮食输出地,南粮北运成为必然。南粮北运有两种方法,一是行运河,一是经海道,但大运河久未疏浚而淤泥阻塞,使用困难,京师所仰赖的长江三角洲的粮食主要靠海上漕运。"元都于燕,去江南极远,而百司疏府之繁,卫士编民之众,无不仰给于江南。自丞相伯颜献海运之言,岁漕东南粟,由海道以给京师。"[①]《草木子》卷三下《杂制篇》中亦载:"元海运自朱清、张瑄始。岁运江淮米三百余万石,以给元京,四五月南风至起运,得便风十数日,即抵直沽交卸。"从元世祖至元二十年(1283)至元文宗天历二年(1329)的47年中,从江南起运的粮食总数约为8290余万石,起运量最多的元文宗天历二年(1329),多达350余万石之多。[②] 元政府千方百计从江南等地筹集运粮食,这种情况,一直持续到元末。

元末农民起义四起,元政府频频出兵镇压各地起义军,深陷战争泥淖,粮食需求猛增,但江南地区的粮食补给却不断减少。各地起义军把持着陆上交通的要塞,南北海上交通成为主要运输路线。然而海上交通却也一度遭到了中断,特别是元朝失去江淮地区后,方国珍、张士诚据浙东、浙西,从此海运之舟常年不至京师,北方屡屡大饥,民不聊生。

---

① (明)宋濂等撰:《元史》卷九三《食货志·海运》,北京:中华书局,1976年,第2364页。

② 孟繁清:《元代海运与河运研究综述》,《中国史研究动态》2009年第9期,第57—63页。

至正十六年(1356)二月，江淮义军领袖张士诚攻下平江(苏州)作为都城，此时元廷为中原各地的起义军所困，河运已经中断，京师发生粮荒。此时，方国珍完全占领庆元、台州、温州三路，控制了元朝海上南北粮运命脉，故元廷对方国珍仍以招抚为主，想依赖其海上运粮之利，以解决京师的燃眉之急。至正十八年(1358)五月，元廷任命方国珍为江浙行省左丞相兼海道运粮万户。方国珍派其兄方国璋及幕僚刘仁本为其运粮。

至正十九年(1359)，元廷初平河南，又遇北方大饥，便派遣伯颜帖木儿征张士诚漕粟，使方国珍具漕船，而这两人素来心有嫌隙，张士诚思虑方国珍载粟不入京师，而方国珍又恐张士诚控制其船队，攻其不备。在此形势下，方国珍又另外开通了南北海上粮运，并且运了四年。至正十九年(1359)运粮11万石，至正二十一年(1361)运粮11万石，至正二十二年(1362)运粮13万石，至正二十三年(1363)运粮13万石。四年共计有四次海运，运往京师的粮食共计48万石。

方国珍降元后，元廷利用他维持海运。他虽时降时叛，前后八次，但从至正十九年(1359)起，尚能“岁岁治舟，为元漕士诚粟十余万石于京师”。[①] 北方屡次发生的大饥，导致了成千上万的人饿死，无论方国珍出自什么目的，但海上运粮的最终结果是救灾，使得北方受灾群众暂时维持了温饱，改善了生存环境。除此之外，方国珍在漫长的南方海岸线上开发海上运输线，开发了沿海的经济，使众多海港成为交通的枢纽，对中国区域经济的发展有深刻影响，形成了一批港口城市，例如庆元港成为当时第一大港。

三、海外贸易

较之前代，元朝的航海技术、装备、运输及管理能力都有所改善，与此同时，元代实行对外开放政策，这些有利元同周边地区的贸易往来，海上贸易特别兴盛，特别是同高丽国的关系十分紧密。高丽和元廷以海港作为经济往来的纽带，其中最重要的港口便是庆元。庆元因其有利的地理位置和港口条件，早在宋代便已成为与高丽通商的重要港口。至元末，庆元港“南通闽广，东接日本，北距高丽，商舶往来，货物丰溢”。[②] 庆元港大部分进出口货物来自高丽。方国珍割据庆元路后，利用庆元港同高丽展开贸易。

---

① (清)叶嘉棆:《方国珍寇温始末》，见应再泉主编:《方国珍史料集》，杭州:浙江大学出版社，2013年，第56页。

② (元)王元恭:至正《四明续志》卷一《土风》。

方国珍割据浙东三路后，便控制着庆元、温州两个重要港口，这大大便利了他与高丽的往来，“（至正七年）五月庚子，台州方国珍遣人来献方物。（至正八年）戊辰，方国珍遣使献方物”[①]，“（至正十三年）乙卯，明州司徒方国珍遣照磨胡若海偕田禄生来献沉香、弓矢及《玉海》《通志》等书”[②]，“（至正十四年）八月庚寅，明州司徒方国珍遣使来聘。冬十月癸巳，方国珍遣使来聘”[③]。在双方“通好”的政治交往背后，真正起作用的是相互需要的贸易关系。[④]

元末，中国天下大乱，各地起义四起，元廷疲于应付，海防自然也顾不上，使得倭寇的侵扰规模与破坏力连年扩大，东海、黄海，倭寇肆虐猖獗。当时的高丽亦深受倭患的骚扰。“（洪武元年）倭寇出没海岛中，乘间辄傅岸剽掠，沿海居民患苦之。”[⑤]可见倭寇借朱元璋初平天下，乘机侵袭，中朝两国百姓为此遭掠夺，死伤无数。方国珍为保境安民，为避免往来货船遭掠夺，决定捕倭。自方国珍降明以来，朱元璋并未立即夺取方国珍的兵权，因此方国珍仍旧兵强船壮。在方国珍的恩威并施下，高丽倭患有所减轻，南北往来一如既往。

方国珍与高丽的海上贸易是元代民间同周边国家贸易的典型。从方国珍向高丽出口的商品看，除了沉香、弓矢等中国传统商品外，还包括《玉海》《通志》等书籍，这说明方国珍同高丽开展的海上贸易一方面带动了双方的经济发展，另一方面，海上交通也有助于双方的文化交流，中国文化深深影响了高丽。

方国珍保境安民，使得台州、温州、庆元三路避免了战争的祸害，大大推动了浙江沿海社会经济的发展。方国珍虽然多次受降、易主，遭人诟病，但这些并不妨碍其成为历史名人。方国珍开发海洋、海洋运输、发展生产、对外贸易的事迹至今仍值得我们学习借鉴。时至今日，海洋文明成为社会热点话题，对于如何开发海岛，发展海上运输，进行海外贸易，建立与邻国的友好关系等方面，我们仍然可以以史为鉴。

---

① ［朝鲜］郑麟趾：《高丽史·世家》卷三九《恭愍王二》。

② ［朝鲜］郑麟趾：《高丽史·世家》卷三九《恭愍王三》。

③ ［朝鲜］郑麟趾：《高丽史·世家》卷三九《恭愍王四》。

④ 陈高华：《元朝与高丽的海上交通》，《陈高华文集》，上海：上海辞书出版社，2005年，第16—18页。

⑤ （清）张廷玉等撰：《明史》卷一三〇《张赫传》，北京：中华书局，1974年，第3832页。

台州的古代海上交通和台州商人探析

上海大学　赵莹波

明初洪武三年(1370)朱元璋派国使赵秩携带国书出使日本修复外交关系,在给日本国王①的国书中,要求其整治倭寇,禁止其入境残害百姓,掠夺其财物②。日本征西将军接到明朝国书后立刻遣使僧祖来贡方物,又送被倭寇掳去的明州、台州百姓男女七人,以通两国之好。据《大明太祖圣神文武钦明启运俊德成攻统天大孝高皇帝实录》记载:"洪武四年九月庚戌朔癸巳,日本国王良怀遣其臣僧祖来,进表笺贡马及方物并僧九人来朝,又送至明州、台州被虏男女七人余口。"③从此台州又恢复其唐代以来对日、对朝鲜半岛的海外交通的功能。

在研读中日两国史料中常常发现有不少台州籍商人来往于东北亚之间,并且日本的入唐僧和入宋僧也乘坐台州籍商人的商船来到台州到五台山巡礼。为中日韩东北亚贸易以及文化交流做出了贡献。其中有些史料在我国史料以及我国学者的研究中很少出现,这里对这些史料和台州籍商人兹加以梳理。

---

① 所谓日本国王其实是日本的征西将军怀良亲王之误。——著者注

② 《明国书并明史仲猷无逸尺牍》东京大学图书馆本,《太宰府天满宫史料》卷一二,太宰府天满宫藏版,1964年,第159页记载:大明皇帝书中书省,近为沼海守御官,节次来报,海外不知是何人船,出没濒海去处,时常杀害良民、剽掠财物,调兵捕获,问系日本部署。料想王必未知,已差杨载等七人,钦赍诏旨,往彼此开谕,使者舟至本国,适被杀死五人。杨载、吴文华羁留三月,才方得回,开谕一节,略不见詘。又况使者未回之时,海内人船,仍前出没劫掠,及有僧人潜为奸细,俱已擒获,切详。日本去我中国遥远,各天一方,隔涉大海,正宜守已保民,安汝境土,何乃不自揣分,纵令奸宄流劫扰民,恐积恶贯盈,天必降祸于汝,我国家必奉天讨,用兴问罪之师。且所获之人,情犯深重,揆诸法律,罪在不容,缘系日本所部,故不欲便加杀戮,如不施之以刑,又无以示其惩戒,是用刑其肢体,遣人送还,王妄不知其劫杀之用,而送还之人亦可为王国之诫。若其故纵而来,即宜改过自新,以体天道,毋贻后悔。为此都省令差宣使杨载等侔送灵南、阳谷等一十五名前去,令行移谘,请照验施行。右谘日本国王。洪武三年三月二十五日。

③ 《大明太祖圣神文武钦明启运俊德成攻统天大孝高皇帝实录》东京大学图书馆本,《太宰府天满宫史料》卷一二,太宰府天满宫藏版,1964年,第159页。

一、日本大宰府公检和台州牒

日本高僧元珍入唐求法。据日本文献《唐房行履录》记载:“大唐国浙江东道台州唐兴县天台山国清寺日本国上都比叡山延历寺比丘圆珍入唐求法总目录。”[①]

元珍(814—891)出生在日本讃岐国(今香川县),年轻时到比叡山的延历寺研究修行天台佛法。853年,为寻求佛法,搭乘商船赴唐。在唐朝学了六年密宗,回国后在奈良创建了元城寺(三井寺),死后被授为“智证大师”。元珍入唐之前,首先来到大宰府[②],办理搭乘唐朝商人王超商船的相关手续,领取两张相关文书。据《日本文德天皇实录》五记载:“仁寿三年(853)正月丁未,滋野朝臣善陰为大宰府少贰。二月十一日辛未,大宰府、入唐僧圆珍に公憑を給す。”一张是大宰府于2月11日为元珍开具的允许到大唐的“大宰府公凭”(又称“公检”),是证明其身份的日本正式的官方文书。上面不仅有三处盖有“大宰府印”的官印,还有大宰府官员大监藤□□的签名,这份文书又称“大宰府公检”。其公凭内容如下:[③]

日本国大宰府　（大辛府章）
延历寺僧元珍　年卅　䕺二十一
从者捌人、　随身物经书衣钵剔刀等
得元珍状云将游行西国礼胜求法
□附大唐商人王超等回乡之船恐
到处所不详来由伏乞判附公检
以为凭据
仁寿叁年贰月拾壹日大典越
贞原（签名）
大监藤　□□（签字）（大宰府印）
（大宰府印）

这张“大宰府公检”,是日本官方向中国唐朝官方证明元珍的身份、年龄以及目的的证件;上面写明有八位随行人员和所搭乘船船主的名字。还详细记录了随身携带的书籍、衣物和生活用具。最后是大宰府官员大监藤□□的签

① 《唐房行履录》,《太宰府天满宫史料》卷二,太宰府天满宫藏版,1964年,第43页。

② 大宰府是日本负责西边防卫和对外交涉的都督府,是日本外交的要冲。其政厅被称为“远之朝廷”,其都制被誉为“天下之一都会”。

③ 《北白川文书》,《太宰府天满宫史料》卷二,1964年,第20页。

名和当时日本年号“仁寿三年”，相当于现代的“护照”或者“介绍信”。

江州延历寺僧元珍
为巡礼共大唐客商王超李延孝入彼国状
并从者随身经书衣物等
僧元珍字远尘 年四十一臈
从者 僧丰智 年卅三 臈一十三 沙弥闲静 年卅一 俗姓
海
经生的良 年卅五 伯阿古满 年二八
译语丁满 年卅八 物忠宗 年卅二
大全吉 年二十三
随身物 经书四佰伍拾卷
三衣钵器剔刀子 杂资具等 名目不详
右元珍为巡礼圣迹访问师友与件商人等向大唐
国恕彼国所在镇铺不练行由伏乞判付
公检以为凭据伏听处分
牒件状如前谨牒
仁寿三年七月一日 僧元珍牒
任为公检柒月伍日
敕勾当客使镇西府 少监藤有蔭 （以上为亲笔书写）
注：此文书上盖有 15 枚（主船之印）

这张是大宰镇西府少监有荫，于 7 月 5 日在元珍的“公检”上签名并盖有 15 枚“主船之印”的“大宰府文书”[①]。上面注有船主的姓名（唐商人王超和李延孝），并详细地记录了随身所携带物品的名称以及随行八人的姓名、曾用名、年龄以及身份，其中一位是元珍的随行翻译丁满。《太宰府天满宫史料》卷二记载着此事：“七月伍日甲午、大宰少監有陰・延暦寺僧圆珍に公検の判を與う。”[②]

从以上事例来看，当时宋船上的人员大概为 70 人左右，元珍一行领取了“大宰府公检”，于 853 年 8 月 9 日从五岛的值嘉岛出发，15 日到达福建莲江县（今福州市）的海岸。

元珍一行由于遇到狂风，于 8 月 16 日漂流到唐朝岭南道福州的连江县界内，并在海口镇住宿[③]。到了福州等地，当地官员根据大宰府的公凭，为元珍一行开具了一份能都自由出入福州境内的“福州牒”，相当于现在的“通行证”。除了写有通过福州境内的所有随行人员姓名之外，还有目的、随身携带之物等等，最后署名的日期换成了唐朝的“大中”年号，官员签名，加盖福州都督官印。此“福州牒”现收藏于东京国立博物馆。

① 《北白川文书》，《太宰府天满宫史料》卷二，1964 年，第 22 页。
② 《北白川文书》，《太宰府天满宫史料》卷二，1964 年，第 22 页。
③ 《元城寺文书》，《太宰府天满宫史料》卷二，1964 年，第 23 页。

在这份“福州牒”上，福州都督府府军平仲签署的日期为 9 月 14 日，海口镇镇将朱涛签署的日期为 9 月 28 日。说明元珍一行，从 8 月 16 日靠岸日起在福州界内已经停留一个多月。另外，元珍所携带的“大宰府公检”上表明随行有 8 人，但是到了福州后，实际随行只有 7 人，在这份“福州牒”上也记载下原因“伯阿古满，年二八，却随李延孝船归本国报平安，不行”，解释说伯阿古满这个人随李延孝的船回自己国家了，并没有一同随船来福州。

元珍一行在接下来的旅途，分别于 10 月 26 日经过温州的横杨县，10 月 29 日到达温州安固县以及 11 月 6 日，一行 7 人到达温州永嘉县的过境记录。分别经过温州和台州，当地官府根据日本“大宰府公检”也一一开具了“温州牒”和“台州牒”，并且签名加盖官印。

台州　黄严县　（黄严之印）
日本国求法僧元珍谨牒
　为巡礼来到　唐国状并从者随身衣钵等
　　供奉僧元珍　年四十臈二十二（黄严之印）
　从者　僧丰智　年卅一臈一十三
沙弥闲静　年四十臈廿一俗姓海　译语丁满　年卅八
　　经生的良　年卅五　物总宗　年卅二
　　大全吉　年二十三　伯阿古满　年二八
　　却随李延孝船归本国报平安不行
随身物　经书四百五十卷　衣钵剔刀等　擐笼壹具
牒　元珍为巡礼天台山五台山并长安城青
龙兴善寺询求，圣教来到　当县
恕所在州县镇铺不练行由伏乞公检
以为凭据谨连元赤伏听　处分
牒件状如前谨牒
大中七年十一月　日　日本国求法僧元珍牒
任执此为凭二十三日　（签名）（黄严县之印）

台州　牒③　（台州之印）
　当州今月壹日的开元寺主僧明秀状称日本国
　内供奉赐紫衣僧元珍等叁人行者肆人都柒人
　从本国来勘得译语人丁满状谨具分析如后
　　僧叁人
　　　壹人内供奉赐紫衣僧元珍
　　　壹人僧小师丰智
　　　译语人丁满　行者的良已上巡天
　　　　台五台山及游历长安
　　　壹僧小师闲静　行者物忠宗大全吉
　　　　并随身经书并留寄在国清寺
　　　本国文牒并公检共叁道
牒得本曹官典状堪得译语人丁
满状称日本国内供奉赐紫衣求
　　（台州之印）
法僧元珍今年七月十六日离本国
至今年九月十四日到福州从福州
来至十二月一日到当州开元寺称往
天台巡礼五台山及游历长安随
身衣钵及经书并行者及本国行
由文牒等谨具勘得事由如前事
须具事申　省使者
郎中判具事由各申上者准伏给
牒者故牒
　大中柒年检　月叁日史陈　沂牒　（台州之印）
杨司印　忝军唐

上述两张台州牒，一张是显示元珍于11月23日路过台州黄严县的记录，另一张牒是12月3号到达台州的记录。他向当地政府提出停留和通过的请求。和福州一样，黄严县和台州官员陈沂、杨司在这张“台州牒”上签字、加盖台州官印。这张“台州牒”的签署日期是12月3日，牒上清晰地记载着：元珍7月16日离开日本，9月14日到达福州，然后从福州再到台州，12月1日居住在台州的开元寺。然后元珍还要到天台山巡礼，到五台山和长安云游，继续求法之路。他们一行人甚至在12月初到达台州的临海郡。

元珍入唐这一系列相关文书，两张是由日本大宰府签发的“大宰府公检”，六张分别是由元珍一行所通过的福州、温州和台州等地政府签署的“福州牒”、“温州牒”和“台州牒”等组成，两张“大宰府公检”上分别有大宰府官员少监藤有荫和多枚大宰府官印、船主之印，是向唐朝方面证明元珍身份的，相当于官方“介绍信”。而六张中国唐朝的地方官牒，是元珍到达当地后，当地政府根据日方“大宰府公检”而开具的能证明其身份的文书，相当于在中国境内的“通行证”。如果把中日两国这两种官方文书的功能相加起来，就相当于现代的护照。由此看来，台州自唐朝以来就已经有一套相当完善的出入境管理方法和手段。

另外，877年，唐朝商人唐铎等63人乘坐商船从台州出发来到日本九州岛的筑前国。据《日本三代实录》记载：“元庆元年八月廿二日庚寅，先是，大宰府言：‘去七月廿五日，大唐商人崔铎等六十三人驾一只船来，着管筑前国，问其来由。崔铎言：‘从大唐台州，载贵国使多治安江等，颇赍货物，六月一日解缆，今日得投圣岸，是日勅宜依例安置供给。’”[①]

又据《宋史》卷四九一《日本国传》记载：“熙宁[②]五年，有僧诚寻至台州，止天台国清寺，愿留。州以闻，诏使赴阙。诚寻献银香炉，木槵子、白琉璃、五香、水精、紫檀、琥珀所饰念珠，及青色织物绫。神宗以其远人而有戒业，处之开宝寺，尽赐同来僧紫方袍。是后连贡方物，而来者皆僧也。元丰元年，使通事僧仲回来，赐号慕化怀德大师。明州又言得其国太宰府牒，因使人孙忠还，遣仲回等贡絁二百匹、水银五千两，以孙忠乃海商，而贡礼与诸国异，请自移牒报，而答其物直，付仲回东归，从之。”

进入元代，台州依然是对日贸易港口，据《元史》卷九九《兵志》记载：“武宗至大二年七月，枢密院臣言：‘去年日本商船焚掠庆元，官军不能敌。江浙省

① 《日本三代实录》，《太宰府天满宫史料》卷二，1964年，第274页。

② 北宋时宋神宗赵顼的一个年号（1068—1077），共计10年。

言，请以庆元、台州沿海万户府新附军往陆路镇守，以蕲县、宿州两万户府陆路汉军移就沿海屯镇。'”

二、台州海商

台州籍商人历来是活跃在海外贸易的重要力量，是连接海外交通的不可忽视的组成部分。

其中宋代商人周文德就是一位活跃在东北亚之间时间跨度约40年的台州商人。

(一)周文德

公元986年，宋朝台州籍商人周文德来到日本博多后，被安置在普通宾馆。日本僧人源信[①]闻讯赶到博多，想把自己所著的《往生要集》和他老师良源撰写的《观音赞》托周文德献给宋朝天台山国清寺，由于他们之间语言不通，所以源信就给住在宾馆的周文德写了封信，表明来意。周文德收到信后，就在宾馆给源信回了一封信，依然委托大宰府官员贯首[②]丰岛才人转交给源信。信中表达了对源信要献三卷《往生要集》给天台山国清寺，以及源信决定用结缘男女弟子的财物向天台山国清寺施财建了五十间廊屋一事的敬意。这封回信的内容如下：

大宋国某宾旅下

返报

大宋国台州弟子周文德谨启，仲春渐暖，和风霞散，伏惟法位无动，尊体有泰，不审不审，悚恐悚恐。唯文德入朝之初，先向方礼拜禅室，旧冬之内喜便信，启上委曲，则大府贯首丰岛才人附书状一封，奉上先毕，计也经披览欤，郁望之情朝夕不休，驰愦之际，遇便脚重启达，唯大师撰择往生要集三卷捧持，诣天台国清寺附入既毕，则其转当僧请领状予也，爰缁素随喜，贵贱皈依，结缘男女弟子五百余人，各各发虔心，投捨净财，施入于国清寺，忽饰造五十间廊屋。彩画柱壁，庄严内外，供养礼拜瞻仰庆赞，佛光重光法灯盛朗，兴隆佛法之洪基，往生极乐之因缘，只在于斯，方今文德忝遇衰弊之时，免取衣食之难，仰帝皇之恩泽，未隔诏敕，并日之食甑重欲积尘，何避饥馑之惑，伏乞大师垂照鉴，弟子不胜愦念之至，敬表礼代之状，不宣，谨言。

---

① 源信(942—1017)，平安中期的天台宗学僧。通称，惠心僧都。师从良源，著有《往生要集》。

② 贯首：统领；藏人头(秘书)的异称；天台座主的异称。各宗本山以及诸大寺住持的敬称。

二月十一日　　　　大宋国弟子周文德申状

谨上天台楞严院源信大师禅室 法座前[①]

通过周文德让大宰府官员转交信函这件事来看，一方面说明其所住的宾馆是归大宰府管辖，另一方面也说明商人的行动可能受到限制。宋商被安置在大宰府指定宾馆居住，由政府支付滞留费[②]。宾馆的封闭空间起着隔离宋商的作用，这也是官府先买的前提。政府先买下必要的货物，剩下的再委托给民间交易。当然政府制定交易价格，这对于贸易商人来说具有很大的制约性。

同样还是这位周文德，其贸易对象除了日本之外，还涉及高丽，并担当过高丽的国使。990年，高丽国王委托宋商周文德和杨仁绍作为使者向日本摄津国腾尾寺献宝物，其实当时周文德还有另一项秘密任务，就是替高丽国王到日本求名医治疗高丽王后的白发，据日本史料《元亨释书》记载："正历元年庚寅大宋淳化[③]元宋商二人来，一台州人周文德，一婺州人杨仁绍，二商曰，百济国后有美姿，国主爱重，未迈壮龄，其发早白，后愁之，服灵药求法验，二事无效，王又忧之，一夕后梦，日本国胜尾寺千手大悲，灵感无比，汝其祈之，觉后，后悦甚，便向日本国，作礼祈求，又梦，日本国一山出光，照掖庭，梦觉，后发绀碧过始，以是寄我等二人，以阏迦器、金鼓、金钟等什物，遥献彼像，不知胜尾寺为何处，大宰府使者送到寺云。"[④]

高丽国王梦到能治王后白发的名医在日本，所以就派台州商人周文德和杨仁绍到日本寻访名医。由此还可以看出宋商们在经商之余，还客串充当过高丽国的国使出使到第三国日本，这说明宋商在东亚海上贸易开展的十分广泛、影响力很大，他们以商为主兼职别样，深入民间，游走高层。

关于这位台州商人周文德，日本史料还有相关记载，据《日本略记》记载："今日大宰大监藤原藏规进鹅二翼、孔雀一翼。闰六月二十五日癸卯，大宋国商客周文德(裔)所献孔雀，天览之后，于左大臣(藤原道长)小南第作其巢养之。"[⑤]这里面就没有把宋商周文德的具体名字弄清楚，而是写成"周文德(裔)"。而在另一份史料《扶桑略记》二十八的三条天皇条里却写着"长和四年六月二十五日，大宋国商客周文裔所献孔雀，天览之后，于右大臣小南第，生卵

① 《往生要集》卷下卷末遣唐消息，《太宰府天满宫史料》卷四，1964年，第169页。

② [日]村井章介：《东亚中的日本文化》，放送大学教材财团法人放送大学教育振兴会，2005年。

③ 淳化(990—994)是宋太宗的年号，北宋使用这个年号共5年。

④ 《元亨释书》二十八《寺像六》，《太宰府天满宫史料》卷四，1964年，第191页。

⑤ 《日本略记》后篇十二三条"天皇长和四年二月十二日癸亥"条，《太宰府天满宫史料》卷四，第420页。

十一，但未化雏云云”[①]。另外《太宰府天满宫史料》卷四里的420页的标题也写成：“二月十二日癸亥，大宰大监藤原藏规，宋商周文裔の赠る孔雀等を上る。”

同一个人做的事被标记为两个人的名字的案例。究竟是“周文德”，还是“周文裔”？同一只孔雀是由一个人还是两个人献的？“周文德”和“周文裔”，难道是日本人误听成了不同的发音了？也可能是宋商是故意把自己的名字给更改了[②]。

值得一提的是“周文裔”这个名字除了这次还出现过三次。第一次是在1013年，大宰府的大贰平亲信向朝廷报告周文裔捎来了入宋僧寂照的家书以及给左大辨藤原道长献礼品（天竺观音和大辽国作文），不过周文裔这次却有违反日本“年纪制”的嫌疑[③]。

第二次是在1028年的8月，大宰府向朝廷禀报，在宋商纲首陈文祐的船上，有位副纲首章仁昶者，“先度纲首周文裔之副纲首章承辅之二男也，而父承辅老迈殊甚，起居不合，无心归唐，去年所罢留也，母又日本高年之老妪，夫妇共以老衰，仍为相见其存亡，总依归参”[④]，他的母亲为日本人，因念父母年迈，想留在日本。第三次出现也是在1028年，讲的是周文裔托筑前国的高田牧司妙忠朝臣为使向右大臣藤原实资送信以及礼物，希望能对自己的货物网开一面，《小右记》有详细地记载：

> 长元元年十一月二十三日癸丑条，二十九日己未，……参内，……左中辨传下一夜定文，传仰云，大宋国商客文裔等，定申可廻却之由，若可返给货物欤，延喜间近代定虽有廻却，官不被返货物，此间可定申者，……诸卿申云，……文裔等廻却之事，定申先了，但返给货物之事，事事可然，唯上古近代虽有廻却之定，犹不返给货物，假令虽返给，府禁来（未）不严欤，即以左中辨令奏，亦返进定文，仰云，文裔等定闻食。
>
> 二年三月二日辛酉，……萨摩守文任，付使脚进十四、苏芳十斤、花三贴、革十枚，又小女志粉纸十贴、茶垸、唐砚一面。香椎宫司武进紫金膏二两、可梨勒三十果、槟榔子十五果，高田牧司妙忠朝臣进杂物次，进苏芳十斤、雄黄二两、紫金膏二两、绿青大四十八两、金漆升、
>
> 附牧司妙忠使，大宋国台州商客周文裔送书函之上，注云，进上右相府

---

① 《扶桑略记》二十八三条天皇，《太宰府天满宫史料》卷四，1964年，第421页。

② 赵莹波：《宋代对日贸易中宋商易名现象探析》，《中州学刊》2012年第3期。

③ 《御堂关白记》“宽弘九年九月二日丁卯”条，《太宰府天满宫史料》卷四，1964年，第401页。

④ 《小右记》“万寿四年”条，《太宰府天满宫史料》卷五，1964年，第61页。

大将殿下，宋人周文裔谨封，开函见之，有二封，一封书上注进上太政官，大宋国商客周文裔表谨封者，仍不开见，今一封似送小臣，仍开见，其书云。[①]

信中表达了台州人周文裔对右大臣的敬仰，还说自己已经年迈，以前一直没向其奉献，现在追悔莫及，这次想亡羊补牢[②]。但是周文裔的慷慨陈词却没能打动藤原实资，礼物给退了回来。

同是台州人的宋商"周文德"或"周文裔"从时间的跨度来看，大约有40多年(986—1028年)，如果他们是同一个人的话，那么周文德(裔)应该是史料中有案可查的经商最长的"在日宋商"了。从周文德作为高丽使者向日本寺院进献宝物以及喜欢送礼这点来看，周文德是很喜欢珍奇物品的。所以周文德向日本天皇进献鹅二翼和孔雀一翼这件事就可以理解了，周文德很可能是历史上第一个把孔雀带到日本的人。基于以上的判断，"周文德"与"周文裔"应该是同一个人。

(二)郑仁德

宋商郑仁德是台州人，985年首次出现在中国史料上，据《宋史》卷四九一《日本国记》载："二年(985)，随台州宁海县商人郑仁德船归其国。后数年，仁德还，奝然遣其弟子喜因奉表来谢曰："日本国东大寺大朝法济大师、赐紫、沙门奝然启：伤鳞入梦，不忘汉主之恩；枯骨合欢，犹亢魏氏之敌。虽云羊僧之拙，谁忍鸿霈之诚。奝然诚惶诚恐，顿首顿首，死罪。奝然附商船之离岸，期魏阙于生涯，望落日而西行，十万里之波涛难尽，顾信风而东别，数千里之山岳易过。妄以下根之卑，适诣中华之盛。"

986年又出现在日本史料《清凉寺缘起》上："我朝日本国に来给へる由来を委しく寻れば，……大宗(宋)雍熙三年丙戌，台州の郑仁德かあきなひ(商い)船に便船して，奝然とともに，本朝に光降あり。"[③]乘坐郑仁德商船的还有日本入宋僧奝然。奝然是在982年，获日本朝廷允许来宋朝五台山巡礼文殊圣迹，学习宋朝文化的，"入唐归朝法桥上人奝然奏状称，奝然为遂宿愿，去天元五年蒙允许宣，渡海入唐适参五(台)山，巡礼文殊圣迹，更观大宋朝"[④]。奝然是获得天皇的许可"去天元五年蒙允许宣"，是奉旨去宋朝学习佛法的。据《续左丞抄》一里记载：

① 《小右记》"万寿四年"条，《太宰府天满宫史料》卷五，1964年，第61页。

② 周文裔详见第五章"唐货"一节。

③ 《清凉寺缘起》"五清凉寺の御本尊"，《太宰府天满宫史料》卷四，1964年，第171页。

④ 《续左丞抄》"太政官符大宰府"，《太宰府天满宫史料》卷四，1964年，第83页。

左辨官下 山城国[1]

应早任先宣旨，运进入唐归朝奝然所齎（もたらす）来佛像一切经论事

右，… 得彼奝然今月十八日奏状称，去年八月二十五日官符，同年十月十五日到来大宰府，随即府国递送，…

宽和三年正月二十八日〇署名 略ス[2]

四年后的986年，奝然乘坐宋商船回国，随身携带大藏经5048卷以及十六罗汉的绣像[3]，据说当时奝然从宋带回来的经书之多，需要雇许多车才能运走。“件佛像经论，其数巨多，可用人夫食车赁等料，雇进夫三百。”[4]

两年后，郑仁德要从日本返回宋朝，奝然的弟子嘉因又奉旨随郑仁德的船去宋朝学习。《日本纪略》后篇九一“天皇”条记载：“永延二年二月八日乙未，入唐归朝僧奝然弟子嘉因，并唐朝礼（祚）乾等，奉大宋国。”[5]奝然的弟子嘉因则是一位既精通佛法经典又知晓汉语的僧人，“今件嘉因，久住东大寺，苦学三论无相之宗教，同往西唐国，共受五部秘密之灌顶，非啻学显学密之法，兼以解汉地之语，然则足为译语者也，望请天恩，下给宣旨于大宰府，随郑仁德等归船，发遣大唐”[6]。奝然在郑仁德回宋朝之际，依依惜别，“奝然附商船之离岸，期魏阙于生涯，望落日而西行，十万里之波涛难尽，顾信风而东别，数千里之山岳易过。妄以下根之卑，适诣中华之盛”[7]。奝然的弟子嘉因随船带有献给宋朝的贡品：

贡佛经，纳青木函；琥珀、青红白水晶、红黑木槵子念珠各一连，并纳螺钿花形平函；毛笼一，纳螺杯二口；葛笼一，纳法螺二口，染皮二十枚，金银莳绘筥一合，纳发鬘二头，又一合，纳参议正四位上藤佐理手书二卷，及进奉物数一卷、表状一卷；又金银莳绘砚一筥一合，纳金砚一、鹿毛笔、松烟墨、金铜水瓶、铁刀；又金银莳绘扇筥一合，纳桧扇二十枚、蝙蝠扇二枚；螺钿梳函一对，其一纳赤木梳二百七十，其一纳龙骨十橛；螺钿书案一、螺钿书几一；金银莳绘平筥一合，纳白细布五匹；鹿皮笼一，纳貂裘一领；螺

① 山城国：今京都。

② 《续左丞抄》一，《太宰府天满宫史料》卷四，1964年，第174页。

③ 《清凉寺缘起》五，《太宰府天满宫史料》卷四，1964年，第171页。

④ 《石清水文书》“桐二ノ十三”，《太宰府天满宫史料》卷四，1964年，第171页。

⑤ 《日本纪略》后篇九一“天皇”条，《太宰府天满宫史料》卷四，1964年，第183页。

⑥ 《续左丞抄》，《太宰府天满宫史料》卷四，1964年，第183页。

⑦ 《宋史》卷四九一《日本国传》，北京：中华书局，1977年，第14135页。

钿鞍辔一副,铜铁镫、红丝鞦、泥障;倭画屏风一双;石流黄七百斤。①

由此可见,台州宋商郑仁德的商船除了经商,也常为宋日两国政府搭载官方乘客,这种想象在当时很普遍。

台州商人们辗转于波涛汹涌的东海之间,不畏艰难、奋勇向前,他们的商船不仅向日本输出了日本人喜欢的"唐货",还带去了大量的中华经典和佛教经典。台州商人不仅促进了宋日两国的贸易,而且还为传播中华文化和中国文明作出了不可估量的贡献。

据《宋史》记载:"雍熙元年,日本僧奝然与其徒五六人浮海而至,献铜器十余事……奝然善隶书,而不通华言。问其风土,但书以对,云其国中有五经书及佛经、《白居易集》七十卷。"②说明中国经典在日本已经深入人心。而当奝然于雍熙三年(986)乘坐台州宋商郑仁德的商船回国时,他带回了"大藏经五千四十八卷"以及"十六罗汉绘像"。据日本史料《清凉寺缘起》记载:

> 清凉寺の御本尊,我朝日本国に来给へる由来を委しく寻れば,…大宗(宋)雍熙三年丙戌,台州の郑仁德かあきなひ(商い)船に便船して,奝然とともに,本朝に光降あり,六十五代花山院永观(宽和)二年丙戌七月九日,帰朝の旨奏聞す,大藏经五千四十八卷,及十六罗汉の絵像,同時にわたる所なり。③

1013年日僧寂照托宋商周文裔捎来家书,同时又捎给日本关白兼太政大臣藤原道长"天竺观音一副、大僚作文一卷",这件事被收录在日本史料《御堂关白记》里:

> 宽弘九年九月二日丁卯,… 从大贰(平亲信)许有唐人文(周)文裔来著消息,参大内,候宿,奏唐人来之由。二十一日丙戌,候内间,理(平)义朝臣大贰消息持来,唐人来著解文,又送家书一封,披见,入唐寂照消息书,并所送天竺观音一副、大僚作文一卷也,以解文即返理义,送左大辨(藤原道长)许。④

宋商船不仅从宋朝带去中华经典和佛经,而且日本僧人也会通过宋商向宋朝传递佛教书籍,促进了两国佛学文化的交流。

---

① 《宋史》卷四九一《日本国传》,第14136页。

② 《宋史》卷四九一《日本国传》,第14131页。

③ 《清凉寺缘起》五,《太宰府天满宫史料》卷四,1964年,第171页。

④ 《御堂关白记》,《太宰府天满宫史料》卷四,1964年,第401页。

不仅如此,有元一代,当中日两国还处在战争时期,台州僧人一山一宁①携元朝国书出使日本,为两国政治缓和以及经济贸易重开做出了重大贡献。据《北条九代记》记载:"正安元年(1299)十月八日,宋朝僧正子云:'一宁参着镰仓,一宁持大元国书。'"回来后,一山被尊为日本朱子学之祖。对儒、道、诸子百家,乃至稗官小说、乡谈俚语皆甚为熟稔,其宗风对后世五山文学影响极大。

台州在我国海外贸易以及海外交通历史中具有重要的地位,在对日以及东北亚贸易交往中发挥着重要的作用。台州海商和僧人自唐朝以来更是对我国海上贸易以及中华文化的传播作出了巨大贡献。尤其是元末方国珍的出现又把中国历史舞台的焦点聚集在台州。台州以及台州商人继续为中国近现代史的海外贸易和海上交通史上谱写着壮丽的篇章。

① 《妙慈妙济大师行记》,《太宰府天满宫史料》卷九,1964 年,第 153 页记载:"师讳一宁,号一山,大宋国台州临海县胡氏子也。大德二年夏,我商船薄明州,大元国主初有狙窥我之心,故辛巳战舰数盈十万。然风涛一夕,破荡狼狈,是以恐我国之神灵。"

路桥方氏对元末明初抗倭的贡献

台州市路桥区方志办　管彦达

一、方国珍遣兵捕倭

倭寇之祸是从元朝开始的。元武宗至大元年(1308)倭寇在庆元“城郭,抄略居民”。武宗至大二年(1309)七月,枢密院臣言:“去年日本商船焚掠庆元,官军不能敌。”至大四年(1311)十月,江浙行省言:“两浙沿海濒江隘口,地接诸蕃,海寇出没。”枢密院官议:“庆元与日本相接,且为倭商焚毁。”

此后倭寇不断南下骚扰我国沿海各地。

至正十五年(1355)春,方国珍占据庆元城。至正十七年(1357)后,方氏政权基本得到巩固,开始开展海外贸易,一度将庆元市舶司改称海沧馆,“番货海错,俱聚于此”。

至正十八年(1358)五月,元廷以方国珍为江浙行省左丞兼海道运粮万户。方国珍派其兄国璋及幕僚刘仁本为其运粮。途经东海、黄海,曾受到倭寇骚扰。由于方国珍船队强大,未造成重大损失。

方国珍顺道至高丽,向其贡献。《高丽史》卷三九《恭愍王世家》:“戊戌,(高丽恭愍王)七年,……五月,庚子,台州方国珍遣人来献方物。”那时高丽亦深受倭寇之害,没有能力抵抗。

于是方国珍决定捕倭。乌斯道在《送陈仲宽从元帅捕倭寇序》中说道:“太尉丞相方公以至正十有七年,受天子命控制东藩,有梗化者讨之,自是东方以宁。倭为东海枭夷,处化外。比岁,候舶趋风至寇海中,凡水中行,而北者病焉。今年夏,丞相曰:‘天子方以中土未尽平,弗暇理东海事,吾为天子弭盗职耳,恶得不选吾爪牙,俘至麾下。’于是诹日饬将士曰:‘汝往必克,毋利其货,以逭其死,毋毒我土民。’时君仲宽以都事职在元帅钱公幕下,因佐其行。”

在方国珍恩威并施的情况下，倭寇得到控制。《高丽史》记载方国珍五次派人来通好，再没有记载受倭寇骚扰事。

二、方明谦建言筑抗倭城，并具体操办

洪武三年(1370)十一月，靖海侯吴桢收编方国珍在台、温、明(庆元)三府旧部军士及船户11万余人，隶各卫为军。由于台、温、明三府民心未附，朱元璋以方国珍侄明敏、明彻(明谦)为总管(乾隆《鄞县志》)。《古今识鉴》载："明谦，国珍从子也。洪武初归款，授太仓指挥佥事，经略明台温三府，起方氏军。"

方明谦，字德让，方国珉子。随三伯方国珍归顺朱元璋后，避讳改名鸣谦。

洪武七年(1374)之后，倭寇的掠夺渐趋激烈，朱元璋决心加强海防，以武力制止倭寇的扰边，同时切断与日本的政治和贸易关系。

之后，倭寇继续猖狂。《明史·汤和传》载："既而倭寇上海，帝患之，顾谓和曰：'卿虽老，强为朕一行。'和请与方鸣谦(明谦)俱。鸣谦，国珍从子也，习海事，常访以御倭策。鸣谦曰：'倭海上来，则海上御之耳。请量地远近，置卫所，陆聚步兵，水具战舰，则倭不得入，入亦不得傅岸。近海民四丁籍一以为军，戍守之，可无烦客兵也。'帝以为然。和乃度地浙西东，并海设卫所城五十有九，选丁壮三万五千人筑之，尽发州县钱及籍罪人赀给役。"

洪武十七年(1384)开始执行筑城事，逾年而城成，御史秦凯有《和方指挥海上筑城歌》。光绪《黄岩县志》载："今沿海海门、松门、新河等城皆襄武(汤和)督建，而鸣谦所营度者也。"卫所城建成后，稽军次，定考格，立赏令。

《松江府志》载，明洪武十七年，为防海患，方鸣谦聚众20万，在柘林、金山、乍浦筑城，史称"圆、方、长三城"。尤以金山卫城为最，与当时的天津卫，威海卫并称海防三大名卫。后人为纪念这位民族英雄，遂造一座规模宏大的城隍庙，位于十字街东门，现存遗址。

温州金乡卫亦是方明谦建。金乡抗倭引《纲目三编》载："方鸣谦请并海置卫，太祖从之。"朱元璋的并海置卫，从山东半岛至浙南沿海，设五十九处卫所城防。金乡卫，管辖平阳沿海所有水陆并寨，包括卫城内五个千户所和蒲门、壮士(今马站区)两个千户所，一直到沙园所(今瑞安县)。权力最大的时候，宁村所(今瓯海区)、海安所(今乐清县)，也由金乡卫指挥使节制。《明实录》载："是时并宁村、海宁二千户所，亦属金乡卫。"

方明谦是明初抗倭卫所的创议者、襄办实施者。由于他的杰出贡献，洪武十八年(1385)，明太祖朱元璋赐他五花马，廷臣相率赋诗以彰殊恩，方孝孺作

《御赐广洋卫方指挥明谦五花马诗序》。

洪武二十年(1387),信国公汤和奉命视察边海,委托方明谦襄办。方明谦于台州设立海门、松门、新河、桃渚卫所。玉环乡筑楚门、隘顽两城,置楚门、隘顽两个御倭水军千户所(户为军户,每1军士为1户,千户所统兵1200人),与巡检司互相策应,隶松门卫。浙东民4丁以上者,户取1丁戍之,凡得58700余人。

盘马巡检司亦是方明谦建。嘉靖《太平县志·兵防》载:"盘马巡检司在第六都盘马山,旧隶黄岩县,洪武二十年广洋卫指挥方鸣谦奏建。墙垣周围一百五十丈,高一丈八尺,厅屋三间,吏舍一间,弓兵房三间,城门一座。旧额弓兵一百名,今裁减止存八十名。"

光绪《宁海县志》载:"健跳所城,在南一百一十里凤凰山麓,去海五里,明洪武二十年信国公汤和奏设,千户尚膺筑城。……越溪巡司城,在东三十里,明洪武二十年信国公汤和奏设。"又:"长亭巡司城、曼𡓼巡司城、窦𡓼巡司城、铁场巡司城,以上四城始设规制迁复,并同越溪。……洪武二十年冬十一月,命汤和筑濒海城备倭。因日本屡入寇,帝患之,谓和曰:'卿虽老,强为朕一行。'和请与方鸣谦俱。鸣谦,国珍从子也,习海事,常访以御倭策。鸣谦曰:'倭海上来,则海上御之耳。请量地远近,置卫所,陆聚步兵,水具战舰,则倭不得入,入亦不得傅岸。近海民四丁籍一以为军,戍守之,可无烦客兵也。'帝以为然。和乃度地浙西东,置卫所。并海筑城五十有九,选丁壮五万八千余人戍之。"

新河所建于洪武二十八年(1395)。嘉靖《太平县志·兵防》载:"新河守御千户所在县东北三十里,隶海门卫。城高二丈三尺,周围五里六十八步。洪武二十八年信国公属广洋卫指挥方鸣谦建。旗军八百六十三名。正千户五员,副千户二员,镇抚一员,百户十员。"民国《黄岩县新志·国防》载:"新河千户所在卫城南五十里(弘治《赤城新志》),洪武十九年十二月置(《明史·地理志》),二十八年信国公嘱广洋卫指挥方鸣谦建城,高二丈三尺,周回五里六十八步正,千户五员,副千户二员(弘治《赤城新志》),镇抚一员,百户十员(康熙《太平志》),太旗军八百六十三名(《康熙通志》)。"

但方明谦的结局却很悲惨。明初袁忠彻《古今识鉴》载:"明谦,国珍从子也。洪武初归款,授太仓指挥佥事,经略明台温三府,起方氏军。稍从军,访民疾苦。遂致骄横。洪武戊午,明谦受剥肤之刑,举族受累祸。"《国榷》等也记载:"(国珍)从子明谦,太仓卫指挥佥事,后以骄不法,举家受僇。"可见剥肤之刑是存在的。

但袁忠彻记载的时间有误:洪武戊午是洪武十一年(1378),洪武十八年(1385)明太祖赐明谦五花马,二十年(1387)明谦协助汤和视察边海,弘治《赤城新志》、嘉靖《太平县志》均载：洪武二十八年(1395)方鸣谦建新河守御千户所。不可能在洪武戊午(洪武十一年)受刑，明谦有可能受刑的时间应在洪武晚期。

初，方明谦筑城，群臣和歌，御史秦凯就和有《和方指挥海上筑城歌》。洪武十八年(1385)，朱元璋授明谦明威将军、广洋卫亲军指挥佥事，担负南京宫禁值宿警卫，并赐五花马。方孝孺作《御赐广洋卫方指挥明谦五花马诗序》，称其"某昔于京师闻人言，广洋敦硕畏慎，而其季弟好学有文，继今益自奋励，殚极心力，处辇毂之下，则思尽忠，守疆宇于外，则思爱民"。曾几何时，"遂致骄横"致受剥肤之刑。

原来筑城抽丁，招来不少怨言，对待这些怨言，汤和承受得了，而明谦承受不了。《明史·汤和传》载："和乃度地浙西东，并海设卫所城五十有九，选丁壮三万五千人筑之，尽发州县钱及籍罪人赀给役。役夫往往过望，而民不能无扰，浙人颇苦之。或谓和曰：'民讟矣，奈何？'和曰：'成远算者不恤近怨，任大事者不顾细谨，复有讟者，齿吾剑。'逾年而城成。稽军次，定考格，立赏令。浙东民四丁以上者，户取一丁戍之，凡得五万八千七百余人。"汤和说"复有讟者，齿吾剑"，当然谁都不敢吃汤和的剑。《汤和传》又载："明年(应该是洪武二十一年)，闽中并海城工竣，和还报命。"汤和完成了，就复命了。留下明谦，就成了众矢之的。

光绪《宁海县志》卷三引《明史·太祖本纪》："凡筑宁海、临山等五十九城，馃城温钞。其时黄岩亦有松门、新河等城，三丁役一，民受其病。"又引《逊国志》："方孝复以汤和海上加赋，宁海民赴阙求减，谪宁夏，此其证矣。"

或可以推断：抗倭城已筑成，戍卒也已到位，朱元璋防倭的目的已经达到，民情尚有怨气，朱元璋是否把方明谦作为替罪羊处理掉呢？

三、方礼参与筑抗倭城

方礼(约1338—?)，又名明礼，字德庭，国珍长子。官其子礼广洋卫指挥佥事。光绪《黄岩县志》曰："旧志：尝奉命筑城迁海，乃鸣谦事，今削之。"实则，建言并参与筑城迁海，在国珍子侄中并非明谦一人事，方礼、方行、方关都参与，而明谦最为得力。

四、方关筑定海等处十一城

方关(约1339—?)，小名亚关，国珍次子，朱元璋赐名完，又称明完，明忠显校尉虎贲卫千户所镇抚,参与建言修筑抗倭卫所,其主要任务是修筑定海地区抗倭卫所城。

元至正十八年(1358)十二月,朱元璋攻占婺州,使主簿蔡元刚使庆元。十九年(1359)三月,国珍以温、台、庆元三郡献于朱元璋,遣次子关为人质。朱元璋厚赐关而遣之。至正二十七年(1367)九月,朱元璋将士进攻方国珍,十二月国珍遣子关奉表降。朱元璋封方关为忠显校尉、虎贲卫千户所镇抚(《国珍传》)。

清初鄞县全祖望《方国珍府第记》中说:"而国珍子亚关,旧尝在金陵为质子,建言当筑城于沿海以防倭,太祖诏下信公施行,于是始筑定海等处十一城。定海城为卫,而以大嵩、穿山、霩(雨衢)、翁山四城隶之;观海城为卫,而以龙山城隶之;昌国城为卫而以石浦、钱仓、爵溪三城隶之,皆以亚关之言也。"

又说:"而吾乡藩篱之固则亦其父子实启之,不可谓无功。其吾乡府城,因元初毁天下城池而坏者,虽筑于纳麟之手,而亦至方氏始完。不然,嘉靖以后王直、徐海之乱,荼毒更有不可言者。"

五、方行亦参与筑抗倭城

《北窗琐语》、乾隆《鄞县志》载国珍死后:"后台、温、明三府民心未靖,太祖以其从子明敏、明御为总管以统理,冀其向化。"汤和主持筑抗倭城,国珍许多子侄参加,除明谦(明御)、方关、方礼外,还有方行。筑城遭受民怨,朱元璋拿主持筑城者开刀以平民怨,明谦首当其冲,朱元璋对国珍子方礼、方关网开一面,对于方行则从轻典戍滇也。幸亏堂侄女是黔宁昭靖王沐英侧室,受到这位西南王关照,后升至千户。

六、国珍子侄筑城防倭的成果

正是由于方国珍子侄的建议与努力,卫所的建立,使得洪武后期拥有了稳固的海防力量,"海患"得到有效遏制。从洪武十七年到嘉靖三十年(1384—1551)的 160 多年间,倭寇未形成大患,这与方国珍子侄的贡献是分不开的。

方国珍家族亲戚综述

台州市路桥区方志办　管彦达

一、方国珍先祖

(一)方氏来历

根据张翥撰《方国璋碑铭》及宋濂撰《方国珍碑铭》:其系分自莆田,再迁台之仙居,三迁于黄岩灵山乡塘下里,遂占籍焉。

根据《石曲方氏宗谱·源流序》:方氏祖籍台州,自大宋年间侨寓黄岩,世居洋屿,后迁石曲,历传至元,又传数世及元武宗时,出兄弟五人,长国馨,次国璋,三国珍,四国瑛,五国珉。

(二)方天成

方天成,方国珍曾祖。元季先赠:资善大夫、江浙等处行中书省左丞上护军,追封河南郡公(《方国璋碑铭》);后赠:荣禄大夫、湖广等处行中书省平章政事(《方国珍碑铭》)。妻陶氏(国珍曾祖母),封越国夫人。

(三)方　宙

方宙,方国珍祖。元季先赠:荣禄大夫、江西等处行中书省平章政事柱国,追封越国公(《方国璋碑铭》);后赠:光禄大夫、福建等处行中书省平章政事,勋柱国,爵封越国公(《方国珍碑铭》)。妻潘氏(国珍祖母),封越国夫人。

(四)天成、方宙两代坟

《石曲方氏宗谱·源流序》载:“有太祖考、祖妣墓葬在方家垷下汇头。”

(五)方伯奇

方伯奇,字震亨,方国珍父。元季先赠:银青荣禄大夫福建等处行中书省平章政事上柱国,追封越国公(《方国璋碑铭》);后赠:银青荣禄大夫淮南等处行中书省左丞相勋柱国,爵封越国公(《方国珍碑铭》)。妻周氏(国珍母),封越国夫人。

关于方伯奇及妻周氏墓失载，均因入明后朱元璋对群雄及功臣坟墓很注意，生怕影响及自己创下的根基。民间流传方国珍父母的坟墓在白峰峤，或在洋屿山。

长兄方国馨支系

（一）方国馨

方国馨，元武宗在位（1307—1311）时出生（根据《石曲方氏宗谱》），长国珍10岁左右，大概死于方国珍起事前，极有可能死于与蔡乱头争牢盆中（嘉靖《太平县志》：以盗牢盆与蔡乱头相仇杀）。元授卫千户，赐五品级（民国四修《石曲方氏宗谱》），后赠蔡国公。妻陈氏，蔡国夫人（《故沐夫人方氏墓志铭》）。

（二）方明善

方明善，小名亚初，字复初，国馨长子，约生于1330年。《草木子》载“与兄国璋、弟国瑛、侄亚初同为乱”，方国珍起事时，明善近二十岁。

至正十二年（1352）六月，方国珍占领黄岩城，十四年（1354）九月占领台州城，十五年（1355）三月入据庆元城，即以方明善摄黄岩州事。十七年（1357）七月，方国珍遣李德孙攻占温州。十八年（1358），方明善以行省都镇抚来镇。十九年（1359），擢为行枢密院判枢。二十年（1360），升同佥。二十一年（1361），升佥书院事。二十二年（1362），赠闽省参政兼佥院。二十三年（1363）春，方明善调水军攻平阳州，九月城破；升江浙左丞。二十四年（1364），升右丞，赐分省印。二十六年（1366）秋七月，为江浙行省平章政事。

至正二十七年（1367），朱亮祖进兵温州，方明善拒战失败。亮祖克其城。徇下瑞安，复败明善于盘屿，追至楚门，国瑛及明善诣军降。

方明善管辖温州期间，有善政。“明善居温，颇循法度”（《明太祖实录》《明书》）。重修温州路谯楼。乾隆《温州府志·水利》载：乐清县东、西两渠“岁久淤塞，元末，方氏吏刘敬存摄邑，浚治深广，于是两渠复通，仍建宝带桥其上。又浚东小河至白沙，以泄溪流，舟楫可通，田得以灌溉，民甚便之”。

妻鲍氏，蔡国夫人。

有女年十九，为明朝黔宁昭靖王（沐英）侧室。

值得注意的是：有关史志杂书中讲，明善是国珍侄、从子、子，均无错。国馨死后，国珍收为义子。

辨误：四修《石曲方氏宗谱》前，明善无归属；新修《石曲方氏宗谱》把他归于方国瑛子，错。方国珍起义时三十岁，明善已近二十岁，而国瑛最多二十八岁，故明善不可能是国瑛子。《元季伏莽志》载："丙申，亮祖兵至黄岩南槛（南监），国瑛及其兄子明善来见，送至建康。"《明史纪事本末》载："丙申，朱亮祖兵至黄岩，方国珍及其兄子明善率家来降。"明善是国馨子的明确依据是《故沐夫人方氏墓志铭》中的记载。

附：陈敬宗《故沐夫人方氏墓志铭》（《皇明文衡》卷之八十九《墓志》）：

夫人讳某字某，姓方氏，世家台之黄岩。叔祖国珍，仕元金紫光禄大夫浙江等处行中书省左丞相太尉衢国公；父复初，由忠翊校尉知黄岩州事，历升荣禄大夫浙江等处行中书省平章政事；推恩赠其高祖宙、曾祖震亨，皆越国公，高祖妣潘氏、曾祖妣周氏，皆越国夫人；祖国馨，蔡国公，祖妣陈氏与荣禄之室鲍氏，并蔡国夫人。

鲍生夫人，聪慧孝顺，甚为父母所钟爱，年十九为国朝黔宁昭靖王侧室。

夫人生长名族，又获承接大家，心益弘明，事王与主壶耿夫人恪谨柔顺，终始不失上下礼节，处一家尊卑间，谦恭温和，靡不顺适。生子昂，有文武才能，为右军都督府右都督，翊賛其兄黔国公藩镇云南，积有劳勋。故朝廷贤其子之才，特赐诰命，封为夫人。夫人愈益恭谨，无纤毫自矜之色。凡在闺阃，莫不益重夫人之贤，亨年八十有二，正统四年正月二十五日以寿终。

子男一，即昂；孙男五：僖、俊、佐、仲、佑；孙女三，长适成国公朱勇，次适右府右都督陈玫；曾孙二：璘、瓛，曾孙女一。

夫人既终，昂在云南，昂之异母弟驸马都尉昕夫人期服子也，率僖等奉襄太事，惟谨十以是年闰二月二十三日，祔葬于江宁县长泰北乡观音山元王墓侧。

（三）沐　昂

沐昂，字景高，沐英子，方明善外孙。《明史·沐英传》载："昂，字景高，初为府军左卫指挥佥事。成祖将使晟（昂兄）南讨，乃擢昂都指挥同知，领云南都司，累迁至右都督。正统四年佩将印，讨麓川，抵金齿。畏贼盛，迁延者久之。参将张荣前驱至芒部败，昂不救，引还，贬秩二级。已，思任发入寇，击却之，又捕斩师宗反者。六年，兵部尚书王骥、定西伯蒋贵将大军讨思任发，昂主馈运。贼破，复昂职，命督军捕思任发，不能得。十年，昂卒。赠定边伯，谥武襄。"

（四）方明善妻家庭

方明善妻兄鲍与侃为温州路太守兼断事官，鲍与清为行枢密院同佥，分据乡都；妻弟鲍世演为镇抚分据乐清；鲍世昌为总制官，分据瑞安；妻妹夫车英、黄德廉、林文升为元帅万户（弘治《温州府志》）。

(五)方文举

方文举,方明善弟。至正二十一年,以元帅升判枢。二十年,升行枢密院同佥。二十三年,升佥院。二十四年,升副枢(《重修温州路谯楼记》)。

三、次兄方国璋支系

(一)方国璋

方国璋(约1315—1362),约长国珍四岁。

元至正八年(1348)方国珍起义,元派江浙行省参知政事朵儿只班剿捕,反被方氏兄弟抓获。朵儿只班为其上书说情,朝廷授方国璋仙居县丞,清除陈年积案,民悦吏服。之后方氏兄弟复叛,十一年(1351)八月,朝廷派大司农达识帖睦迩到黄岩招降方氏兄弟,立巡防千户所,设长二,国璋为其一。十二年(1352)四月,方氏兄弟复反,六月占黄岩城。十三年(1353)江浙行省左丞帖里帖木儿招安方氏兄弟,授国璋广德路治中,未赴。乃立巡防千户所,授千户,赐五品服。十四年(1354)九月方氏兄弟占领台州城,十五年(1355)三月入据庆元城,即以方国璋摄台州事。不久复降元。十六年(1356)张士诚陷平江,元廷檄方国珍往讨。十七年(1357),国珍与国璋出兵昆山,大败张士诚,国璋领次子方行攻入太仓。张士诚降元。元廷命国珍、国璋罢兵,升通奉大夫、防御运粮都元帅、衢州路总管,镇守台州。十八年(1358)元廷使臣来,要求平江张士诚出粮,庆元方国珍出船,由方国璋董其役。朝廷升国璋为福建行省参知政事,又升为资善大夫同知行枢密院事。十九年(1359)春,朱元璋遣使招谕方国珍兄弟;元廷也升国璋荣禄大夫江浙行省右丞。方国璋劝说朱元璋降元,朱元璋态度暧昧。二十年(1360),元察罕贴木儿大举进攻起义军,形势急转直下。朱元璋惊慌,同意与元朝廷谈判。朝廷遣尚书张昶等到台州见方国璋,将由婺以趋集庆见朱元璋。

二十一年(1361)二月,朱元璋部苗将王保、刘震、蒋英杀统帅胡大海,持首级从婺州越苍岭到仙居来降,方国珍不纳。二月二十一日,方国璋率百余骑至仙居,设宴款待王保等,送金币,劝其约束苗兵。当夜四更,王保偷袭方营,方国璋中矢而亡。朱元璋遣使致祭。元廷赠国璋"银青禄大夫江浙等处行中书省平章政事上柱国封越国公谥荣愍"。国璋葬临海涌泉(详见张翥《方国璋神道碑铭》)。

辨误:方国璋任仙居县丞时间约在至正九年(1349)下半年,最迟在十年(1350)初。万历《仙居县志》记载方国璋任仙居县丞时间在至正二十年(1360),光绪《仙居县志》因之,误;光绪《台州府志》卷十六职官表《仙居》"至正十二年，方国璋(丞。万历志作二十年任，今从新县志)"，亦误。方国璋任仙居丞的直接原因是朵儿只班推荐，朵儿只班放还的时间在至正八年(1348)底或九年(1349)上半年。至正十年(1350)庚寅开始，乡兵开始讨方国珍，"至正庚寅，方谷珍寇海上，境内骚动。恢与方居仅隔一里，聚族人及乡之好义者御之，不克。既而，与之战于白枫河，宗族死者八十余人"(弘治《赤城新志》、黄岩、太平各志)，五月，国珍南下至福宁州，掠大、小筼筜，执元帅扈海。一直到十一年(1351)八月，朝廷才派大司农达识帖睦迩到黄岩招降方氏兄弟。至正十二年(1352)，国珍兄弟处在反元战事中，五月，命江南行台御史大夫纳麟给宣敕与台州民陈子由、杨恕卿、赵士正、戴甲，令其集民丁夹攻方国珍；六月方氏兄弟占领黄岩城；八月再攻台州城；不可能有元廷任命方国璋为仙居丞之事；至正十九年(1359)春，元廷升国璋荣禄大夫江浙行省右丞，不可能在二十年(1360)还去做仙居丞。

妻於氏，路桥河西人。曾祖於泰，宋咸淳元年乙丑进士，为瑞安尉，权知县事，调昆山，政绩著闻；祖宜；父松友(松友有弟竹友、梅友)元授将仕郎。

《方国璋神道碑铭》载国璋有子五：长明巩，次明敏，次明伟，为於氏所出；另德忠、德庆为庶出。孙男二人：麟、凤。

值得注意的是：於氏是国璋原配，结婚时间应在顺帝元统二年(1334)前后，国璋二十岁左右时，其子明巩、明敏、明伟为嫡出。黄岩及路桥流行的二个版本，一为小说，说国璋微时，去大荆雾湖一带谋生，娶关姓女子为妻，则是小说家在不熟悉史料的情况下创造，不必认真看待。一为本地史话，说国璋坐镇临海时娶於松友之女，时间不对：方氏兄弟占领台州是至正十四年九月(此间还不是国璋坐镇台州)，十五年(1355)攻占庆元后国璋坐镇台州，此时国璋已经四十一岁，即便此年国璋娶松友之女，明年生明巩，再明年(1357)征讨张士诚，如果照史话推算，则次子明敏还没有出生呢，如何与父亲一道攻占太仓呢？须知此年明敏差不多十九岁了。

(二)方明巩

国璋长子明巩，好读书，通兵法，恭以下士。父死后，元赠资善大夫江浙等处行中书省参知政事，国珍收为义子。清谷应泰《明史纪事本末》载："国珍不得已，遣郎中承广、员外郎陈永乞降，又遣其子明克、明则，从子明巩等纳省院及诸银印铜印二十六、银一万两、钱二千缗于和。"

刘仁本在余姚举办"续兰亭会"，与会者有防御元帅方永，疑即明巩，因为他是方家除明善兄弟(在温州)外的老大。

子：麟(《石曲方氏宗谱》)。

(三)方　行

国璋次子方行,即明敏,号东轩。约生于1339年。自小习武读书,知学有勇力,善骑射。至正十五年(1355)后在庆元参赞军机。至正十七年(1357)与父亲国璋一起克太仓。张士诚降元后,元廷命令国珍兄弟退兵,方行随返。国珍开府庆元,方行仍参赞军机。其父死后,元赠明敏奉政大夫江浙行省枢密院判官。国珍收为义子,派他协助叔父国瑛守台州。黄岩城被朱元璋部朱亮祖攻破后,国瑛、明敏等先撤到温州,明敏后退至舟山降。

洪武初,方行徙濠;后又谪滇(袁忠彻《古今识鉴》)。

《北窗琐语》、乾隆《鄞县志》载:"(国珍)卒于建康。后台、温、明三府民心未靖,太祖以其从子明敏、明彻为总管,以统理,冀其向化。彼二竖反生煽惑,潜谋不轨,遂族之。"明彻即明谦。袁忠彻说:"洪武戊午,国珍已没,明谦受剥肤之刑,举族累祸,则明敏或于此时得以从轻典戍滇也。"戊午(洪武十一年,1378)时间有误,明谦受刑其事有可能发生时间至少推迟十年以上,应在洪武二十几年间事。

据此推断:明敏先徙濠,后被任命为总管,最后因明谦祸牵连,从轻谪滇。在堂侄女黔沐王小夫人影响下,若干年后,仕滇明州官员(如鄞县徐宪副训、奉化应履平等)提携他升充千户。

方行善诗,国珍开府庆元,名流赵俶、谢理、萨都剌、丁鹤年等因避兵祸投入方国珍麾下,方行与往来结交,"重于恩事",业益精。在濠时,见心奉诏在凤阳,与明敏数唱酬,在黔亦有诗作。所著《东轩集》,由堂弟明则送请承旨宋濂为序,称其"书无所不读,古诗俊逸超群,律诗婉丽清切,极风人之致,不欲以庆元子弟没之云"。其《登秦驻山》为《海盐县志》所录:

此地曾经驻跸来,秦皇遗迹尚崔巍。
采穷沧海无灵药,归到骊山有劫灰。
万里黑风迷鬼国,一杯弱水隔蓬莱。
诗人吊古多遐思,落日高丘首重回。

气象之大,讽喻之深,为历代讽喻秦始皇最出色的诗篇之一。

子:凤(《石曲方氏宗谱》)。

(四)方明伟

国璋嫡末子明伟。父死后,元赠明伟为奉议大夫浙东道宣慰副使都元帅。

(五)国璋其他子女

国璋还有嫡女三人;庶男二人:德忠、德庆;庶女三人。

(六)方　政

方政，国璋孙，从征麓川，死事，追封南和伯，世袭(万历《黄岩县志》、《路桥志略》、民国《黄岩县志》)。按，麓川在云南，方政极有可能是方行之子。

四、方国珍系

(一)方国珍

至正八年(1348)，方国珍在洋屿起义。江浙参政朵儿只班往讨，追至福建五虎门，反被执，释之为其上降书，朝廷授国珍定海尉，未赴，兵聚不解。

十年(1350)，泽库陈恢、毛贞德等聚乡兵攻洋屿方国珍，战于白枫河，陈氏宗族死者八十余人；又应允中、陈宣集合太平乡兵攻方国珍，皆败。十一月，方国珍舟兵泊松门港。十二月攻温州，二十八日进入，次年初三退出。

十一年(1351)，檄江浙左丞孛罗帖木儿剿方国珍。六月，孛罗兵至大闾洋，被方国珍击溃，孛罗与郝万户被擒。释之，复为国珍上降书。七月，命大司农达识帖睦迩招降方国珍，八月至黄岩，授国珍千户长。

十二年(1352)初，朝廷募船，国珍疑惧复入海。台州路达鲁花赤泰不华欲诱杀方国珍。三月，泰不华船至王林洋，遇国珍船，潮退，泰不华船搁浅，不降战死。六月，方国珍占领黄岩城。

十三年(1353)，江浙左丞帖里帖木儿与南台侍御史左答纳失里奉旨招谕方国珍，十月，授国珍徽州路治中，不赴。

十四年(1354)四月，元廷复讨方国珍；九月，方国珍陷台州城。

十五年(1355)三月，方国珍攻庆元，主帅纳麟献城降。

十六年(1356)，张士诚陷平江。元廷升国珍海道防御万户、江浙参政，命讨张士诚。

十七年(1357)，方国珍率兵进攻张士诚所据昆山，士诚将史文炳、吕真弃马走，亡十将军。明日又战，七战七捷，直至城下。士诚遣使者送款，请奉元正朔。国珍还治于鄞。七月，方国珍派部将李德孙占领温州。

十八年(1358)，开始为元廷运粮。由张士诚出粮，国珍出船，由国璋、刘仁本操办。元升国珍为江浙左丞。

十九年(1359)九月，朱元璋遣使招降方国珍，授国珍行省平章。元亦升国珍行省平章。

二十一年(1361)九月，元赐国珍爵司徒。

二十四年(1364)，元赐国珍爵太尉。

二十五年(1365)十月,元赠国珍为淮南行省左丞相。

二十六年(1366)十月,元赠国珍为江浙行省左丞相。

二十七年(1367)九月,朱元璋派朱亮祖进攻台州方国瑛;之后进攻温州方明善;朱元璋又派汤和、廖永忠进攻庆元。十二月,方国珍降。

明洪武二年(1369),朱元璋授国珍广西行省左丞,食禄不之官。

洪武七年(1374),方国珍去世,葬南京城东二十里玉山之原。

洪武九年(1376)十一月,宋濂奉旨作《方国珍神道碑铭》。

(二)国珍妻两董氏

方国珍妻两董氏,皆封越国夫人(《方国珍碑铭》)。子男五人,其二即礼与完,其三曰本、曰则、曰安。女五,国珍去世时二适士族。孙男六。

其一约死在二十三年(1363)前后(乌斯道《处士倪君仲权墓表》)。

其一为董妙清,《大方广佛华严经·普贤行》释循规刻经愿文云:"启请江浙等处行中书省丞相方国珍、越国夫人董氏妙清为檀越主,完成胜事。"

辨误:有杂书说方国珍妻为戴氏,显然不对。方礼之妻为戴氏女(见下文)。

(三)董均信

董均信,黄岩人,方国珍部万户,洪武元年(1368)归附后"入籍为民",洪武十八年(1385)起用为卫所镇抚(张金奎《明代军户来源》)。疑为国珍妻董氏兄弟。

(四)方　礼

方礼(约 1338—?),又名明礼,字德庭,国珍长子。《明史·方国珍传》:"官其子礼广洋卫指挥佥事。"《路桥志略》载:"明礼,名德庭,国珍子也,宣武将军广洋卫亲军指挥使,好学有文,尤善吟咏,世所传方小指挥诗,皆明礼作也。"其《登九峰绝顶》:

东风吹我上崔巍,回首尘寰图画开。
九朵峰峦联寺塔,一弓江水护楼台。
鲁桥车马随花柳,彭冢麒麟卧草莱。
说起兴亡吟不了,特敲松屋问寒梅。

大概在洪武年间,奉命筑抗倭边城回乡所作。

配南塘戴氏。子二:克孝、克友(《石曲方氏宗谱》)。

堂弟明谦犯事家灭后,方行贬谪云南。方礼虽未受大的牵连,亦感到官场险恶。洪武晚期,朱元璋对待功臣稍宽,方礼乘机回到石曲(方孝孺语),但行事低调。

期间回乡的还有方礼妻子的兄弟(或堂兄弟)戴宗焕,也回到南塘。

(五)戴子英

戴子英,字文瓒,号闲懒,复古五世孙,黄岩县灵山乡南塘人(今属温岭市),国珍亲家,方礼岳父。嘉靖《太平县志》载:“一日侵晨,(方国珍)诣南塘戴氏借大桅木造舡,将入海货鱼盐。戴,世官,屋有厅事,时主人尚卧未起,梦厅事廊柱有黑龙蟠绕,屋为震撼,惊寤视之,乃国珍,遂以女妻其子。”温黄各志所记相同。

国珍占据浙东三郡后,戴子英仕江浙行省参政。至正戊戌(1358)校家藏旧本,编刻《戴复古石屏集》,请贡师泰作序,这个刊本当是明清选刻本的祖本。

(六)戴宗锐

戴宗锐,子英子,方礼妻兄弟,由庆元路同知升朝(议)大夫佥书枢密院事。

(七)戴宗焕

戴宗焕,字元怡,号松石,复古六世孙,方礼妻兄弟或堂兄弟。《方城遗献》载有他写的《洪武壬戌(十五年)春吾族颠沛避方今见景伤怀》诗:“无人至此不心灰,况我情亲更可哀。悄悄悲风生网棕,悠悠恨水绕楼台。垣墙积雨生青草,石壁逢春上绿苔。满眼凄凉禁不得,惟望天道有阳回。”

(八)范秋蟾

根据嘉靖、嘉庆《太平县志》载:范秋蟾,南塘戴氏妇,国珍戚也,美而能诗。

泰不华死难,秋蟾吊以诗曰:“江头沙碛正交舟,江上人怀白战忧。力屈杲卿生骂贼,名图诸葛死封侯。波涛汹汹鲸横海,天地寥寥鹤怨秋。若使临危图苟免,读书端为丈夫羞。”此诗被两《太平县志》及《尊乡录》等多处采录。考秋蟾写此诗,应在未嫁戴氏之前。

至正十六年(1356)张士诚南下据苏州,第二年元遣方国珍攻张士诚昆山,国珍七战七胜。《南村辍耕录》及《秘阁元龟政要》:(张士诚)托丁氏往来说合,结为婚姻,于是两境之民稍息。

之后张士诚遣能诗妓女十余辈来觇,国珍送至南塘与秋蟾唱和。其行也,秋蟾制新词十章被之管弦以送,妓感服,尽以国情输之。“妓女”应该是张士诚嫁女时随行侍女。

范秋蟾疑为宗锐之妻。

(九)方　关

方关(约 1339—?),小名亚关,国珍次子,朱元璋赐名完,又称明完。

元至正十八年(1358)十二月,朱元璋攻占婺州,使主簿蔡元刚使庆元。十九年(1359)三月,国珍以温、台、庆元三郡献于朱元璋,遣次子关为人质。《太祖实录·方国珍传》载:“己亥三月丁巳,方国珍遣郎中张本仁以温、台、庆元三郡来献,且以其子关为质,太祖曰:‘古者虑人不从,则为盟誓。盟誓变而交质子。此衰世之事，岂可蹈之！凡人之盟誓交质者，皆由未能相信故也。今既诚心来归，便当推诚相与，当如青天白日，何至怀疑而以质子为哉?'乃厚赐关而遣之。关后改名明完。"至正二十七年(1967)九月，朱元璋将士进攻方国珍，十二月国珍遣子关奉表降。明初朱元璋封方关为忠显校尉虎贲卫千户所镇抚。

方关参与建言修筑抗倭卫所，其主要任务是修筑定海、宁波抗倭卫所城。清初鄞县全祖望《鲒埼亭集》言："而国珍子亚关，旧尝在金陵为质子，建言当筑城于沿海以防倭，太祖诏下信公施行，于是始筑定海等处十一城。定海城为卫，而以大嵩、穿山、霩(雨衢)、翁山四城隶之；观海城为卫，而以龙山城隶之；昌国城为卫而以石浦、钱仓、爵溪三城隶之，皆以亚关之言也。"

子：克睦(《石曲方氏宗谱》)。

(十)国珍其他子女

其他子即本、则、安。

清谷应泰《明史纪事本末》载："国珍不得已，遣郎中承广、员外郎陈永乞降，又遣其子明克、明则，从子明巩等纳省院及诸银印铜印二十六、银一万两、钱二千缗于和。"明克疑即明完。

入明后，明则为堂兄弟方行诗集《东轩集》请宋濂作序。

方安。袁忠彻《古今识鉴》载："方国珍，浙之黄岩人，元末举兵反海上，初据明州。袁柳庄相之曰：'公神气不常，举动急速，性灵气暴，南人胡相，故以武处官至一品。日下龙穴凤池有红黄黑气，二七日内男女生。'国珍曰：'一妇有孕，何见男女生?'后果生一男二女。"国珍在明州时所生子，应该为最末子方安。

明本子：克渊。明则子：克任。明安子：克恤(《石曲方氏宗谱》)。

女五，国珍去世时二适士族。长女适长浦下尤、吴兴郡马尤口口，次俱适士族(《石曲方氏宗谱》)。

五、弟方国瑛支系

(一)方国瑛

方国瑛，国珍弟。至正八年(1348)，参与兄国珍起义。《元史·顺帝本纪》："(至正)十三年冬十月庚戌，授方国珍徽州路治中，国璋广德路治中，国瑛信州路治中，督遣之任，国珍疑惧，不受命。"方国珍占据浙东三郡后，以国璋、国瑛守台州。国璋死后，侄明敏协助国瑛守台州。十九年(1359)，朱元璋遣使招安方国珍，授国瑛福建行省参政，印留而不用。二十六年(1366)，元廷授他江浙行省平章政事。《元史·顺帝本纪》："二十六年秋七月丙戌，以方国珍为江浙行省左丞相，弟国瑛、国珉，侄明善，并为江浙行省平章政事。”

至正二十七年(1367)九月，朱元璋将朱亮祖进攻台州，国瑛拒战失败，奔黄岩。十月，朱亮祖兵至黄岩，国瑛遁海上，守将哈儿鲁降。十二月，国瑛与侄明善一道降朱元璋。

“明授国瑛行中书省参政(《元季伏莽志》卷七《盗臣传》)”，应在至正年间朱元璋所授，不应该是明开国后所授，说“明”混淆时间。

(二)方文信

方文信，国瑛子，随父居台。亮祖兵至，瑛即遣子文信通款，后随国珍入京师(《元季伏莽志》卷七《盗臣传》)。

六、小弟方国珉支系

(一)方国珉

方国珉，国珍小弟。至正八年(1348)，参与兄国珍起义。十五年(1355)，国珍攻占庆元(今宁波)，留弟国珉在身边，作为副手。十九年(1359)，朱元璋遣使招安方国珍，授方国珉江南行枢密院佥事，国珉开院署事。在庆元期间，方国珉直接领导并参与修筑上虞海堤。二十六年(1366)，元廷授他江浙行省平章政事。二十七年(1367)，与兄国珍一道归降朱元璋。

妻，王顺庭，元赠徐国夫人。《大方广佛华严经·普贤行》释循规刻经愿文云：“盖为义母徐国夫人王氏顺庭助备衣资，三圆顶相，方图刊刻《华严经》板，报谢大恩。又蒙禀白义父江浙平章政事方国珉……”

(二)方明谦

方明谦，又称鸣谦、明彻，字德让，国珉子。随国珍归顺大明。

《北窗琐语》、乾隆《鄞县志》载：方国珍去世后一段时间，台、温、明三府民心未靖，明太祖以国珍从子明敏、明彻为总管，以统理，冀其向化。《古今识鉴》也说，授明谦太仓指挥佥事，经略明台温三府起方氏军。

时倭患东南沿海，信国公汤和荐举方明谦。《明史·汤和传》载：“既而倭寇上海，帝患之，顾谓和曰：‘卿虽老，强为朕一行。’和请与方鸣谦俱。鸣谦，国珍从子也，习海事，常访以御倭策。鸣谦曰：‘倭海上来，则海上御之耳。请量地远近，置卫所，陆聚步兵，水具战舰，则倭不得入，入亦不得傅岸。近海民四丁籍一以为军，戍守之，可无烦客兵也。’帝以为然。和乃度地浙西东，并海设卫所城五十有九，选丁壮三万五千人筑之，尽发州县钱及籍罪人赀给役。”洪武十七年(1384)开始筑江浙卫所城，共59座，逾年而城成。御史秦凯有《和方指挥海上筑城歌》。

《松江府志》载：明洪武十七年，方鸣谦聚众20万，在柘林、金山、乍浦筑城，史称“圆、方、长三城”。尤以金山卫城为最，与当时的天津卫、威海卫并称海防三大名卫。

明洪武十八年(1385)，明太祖授方明谦明威将军、广洋卫亲军指挥佥事，担负南京宫禁值宿警卫，并赐五花马。方孝孺作《御赐广洋卫方指挥明谦五花马诗序》。

洪武二十年(1387)，信国公汤和奉命视察边海，委托方明谦襄办。方明谦于台州设立海门、松门、新河、桃渚卫所。玉环乡筑楚门、隘顽两城，置楚门、隘顽两个御倭水军千户所。

嘉靖《太平县志》载：“新河守御千户所在县东北三十里，隶海门卫。城高二丈三尺，周围五里六十八步。洪武二十八年信国公属广洋卫指挥方鸣谦建。”(明谦事迹详见《路桥方氏对元末明初抗倭的贡献》)

《九峰志》载有方文谦《寄炼庵》诗：

二月金陵暖尚遥，背阴岩径雪初消。
中州地阔山川秀，上谷春深雨露饶。
别后转惊身老大，愁来偏觉路岧峣。
何时再到论文地，望鹤楼前听玉箫。

文谦应即明谦，国珍子侄辈中，“明”与“文”通。炼庵，姓黄，黄岩西乡金岙人。中州，古豫州地处九州中间，称为中州，即今河南。上谷，郡名，战国时燕地，即今河北易县一带。望鹤楼在黄岩西乡金岙黄炼坑，元末明初黄炼庵建。

(三)方明锡

方明锡，明谦季弟。洪武十八年(1385)九月，帝出内厩五花马赐其兄明谦，季弟明锡奉请方孝孺作序。

《方国璋神道碑》史事辨析

河北师范大学　孟繁清

河北经贸大学　杨淑红

《方国璋神道碑》即《大元赠银青光禄大夫江浙等处行中书省平章政事上柱国追封越国公谥容愍方公神道碑铭》(以下简称《璋碑》)[①]是研究元末方氏政权的重要史料之一。方国璋死于元至正二十二年(1362)二月二十一日。碑文由张翥据方国璋幕僚萧德吉草拟的方国璋行状撰写,危素书丹,张璘篆额。该碑内容因涉及朱元璋攻占衢州(治今浙江衢州)、婺州(治今浙江金华)等史事,明朝建立后一度埋于地下。据《台州金石录》记载,清同治甲戌(1874)出土时尚完好,后又断为两截。今残碑嵌立东湖石刻碑林壁间[②]。

本文仅就《璋碑》涉及的部分史实,作些辨析。

一、关于方氏家庭出身

《璋碑》追叙其父方伯奇事迹时说:

> 越公(方伯奇——引者)通阴阳历数之说,乐善好施。家隶尝以小斗出米以予人,公闻,立剖而遣之。人以贫投者,必周之。
>
> 家素约,乃致力著逐,生业日厚。中外族党济其乏,存其孤。岁饥,振其乡里。

宋濂撰《方国珍神道碑》[③],则未提及上述内容。

---

① (元)张翥:《大元赠银青光禄大夫江浙等处行中书省平章政事上柱国追封越国公谥容愍方公神道碑铭》,《台州金石录》卷一三,台北:台湾新文丰出版公司,1982年。以下引文,凡未注明出处者,均引自此文。

② 据《临海文物志》第六章《临海文物、博物馆重要事记》,涌泉寺旁发现的《方国璋神道碑》,高3.9米,宽1.07米,厚0.36米,为临海发现的最大石碑。可惜发现时已断为两截,“文革”间又毁去一截。现存部分残碑嵌立于东湖石刻碑林壁间。

③ (明)宋濂:《宋学士文集》卷四〇《故资善大夫广西等处行中书省左丞方公神道碑铭》,《四部丛刊》本。

据《明太祖实录》卷七“己亥春正月”条，至正十九年(1359)，方国珍遣使奉书，献黄金、白金等给朱元璋，书中说：“国珍生长海滨，鱼盐负贩，无闻于时……”并未提及其父“乐善好施”之事。

黄溥《闲中今古录摘抄》记载说：

> 初，谷珍(即国珍——引者)之乱也，又非因刑敛。其黄岩风俗，贵贱等分甚严。若农家种富室之田，名曰佃户，见田主不敢施揖，伺其过而后行。谷珍父为佃户，过于恭主。谷珍兄弟四人既长，谷珍谓父曰：“田主亦人尔，何恭如此？”父曰：“我养赡汝等，由田主之田也，何可不恭？”谷珍不悦。父卒，兄弟戮力，家道渐裕……[①]

嘉靖《宁波府志》卷二〇《遗事》所载方国珍史事，与《闲中今古录摘抄》相似，“黄岩风俗，贵贱等分甚严”一语，完全相同，因此，二者当有渊源关系。

《明太祖实录》卷八八记方国珍“世以贩盐浮海为业”[②]；《明史》卷一二三《方国珍传》亦沿袭此说：“世以贩盐浮海为业。”

从方国珍起义后的活动情况看，其主要活动区域是在浙东沿海一带，降元后，也曾长期担任护漕之职，这些情况都表明，方氏对海上航行十分熟悉。因此，方氏家族“世以贩盐浮海为业”的说法，应比较符合实际。

《璋碑》所记方国璋之父“乐善好施”，以及“家隶”以小斗出米以予人云云，与黄溥《闲中今古录摘抄》及嘉靖《宁波府志》中的相关记载，互相矛盾。一个佃户之家，何来“家隶”？

上述材料互相比较，还是方国珍自称的“国珍生长海滨，鱼盐负贩，无闻于时”以及《明太祖实录》卷八八、《明史·方国珍传》所说“世以贩盐浮海为业”比较符合实际。至于其父“乐善好施”云云，当然不无可能。方国珍起事后，随从响应者如此众多，表明此前方氏在当地较有影响。

方国珍起义后，长期活动在浙东沿海，这显然与他出身“盐徒”，经常“负贩鱼盐”有关[③]。元代的台州(今属浙江)是食盐生产地之一。至正二年(1342)，元政府曾于盐运司之下设温台等四处检校批验所，负责这一地区的盐业生产与运销，“直隶运司，专掌批验盐商引目，均平袋法称盘等事”[④]。由于官府盐

---

① (明)黄溥：《闲中今古录摘抄》，记录汇编本。

② 《明太祖实录》卷八八“洪武七年三月壬辰”条，台湾“中研院”历史语言研究所校印本，第1560页。

③ 陈高华：《元代盐政及其社会影响》，《陈高华文集》，上海：上海辞书出版社，2005年，第21—22页；张国旺：《元代榷盐与元代社会》，天津：天津古籍出版社，2009年，第186—193页。

④ (明)宋濂等撰：《元史》卷九二《百官志》，北京：中华书局，1976年，第2337页。

价不断提高，普通百姓吃不起官盐，于是“私盐”盛行[①]。贩运私盐者称“盐徒”，方国珍及其追随者中，当有不少“盐徒”。

因方氏兄弟长期“负贩鱼盐”，家境逐渐改善，邻里之间的借贷乃至施舍行为，不无可能。但说方氏其父“通阴阳历数之说”“乐善好施”，尤其是拥有“家隶”云云，目前尚无其他材料可以佐证。

私自贩盐是非法行为，元政府明令禁止并坚决打击[②]。因此，“盐徒”这一很不光彩的字眼，不可能加在元廷褒奖的官员头上，不可能出现在元廷重臣撰写的《瑋碑》之中，是完全可以理解的。

二、起义缘由及至正十五年(1355)前元政府的招抚与镇压

关于方氏起义，《瑋碑》做了如下记述：

> 岁饥，振其乡里，而媢公者多嗛之。有王复囚逻卒夜帅其徒斧闼入，尽掠公资而入海。适海运舟遇，复掠之，千户德流于实见执。公之弟今江浙行省平章国珍乃合族人乡丁数百人，敛兵治械，逐而击之。王就擒，奉德流于实归。参政朵儿只班以闻，授公仙居丞，人赏各有差。

上述文字完全回避了方国珍反元起义的事实，而变成了方国珍主动协助元政府镇压王复，救回千户于流德实，遂被授以官职，受到赏赐。

《元史》的编修是在元亡之后不到两年的时间内完成的，因而其记载比较接近史实。

《元史》卷四一《顺帝本纪》四载：

> 是岁，……台州方国珍为乱，聚众海上。命江浙行省参知政事朵儿只班讨之。[③]

《元史》卷一四三《泰不华传》载：

> 八年，台州黄岩民方国珍为蔡乱头、王伏之仇逼，遂入海为乱，劫掠漕运粮，执海道千户德流于实。事闻，诏江浙参政朵儿只班总舟师捕之，追

---

① 陈高华：《元代盐政及其社会影响》，《陈高华文集》，第21—22页；张国旺：《元代榷盐与元代社会》，第186—193页。

② 参见《元典章》卷二二《户部八·盐课》“巡禁私盐格例”“镇守军人兼巡私盐”“拿住私盐给赏”“任内失过私盐”等，陈高华、张帆、刘晓、党宝海点校，中华书局、天津古籍出版社，2011年，第856—859页。

③ 《元史》卷四一《顺帝本纪》，第883页。

至福州五虎门。国珍知事危，焚舟将遁。官军自相惊溃，朵儿只班遂被执，国珍迫其上招降之状，朝廷从之，国珍兄弟皆授之以官。国珍不肯赴，势益横暴。①

《明太祖实录》卷八八"洪武七年三月壬辰"条，《方国珍神道碑铭》(宋濂撰)、《明史·方国珍传》等，所记史实，均大体相同，都可以印证《元史》的上述记载。由元翰林院官员撰写的《璋碑》，尽力回避方国珍兄弟反元的事实，是显而易见的。

《璋碑》所说授璋仙居(今浙江仙居)丞一事，当属事实，方国珍亦被授予庆元定海尉②，《元史·泰不华传》亦提到"国珍兄弟皆授之以官"③。至于碑文所云方国璋为官乡里的种种政绩，尚无其他材料可以证实。翰林院官员乐见其为循吏，所以溢美之词也在情理之中。

之后，方氏兄弟再度起事原因及历官情况，《璋碑》做了如下说明：

公既官守，诸弟得服田里，业益富。仇公者憾益深，公躬往谕抚之，比至，则谋者势益逼，度不容居，举宗入海避之。仇者得计，遂挤公益力。有司来逐公，公得其逐者，辄礼而归之，因以状吁冤。朝廷遣左丞帖里铁木尔慰安公，公帅诸弟谢罪，自陈愿毕力海漕报朝廷。乃立为巡防千户所，即授公兄弟千户，赐五品服。

《明太祖实录》卷八八则说："国珍虽受官还故里，而聚兵不解，势益横暴。"

关于方国珍的再度起事，《明太祖实录》说："十二年，元兵征徐州，命江浙省臣募舟师守大江。国珍怀疑，复入海以叛。乃命台州路达鲁花赤泰不花讨之。泰不花率舟师与战，众溃。泰不花自分必死，即前薄国珍船，手刃数人，遂为所杀。是时，汝、颍兵起，海内大乱，江淮南北诸郡土豪聚众割据，元不能制，遂复遣官谕之使降。"④

《明史·方国珍传》则说："……寻叛，寇温州。元以孛罗帖木儿为行者左丞，督兵往讨，复败，被执。乃遣大司农达识帖睦迩招之降。已而汝、颍兵起，元募舟师守江。国珍疑惧，复叛。诱杀台州路达鲁花赤泰不华，亡入海。使人潜至京师赂诸权贵，仍许降，授徽州路治中。国珍不听命，陷台州，焚苏之太

① 《元史》卷一四三《泰不华传》，第3424页。

② 《明太祖实录》卷八八"洪武七年三月壬辰"条；(明)宋濂：《故资善大夫广西等处行中书省左丞方公神道碑铭》；《明史》卷一二三《方国珍传》，第3697页。

③ 《元史》卷一四三《泰不华传》，第3424页。

④ 《明太祖实录》卷八八"洪武七年三月壬辰"条，第1561页。

仓。元复以海道漕运万户招之，乃受官。”①

《元史·泰不华传》记至正九年(1347)至十二年(1352)间，元政府与方国珍间的斗争情况较详：

九年，诏泰不华察实以闻，既得其状，遂上招捕之策，不听。

十年十二月，国珍复入海，烧掠沿海州郡。十一年二月，诏孛罗帖木儿为江浙行省左丞，总兵至庆元。以泰不华谂知贼情状，迁浙东道宣慰使都元帅，分兵于温州，使夹攻之。未几，国珍寇温，泰不华纵火筏焚之，一夕遁去。既而孛罗帖木儿密与泰不华约以六月乙未合兵进讨。孛罗帖木儿乃以壬辰先期至大闾洋，国珍夜率劲卒纵火鼓噪，官军不战皆溃，赴水死者过半。孛罗帖木儿被执，反为国珍饰辞上闻。泰不华闻之痛愤，辍食数日。朝廷弗之知，复遣大司农达识帖木迩等至黄岩招之。国珍兄弟皆登岸罗拜，退止民间小楼。是夕，中秋月明，泰不华欲命壮士袭杀之，达识帖木迩适夜过泰不华，密以事白之，达识帖木迩曰：“我受诏招降耳，公欲擅命耶?”事乃止。檄泰不华亲至海滨，散其徒众，拘其海舟兵器，国珍兄弟复授官有差。既而迁泰不华台州路达鲁花赤。

十二年，朝廷征徐州，命江浙省臣募舟师守大江，国珍怀疑，复入海以叛。泰不华自分以死报国，发兵扼黄岩之澄江，而遣义士王大用抵国珍，示约信，使之来归，国珍益疑，拘大用不遣，以小舸二百突海门，入州港，犯马鞍诸山。泰不华语众曰：“吾以书生登显要，诚虑负所学。今守海隅，贼甫招徕又复为变，君辈助我击之，其克则汝众功也，不克则我尽死以报国耳。”众皆踊跃愿行。时国珍戚党陈仲达往来计议，陈其可降状。泰不华率部众，张受降旗乘潮而前，船触沙不能行，垂与国珍遇，呼仲达申前议，仲达目动气索，泰不华觉其心异，手斩之。即前搏贼船，射死五人，贼跃入船，复斫死二人，贼举槊来刺，辄斫折之。贼群至，欲抱持过国珍船，泰不华瞋目叱之，脱起，夺贼刀，又杀二人。贼攒槊刺之，中颈死，犹植立不仆，投其尸海中。年四十九。时十二年三月庚子也。②

上述史实，诸如至正十一年(1351)行省左丞孛罗帖木儿兵败被俘，至正十二年(1352)泰不华被诛杀，以及至正十二年(1352)以后元政府讨伐方国珍的

---

① 《明史》卷一二三《方国珍传》，第3697页。

② 《元史》卷一四三《泰不华传》，第3424—3425页。另，至正十二年(1352)三月乙巳朔，无庚子日，此处史文疑有误。见本传《校勘记》(七)，第3430页。

多次军事活动[①],《璋碑》均略而未提。

三、官职升迁

大约在至正十四年(1354)末[②],“朝廷遣左丞帖里铁木尔慰安公,公帅诸弟谢罪。自陈愿毕力海漕报朝廷。乃立为巡防千户所,即授公兄弟千户,赐五品服”。但这一任命,在其他文献中看不到直接的记述。

据《元史》记载,至正十三年(1353)十月,朝廷曾“从帖里帖木儿、左答纳失里之请,授方国珍徽州路治中,国璋广德路治中,国瑛信州路治中,督遣之任,国珍疑惧,不受命”。[③] 各路治中,为正五品[④]。巡防千户所千户应与“海道运粮”“管领系官海船”的千户职品相当,亦为正五品[⑤]。估计,在方国珍兄弟拒绝担任诸路“治中”一职后,元廷只好改立巡防千户所,任命方氏兄弟“千户”一职。对方氏兄弟说来,这一任命,可以使他们继续活动于江浙沿海,仍可以保留原有的武装力量,这是方氏兄弟乐于接受的。

另据《璋碑》,至正十五年(1355),“公(方国璋——引者)护漕抵直沽,号令严明,粮舶悉集。有旨,升千户所为万户府,授亚中大夫上万户,佩金符,赐金系带一,宴劳以遣之”。可见,至正十五年(1355)方国璋是以千户身份护漕抵直沽的。同时,也间接证明,巡防千户所的设立及方国璋曾任巡防千户所千户一职,是符合历史实际的。

据《元史》记载,至正十五年(1355)七月,“升台州海道巡防千户所为海道

---

① 据《元史·顺帝本纪》,至正十二年(1352)后,元政府多次出兵讨伐方国珍。如:至正十二年闰三月,“方国珍不受招安之命,命江浙左丞左答纳失里讨之”(第898页);五月,“命江南行台御史大夫纳麟给宣敕与台州民陈子由、杨恕卿、赵士正、戴甲,令其集民丁夹攻方国珍”(第899—900页);同年八月癸卯,“方国珍率其众攻台州城,浙东元帅也忒迷失、福建元帅黑的儿击退之”(第901页);同年十一月癸未,“命江浙行省左丞帖里帖木儿总兵讨方国珍”(第903页);至正十三年(1353)正月,“方国珍复降”(第907页);三月,“命江浙行省左丞帖里帖木儿、江南行台侍御史左答纳失里招谕方国珍”(第908—909页);十月,“从帖里帖木儿、左答纳失里之请,授方国珍徽州路治中,国璋广德路治中,国瑛信州路治中,督遣之任,国珍疑惧,不受命”(第912页);至正十四年(1354)九月,“方国珍拘执元帅也忒迷失、黄岩州达鲁花赤宋伯颜不花、知州赵宜浩,以俟诏命”(第916页)。

嘉靖《温州府志》卷六《灾变》提及至正十四年(1354),元政府曾“以谷珍(方国珍——引者)为海道巡防万户”,但这一记载,没有其他的材料可以证实,估计时间记载有误。

② 据《元史》卷四三《顺帝本纪》记载,至正十四年(1354)九月,“方国珍拘执元帅也忒迷失、黄岩州达鲁花赤宋伯颜不花、知州赵宜浩,以俟诏命。”因此,“巡防千户所”之立及授“公兄弟千户”之命,应在此之后。

③ 《元史》卷四三《顺帝本纪》,第912页。

④ 《元典章》卷七《吏部一·职品》,第201页。

⑤ 《元典章》卷七《吏部一·职品》,第202页。

防御运粮万户府"[①]，这和《瑋碑》的记载是吻合的。但《元史·顺帝本纪》七记载，至正十六年(1356)三月，"戊申，方国珍复降，以为海道运粮漕运万户，兼防御海道运粮万户；其兄方国瑋为衢州路总管，兼防御海道事"[②]。《元史》的记载和《瑋碑》记载似乎不太一致。估计，在"台州防御运粮万户府"初立时，或许只是任命了护漕有功的方国瑋为万户，次年三月，才改由方国珍任万户，而方国瑋名义上改任衢州路(治今浙江衢州)总管，实际上仍"兼防御海道事"。衢州路为上路[③]，上路总管与海道运粮漕运万户的职品，都为正三品[④]。所以，职务的变动，对方国瑋说来，并没有实质性影响。

方国瑋虽曾被任为上万户，但文散官阶为"亚中大夫"，从三品[⑤]；且"佩金符"[⑥]。职务、品阶、印符如此混乱不一，反映了元政府对待方国珍势力的复杂心理。

至正十六年(1356)春，张士诚攻占平江(治今江苏苏州)。据《瑋碑》记载："丞相达识贴睦迩檄公(方国瑋——引者)总舟师往讨之。届昆山，接战数十，杀获甚众。既而平江来归款，乃罢兵。还，录其功，升万户府为防御运粮义兵都元帅府，即进公通奉大夫，为都元帅。"

昆山之战让元政府看到了方国珍、方国瑋等在对付张士诚势力中的重要作用，于是，原来的防御海道运粮万户府升为"防御运粮义兵都元帅府"，方国瑋则由原来的"亚中大夫"(从三品)晋为"通奉大夫"(从二品)，官都元帅。

至正十七年(1357)后，方国珍逐渐控制了温州(治今浙江温州)、台州(治今浙江台州)、庆元(治今浙江宁波)三郡。时，"中原道闭，使臣之往来，海以为陆。公(方国瑋——引者)每具资粮，送迎无阙，凡海舟唯公号是视"。这年八月，方国珍升为江浙行省参知政事，仍兼海道运粮万户[⑦]，方国瑋则升为福建行省参知政事。至正十八年(1358)五月，方国珍升为江浙行省左丞，兼海道运粮万户[⑧]，方国瑋则升"资善大夫、同知行枢密院事"。至正十九年(1359)十月，方国珍升江浙行省平章政事[⑨]，方国瑋则"升荣禄大夫江浙行省右丞"。至

① 《元史》卷四四《顺帝本纪》，第926页。
② 《元史》卷四四《顺帝本纪》，第931页。
③ 《元史》卷六二《地理志》，第1496页。
④ 《元典章》卷七《吏部一·职品》，第195页。
⑤ 《元史》卷九一《百官志》，第2320页。
⑥ "佩金符"者，最高为四品军官。见《元典章》卷八《吏制二·官制二》，第235页。
⑦ 《元史》卷四五《顺帝本纪》，第943页。
⑧ 《元史》卷四五《顺帝本纪》，第943页。
⑨ 《元史》卷四五《顺帝本纪》，第949页。

正二十一年(1361)秋九月,元廷又晋方国珍为司徒,并赐署字玉璞①。

至正十六年(1356)张士诚攻占平江后,原设在平江的海运万户府迁至庆元②,但实际上已无法履行海运万户府的职能。

海运中断后,元大都用粮已极为困难③。至正十九年(1359),元政府遣兵部尚书伯颜帖木儿、户部尚书齐履亨由海道赴庆元、杭州,要求张士诚、方国珍协作,由张士诚出粮,方国珍出船海运至直沽。经一再斡旋,张士诚勉强同意向朝廷供粮,但每年仅十余万石。自至正二十年(1360)起,连续海运了四年。至正二十三年(公元 1363 年)后,江浙行省的海运便宣告终止。在此过程中,方国珍部下具体负责组织运粮的是刘仁本④,但《璋碑》把这一功劳都记在了方国璋身上,而且在时间上也显得混乱不清。

四、方国璋之死

方国璋死于至正二十二年(1362)二月二十一日,为苗军将领王保部所杀。其经过,《璋碑》如是说:

> 朱□璋侵衢、婺⑤,公计可使召来之,二年始得其情。于是朝廷遣尚书张昶等来,与公会议,至台,将由婺以趋集庆。时苗军据婺州,其将王保等杀渠帅出奔,过仙居,所□纵剽。昶急与公谋。公曰:"今招安之事垂成,而苗军忽变,必入吾境,则吾民必见害。而彼闻之,将疑我怀去就。我请往谕保等,庶乱可弥。"乃引百余骑至仙居,遣属僚馈保等酒牢金币。保阳诺,请约束其军,□纵剽自如。公重遣人往戒之。是夜,二月二十一日也。迨四鼓,保军围公营数匝,矢石雨注。公不意其变,帅麾下起力斗,手杀数十人,而矛中折,遂遇害。同死者若干人。

---

① (元)刘仁本:《羽庭集》卷一《送刘玉成都事进表序》,《文渊阁四库全书》本。

② (元)卓说:《移建海道都漕运万户府记》,见章国庆编著《天一阁明州碑林集录》,上海:上海古籍出版社,2008 年,第 58 页。

③ 参见孟繁清:《元朝末年的海运与筹粮》,郝时远、罗贤佑主编:《蒙元史暨民族史论集》,北京:社会科学文献出版社,2006 年;孟繁清、杨淑红:《方国珍与元末海运》,李治安、宋涛主编:《马可波罗游历过的城市》,杭州:杭州出版社,2012 年。

④ 刘仁本《羽庭集》中,保留有不少有关元末海运的诗文。如《饯长信寺经历曹德辅序》《饯将作院史曲有诚公序》《送户部尚书彻公通理趣漕还京序》《送户部侍郎韩君汝舟督漕还京序》《送江浙行省检校官张君彦复序》《虞江宴别诗序》等序文,以及《奉檄泛海督漕运》《防运粮赴京二首》《春日即事》《舟发海上》《送户部侍郎韩君汝舟督漕还京》《送漕府知事高本中北上》《送中政院同佥铋纳鸣谦回京》等诗篇。

⑤ 朱□璋当为朱元璋。估计是明朝建立后,方氏后人有意毁去的。

《方国珍神道碑铭》(以下简称《珍碑》)语及此事,则称:

> 苗军刘震、蒋英等叛婺州,杀首帅胡大海,持其首来曰:"愿隶麾下。"众皆贺。独公不许,曰:"吾昔遣使效钱镠,言尤在耳;今纳其叛人,是见小利而忘大信也。且人叛主而归我,即他日叛我,又安可必耶!"遂帅师击之。仲兄中流矢而没。上遣使临祭,且慰抚其遗孤。①

二碑对此事的记载明显有别。《璋碑》是强调方国璋"公仁弗揃,往以善谕",是"仓促搏战,身以殉之",是为招降、安抚苗军王保等而被骗遭袭遇害的。《珍碑》则是说珍部主动出击苗军,方国璋是在战斗中"中流矢"而死的。二碑孰是孰非,目前尚无其他材料可以佐证。

苗军本是元政府的地方军队,后归降朱元璋。至正二十二年(1362)二月癸未,苗军头领蒋英、刘震、李福、王保等又叛杀朱元璋部将胡大海。从当时的军事形势看,方氏集团主动接纳降而复叛的苗军而不惜得罪朱元璋,对方氏政权显然是不利的。因此,方国璋主动以"酒牢金币"贿赂王保等以平息事态发展,可能性不大。《璋碑》所以要如此表述,大概是考虑到朱元璋的反元立场未见变化,苗军首领杀胡大海,对元政权来说是件好事。方国璋去招降苗军首领,符合元朝政府的利益。苗军杀方国璋后,逃窜至绍兴,归附了张士诚,名义上仍隶属于元政权。因此,碑文只谴责苗军的纵掠平民、言而无信,并未评价其对朱元璋的背叛行为。

总括《璋碑》的内容,可以明显看出,碑文主要突出了以下几点:

1. 方氏父亲方伯奇"乐善好施";
2. 方氏兄弟率众击败海寇,效忠元政权;
3. 方国璋为元地方官时多有政绩,受百姓拥戴;
4. 方国璋护漕有功;
5. 元政府对方国璋屡屡加官晋爵,多有赏赐;
6. 方国璋是为"善喻"、招抚苗军而被其首领杀害的。

总之,既然是元廷命官撰写的碑文,必然要彰显方国璋效忠元政权的事迹,在某些具体内容上,采取模糊乃至虚构的手法,是不足为奇的。

---

① (明)宋濂:《宋学士文集》卷四〇《故资善大夫广西等处行中书省左丞方公神道碑铭》。

五、《璋碑》的撰写

《璋碑》由张翥撰文，危素书丹，张瑧篆额。在当时，这是一个规格很高的写作班子。张翥时为翰林学士承旨、荣禄大夫，是翰林院地位最高的官员之一[①]。撰写《璋碑》时，他已七十多岁高龄[②]，是朝中的长者。

张翥身为朝廷命官，对当时的政治形势是清楚的。至正二十年(1360)末，他在《蜕庵岁晏百忧熏心排遣以诗乃作五首》中说"开岁七十五，故园犹未归"，"宇县犹多垒，干戈已十年。吾惟待其定，归种故山田"[③]，对元廷的未来充满忧虑。他在《授钺》一诗中写道："天子临轩授钺频，东南何处不红巾。铁衣远道三军老，白骨中原万鬼新。烈士精灵虹贯日，仙家谈笑海扬尘。只将满眼凄凉泪，哭尽平生几故人。"诗后小注云："中原红巾初起时，旗上一联云：'虎贲三千，直抵幽燕之地；龙飞九五，重开大宋之天。'其后毛贵等横行山东，侵犯畿甸，驾幸滦京。贼势猖獗，无异唐末。仲举在都下，作此诗寄浙省周玉坡参政云。"[④]文渊阁四库全书本《大雅集》径将此诗题为《寄周伯温》。

方国璋去世的至正二十二年(1362)，元大都面临着严重的用粮危机。从至正十九年(1359)起，元廷已先后派出中书省多名官员前往江浙督促、协调海运事宜，但张士诚、方国珍互相猜忌。为保存各自实力，每年仅运粮十余万石至大都[⑤]。在如此严峻的政治与经济形势面前，张翥要尽力为方氏讲好话，以换取方氏对元政权的支持，是很自然的。

负责书丹的危素亦为元末名臣。至正二十二年(1362)，时为通奉大夫中书参知政事同知经筵事提调四方献言详定使司。人称其"博学善文辞。至正中，独以文名天下，凡朝廷制作，皆自公出。四方欲显白先德者，皆造公门。尤精于书，得片楮只字者，宝秘以为荣"[⑥]。

负责篆额的张瑧，字公弁，保定人，官集贤大学士光禄大夫，亦为从一品高

---

① 据《元史》卷八七《百官志》："(延祐)五年，置承旨八员。后定置承旨六员，从一品。"另据《元史》卷九一《百官志》，荣禄大夫为从一品。

② 据《元史》卷一八六《张翥传》：张翥至正二十八年去世，享年八十二岁。至正二十二年撰写《璋碑》时已七十六岁。

③ 《元诗选初集》，北京：中华书局，1987 年，第 1350—1351 页。

④ 《元诗选初集》，第 1367—1368 页。

⑤ 参见《元史》卷九七《食货志》，第 2481—2483 页。

⑥ 《宋学士文集》卷五九《故翰林侍讲学士中顺大夫知制诰同修国史危公新墓碑铭》。

官，封滕国公，“早以才学知名，篆书亦淳古可取”①。

由上述张翥、危素、张璪共同组成的《璋碑》制作班子，规格之高，在元末并不多见。由此也可以看出元朝政府竭力拉拢、利用方氏集团的良苦用心。

至正十八年(1358)以后朱元璋在浙东地区的军事进攻不断有所进展。至正十八年(1358)正月，朱元璋攻占婺源州(治今江西婺源)②;之后，又陆续攻占淳安(今浙江淳安)、建德(治今浙江建德梅城镇)、浦江(今浙江浦江)、兰溪(今浙江兰溪)、金华(治今浙江金华)、诸暨(治今浙江诸暨)、衢州(治今浙江衢州)、处州(治今浙江丽水)等地。到至正十九年(1359)底，浙东地区的温州、庆元、台州、婺州、处州、衢州、绍兴七路，朱元璋已控制婺州、处州、衢州三路，绍兴路为张士诚占据。这样，朱元璋已从西侧逼近了方氏势力范围③。但是朱元璋还是竭力争取方国珍的归顺投诚，实现不战而屈人之兵。这时，元政府在北方尚有较强的军事力量，鹿死谁手还很难预料。在此形势下，方氏集团没有大的战略构想，只求“保境安民”。所以，在元朝政府与朱元璋势力之间，他采取了两方面讨好的方略。一方面表示接受朱元璋的招降要求，另一方面在名义上仍接受元廷官职、封号，并不公开背叛朝廷。《璋碑》的撰写，就是在这种特殊政治背景下进行的。

① (元)陶宗仪:《书史会要》卷七，《陶宗仪集》，杭州:浙江人民出版社，2005年，第590页。

② 《元史》卷四五《顺帝本纪》，第941页。

③ 参见杨讷:《龙凤年间的朱元璋》，《元史论集》，北京:国家图书馆出版社，2012年，第147—148页。

北固山香烟

徐三见

由临海城西门沿城墙拾级而上，经梅园，过烟霞阁，便到了北固山的最高巅，这里的城墙内侧，就是人们熟知的望天台了。

北固山位于临海城的北面，纵贯东西，山脊高低起伏，山脊上的城墙随势蜿蜒，清雄险秀，自临海立县伊始，此山自然而然就成了这个江南古县的天然屏障。北固山最险要的地方就是西北段，这里削壁千仞，下临江流，西南括苍雄踞，西北两溪合流，远眺三江，上收天台、仙居数百里之清流；潮打城郭，下连东海杳渺无际之雪浪；一山之胜，以此为最。望天台选址在这里，除却可以纵览诸胜之外，或许是因为其“风水”的缘故吧。

望天台建于何年，何人所建，何以得名，目前很难找到直接的原始记载。清代以来，临海民间流传着这样一句顺口溜，叫“筑起望天台，先死秦鸣雷”，伴随着这句顺口溜一起留传的是这样一个故事：明临海人秦鸣雷，高中嘉靖甲辰科状元，他的官一直做到礼部尚书，但他在朝洁身自好，决不阿附奸相严嵩，严嵩倒台后，秦有拜相之望。时在秦鸣雷家乡任台州通判的江西人刘启元，恰恰是严嵩的同乡和同党，在台州官声又不好，严嵩的倒台，断送了他的前途。他怕秦鸣雷入相，他的仕途前程可能更惨，便挖空心思加以阻止。有一日，他发现北固山最高巅的“风水”不同一般，谁动它谁就会折寿。于是他很快找到秦鸣雷，假惺惺地说：大固山原来叫龙顾山，这座山就是一条卧着的龙，龙头不抬起来，临海就出不了人才，只要稍稍抬一下龙头——在山的最高处增筑一台，使之上接星辰，穷通霄汉，足下就一定能入阁拜相。秦虽没有做宰辅的念头，但转念一想，若能进入内阁，权力就不会落到奸党的手中，台州的人才也会更盛，于是便接受了刘的建议，破土建台。谁知台刚建好，秦就一命呜呼了。

这只不过是民间流传的故事，并没有多少可信度。根据学者的考证，望天台建筑的年代比秦鸣雷要早得多，它实际上是元末明初第一个聚众反元的人物方国珍在建国称王时祭天的祭坛，它最初的名称应该叫天坛。后来由于以讹传讹,就变成了天台和望天台了。明陈公纶《白云楼摘稿》中,许多诗作仍写作“天台”,就足以证明它的演绎过程了。

方国珍,原名珍,字国珍,或作谷珍,以字行。元台州黄岩人。他身长面黑,身白如瓠,力大无比,奔可逐马。不过,他的父亲方伯琦,却是非常柔弱。奇怪的是,伯琦所生国珍兄弟五人——兄国馨、国璋,弟国瑛、国珉,个个勇猛刚悍,厉害非常。国珍聚众反元的起因,据说开始时是因为与邑人蔡乱头争一个牢盆,两人相讼成仇,蔡后下海为“盗”,江浙行省悬格捕蔡,国珍既慕得赏格,又欲报前仇,即与兄弟等将蔡乱头捉住,不料蔡贿赂台州路总管焦鼎,鼎得贿,即放蔡归里,这使国珍怒从心头起,恶向胆边生,便当着众人的面说:“得贼者无功,为贼者获免,赏罚如此!彼能为贼,我不能为贼耶!”遂纠众自强,拒纳租赋。官府派巡检收捕,捕快将方家团团围住,国珍刚好在吃饭,即以左手执桌为牌,右手持大木杠作棍,格杀巡检。时值元季政治混乱,江浙一带水旱相继,路有饿殍,台州、温州遍传民谣:“天高皇帝远,民少相公多。一日三遍打,不反待如何!”国珍遂于至正八年(1348)十一月乘势揭竿,一时“民亡国珍所者,旬日得数千”,他们与元为敌,劫掠漕运,活捉元海道千户德流于实,朝廷大震,即诏江浙行省参政朵儿只班率舟师围捕。朵儿只班至台,杀气腾腾,扬言要“尽屠边海之民”。国珍人少,连忙率众退避,朵儿只班挥师穷追至福州五虎门,国珍见事已危急,点火焚舟,元军不知所以,慌乱起来,自相惊溃。国珍掉转船头进击,反而大获全胜,并活捉了朵儿只班。元王朝剿击失利,出于无奈,便采取招抚政策,授国珍以千户之职,国珍拒而不受。至正十年(1350)十一月,国珍率舟师千艘,“借粮”于松门,十二月攻温州及沿海诸县。翌年正月,元廷复命江浙行省左丞孛罗帖木儿讨国珍,二月又以泰不华为浙东道都元帅,分兵夹攻。六月,战于大闾洋,国珍命劲卒纵火鼓噪,元兵不战自溃,纷纷落水而死,生擒孛罗帖木儿和郝万户。孛、郝二人胆小怕死,乃饰词上奏,为方代求朝廷招安,元廷也深知无法消灭方部,只好遣大司农达识帖木儿至黄岩招抚,浙东都元帅、绍兴路总管泰不华欲趁国珍受降时以杀之,为达识帖木儿所阻止,并上奏朝廷,贬泰不华为台州路达鲁花赤,授国珍三兄弟及左右十余人以大小官职。至正十二年(1352),汝、颍一带义军四起,朝廷命江浙行省招募舟师往守大江,江浙行省催征国珍应募,国珍担心受制官府获祸,再度率众入海。泰不华即发兵扼守黄岩澄江口,遣王大用谕国珍归降,国珍益疑,便拘留王大用不使返还,并率小船二百艘突入海门港,犯马鞍山,泰不华仍张授降旗乘潮而前,不料其船触沙搁浅,进退不得,被方国珍四面围住,泰虽拼死抵抗,手刃数人,终于寡不敌众,中槊身亡。随同泰不华作战的临海县尉李辅德、千户赤尽等人无一幸免。元廷实在奈何国珍不得，只好于至正十三年(1353)正月，又命江浙行省左丞帖里帖木儿、江南行台御史左答纳失里招谕国珍。十月，授国珍徽州路治中、国璋广德路治中、国瑛信州路治中，督遣赴任，以散其众，但国珍仍没有接受这一诏命。这时国珍已拥有大小船只一千三百艘，部众近十万人，声势浩大。到了至正十四年(1354)便向台州城进军，国珍将城团团围住，屡攻不下，彼此相持了数月。时城内有渔民九人，因战争关系无法正常打鱼，便常于夜间从水道出入，加上他们平日就不满元人的统治，于是向方国珍献计，暗领方部数人夜潜入城，约定于九月某夜里应外合，部分人在西门放火鼓噪，部分人叫开东城门，大兵一拥而入，攻下了台州城。至正十五年(1355)春，国珍率舟师大举进攻庆元，浙东都元帅纳麟哈喇无力抵御，开门投降，国珍复相继攻下慈溪、昌国、余姚诸州县。七月，遣部将孙得袭破温州，自是国珍遂“据有庆元、温、台之地，益强不可制”，开府庆元。元惠宗不得已授以江浙行省参知政事、海道运粮万户，后又授以江浙行省平章政事。

方国珍在台州筑坛祭天是至正十四(1354)的事。他于这一年九月攻下台州城后，在手下谋士的鼓动下，也想到了称王称帝。要称王称帝，首先要确定一个好的国号，经过多次商量，他们觉得还是用“宋”最为适宜，因为“宋”是元以前的正统国号，宋朝又是被元人所吞灭的，用“宋”可以激发汉族人民的民族意识，可以作为反元的一面旗帜。国号确定以后，方国珍立即带领手下的一班文人墨客，登上北固山勘察地形，最后择定在山顶的最高处筑台。另外，既然立国，自然要建都，要建都自然要造殿，金殿的殿址还是选择在北固山。故老相传，方国珍的金殿、午门就坐落在城隍山——祭坛的东偏。又据仙居《杨氏宗谱》记述，在建坛的同时，方国珍还曾在临海建造过太庙。

坛筑好了，金殿、午门建好了，太庙也建好了，最终的一个仪式便是祭天告庙。这应该是一个接近隆冬的日子，天高气爽，正是北固山那丛林流丹的时节，山巅升起了一缕冉冉的香烟，一面绣龙的“宋”字大旗在北固上高飘着。

宋是一个积贫积弱的朝代，北宋虽然一统，但并不强盛，南宋则更觉可怜，方国珍取“宋”为国号，历史似乎早已注定了他是一个胸无大志的人。他既没有朱元璋那样夺取天下的雄心，也没有彻底摧毁元朝统治的决心，他满足于已取得的庆元和温、台之地，有时联合张士诚，有时附于朱元璋，有时又称臣于元而攻打朱、张，但他毕竟是元末风云一时的人物。他最先聚众反元，拥兵数万，在最后降明以前，东联西合，没有吃过大亏。对于他的是非功过，人们评价不一，相去绝远。他家世为盐民，盐民的阶级成分属“游民无产者”，马克思在《共产党宣言》中称游民无产者是“旧社会最下阶层腐化过程的消极产物”，因此，不少的当代学者认为他既然不能代表农民，当然不是农民起义。不过有的学者则认为，方国珍功大于过，是元末“农民革命的领袖”，以为“是亡元者，国珍也”。也有人贬斥更甚，说他是“台州土豪”，是地方割据势力。若按愚见，方国珍就是方国珍，恐怕没有必要一定要给他戴上一顶“农民革命领袖”的桂冠，也没有必要硬给他戴一顶“土豪”的帽子，在亡元战争中所起的作用，总是无法一笔勾销的。

方氏祭天的排场已经一去不复返了，祭台早已成了历史的陈迹，当然，对于我们今天的游人来说，追忆着余烟中的旧事，从故事中体味历史，体味历史文化，依然意趣无穷。

图书在版编目(CIP)数据

方国珍研究论文集 / 应再泉主编. —杭州:浙江大学出版社,2020.10
ISBN 978-7-308-17388-9

Ⅰ.①方… Ⅱ.①应… Ⅲ.①方国珍(1319—1374)—人物研究—文集 Ⅳ.①K827=48

中国版本图书馆 CIP 数据核字(2017)第 219723 号

方国珍研究论文集

应再泉　主编

责任编辑　宋旭华　蔡　帆
责任校对　诸寅啸　张利伟
封面设计　周　灵
出版发行　浙江大学出版社
(杭州市天目山路 148 号　邮政编码 310007)
(网址:http://www.zjupress.com)
排　　版　浙江时代出版服务有限公司
印　　刷　杭州良诸印刷有限公司
开　　本　710mm×1000mm　1/16
印　　张　21
字　　数　366 千
版 印 次　2020 年 10 月第 1 版　2020 年 10 月第 1 次印刷
书　　号　ISBN 978-7-308-17388-9
定　　价　68.00 元
